Stefan Scholz

Von der humanisierenden Kraft des Scheiterns

Kohlhammer

Praktische Theologie heute

Herausgegeben von
Gottfried Bitter
Peter Cornehl
Ottmar Fuchs
Albert Gerhards
Henning Schröer
Klaus Wegenast

Band 59

Stefan Scholz

Nicht überall, wo Liebe draufsteht, ist auch Liebe drin! Predigt 25.5.03

Von der humanisierenden Kraft des Scheiterns

George Tabori – Ein Fremdprophet in postmoderner Zeit

Für schöne Erlebnisse gilt dieselbe Paradoxie wie für andere Werte: Was erstrebenswert ist, fordert zur Anhäufung heraus – damit aber auch zu seiner Inflationierung. S.235

Verlag W. Kohlhammer

Umschlag: Gestaltungskonzept Peter Horlacher
Gesamtherstellung:
W. Kohlhammer Druckerei GmbH + Co. Stuttgart
Printed in Germany

ISBN 3-17-017622-6

Inhaltsverzeichnis

Danksagung

Bischof Dr. Franz Kamphaus gilt mein Dank für die Zeit zu Gesprächen, aus denen die Idee zu einer Promotion geboren wurde, für die Freistellung während dreier Jahre und die großzügige Unterstützung seitens des Bistums Limburg für die Drucklegung der Arbeit.
Prof. Dr. Rolf Zerfaß schulde ich besonderen Dank für die Aufnahme in seinen Promoventenkreis, die zeitaufwendige Begleitung des Projektes, eine Fülle von Anregungen und weiterführender Kritik und sein Interesse an der Thematik der Arbeit.
Dr. Peter Marx war mir in Sachen Literatur- und Theaterwissenschaft ein unverzichtbarer Gesprächspartner, Dr. Michael Rieger auf dem Gebiet der Theologie und ein treuer Wegbegleiter in alter Freundschaft. Das Literaturhaus Salzburg unterstützte meine Anfangsrecherchen. Die Regisseurin Irmgard Lübke stand mir in vielen Fragen zu George Tabori Rede und Antwort. Mit Prof. Dr. Norbert Fischer/Eichstätt und Prof. Dr. Jörg Splett/Frankfurt konnte ich mich in philosophischen Fragen beraten. Till Krabbe und Prof. Berthold Possemeyer machten mich auf Person und Werk George Taboris aufmerksam. Tobias Untucht beriet mich in Fragen die Musik betreffend. Nicht missen möchte ich auch die Gespräche mit Marile Späth, die sich, wie mein Bruder, Markus Scholz, der mühsamen Arbeit des Korrekturlesens unterzog.
Kritischer Wegbegleiter im Entwicklungsprozeß der Arbeit war Dr. Bernhard Nusstein. Seine Freundschaft war mir eine wichtige Stütze während der Würzburger Zeit. Den Freunden in Wiesbaden danke ich für alle Begegnungen, Pfarrer Werner Meuer und der Gemeinde St. Johannes in Frankfurt-Unterliederbach für die gastliche Aufnahme während der Samstage und Sonntage, den Haupt- und Ehrenamtlichen im Städtischen Krankenhaus Frankfurt-Höchst für ihr Wohlwollen und ihre Kollegialität.
Gewidmet sei diese Arbeit meinen Eltern als Dank für alle Liebe.

Einführung

Es war die Zumutung, bepredigt zu werden, und die Not, selbst predigen zu müssen, die mich zu dieser Arbeit geführt haben. Die rhetorische Finesse, das Repertoire des sprachlichen Ausdrucks, die Technik des Vortrags – all das läßt sich formen durch Fortbildung und Mut zu eigenen Predigtexperimenten. Gravierender als die – sicher nicht geringzuschätzenden – Probleme des Predigthandwerks habe ich das Auseinanderdriften von Leben und Glauben empfunden. Je vielschichtiger, reicher und abgründiger ich mich selbst wahrnehme, desto vager, unsicherer, vorsichtiger, verhaltener gerät mir das Predigtwort. Immer öfter überschreite ich die Grenze zur Sprachlosigkeit. Eine der homiletischen Grundregeln, daß differenzierte Wahrnehmung der Lebensgeschichte den biblischen Text in seiner Relevanz erhelle und verdeutliche, bewahrheitete sich für mich nicht. Eher im Gegenteil: die Fremdheit wächst. Ich scheine das Vertrautwerden mit mir selbst um den Preis des Glaubensschwunds zu bezahlen. Selbst-Findung und Gottes-Verlust – dieses Paradox untergräbt die Legitimation und Befähigung zum Verkünden und Predigen. Muß Gott vor einem Zuviel an Realität geschützt werden, damit er mir Gott sein kann? Identität, Gottes und die meine, wird im Widerspruch errungen, die Sprachspiele der Gewißheit, die genau benennen, wer Gott ist und wer ich bin, zerbrechen. Das Unerwartete: es stellt sich eine Vertrautheit mit dem Geheimnis Gottes ein, das sich der Definition entzieht, weil es im Bereich des Fühlens beheimatet ist. Es verlangt nach einer Sprache, die Gott vertraut und fremd, menschenfreundlich und zu fürchtend, treu und unberechenbar sein läßt, mit jenem Quäntchen eines Mehr an Hoffnung, die im *tremendum et fascinosum* Gottes an seine Liebe glauben läßt. Dieser schwankende homiletische Steg wird mir wieder und wieder gelegt im Zusammenwirken dreier Ereignisse:

- Menschen unterschiedlicher sozialer Schichten und diverser religiöser Überzeugungen vertrauen mir ihre Einsichten, Lebensentwürfe und -erfahrungen an und lassen mich an ihrem (Nicht-)Glauben teilhaben. Viele bitten in akuten Lebenskrisen um Begleitung, ringen um Auswege und suchen in scheinbarer Ausweglosigkeit nach Freiräumen, um für sich aus der Krise zu lernen und an der Infragestellung ihres bisherigen Lebens zu reifen. Manch einer ist gezeichnet von gänzlichem Scheitern, ohne Perspektive auf einen Neuanfang;
- Menschen, die mich, getrieben von meiner eigenen Lebensangst, begleiten auf der Suche nach mir selbst;
- und: Literatur. Seit der Jugendzeit begleiten mich literarische Texte. Bisweilen befreien sie mich aus einer Sprachlosigkeit mit mir. Sie gewähren mir eine Ahnung von der kosmischen inneren Weite und Abgründigkeit des Menschen. Sie

zwingen mich zu Sicht- und Perspektivenwechsel. Literatur ist mir ein Stachel im Fleisch. Vertrautes verfremdet sie und schlägt so Breschen in die Mauern meines festgefügten Denkens und erstarrten Fühlens.

Die eigene Biographie, die Lebensgeschichten anderer und Literatur – diese drei Bereiche füllen jenes Reservoir an Erfahrungen, mit denen im Zuge der Predigtvorbereitung der biblische Text konfrontiert wird. Vier „Erzählungen" also treffen spannungsreich und konfliktgeladen aufeinander und treiben mich als Prediger in das Ringen um ein deutendes Wort.
Diese Konstellation weckte in mir die Neugierde, das Verhältnis von Literatur und Verkündigung in ihren Entsprechungen und Unterschieden näher zu beleuchten. Im Rahmen dieser Arbeit möchte ich den Leser teilhaben lassen an einer Art Therapie meiner selbst im Umgang mit einem literarischen Zeitgenossen, George Tabori.

Daß die Wahl auf George Tabori und dessen Theaterstücke fiel, dafür spricht Mehreres:

- Tabori gehört zu den bekanntesten, bedeutensten und meistgespielten zeitgenössischen Autoren im deutschsprachigen Raum. Seine Themen berühren existentielle Fragen und Probleme des Menschen von heute. Die Tragik menschlichen Scheiterns steht dabei im Zentrum seines vielschichtigen Werkes. Nicht von ungefähr: Tabori ist Jude. Sein Leben ist eng mit dem Holocaust verbunden.
- Der Jude Tabori ist nach eigenem Bekunden ein Nicht-Glaubender.[1] Dennoch sind ihm das religiöse und geschichtliche jüdische Erbe vertraut, ebenso die christliche Tradition und theologische Grundaussagen beider Religionen. In vielen seiner Werke begegnet der Leser oder Zuschauer religiöser jüdischer und christlicher Symbolik, deren Riten und biblischen Texten. Dies weckt das Interesse des Theologen an Person und Werk Taboris: Welche Rolle spielen religiöse Sprachfragmente im modernen Theater? Welche Botschaft vermitteln sie dem Zuschauer? Texte, die im gottesdienstlichen Rahmen Gegenstand kirchlicher Verkündigung sind, erhalten im Kontext des Theaters eine andere Bedeutung. Birgt diese Verfremdung für Kirche und Theologie eine ernstzunehmende Botschaft in sich in Bezug auf genuine Verkündigung?
- Literatur im Rahmen des Theaters wird nicht nur lesend und hörend rezipiert, sondern ereignet sich spielend, alle Sinne ansprechend – ganzheitlich. Wie George Tabori ein Theaterstück mit den Schauspielern erarbeitet und in wel-

---

1 „Sind Sie ein gläubiger Jude? TABORI: Nein." Müller, Ich habe mein Lachen verloren.

cher Art er Kommunikationsprozesse zwischen Schauspielern und Zuschauern im Raum des Theaters durch das Medium des inszenierten Textes anstoßen möchte, ist von einem speziellen Interesse für die Praktische Theologie und ihre Funktion als Ausbildungsdisziplin.

Die vorliegende Arbeit hat sich zum Ziel gesetzt aufzuweisen, daß die Erfahrung des Scheiterns für das Verständnis der Gegenwart als Postmoderne von zentraler Bedeutung ist. In seinen Theaterstücken demonstriert George Tabori die Konsequenzen dieser Erfahrung in ihrer Radikalität. Das Scheitern menschlichen Lebens in seiner Tragik bedarf daher des besonderen Augenmerks kirchlicher Verkündigung und Pastoral.
Unsere Ausführungen wollen einen Beitrag dazu leisten, die ästhetische Dimension der Theologie im Allgemeinen und der Praktischen Theologie im Besonderen bewußt zu machen[2], um Welt und Kirche[3], Kultur und Theologie[4] ins Gespräch zu bringen. Sie sind Teil jener Überlegungen zum Verhältnis von Homiletik und Rezeptionsästhetik, wie sie im Anschluß an Umberto Ecos Theorie des offenen Kunstwerks[5] für das Verständnis der Predigt diskutiert werden.[6] Sie steuern ihren Teil zu dem immer bedeutsamer werdenden Gespräch zwischen Theologie und Literatur bei, unter dem Paradigma der „strukturellen Analogie“[7], um den Theologen über die Literatur zu einer schärferen und differenzierteren Wahrnehmung jener Wirklichkeit zu führen, deren Deutung ihm in Predigt und Katechese aufgetragen ist. Sie bekräftigen die Notwendigkeit und Dringlichkeit, von der dogmatischen Lehrpredigt zur erzählenden Theopoetik[8] zu kommen, um die Relevanz der biblischen Botschaft in der Biographie des einzelnen und für die gesellschaftspolitisch-ökonomische Situation einer Gemeinschaft aufzuweisen. Nicht zuletzt möchten sie, als ein Fragment zu einer Theologie nach Auschwitz, die existentielle Identitätskrise des Glaubens, der Kirche und der Theologie als eine der bedrängensten Herausforderungen der christlichen Kirchen wie des einzelnen Gläubigen herausarbeiten.

---

2 Vgl. Grözinger, Praktische Theologie als Ästhetik; ders., Praktische Theologie als Kunst der Wahrnehmung.

3 Vgl. GS 1–10; EN 17–20.

4 Vgl. Zerfaß, Der Bruch zwischen Evangelium und Kultur.

5 Eco, Das offene Kunstwerk.

6 Vgl. Garhammer/Schöttler, Predigt als offenes Kunstwerk; Martin, Predigt als „offenes Kunstwerk“?; Schröer, Umberto Eco als Predigthelfer?; Bieritz, Predigt – Kunst?; Mertin, Kunstvoll Predigen; Otto, Die Kunst verantwortlich zu reden; Witzel, Das Joyce'sche Erbe in der Homiletik.

7 Vgl. Kuschel, „Vielleicht hält Gott sich einige Dichter …“, 384–386; ders., Jesus in der deutschsprachigen Gegenwartsliteratur, 3–6; Schneider, Theologie und Moderne Literatur; Schreijäck; Spuren zum Geheimnis, 7–12; Garhammer, Verkündigung als Last und Lust.

8 Vgl. Sölle, Das Eis der Seele spalten, bes. 75–85; Zerfaß, Erzählter Glaube – erzählende Kirche; Luther, Religion und Alltag.

Die Vielfältigkeit der Einzelbiographien und -schicksale erfordert eine differenzierte Seelsorge und Verkündigung. Konkrete Wegbegleitung wird wichtiger als das Formulieren allgemeiner Orientierungsrichtlinien; das Eröffnen von Freiräumen, um aus Schuld, Versagen, Scheitern zu lernen, ist bedeutsamer als die Fixierung auf einheitliche moralische Standarts; die Erfahrung, ernstgenommen zu werden und angenommen zu sein, geht, in der Praxis Jesu, dem Ruf nach Umkehr voraus, und beansprucht auch in kirchlicher Seelsorge und Lehre Priorität.
Diese Arbeit macht sich deshalb zur Fürsprecherin der Nicht-Verstehenden, der Unkundigen. Sie sieht diese nicht allein in den der Kirche Fernstehenden, den Distanzierten, den Ablehnenden. Sie unterstellt auch vielen unter den Kirchgängern, daß sie sich an ihrem Glauben reiben und wundscheuern, daß ihnen ihre Identität als Christen zwischen den Fingern wie Sand zerrinnt. Sie unterstellt ebenso vielen Predigern und Verkündern[9], daß sie Kinder ihrer Zeit und selbst ratlos geworden sind mit ihrem Gott, ihrem Glauben, was denn noch zu sagen sei und was man noch hören könne in „Zeiten, in denen man nicht einmal mehr weiß, in welchen Zeiten man lebt“[10].
Zugespitzt: Der Prediger predigt als Fremder über Fremdes zu Fremden.

Die Verunsicherung über die Fremdheit des vermeindlich Vertrauten schockiert, vermag andererseits aber Kräfte zu entbinden, sich von Neuem auf die Suche nach der Essenz und Relevanz christlichen Glaubens zu begeben. Von der Literatur an die Hand genommen, spürt der Theologe, aus der Perspektive des religiös und kirchlich Außenstehenden, Fremden, den verworrenen Fäden des Lebens und Glaubens nach. Der Gewinn: Eine andere Art des Wahrnehmens gebiert eine andere Form des Sprechens. Der unter Umständen zu entrichtende Preis: Die aufrüttelnde Erkenntnis, wie sehr sich Glaube und Wirklichkeit im Leben des Seelsorgers und Predigers selbst entfremdet haben.
Methodisch beschreiten wir einen hermeneutischen Weg. Über Sprachphilosophie (Jean-François Lyotard) und Literatur (George Tabori) versuchen wir, die Bedeutung des Scheiterns im Leben eines Menschen als fundamentalen Zugang zum Verständnis einer Welt nach Auschwitz zu verdeutlichen. In der Analyse der Theaterstücke orientieren wir uns grob an den Grundsätzen der Dramentheorie und -analyse Manfred Pfisters, ohne seine Begrifflichkeit im einzelnen zu verwenden. Auf der Suche nach strukturellen Analogien zwischen Literatur und Theologie beschreiten wir einen assoziativen, hermeneutischen Weg. Anhand einiger repräsentativ ausgewählter theologischer Positionen werden induktiv Tendenzen und Richtungen der gegenwärtigen theologischen Diskussion aufgewie-

9 Es sei mir nachgesehen, daß ich, der Einfachheit halber, stets die männliche Sprachform verwenden werde. Gemeint sind immer Prediger und Predigerinnen, Verkünder und Verkünderinnen, etc.

10 Grasskamp, Ist die Moderne eine Epoche?, 757.

sen, kontextuell verortet, von ihren Prämissen her erhellt, auf ihre Konsequenzen hin bedacht und mit dem Ertrag unserer literaturwissenschaftlichen Ausführungen zu Theaterarbeit und Theaterwerk George Taboris konfrontiert.

Das erste Kapitel umreißt den Horizont, in dem die Theologie heute nach einer angemessenen Verkündigung und Pastoral fragt: die Deutung der Gegenwart als Postmoderne. Sie entzündet sich am Scheitern der Moderne in Auschwitz (Jean-François Lyotard).

Das zweite Kapitel widmet sich dem Leben und Werk George Taboris. Als Literat und Regisseur setzt Tabori sich aus eigener Betroffenheit mit Auschwitz und dessen Konsequenzen für das Leben der Menschen von heute auseinander. Der Leser erhält einen Überblick über die wichtigsten literarischen Produktionen Taboris; auch seine vielfältigen Begabungen und seine vielschichtige Persönlichkeit werden ihm erahnbar.

Im dritten Kapitel werden drei repräsentativ ausgewählte Theaterstücke – *„Die 25. Stunde"*; *„Mein Kampf"*; *„Goldberg-Variationen"* – einer ausführlichen thematischen Analyse unterzogen. Aus verschiedenen Perspektiven – Krankheit und Tod; Holocaust; Scheitern im Theater und im Leben generell – wird aufgewiesen, wie Tabori mit der Problematik menschlichen Scheiterns umgeht. Diese Analysen führen zu der These, daß George Tabori nach dem Scheitern des Humanismus in Auschwitz dem Scheitern selbst, wird es bewußt erlitten und akzeptiert, eine humanisierende Kraft beimißt.

Das vierte Kapitel versucht, anhand der Trias „Scheitern – Erinnern – Lieben" eine Systematik der Wirklichkeitssicht George Taboris und seines Theaterverständnisses zu entwickeln; sein Werk ist als intertextueller Bewußtseinsraum zu begreifen, mit dem Ziel einer therapeutischen Aufarbeitung menschlichen Lebens und Scheiterns.

Das fünfte Kapitel macht die Traditionsstränge und Herkünfte sichtbar, an die Tabori in seinen Werken und in seiner Theaterarbeit anknüpft: Shakespeare, Beckett und Brecht; die Schauspielschulen von Stanislawski und Strasberg; die Gestalttherapie von Fritz Perls.

Das sechste Kapitel bündelt Impulse und Einsichten aus dem literarischen Werk George Taboris im Blick auf die Theologie und die pastorale Praxis einer Kirche in der Postmoderne. Es fragt fundamentaltheologisch nach der Bedeutung von Tragik und Scheitern für eine Theologie nach Auschwitz in ihrer Gotteslehre und

Anthropologie. Im Rahmen der Praktischen Theologie werden die Konsequenzen des Scheiterns als eines Grundzuges menschlichen Lebens auf Seelsorge und Bildung hin bedacht. Für die Homiletik kommt der Paradigmenwechsel einer Theologie nach Auschwitz in ihren Auswirkungen auf Verkündigung und Predigt in den Blick.

Kapitel 1

Die Option radikaler Pluralität

Die Herausforderung der Postmoderne

1.1. Skizzen einer postmodernen Welt

„Seit Jahrzehnten muß man nun schon mit der Ungewißheit leben, nicht mehr genau sagen zu können, in welcher Epoche man sich eigentlich befindet [...]."[11] Eine Selbstvergewisserung aus dem Heute über das Heutige ist zu allen Zeiten ein gewagtes Unterfangen. Es fehlt die zeitliche Distanz, die aus Gegenwärtigem überschaubares Vergangenes macht. Wer seinen Finger an den Puls des Jetzt, des Hier und Heute legt, um zu deuten, wie die Fäden des Vergangenen sich mit Gegenwärtigem bündeln und welches Muster an Künftigem daraus gewoben werden könnte, wird den rasanten Herzschlag dieser Zeit spüren. Schwingt sich der eigene Lebensrhythmus darin ein, wird man seiner Zeit enthusiastisch, neugierig, mit Sympathie, zumindest aus distanziertem Wohlwollen begegnen. Wem die Dissonanzen überwiegen, der wird sich die Position des vorsichtigen Zweiflers wählen, der Zeit seine Kritik als Skeptiker antragen, sie als ungewolltes Schicksal empfinden, sich resignierend ihr verschließen, aggressiv sich gegen sie wenden oder gar in den Zügen des Heutigen die Vorboten der endzeitlichen Apokalypse von morgen finden. In der Diskussion um die sogenannte „Postmoderne" wird diese Unsicherheit, wie die Gegenwart wahrzunehmen, zu beschreiben und zu deuten sei, thematisiert. So umstritten Begriff und Ansätze der Postmoderne auch sind, so wenig kann man leugnen, daß das von ihr aufgerissene und bewußt gemachte Phänomen der zunehmenden Pluralisierung aller menschlichen Lebensbereiche und die sich daraus ergebenden Freiräume, Chancen, Risiken und Gefahren das herausragende Merkmal unserer Zeit ist. Weit gefächert auch hier das Spektrum, wie man sich zu dieser Wirklichkeit verhält: Arnold Gehlen proklamiert das Zeitalter des Posthistoire, der ewigen Wiederkehr des Gleichen – das Ende der Geschichte[12], bei Jean-François Lyotard mischen sich Visionäres, Bedächtiges, Be-

---

11 Grasskamp, Ist die Moderne eine Epoche?, 757.

12 „Ich exponiere mich also mit der Voraussage, daß die Ideengeschichte abgeschlossen ist und daß wir im Posthistoire angekommen sind [...]. Die Erde wird demnach in der gleichen Epoche, in der sie optisch und informatorisch übersehbar ist, in der kein unbeachtetes Ereignis von größerer Wichtig-

denkliches zu einem vorsichtig positiven Ausgriff auf die Zukunft[13], Wolfgang Welsch ist Pluralität der Garant einer Vision umfassender Gerechtigkeit und Humanität[14].

Nach C. Geertz haben wir es mit einer „Welt in Stücken“[15] zu tun. 1989 – das Jahr, in dem die Berliner Mauer fiel, markiert eine einschneidende Wende. Die Welt vor diesem Datum: „eine Welt der kompakten Mächte und der rivalisierenden Blöcke, der Formierung und Neuformierung von Makroallianzen“. Und nach 1989: „Ein weit pluralistischeres Muster der Beziehungen zwischen den Völkern der Welt scheint im Entstehen, aber seine Form bleibt vage und unregelmäßig, stückhaft und bedrohlich unbestimmt [...]. Ethnische Bürgerkriege, sprachliche Separatismen, ‚Multikulturalisierung‘ des internationalen Kapitals [...] haben kein Bild einer neuen Weltordnung enstehen lassen. Sie haben im Gegenteil den Eindruck der Zerstreuung und Partikularität, der Komplexität und Dezentriertheit bestärkt.“[16] Die Welt als Ganzes gibt es nicht mehr, „Flickwerk“, „Splitter“[17] statt dessen. Selbst die einzelnen Splitter sind hochdifferenziert zu betrachtende, heterogene Gebilde. Das erschwert eine wissenschaftliche Theoriebildung, die abstrahierende, klassifizierende, allgemeine Begriffe erfordert. Wie können solche Begriffe einer Wirklichkeit angemessen sein, die sich einer allgemeinen Beschreibung zunehmend verweigert? Bedeutet dies das Ende jener Theorien, für die der empirische Rückbezug konstitutiv ist?[18] Jenes Theorieverständnis gelangt an ein Ende, das glaubte, das Besondere undifferenziert unter das Allgemeine subsumieren zu können.[19] Der Erhabenheit des Theoretikers über das Besondere und Plurale kann auch eine Aversion zugrunde liegen: „[...] das Dickicht [der pluralen Verfaßtheit der Wirklichkeit] als solches [wirkt] abstoßend, da emotional, kreatürlich, irrational und gefährlich [...]. Vielleicht auch, weil es als unwirklich und

---

keit mehr vorkommen kann, auch in der genannten Hinsicht überraschungslos.“ Gehlen, Über kulturelle Kristallisation, in: Welsch, Wege aus der Moderne, 141.

13 „Das postmoderne Wissen [...] verfeinert unsere Sensibilität für die Unterschiede und verstärkt unsere Fähigkeit, das Inkommensurable zu ertragen.“ Lyotard, Das postmoderne Wissen, 16.

14 „Der Philosophie-Begriff, den ich [...] vertrete, hat zweifellos seine emphatischen Seiten [...]. Gegen eine Welt der Uniformierung, gegen die Fraglosigkeit von Bewältigungs- und Erstarrungs-Mechanismen wird es zur philosophischen Aufgabe, die Erfahrung des Unstrukturierten wachzuhalten, Ungedachtes zuzulassen, vom Ereignis Zeugnis abzulegen. Dinge zu tun, von denen man nicht weiß, was sie sind – auch das wird postmodern vom Traum zur Realität.“ Welsch, Unsere postmoderne Moderne, 326f.

15 So der Titel des Essays: Geertz, Welt in Stücken.

16 Ebd., 16f.

17 Ebd., 19.

18 Geertz fragt: „Was wird aus Begriffen wie ‚Tradition‘, ‚Identität‘, ‚Religion‘, ‚Ideologie‘, ‚Werte‘ und ‚Nation‘, oder gar aus ‚Kultur‘, ‚Gesellschaft‘, ‚Staat‘ oder ‚Volk‘?“ Ebd.

19 „Die politische Theorie bewegt sich für gewöhnlich in großer Höhe über diesem Dickicht der Charakterisierungen, Unterscheidungen, Besonderheiten und Etikettierungen, das die Wer-ist-was-Welt kollektiver Identitäten ausmacht. Die Theoretiker schweben sinnierend darüber, als säßen sie in einer Montgolfiere – vielleicht aus Angst, daß sie eine Landung mit jener Art endloser, widersprüchlicher Details konfrontieren könnte, von denen Ethnologen so oft überwältigt werden.“ Ebd., 27.

nebensächlich, als Flitter, als Dekor oder Mystifikation erscheint."[20] Umso wichtiger wird es sein, daß der wissenschaftlich Tätige sich Rechenschaft über seine emotionale Befindlichkeit einer Zeit gegenüber ablegt, deren heterogene Vielfalt mehr denn je eine Beschreibung und Deutung im Rahmen einer wissenschaftlichen Theorie erschwert.

Die Pluralisierung hat weitreichende Folgen, was das Zusammenleben der Menschen in Staat und Gesellschaft angeht. Begriffe wie „Nation" und „Kultur" verlieren ihre identitätsstiftende Kraft, denn „[...] weiträumige Massenwanderungen [lassen] unterschiedliche Kulturen aufeinanderprallen und bringen zunehmend innere Spannungen mit sich."[21] „Die großen Trennlinien und die dominierenden Konfliktquellen der nächsten Zukunft [...] werden kultureller Natur sein und nicht mehr primär ideologischer oder ökonomischer."[22]

Die Ansicht, daß ökonomische Globalisierung und weltweite technische Vernetzung zu einer einheitlichen Gesellschaft führen werden, erwiesen sich als Illusion. „Kosmopolitismus und Provinzgeist sind keine Gegensätze mehr, sie sind miteinander verbunden und verstärken sich wechselseitig."[23] Wir sind „mit einem unübersichtlichen Feld von Differenzen und Verbindungen konfrontiert [...]. Stolz und Haß, Kulturfestivals und ethnische Säuberung, Befreiungskampf und *killing fields* liegen hier nicht nur unmittelbar nebeneinander, sondern gehen auch mit bestürzender Leichtigkeit ineinander über"[24]. „Die Funktion der Solidarität beschränkt sich [...] auf die Vermeidung konfliktträchtiger innerer Abgrenzungen, und die Funktion der Abgrenzung auf die Abwehr allzu vereinnahmender Solidaritäten"[25].

Politisches und kulturelles Handeln muß sich der Hoffnung entledigen, die vielfältigen gesellschaftlichen Strömungen in einem Konsens über Gemeinsames binden zu können. „Nicht um den Konsens geht es, sondern um einen gangbaren Weg, ohne ihn auszukommen."[26] Die ‚Patchwork – Welt' bleibt rätselhaft und in vielem unfaßbar.

Sich einer postmodernen „Welt in Stücken" zu stellen, heißt für den Theologen, sich einem Vagen, Unfaßbaren, Schillernden auszusetzen. Dabei sollte er seiner emotionalen Reaktionen besondere Aufmerksamkeit schenken, die im Gefolge dieser Vielfältigkeit der Wahrnehmungen und der Schwierigkeiten ihrer theoretischen Beschreibung und Erklärung auftreten. Sein Glaube selbst wird ihn dazu

---

20 Ebd.
21 Ebd., 17.
22 Ebd., 21. Vgl. dazu auch die Ausführungen über den Bruch zwischen Evangelium und Kultur unter Punkt 6.1.1.
23 Ebd., 69.
24 Ebd., 75.
25 Ebd., 83.
26 Ebd., 82.

nötigen, ist doch der Christ von Hause aus einem Gott auf der Spur, der seine transzendente Gegenwart in der Immanenz menschlichen Geschicks und menschlicher Geschichte zugesagt hat. Ohne Wahrnehmung und Kenntnis des Kontingenten, Geschöpflichen verblaßt Gott zu einem Abstraktum, belanglos für einen nach Sinn Suchenden. Die dem Christen durch den sich inkarnierenden Gott gestellte Aufgabe ist zuallererst die der rechten Wahrnehmung dessen, was ist und wie es ist. Was und wie geglaubt wird, wie darüber wissenschaftlich zu reflektieren ist, wer und wie Gott für unsere Zeit ist – angemessene Antwortversuche stehen und fallen mit der angemessenen, sym-pathischen Wahrnehmung des Menschen und der kulturellen, gesellschaftlichen, politischen, ökonomischen, etc. Bedingungen seines Menschseins. Die große Versuchung auch der theologischen Reflexion auf die Wirklichkeit besteht darin, das, was ist, nicht zuzulassen, weil es nicht so ist, wie es, nach einer vorgefaßten theologischer Maßgabe, sein sollte. Sich der Gegenwart in ihrer augenblicklichen Verfaßtheit zu stellen, indem man sie in ihrer Komplexität versucht, ansatzweise wahrzunehmen, ist somit vom Wesen christlichen Glaubens her gefordert, es stellt eine Bedingung der Möglichkeit angemessener wissenschaftlich-theologischer Reflexion dar und ist ein existentieller Akt des Glaubens, der Gott zubilligt, zu jeder Zeit das Seine und sich Selbst den Menschen mitzuteilen. Dies geschieht um den Preis einer (heilsamen) Verunsicherung. Dem, der in Sachen Kirche und Glauben sich auf heimischem Terrain bewegt, wird unter Umständen Selbstverständliches fragwürdig, Vertrautes fremd, Liebgewonnenes genommen, Gesichertes eingerissen. Er lernt die Wirklichkeit aus der Sicht von Außenstehenden kennen; für ihn eine Chance, das Gewohnt-Gewöhnliche des eigenen Glaubens sich neu und lebendig zu erringen, und nach einer erneuerten Praxis der Glaubensweitergabe zu suchen.

1.2. Exkurs: Zum Verhältnis von Ideologie und Theorie, von Konsens und Dissens – eine literaturwissenschaftliche Anmerkungen zur Theoriebildung

Peter V. Zima beschäftigt sich mit den Konsequenzen postmoderner Pluralität, die sich im Hinblick auf die wissenschaftliche Theoriebildung ergeben. Er tut dies für den Bereich der Literaturwissenschaften. Seine grundsätzlichen Überlegungen verdienen auch im theologischen Diskurs Beachtung. Zima weist nach, daß weder eine subjektivistische, alles relativierende Polysemie (Vieldeutigkeit), noch eine starre Monosemie (Eindeutigkeit) einem Kunstwerk gerecht wird. Die ästhetischen Entwürfe, die sich bald zugunsten der einen oder der anderen Seite stark machen, geraten leicht in die Gefahr, sich zu ideologisieren. Die Dialektik zwischen Eindeutigkeit und Vieldeutigkeit literarischer wie auch begrifflichwissenschaftlicher Texte muß um der Texte selbst willen ausgehalten werden. Zima gibt zu bedenken: „Das Problem scheint mir darin zu bestehen, daß die Homogenität gesellschaftlicher Gruppen (auch der ‚Expertengruppen') nicht nur fachsprachlichen, sondern auch ideologischen Charakter hat. Angesichts dieser Erkenntnis halte ich den intersubjektiven Dialog (die kritische Überprüfung von Hypothesen) innerhalb einer homogenen Gruppe von Literaturwissenschaftlern für recht unergiebig: Das Gespräch bestätigt – zumindest tendenziell – die fachlichen und ideologischen Wert- und Vorurteile der Beteiligten. Wesentlich fruchtbarer scheint mir ein interkollektives oder interdiskursives Gespräch zwischen Soziolekten zu sein, das fachliche und ideologische Vorurteile grundsätzlich in Frage stellt und in dem die Beteiligten einen Konsens im ideologischen Dissens anvisieren."[27] D.h. jede wissenschaftliche Fachgruppe führt ihren Dialog ideologisch, zunächst in dem wertfreien Sinn, daß sie an die Sprache und die Erkenntnisse ihrer Fachdisziplin gebunden bleibt, von persönlichen Interessen und Gefühlen geleitet wird und somit einen begrenzten Horizont hat. Grundsätzlich neigen die Gesprächspartner innerhalb einer fachspezifisch homogenen Gruppe eher dazu, sich zu bestätigen, als sich anzufragen. Zur Ideologie im negativen Sinn wird ein wissenschaftlicher Diskurs dann, wenn er, seine Begrenzung verneinend, sich zum universalen und alleingültigen Deutemuster der Wirklichkeit aufschwingt, seine sprachlichen Voraussetzungen und inhaltlichen Prämissen nicht mehr reflektiert und sich über kurz oder lang einem Dialog verweigert.

Charakteristika einer erkenntniseinschränkenden oder -verhindernden Ideologisierung sind, nach Zima:

- Dualismus: Die Vieldeutigkeit wird geleugnet. Die in der Ideologie behauptete Eindeutigkeit führt zur negativen Belegung anderer Positionen. „Das Aussagesubjekt des dualistischen Diskurses neigt dazu, das eine ohne das andere zu denken und die dialektische Einheit der Gegensätze zu übergehen"[28].
- Naturalismus: „Der Naturalismus kommt dadurch zustande, daß das Aussagesubjekt seinen Diskurs implizit oder explizit für natürlich oder selbstverständlich hält [...]. Subtilere Formen des Naturalismus kommen dadurch zustande, daß das Aussagesubjekt nicht eine ganze Theorie, sondern bestimmte Unterscheidungen und Gegensätze als natürlich hinnimmt und sich auf sie beruft [...]. Von diskursivem Naturalismus kann schließlich immer dann die Rede sein, wenn das Aussagesubjekt sich [...] implizit mit einer nicht näher definierten Autorität identifiziert, die zu einem mythischen Aktanten wird: ‚Es ist

---

27 Zima, Literarische Ästhetik, 380.
28 Ebd., 387.

wissenschaftlich erwiesen, daß … Es ist allgemein bekannt, wir wissen, daß …'. In allen diesen Fällen identifiziert sich das Aussagesubjekt implizit mit einer mythischen Instanz […], auf die sich auch der Prediger beruft, wenn er sagt: ,Gott erwartet von euch, daß …'. Dieser ideologische Trick sollte nicht über die diskursive Tatsache hinwegtäuschen, daß weder Gott noch die Wissenschaft spricht, sondern ein kontingentes Subjekt, das in seiner Unwissenheit und Ohnmacht versucht, mythische Autorität zu usurpieren, um die Anwesenden von der Allgemeingültigkeit, Notwendigkeit und Natürlichkeit seines Diskurses zu überzeugen"[29].

- Monolog: „[…] es leuchtet ein, daß Dialoge, die eine dualistische Struktur aufweisen und sich für natürlich, selbstverständlich halten, auch monologisch aufgebaut sind. Indem ihre Aussagesubjekte sich durch Naturalisierungsverfahren wie ,es wurde objektiv nachgewiesen, daß …', ,es ist allgemein bekannt, daß …' über die Möglichkeit alternativer, konkurrierender Diskurse hinwegsetzen, unterschlagen sie ihre eigene sozio-linguistische Kontingenz und identifizieren sich mit den von ihnen thematisierten Referenten (mit der ,Wirklichkeit'). Dadurch verbieten sie anderen Diskursen, alternative Aussagen zu diesen Referenten zu machen und schließen sie monologisch aus"[30].
- Unterschlagung des genetischen Zusammenhangs. Zima versteht darunter, daß das Aussagesubjekt nicht offenlegt, wo sein soziologischer Standpunkt und sein sprachlicher Ort ist, es benennt nicht seine Abhängigkeit von anderen Diskursen und stellt sich als alleingültig dar.
- Unterschlagung der Objektkonstruktion. Dies bedeutet, daß das Aussagesubjekt seine Wahrnehmung und Beschreibung eines Objektes, seine Objektkonstruktion, für das Objekt an sich ausgibt und damit leugnet, daß andere Diskurse ein und dasselbe Objekt anders konstruieren. „Dieser ideologische Mechanismus, der Selbstkritik und Selbstreflexion ausschließt, schließt auch den Dialog aus. Monolog und Monosemiepostulat ergänzen einander"[31].

Nach dieser Abgrenzung gegenüber einer sich verabsolutierenden Ideologie definiert Zima den theoretischen Diskurs wie folgt: „Der theoretische Diskurs geht – wie der ideologische – aus einem oder mehreren Soziolekten hervor und drückt als Partialsystem kollektive Standpunkte und Interessen aus: Er ist stets ideologisch im allgemeinen Sinn: Im Gegensatz zum ideologischen Aussagesubjekt (im restriktiven Sinn) stellt jedoch das theoretische Subjekt den Dualismus der ideologischen Rede dialektisch in Frage und reflektiert seinen sozialen und sprachlichen Standort sowie seine semantischen und syntaktischen Verfahren, die es in

---

29 Ebd., 390f.
30 Ebd., 391.
31 Ebd., 392.

ihrer Kontingenz zum Gegenstand eines offenen Dialogs macht: damit strebt es eine Überwindung der eigenen Partikularität durch dialogische Objektivierung und Distanzierung an"[32].

Da Zima mit J.J.A. Mooy die Literaturtheorien als Standpunkttheorien betrachtet, bedürfen sie der Ideologiekritik durch einen interdiskursiven Dialog mit anderen Wissenschaften im Bereich der Sozialwissenschaften. Mit Mooy ist er überzeugt, daß die Literaturwissenschaften als Standpunktwissenschaften „vielen Kunst-, Religions- und Wissenschaftstheorien ähnlich sind"[33]. „Ein Dialog zwischen Gruppen und Gruppensprachen ist jedoch ein sehr komplexes Unterfangen [...]. Schon Thomas S. Kuhn hat gesehen, daß Gruppenstandpunkte im Extremfall [...] inkommensurabel sein können, denn: ‚Jede Gruppe verwendet ihr eigenes Paradigma zur Verteidigung eben dieses Paradigmas'"[34]. Zima folgert aus all dem, daß man zum Objekt an sich keinen Zugang hat, sondern nur das eigene oder das durch andere konstruierte Objekt erkennen kann. „Daher ist ‚Objektivität' nur dialogisch erreichbar und nicht durch einen Vergleich mit dem Gegenstand [...]. Es ist [...] wichtig, darauf hinzuweisen, daß Wahrnehmung nicht nur biologisch und psychologisch (also individuell), sondern auch sozial, d.h. durch kollektive sprachliche Strukturen, durch Diskurse und Soziolekte vermittelt ist"[35].

Gerät also der theoretische Diskurs durch erkenntnisverzerrende Ideologisierung oder durch indifferente Gleich-Gültigkeit mit sich selbst in Widerspruch, so sind auf der anderen Seite Ideologie und Indifferenz für eben jenen Diskurs bleibend notwendige Elemente: Die Ideologie, im Sinne einer engagierten Option, eines markanten Standpunktes, ermöglicht erst die konstruktive Auseinandersetzung mit anderen Gesprächspartnern und deren Meinungen.[36] Dabei löst sich die Fixierung: „Indifferenz und Pluralismus ermöglichen es dem Theoretiker, sein ideologisch-theoretisches Engagement als eines unter vielen zu erleben und gleichsam ‚von außen' zu betrachten."[37] „Insgesamt wird deutlich, daß die Theorie nicht nur von der Ideologie, sondern auch von der marktbedingten Indifferenz ermöglicht wird, die relativiert und pluralisiert."[38] Folglich kann es in der Auseinandersetzung mit der Postmoderne nicht um ein entweder Konsens/Einheit/Wahrheit oder Dissens/Pluralität/Indiferrenz' gehen. Vielmehr muß eine Theorie beide in Dialog

---

32 Ders., Theorie und Ideologie, 56.

33 Ders., Literarische Ästhetik, 399.

34 Ebd., 402.

35 Ebd., 405f.

36 „Das ideologische Festhalten an bestimmten Erkenntnissen, Wertsetzungen und ‚Ansichten' verhindert nicht den Dialog, sondern macht eine reflexe Theorie, deren Subjekt sich seiner Partikularität und Kontingenz bewußt ist, erst dialogfähig." Ders., Moderne/Postmoderne, 373. Vgl. zu den irrationalen Anteilen bei der Theoriebildung die Ausführungen zu C. Geertz: 1.1.

37 Zima, Moderne/Postmoderne, 371.

38 Ebd., 374.

miteinander bringen.[39] „Dialogische Theorie kennt weder einen systematischen Abschluß noch endgültige Erkenntnisse; an den von ihr ermittelten Wahrheitsmomenten hält sie jedoch bis auf weiteres fest: erstens, weil auch Andersdenkende an ihnen festhalten und zweitens, weil sie einen Pluralismus der Indifferenz ablehnt, dem alle Wertsetzungen, Ideologien und Theorien gleich viel wert sind. Sie weiß um ihren historischen Standort und daher auch um die Möglichkeit, daß einer neuen Epoche die gesamte hier skizzierte Ideologie-Problematik obsolet erscheinen könnte."[40] „Der Dialog lebt von Dissens und dissensbedingter Selbstreflexion – und von der Selbstironie der Gesprächspartner"[41].
Eine Theologie und Kirche, die sich ihrer Schuld u.a. gegenüber dem Judentum bewußt werden, bedürfen dringend der Selbstvergewisserung über ihre ideologischen Standpunkte und Inhalte, um deren Ideologisierung entgegenwirken zu können. Unter dem Eindruck von Auschwitz stehend, besinnen sie sich auf die Widersprüche in der Gotteserfahrung, wie sie die Schriften der Bibel überliefern. Im Kontext eines dynamischen, an konkreter Lebensgeschichte orientierten Glaubens kommen dem Dissens und der Pluralität für die christliche Praxis und theologische Reflexion eine unverzichtbare Funktion zu: Sie fordern den Theologen zu einer praxisnahen Theoriebildung heraus und verhindern die Immunisierung eines Deutungsschemas durch dessen Ideologisierung zu einem sich selbst erhaltenden System.

Die erste Hürde, welche es auf dem Weg zu einer angemessenen Wahrnehmung der Gegenwart für den Theologen zu überspringen gilt, ist die generelle Verdächtigung der gegenwärtigen Zeit – in folgenden als ‚Postmoderne' beschrieben – als der Proklamation eines Zeitalters verantwortungsloser Beliebigkeit.[42] Daß es sich

---

39 Zur Bedeutung des Dialogs als sprachlicher Grundgegebenheit vgl.: 4.3.3.1.

40 Zima, Moderne/Postmoderne, 397.

41 Ders., Literarische Ästhetik, 407.

42 So z.B. Eugen Biser, der Postmoderne nur als Beliebigkeit um der Beliebigkeit willen wahrnimmt: „Im Schmelztigel der modernen Massengesellschaft herrscht ein Überdruck, unter dem sich alles auflöste, was Kontur, Dignität und normative Bedeutung hatte [...]. Weil mit dem Orientierungsrahmen auch jedes Ordnungs- und Wertungssystem verlorenging, kann hoffnungslos Antiquiertes, wie es auf dem ‚Markt der Meinungen' fortlaufend geschieht, als Novität ausgegeben, Innovatorisches als längst schon Dagewesenes erklärt und damit abgetan werden [...]. Doch gerade so entspricht es einem Denken, das, wie der ominöse Name ‚Post-Moderne' sagt, auch die Zeit als Koordinate aufgegeben hat und aus der Rückschau auf das urteilt, was immer noch ist." Biser, Glaubensprognose, 33. „Sofern der Unbegriff ‚Postmoderne' überhaupt etwas besagt, korrespondiert er [...] dem Profil dieses Zeitbildes, das durch das Widerspiel sich aufhebender Tendenzkräfte und infolge dieser Selbstnivellierung durch seine – Profillosigkeit gekennzeichnet ist." Ebd., 42.
Ähnlich argumentiert auch Klaus Müller. Unter der Überschrift „postmodern" führt er aus: „Dabei hat das Programmhafte dieses [postmodernen] Pluralismus ein scheinbar paradoxes, de facto lediglich zuhöchst pragmatisches Unterfutter: Es orientiert sich an einem ausgesprochen exklusiven und eigentlich darum mit dem Begriff Pluralismus eigentlich nicht kompatiblen Kriterium. Dieses Kriterium ist das Selbstbefinden. Wer immer dieses Kriterium für sich in Geltung setzt, wird das unausweichlich daduch kenntlich machen, daß er in jedweder Diskussion an irgendeinem Punkt fragt: ‚Und was bringt mir das?' [...]. Dem Laisser-aller im Sinne buchstäblichen Sich-gehen-Lassens bis zum

hier um ein verhängnisvolles Vorurteil handelt, wird deutlich an Jean-François Lyotards Option für eine radikale Pluralität.

1.3. Die Postmoderne als Einlösung der Moderne – Die Position Jean-François Lyotards

Für Jean-François Lyotard stellt Auschwitz den Bruch in der Geschichte der Moderne schlechthin dar. Er sieht das Projekt der Moderne an seiner eigenen Methodik gescheitert, daß eine nach den Maßgaben der Vernunft gestaltete Welt eo ipso in eine Entwicklung einträte, deren Fortschritte sie automatisch zu einer humaneren werden ließe.[43] Der absolute Primat der Vernunft erzeugte die Vision einer ständig sich selbst übersteigenden und sich fortschrittlich weiterentwickelnden Menschheit. Doch hob sie die Gegensätze und das Widervernünftige nicht, im Hegel'schen Sinne, dialektisch auf[44] zur nächsthöheren Entwicklungsstufe des Rationalen, sondern gebar selbst die widerwärtigsten Formen der Unmenschlichkeit: „Alles, was real ist, ist rational; alles, was rational ist, ist real: ‚Auschwitz' widerlegt die spekulative Doktrin. Wenigstens dieses Verbrechen ist real, aber nicht rational."[45]

Untertauchen in anonymen Erlebnisprozessen, also radikaler Selbst-Aufgabe, korrespondiert hochsensible, unschwer die Gestalt eines Kults der Innerlichkeit gewinnende, Selbstwahrnehmung [...]. Es wird nicht übertrieben sein, solches [postmodernes] Dasein [zwischen Selbstaufgabe und Egozentrik] als Verhängnis zu titulieren." Müller, Homiletik, 28f. Unter der Überschrift „Mißtrauen gegen Sprache" hält er fest: „Predigende haben dieses postmoderne Mißtrauen gegen die Sprache als eine Hypothek allerersten Ranges für ihren Dienst in Rechnung zu stellen." Ebd., 36. Müller sieht nicht, wie auch Biser, daß die sprachphilosophischen Überlegungen z.B. Lyotards zu jenem „Mißtrauen gegen die Sprache" vor dem Hintergrund der sprachlichen Undarstellbarkeit von Auschwitz gekommen sind.

43 „Zumindest seit zweihundert Jahren hat uns die Moderne gelehrt, nach der Ausdehnung politischer, wissenschaftlicher, künstlerischer und technischer Freiheiten zu verlangen. Sie hat uns gelehrt, dieses Verlangen zu rechtfertigen, denn durch diesen Fortschritt sollte die Menschheit sich, so sagte sie, von Despotie, Unwissenheit, Barbarei und Elend emanzipieren. Die Republik ist die bürgerliche Humanität. Dieser Fortschritt ist auch heute noch im Gange, freilich nurmehr unter dem etwas verschämten Namen Entwicklung. Aber es ist unmöglich geworden, diese Entwicklung durch das Versprechen einer Emanzipation der gesamten Menschheit zu rechtfertigen. Dieses Versprechen wurde nicht gehalten. Es wurde nicht gebrochen, weil man es vergessen hätte, sondern weil die Entwicklung selbst untersagte, es zu halten. Neoanalphabetismus und Verarmung der Völker des Südens und der Dritten Welt, Arbeitslosigkeit, der Despotismus der Meinung, und das heißt des Vorurteils, dem die Medien Vorschub leisten, das Gesetz, wonach gut ist, was wirksam ist – all das ist nicht die Folge unterbliebener Entwicklung, sondern von Entwicklung selbst. Das ist der Grund, weshalb man nicht mehr wagt, von Fortschritt zu sprechen." Lyotard, Postmoderne für Kinder, 123.

44 „Welche Art von Denken wäre imstande, ‚Auschwitz' zu ‚annulieren', im Sinne des deutschen aufheben, indem man dieses Ereignis in einen allgemeinen, empirischen, sogar spekulativen, auf die universelle Emanzipation gerichteten Prozeß einordnet? Im Zeitgeist liegt eine Art Kummer. Er kann sich durch reaktive, sogar reaktionäre Einstellungen äußern, oder durch Utopien, aber nicht durch eine Orientierung, die positiv eine neue Perspektive eröffnen würde." Ebd., 102f.

45 Ebd., 45.

1.3.1. Auschwitz – ein Widerstreit

Lyotard entwickelt seinen postmodernen Ansatz auf der Grundlage einer Reflexion über Sprache und Wissen.
Auf der Ebene der Sprache stellt der Name „Auschwitz" einen Widerstreit dar. „Im Unterschied zu einem Rechtsstreit [...] wäre ein Widerstreit [...] ein Konfliktfall zwischen (wenigstens) zwei Parteien, der nicht angemessen entschieden werden kann, da eine auf beide Argumentationen anwendbare Urteilsregel fehlt [...]. Wendet man dennoch dieselbe Urteilsregel auf beide zugleich an, um ihren Widerstreit gleichsam als Rechtsstreit zu schlichten, so fügt man einer von ihnen Unrecht zu [...]. Ein Unrecht resultiert daraus, daß die Regeln der Diskursart, nach denen man urteilt, von denen der beurteilten Diskursart(en) abweicht."[46]
Jener Widerstreit um den Namen „Auschwitz" resultiert aus der Vernichtung vieler Dokumente, die das wahre Ausmaß der Vernichtung von Menschen hätten belegen und bezeugen können, und im fehlenden sprachlichen Konsens von Opfern und Tätern bezüglich der Wertung dieser Vernichtung. So leugnen „‚revisionistische Historiker'"[47] das Ausmaß der Tötung sogenannten „lebensunwerten Lebens", weil historische Dokumente mit Beweiskraft fehlen oder nur lückenhaft vorliegen, und deren Wertung als Verbrechen, bzw. zweifeln die Vernichtung als solche an. Aufgrund der defizitären dokumentarischen Beweislage kann dieser Streit nicht auf der Basis eines Rechtsstreites entschieden werden. Der Streit um die historische Evaluierung dessen, wofür der Name „Auschwitz" steht, läßt sich, nach Lyotard, nur als Widerstreit verstehen und darstellen.
„Der Widerstreit ist der instabile Zustand und der Moment der Sprache, in dem etwas, das in Sätze gebracht werden können muß, noch darauf wartet. Dieser Zustand enthält das Schweigen als einen negativen Satz, aber er appelliert auch an prinzipiell mögliche Sätze. Was diesen Zustand anzeigt, nennt man normalerweise Gefühl. ‚Man findet keine Worte' usw."[48] Die Deutung der Täter und die Deutung der Opfer, die sie dem Namen „Auschwitz" geben, lassen sich nicht in einer sinnvollen Satzkette miteinander verknüpfen. Also sind sie als Rechtsstreit nicht lösbar, weil dieser die vernünftige Verknüpfung von Sätzen einer Diskursart zur Voraussetzung hat. „Nicht ein Begriff resultiert aus ‚Auschwitz', sondern ein Gefühl, ein unmöglicher Satz, der nämlich den Satz der SS mit dem Satz des Deportierten verketten würde, oder umgekehrt."[49] Denn die nationalsozialistische Doktrin, daß jüdisches Leben seinem Wesen nach nicht-lebenswertes Leben sei, raubte den Opfern jegliche Form, sich zu dieser Aussage und der aus ihr resultie-

46 Ders., Der Widerstreit, 9.
47 Ebd., 106.
48 Ebd., 33.
49 Ebd., 179.

renden Vernichtungspraxis zu verhalten. Ihnen wurde das Recht abgesprochen, zwischen Leben und Tod zu wählen, sie konnten ihr Leben nicht freiwillig als Opfer geben, weil es ihnen nicht als selbstverfügbarer Besitz zugestanden wurde. „Der individuelle Name muß ausgelöscht werden (daher der Gebrauch von Kennummern), und auch der Kollektivname (Jude) muß ausgelöscht werden, und zwar so, daß kein Träger-Wir dieses Namens übrig bleibt, das den Tod des Deportierten in sich aufnehmen und verewigen könnte. Es muß also dieser Tod getötet werden, und das ist schlimmer als der Tod. Wenn nämlich der Tod vernichtet werden kann, so deshalb, weil es nichts gibt, das man zu Tode bringen könnte. Nicht einmal den Namen des Juden.“[50] „Das Schweigen, das den Satz *Auschwitz war ein Vernichtungslager* umgibt, ist kein Gemütszustand, sondern ein Zeichen dafür, daß etwas Ungeäußertes, Unbestimmtes zu äußern bleibt.“[51] Das Schweigen ist ein Zeichen, „daß etwas, das in Sätze gebracht werden muß, in den geltenden Idiomen nicht artikuliert werden kann“[52]. „Es gibt keine Versöhnung. Der Widerstreit oder die Widerstreite, die Auschwitz evoziert hat, lassen sich nicht versöhnen. Aber wir haben eine Verpflichtung: Zeugnis abzulegen vom Vergessen des Widerstreits (was nicht dasselbe ist wie Erinnern). Lyotard fordert auf, die Differenzen zu aktivieren und die Ehre des Namens ‚Auschwitz‘ zu retten.“[53]

1.3.2. Die Pluralität der Sprachspiele

Das Prinzip der Rationalität zerschellt an Auschwitz. Was dort geschehen ist, versagt sich rationaler Erfassung und eines vernünftigen sprachlichen Ausdrucks. In der Folge geraten alle Rationalitäten in den Sog einer grundsätzlichen Relativierung. Was hat nach Auschwitz noch Bestand im Angesicht der Indienstnahme der Vernunft zum Zwecke des entwürdigenden, entmenschlichenden Widervernünftigen?

Lyotard stellt fest, daß nur der Wert ökonomischer Effizienz scheinbar diesem Relativierungsprozeß nicht anheim gefallen ist. Die neokapitalistische Entwicklung der Ökonomie – Lyotard bezeichnet deren Trägerinnen als Techno-Wissenschaften – hält den Schein einer gelingenden Moderne aufrecht. Aus der Kritik der durch die neuen Informationstechniken sich wandelnden Gesellschaft und ihrer Wissensformen gewinnt Lyotard sein Verständnis der gegenwärtigen Zeit als einer postmodernen. Er entwickelt seine Gedanken in der Intention, sich zum

---

50 Ebd., 173f.
51 Ebd., 106.
52 Ebd., 105.
53 Lienkamp, Denken nach Auschwitz in der Philosophie Jean-François Lyotards, 133.

Diskurs -> Sprachspiel -> Regel, die eingehalten werden muß => Spieler sucht nach Überraschungsmomenten, um seiner Sicht der Dinge Ausdruck zu verleihen.

Anwalt all jener zu machen, die von Systemen gleich welcher Art um ihre Individualität geprellt oder gar um ihre Lebensgrundlagen gebracht werden.

Lyotards These setzt wiederum auf der Ebene der Sprache bei einer Untersuchung des Wissens ein: Die neuen Informationstechniken verändern das Wissen, sowohl was die Forschung, die Lehre, dessen soziale und ökonomische Funktion, als auch was seine Legitimation angeht. Die Tragweite dieses Vorgangs verdeutlicht Lyotard mit einem Gang durch die Geschichte des Wissens und der Versuche seiner Legitimation.

Unter Legitimation des Wissens versteht er jenen Prozeß, „in dem ein mit dem wissenschaftlichen Diskurs befaßter ‚Gesetzgeber' autorisiert ist, die genannten Bedingungen (im allgemeinen die Bedingungen der inneren Konsistenz und der experimentellen Verifikation) vorzuschreiben, damit eine Aussage Teil dieses Diskurses ist und von der wissenschaftlichen Gemeinschaft in Betracht gezogen wird"[54]. Jeder Diskurs gründet sich auf ein bestimmtes Sprachspiel. Jedes Spiel verlangt nach Regeln. Woher aber legitimieren sich diese Regeln? Lyotard macht vier Beobachtungen:

- Die Regeln haben „ihre Legitimation nicht in sich selbst […]", sie sind „Gegenstand eines expliziten oder impliziten Vertrages zwischen den Spielern"[55].
- „Ohne Regeln kein Spiel"[56]. Jede Regelveränderung verändert die Natur des Spiels. Wer außerhalb oder entgegen den Regeln spielt, verläßt das Spiel.
- „Jede Aussage muß wie ein in einem Spiel ausgeführter Spielzug betrachtet werden."[57]
- In diesem Sinne provoziert jeder sprachliche Spielzug die Reaktionen der Mitspielenden. Sie reichen von Gleichgültigkeit über Akzeptanz bis zu Widerspruch, Ablehnung und Kampf.[58] Das Moment des Kampfes trägt den Keim neuen Wissens in sich. Leicht wird ein Spieler zum Spielball der Sprechakte seines Mitspielers. Dieser will durch die Form und den Inhalt seines Sprechens bestimmte Reaktionen hervorrufen. Damit Sprechakte nicht zu „programmierte[n] Wirkungen in der Strategie des Gegners"[59] werden, sucht der Spieler nach Momenten der Überraschung, des Unerwarteten, um seiner Sicht der Dinge Raum zu schaffen.

---

54 Lyotard, Das postmoderne Wissen, 34.

55 Ebd., 40.

56 Ebd.

57 Ebd.

58 „[…] daß Sprechen Kämpfen im Sinne des Spielens ist und daß Sprechakte einer allgemeinen Agonistik angehören." Ebd.

59 Ebd., 58.

große Erzählungen – Wissenschaft: beide bestehen aus einer Menge von Aussagen (= Spielzüge von Spielern im Rahmen von Regeln) und sind gleichwertig

Keine Wissenschaft verfügt über evidente Wahrheiten und sich aus sich selbst legitimierende Erkenntnisse. Keine Wissenschaft kann und darf ihre Erkenntnismethode absolut setzen. Denn jede wissenschaftliche Disziplin ist für die Begründung ihrer Wissenschaftlichkeit und der Art ihrer Beweisführung auf Regelsysteme und Metasprachen angewiesen, die nicht aus ihren eigenen Prämissen ableitbar sind, im Gegenteil, die diese Prämissen erst ermöglichen und begründen. Welcher ‚Gesetzgeber' legitimiert diese Sprachspiele mit ihren Regeln? In einer vorwissenschaftlichen Gesellschaft findet das Subjekt seine Identität, die Gemeinschaft ihre Kultur als soziales Band und das Wissen seine Legitimation durch die sogenannten „Erzählungen". Überliefertes Wissen wird erzählt. Der Erzähler wird im Erzählen zu einem Teil dieses Wissens, indem er es durch sein eigenes Erleben verändert weitererzählt. Der Hörer wird dadurch, daß ihm erzählt wird, selbst zu einem Wissenden. Das Hören autorisiert ihn, zum Erzähler zu werden. Die Erzählung legitimiert sich in diesem Prozeß des Erzählt- und Gehörtwerdens. Solange die Erzählung erzählt, gehört und weitererzählt wird, ist sie legitimiert. Das Wissen differenziert sich nachneuzeitlich in eine Vielzahl von Einzelwissenschaften mit je eigenen Material- und Formalobjekten, eigenen Rationalitäten, Sprachspielen und Regelwerken.
Aussichtslos ist deshalb jedes Unterfangen, einen wissenschaftlichen, gesellschaftlichen oder kulturellen Konsens durch die sogenannten „großen Erzählungen" zu restaurieren. Es sind religiöse, ökonomische, philosophische, politische, ideologische, etc. Legitimationssysteme. Sie beanspruchen, das Gesamt der Wirklichkeit innerhalb ihres Systems umfassend und letztgültig deuten und erklären zu können. Ihre Zeit, sagt Lyotard, ist zu Ende. Nicht daß die „großen Erzählungen" nicht mehr erzählt werden dürften, noch daß sie ihre Gültigkeit verloren hätten oder ihren Wahrheitsanspruch nicht mehr artikulieren dürften. Ihren impliziten oder expliziten universalen Gültigkeitsanspruch – diesen stellt Lyotard in Frage. Nicht nur, weil das Faktum einer zersplitterten Welt einer einvernehmenden Deutung durch eine Erzählung widerstreitet. Den „großen Erzählungen" lastet vielfach das geschichtliche Erbe auf, daß sie mißbraucht wurden, um Machtansprüche totalitär durchzusetzen durch die Eliminierung oder Unterdrückung Andersdenkender im Namen eines höheren Ganzen. Die ein oder andere Erzählung gar duldet von ihrem Wesen keine Vielfalt und neigt von sich aus zur Ausprägung einer geistigen Monokultur. Umgekehrt gilt aber auch: „[...] die Parallelisierung der Wissenschaft zum nichtwissenschaftlichen (narrativen) Wissen [macht] verstehen, zumindest fühlen, daß die Existenz der ersteren nicht mehr und nicht weniger Notwendigkeit besitzt als die der zweiten. Die eine wie die andere besteht aus Mengen von Aussagen. Diese sind ‚Spielzüge', die von Spielern im Rahmen allgemeiner Regeln gemacht werden. Diese Regeln sind jedem Wissen eigentümlich, und die hier und dort als ‚gut' beurteilten Spielzüge können nicht,

oder nur zufällig, von derselben Art sein“[60]. Damit fällt der Anspruch etwa der Naturwissenschaften, Wissenschaften im eigentlichen und ausschließlichen Sinne des Wortes zu sein.

Delegitimierung der bisherigen Legitimationen von Wissen – das zeichnet die postmoderne Gesellschaft aus. Lyotard stellt fest, daß die „Keime der Delegitimierung und des Nihilimus [...] den großen Erzählungen des 19. Jahrhunderts [selbst] innewohnten“[61]. Nietzsche, sagt Lyotard, hat gezeigt, „daß der ‚europäische Nihilismus‘ aus der Selbstanwendung des wissenschaftlichen Wahrheitsanspruchs auf diesen Anspruch selbst resultiert“[62]. Denn jener Anspruch rekurriert auf Voraussetzungen, die er mit seinem eigenen Instrumentar nicht mehr beweisen kann, wie weiter oben ausgeführt. Die Folge: eine „Zerstreuung von Sprachspielen“[63]. „Man kann aus dieser Zersplitterung einen pessimistischen Eindruck gewinnen: Niemand spricht alle diese Sprachen, sie haben keine universelle Metasprache, der Entwurf des System-Subjekts ist ein Mißerfolg, der der Emanzipation hat mit der Wissenschaft nichts zu schaffen, man ist im Positivismus dieser oder jener vereinzelten Erkenntnis verstrickt, die Gelehrten sind Wissenschaftler, die Aufgaben eingeschränkter Forschung sind parzelläre Aufgaben geworden, die keiner beherrscht“[64]. Diesen Pessimismus teilt Lyotard nicht. Er konstatiert: Keine Wissenschaft findet Beweise für ihre Beweise, die in sich bewiesen wären. Die Wissenschaften „verdanken ihr Statut einer Sprache, deren Funktionsregeln selbst nicht bewiesen werden können, aber Gegenstand eines Konsens der Experten sind“[65]. „Das Prinzip einer universellen Metasprache ist durch das der Pluralität formaler und axiomatischer Systeme ersetzt, die geeignet sind, denotative Aussagen zu beweisen“[66]. Dadurch daß kein Wissen und kein Sprachspiel, gleich welcher Diskursart auch immer, beanspruchen kann, alleinig und letztverbindlich die Wirklichkeit zu beschreiben und zu deuten, wird der Weg zu einer postmodernen Gesellschaft bereitet, deren heterogene Pluralität sich in einer ebensolchen Heterogenität ihrer Beschreibungs- und Deutungsmuster spiegelt.
Diese postmoderne Gesellschaft sieht Lyotard, ausgelöst durch die globale Verbreitung der neuen Informationstechniken und der durch sie bewirkten Vernetzung, unter dem Primat des Kapitals stehend. Multinationale Konzerne lenken durch ihre Investitionen politische Entscheidungen und gesellschaftliche Entwicklungen.

---

[60] Ebd., 83.
[61] Ebd., 113.
[62] Ebd., 115.
[63] Ebd., 119.
[64] Ebd., 120.
[65] Ebd., 127.
[66] Ebd., 128.

Das Wissen findet sein Wahrheitskriterium weder im denotativen „wahr/falsch" noch im präskriptiven „gerecht/ungerecht", sondern im performativen „effizient/ uneffizient". Die Infomationstechniken schaffen eine Wirklichkeit, in der Effizienz höchster Wertmaßstab ist. Was eingegeben wird (input), das wird mit einem Mehrwert von der Maschine wieder ausgegeben (output). Wissen bedeutet Macht. Ein solch performatives Denken bildet ein stabiles System aus. Es kann nichts anderes herauskommen, als das, was eingegeben wurde. Die Explosion des Wissensstoffes resultiert aus der Verknüpfung von Gedanken, die bisher unverbunden waren oder als unvereinbar angesehen wurden. Der Wert des Wissens bemißt sich nach seiner Produktionskraft[67]. „Man kauft keine Gelehrten, Techniker und Apparate, um die Wahrheit zu erfahren, sondern um die Macht zu erweitern"[68]. Die Technisierung aller Lebensbereiche überträgt auf sie das Effizienzdenken. Mit Techniken bemächtigt man sich der Realität. „Indem man diese verstärkt, ‚verstärkt' man die Realität, also die Möglichkeiten, gerecht zu sein und recht zu haben. Und umgekehrt verstärkt man die Techniken umso mehr, als man über wissenschaftliches Wissen und die Autorität der Entscheidung verfügt"[69]. „So nimmt die Legitimierung durch die Macht Gestalt an. Diese ist nicht allein die gute Performativität, sondern auch die gute Verifizierung und das gute Urteil. Sie legitimiert die Wissenschaft und das Recht durch ihre Effizienz und diese durch jene."[70] Diese ökonomische Sicht prägt durch den Vormarsch der Informationstechniken die Lebenshaltung der Gesellschaft. Das Effizienzkriterium wird zum durchgängigen Maßstab aller Lebensbereiche. In der Konsequenz werden Werte, bemessen nach ihrer Effizienz für den gegenwärtigen Lebensentwurf, in ihrem Wertgehalt relativ und austauschbar.

Lyotard sieht in der Stärke des kapitalistischen Systems, in seiner Effizienz, zugleich seine Schwäche. Um effizient zu sein, trachtet das System danach, sich selbst zu stabilisieren und möglichst alle Unbekannten auszuschließen. Mit Blick auf die Quantenmechanik und Atomphysik stellt Lyotard fest, daß gerade dieses Unbekannte verstärkt ins Bewußtsein der Wissenschaft gerät. Die Techniken sollten dazu dienen, möglichst alles Unbekannte in Meßbares und damit Vorhersehbares zu überführen. Je genauer jedoch die Messungen wurden, desto größer wurde das Unbekannte. Von der Mathematik bis hin zu den klassischen Naturwissenschaften stoßen Wissenschaftler bei der Grundlagenforschung auf eine wachsende Zahl von nicht oder nicht genau meßbaren und vorhersehbaren Phänomenen. Lyotard verdeutlicht dies anhand eines einfachen Beispiels: „Man nehme die

67 „Das Wissen ist und wird für seinen Verkauf geschaffen werden, und es wird für seine Verwertung in einer neuen Produktion konsumiert und konsumiert werden: in beiden Fällen, um getauscht zu werden. Es hört auf, sein eigener Zweck zu sein, es verliert seinen ‚Gebrauchswert'." Ebd., 24.

68 Ebd., 135.

69 Ebd., 137.

70 Ebd., 138.

Aggressivität als Zustandsvariable eines Hundes: Ihr Wachstum ist eine direkte Funktion seiner Wut, der Kontrollvariable. Angenommen, diese sei meßbar, so drückt sie sich in einem Angriff aus, wenn sie eine Schwelle erreicht. Die Angst, als zweite Kontrollvariable, wird den umgekehrten Effekt hervorrufen und sich in Flucht ausdrücken, wenn sie eine Schwelle erreicht. Ohne Wut und Angst ist das Verhalten des Hundes neutral [...]. Wenn aber die zwei Kontrollvariablen zugleich steigen, werden die zwei Schwellen zur selben Zeit erreicht: Das Verhalten des Hundes wird unvorhersehbar, es kann plötzlich von Angriff zu Flucht wechseln und umgekehrt. Das System wird instabil genannt: Die Kontrollvariablen wechseln kontinuierlich, die des Zustandes diskontinuierlich.“[71]
Die Konsequenz: Die Wissenschaft sucht primär nach dem Unbekannten, nicht nach dem Sicheren; sie sucht als Erkenntnisquelle den Dissens, den Konsens strebt sie an, in dem Wissen, ihn nicht zu erreichen, allenfalls auf Zeit und lokal begrenzt; Wissen ist ihr eine flexibele Größe, nie unangefochtener Besitz; sie legitimiert sich durch kein Prinzip, auch nicht durch das der Performanz, sondern indem sie sich für das Unbekannte offenhält und bereit ist, ihr Wissen und dessen Grundlagen einem beständigen Prozeß der Veränderung zu unterziehen.[72]

1.3.3. Der Begriff der „Gerechtigkeit“

Lyotards Verständnis der Postmoderne ließe sich vorhalten, daß es sich selbst negiere. Ein werteloser, radikaler Pluralismus falle entweder in Beliebigkeit oder aber in Totalitarismus. Denn auch dem Menschenverachtenden müsse die gleiche Existenzberechtigung eingeräumt werden wie jeder anderen Haltung auch. Um dieser Selbstauflösung des postmodernen Ansatzes zu entgehen, führt Lyotard den Begriff „Gerechtigkeit“ ein. Unter Gerechtigkeit versteht er das Recht jeder Erscheinungsform des Pluralen, zu sein, unter der Bedingung, daß es Pluralität bejaht, anderes sein läßt. „Das Erkennen der Heteromorphie der Sprachspiele ist ein erster Schritt in diese Richtung [der Gerechtigkeit]. Es impliziert offenkundig den Verzicht auf Terror, der ihre Isomorphie annimmt und zu realisieren trachtet. Der zweite ist das Prinzip, daß, wenn es einen Konsens über die Regeln gibt, die jedes Spiel und die darin gemachten ‚Spielzüge‘ definieren, so muß dieser Konsens lo-

---

71 Ebd., 170.

72 „In ihrem [der Wissenschaft] Interesse für die Unentscheidbaren, für die Grenzen der Präzision, der Kontrolle, die Quanten, die Konflikte unvollständiger Information, die ‚Frakta‘, die Katastrophen und pragmatischen Paradoxa entwirft die postmoderne Wissenschaft die Theorie ihrer eigenen Evolution als diskontinuierlich, katastrophisch, nicht zu berichtigen, paradox. Sie verändert den Sinn des Wortes Wissen, und sie sagt, wie diese Veränderungen stattfinden kann. Sie bringt nicht Bekanntes, sondern Unbekanntes hervor. Und sie legt ein Legitimationsmodell nahe, das keineswegs das der besten Performanz ist, sondern der als Paralogie verstandenen Differenz.“ Ebd., 173.

kal sein, das heißt von gegenwärtigen Mitspielern erreicht und Gegenstand eventueller Auslösung."[73]
Gerechtigkeit, im Gegensatz zu Konsens, bejaht Pluralität, wahrt das Unbekannte, gewährt Raum dem Dissens, dem Quellpunkt von Erkenntnis. Gerechtigkeit in diesem postmodernen Sinn stellt einen höchsten Wert dar: ein Bekenntnis zur Vielheit und Unbegreiflichkeit der Wirklichkeit und des Lebens und eine Absage und Abwehr jeglicher Form von Terror, Totalitarismus und Diktatur. Da er nur eine formale Bedingung stellt, alles gelten zu lassen, was Pluralität bejaht, kann er auch nicht im Sinne der „großen Erzählungen" mißverstanden werden, weil er kein inhaltliches Kriterium zur Ver- bzw. Beurteilung des Vielfältigen bereithält.
Humanität wird, aus der Erfahrung von Auschwitz heraus, nicht mehr durch eine einende Idee, eine bestimmende Wertehierarchie, geschweige denn durch eine religiöse Überzeugung oder Ideologie gleich welcher Spielart garantiert, im Gegenteil, sie bilden für das Humanum, so Lyotard, die eigentliche Gefahrenquelle, wenn sie ihre Deutungen absolut setzen und zum wertenden Maßstab für andere Überzeugungen machen.

1.3.4. Postmoderne Ästhetik

In einer mannigfaltigen Welt zerstreuter Sprachspiele, von Kommunikationsversuchen im Widerstreit, eines unabsehbaren Horizontes vielfältigster Deutungen, sich auflösender (natur-) wissenschaftlicher Gewißheiten rückt im Dissens wissenschaftlicher Diskurse und subjektiver Wertung der Wirklichkeit das Nicht-Darstellbare in den Mittelpunkt des Interesses.
Postmoderne Ästhetik wäre dasjenige, „das im Modernen in der Darstellung selbst auf ein Nicht-Darstellbares anspielt; das sich dem Trost der guten Formen verweigert, dem Konsensus eines Geschmacks, der ermöglicht, die Sehnsucht nach dem Unmöglichen gemeinsam zu empfinden und zu teilen; das sich auf die Suche nach neuen Darstellungen begibt, jedoch nicht, um sich an deren Genuß zu verzehren, sondern um das Gefühl dafür zu schärfen, daß es ein Undarstellbares gibt"[74]. Lyotard versteht also die Postmoderne als Einlösung der Moderne. In ihrem Verzicht auf die großen, sinnstiftenden Erzählungen läßt sie Pluralität als solche unbewertet zu und löst so das Versprechen der Moderne nach umfassender Freiheit, Toleranz und Menschenwürde ein, wenngleich deren Umsetzung im Wi-

---

[73] Ebd., 191.
[74] Ders., Postmoderne für Kinder, 29.

derstreit unversöhnter Meinungen und Diskurse meist nur fragmentarisch sich verwirklicht.[75]

In ihrem Bemühen um die Darstellung des Nicht-Darstellbaren knüpft postmoderne Kunst an die Ziele der Avantgarde an. Diese erinnert die Moderne durch ihre Arbeiten daran, daß sie ihres eigentlichen Anliegens verlustig gegangen ist. Sie leistet, analog einer psychoanalytischen Therapie, ein „‚Durcharbeiten'"[76] all jener sinnverbergenden und entstellenden Schichten der Moderne, um sie zu ihrer eigentlichen Intention, allen Menschen Gerechtigkeit widerfahren zu lassen, zurückzuführen: „Du wirst verstehen, daß das ‚post-' von ‚postmodern' – so verstanden – keine Bewegung des *come back, flash back, feed back,* das heißt der Wiederholung bedeutet, sondern einen ‚Ana'-Prozeß der Analyse, Anamnese, Anagonie und Anamorphose, der das ‚ursprüngliche Vergessen' abarbeitet."[77]

Lyotard bezeichnet jene postmoderne, avangardistische Ästhetik eine Ästhetik des Erhabenen[78], anknüpfend an den Begriff des Erhabenen bei Kant. Dieser nennt als die Bedingung der Möglichkeit des Erkennens schlechthin, daß es immer auf die Absolutheit des Erkennens ausgerichtet sein muß. Die Vernunft erfüllt diese Bedingung, indem sie dem Verstand mit den drei transzendentalen Ideen – Ich, Welt und Gott – jenen Horizont des Absoluten und der Einheit aufspannt, der es diesem erst ermöglicht, die ungeordneten sinnlichen Erfahrungen nach seinen Kategorien hin zu ordnen und zu formen. Freilich sind jene Vernunftbegriffe reine Postulate, denen ein eigenständiges Sein aufgrund ihrer sinnlichen Nicht-Wahrnehmbarkeit nicht zugesprochen werden kann. Mittelbar lassen sie sich jedoch erfahren im Gefühl des Erhabenen. Es stellt sich ein in der Gleichzeitigkeit zweier gegensätzlicher Gefühlsregungen: als Lustgefühl, weil dem Menschen durch seine Vernunft eine Ahnung des Vollkommenen, Absoluten und Einen, das Wissen um mögliche Identität gegeben ist; als Unlust, weil jene transzendentalen Ideen nicht als solche unmittelbar erkannt werden können, weil ihnen keine adäquate sinnliche Erfahrung entspricht.[79] Lyotard sieht das Erhabene sich dann ereignen, „wenn die Einbildungskraft nicht vermag, einen Gegenstand darzustellen, der mit dem Begriff, und sei es auch nur im Prinzip, zur Übereinstimmung gelangen könnte. Wir verfügen zwar über die Idee der Welt (der Totalität dessen, was ist), aber wir haben nicht die Fähigkeit, von ihr ein Beispiel aufzuzeigen."[80] Die Ästhetik des Nicht-

---

75 „Ein Werk [der Kunst] ist nur modern, wenn es zuvor postmodern war. So gesehen bedeutet der Postmodernismus nicht das Ende des Modernismus, sondern dessen Geburt, dessen permanente Geburt." Ebd., 26.

76 Ebd., 105.

77 Ebd.

78 „Insbesondere scheint mir, daß in der Ästhetik des Erhabenen die moderne Kunst (einschließlich der Literatur) ihre treibende Kraft und die Logik der Avantgarden ihre Axiome finden." Ebd., 22.

79 Vgl. Wendel, Ästhetik des Erhabenen – Ästhetische Theologie?, 48–55.

80 Lyotard, Postmoderne für Kinder, 23.

Darstellbaren korrespondiert auf der Sprachebene mit jenem Schweigen, das im Widerstreit den Namen Auschwitz umgibt.

1.3.5. Zusammenfassung

Im Nachgehen des sprachphilosophischen Ansatzes Jean-François Lyotards wurde deutlich, daß es der Postmoderne, entgegen einem feuilletonistischen Gebrauch der Vokabel, nicht um eine verantwortungslose Beliebigkeit zu tun ist. Vielmehr will sie bewußt machen, welch gravierende Veränderungen das in Auschwitz manifest gewordene Scheitern der Moderne für die Gegenwart zeitigt: Eine umfassende Relativierung des Gültigkeitsanspruchs aller wissenschaftlichen Theorien, aller religiösen und ideologischen „Erzählungen" zugunsten einer konfliktreichen Pluralität als Bedingung der Möglichkeit, allen, besonders den Nichtprivilegierten und am Rande der Gesellschaft Stehenden, ein menschenwürdiges Leben zu garantieren. Eine dieser Option entsprechende Ethik bestreitet einen allgemeinverbindlichen Wertekanon. Statt dessen präferiert sie die Ausbildung einer moralischen Lebenshaltung, die Lyotard mit Gerechtigkeit beschreibt, dem Geltenlassen und Fördern all dessen, was plural ist und Pluralität bejaht, und so die Visionen und Optionen aller ernst nimmt. Von daher bestimmt sich auch die Aufgabe und Stellung der Kunst in der Postmoderne. Sie verwehrt sich einer Auflösung der Spannungen und Widersprüche einer pluralen Lebenswelt in Konsens, „gutem Geschmack" oder in den „großen Erzählungen", indem sie das Nicht-Darstellbare bezeugt und so das Individuelle dem Zugriff des Verallgemeinernden, Wertenden, letztlich (Ver-)Urteilenden, entzieht.

1.4. Zur Situation und Aufgabenstellung einer Theologie nach Auschwitz

Nach Auschwitz gilt jede legitimierende, sinnstiftende „Erzählung", im Sinne Lyotards, als korrumpiert. Jede „Erzählung" tendiert dazu, sich gegenüber anderen eine höhere Wertigkeit zuzusprechen. Gewinnt eine „Erzählung" eine beherrschende Position, werden, durch sie legitimiert, andersdenkende, -fühlende und -lebende Individuen, so jedenfalls die geschichtliche Erfahrung des vorigen Jahrhunderts, ausgegrenzt, in ihrer Entfaltung gehindert, womöglich sogar ausgemerzt. Die Option für radikale Pluralität erscheint als der einzig gangbare Weg nach dem Scheitern aller auf Einheit und Vereinheitlichung angelegten Systeme zur Humanisierung des Menschen.

Die Auseinandersetzung mit jenem umfassenden Scheitern des Menschen und des Menschlichen hat nach Auschwitz als das zentrale Thema jeder wissenschaftlichen Disziplin zu gelten, weil alle zumindest in ihren gesellschaftlichen Auswirkungen davon betroffen sind. Und die sich daraus ableitende Frage der Theologie: „wie denn überhaupt von Gott zu reden sei angesichts der abgründigen Leidensgeschichte der Welt, ‚seiner' Welt"[81]. Die „Gotteskrise"[82] erweist sich als die fundamentale Krise unserer Zeit. „Gewiß, für viele ist Auschwitz längst hinter dem Horizont ihrer Erinnerungen verschwunden. Aber den anonymen Folgen einer solchen Katastrophe entgeht niemand. Die theologische Frage nach Auschwitz heißt ja nicht nur: Wo war Gott in Auschwitz? Sie heißt auch: Wo war der Mensch in Auschwitz?"[83] Viele Überlebende haben sich das Leben genommen. „Offensichtlich sind sie an der Verzweiflung am Menschen gescheitert. Wie auch kann man an den Menschen oder gar – welch großes Wort in diesem Zusammenhang – an die Menschheit glauben, wenn man in Auschwitz erleben mußte, wozu ‚der Mensch' fähig ist? Nur wenige bringen die gegenwärtigen Humanitätskrisen mit Auschwitz in Verbindung, etwa die zunehmende Ablehnung allgemeinverbindlicher Werte und Deutesysteme, den Solidaritätsverfall, das anpassungsschlaue Sich-Kleinmachen, die zunehmende Weigerung, das Ich des Menschen mit moralischen Perspektiven überhaupt auszustatten usw. Sind das nicht auch alles Mißtrauensvoten gegen den Menschen und seine Moral? Es gibt eben nicht nur eine Oberflächengeschichte der Gattung Mensch, sondern auch eine Tiefengeschichte, und die scheint durch eine solche Katastrophe und die inzwischen nachfolgenden (wie im ehemaligen Jugoslawien) zutiefst verletzt."[84] Johann Baptist Metz diagnostiziert dem Christentum, es habe „seine Leidempfindlichkeit oder – theologisch gesprochen – seine besondere Theodizee-Empfindlichkeit, d.h. die Beunruhigung durch die Frage nach der Gerechtigkeit für die unschuldig Leidenden"[85] verloren. Über Ostern sei der Karfreitag und Karsamstag in Vergessenheit geraten.[86] Erlösungsgewißheit verführte dazu, Leid und Scheitern ihres Ernstes und ihrer Tragik zu entkleiden.

Aber „Auschwitz betrifft uns alle. Das Unbegreifliche an ihm sind ja nicht nur die Henker und ihre Erfüllungsgehilfen, ist nicht nur die Apotheose des Bösen in ihnen und nicht nur das Schweigen Gottes. Unbegreiflich, manchmal noch irritierender ist das Schweigen der Menschen: das Schweigen all derer, die zugeschaut

---

[81] Metz, Theodizee-empfindliche Gottesrede, 82.

[82] Ebd.

[83] Ebd., 101.

[84] Ebd., 102.

[85] Ebd., 86f.

[86] „Vermutlich haben wir zuviel reine Ostersonntagschristologie und zuwenig Karsamstagschristologie. Uns sind in der Christologie [...] der Weg und die Zeit zwischen dem Karfreitag und dem Ostersonntag abhanden gekommen. Ich finde, die Karsamstagsatmosphäre muß auch innerhalb der Christologie selbst erzählt werden." Ebd., 84f.

oder weggeschaut und dadurch dieses Volk [das der Juden] in seiner Todesnot einer unsagbaren Einsamkeit ausgeliefert haben.“[87]
Christentum und christliche Theologie stehen nach Auschwitz in dem Sinne unter dem Verdacht der Ideologisierung, daß ihr erkenntnisleitendes Interesse das Scheitern der Moderne nicht wahrnimmt/wahrnehmen will oder nur so rezipiert, daß die Radikalität der Frage nach dem christlichen Gott und der Glaubwürdigkeit der Christen nicht oder, wenn überhaupt, dann nur unzureichend zugelassen wird. Wie können Theologen dafür sensibilisiert und dazu ermutigt werden, sich den Folgen der Katastrophe von Auschwitz zu stellen und eine Theologie nach Auschwitz zu entwerfen, die deutlich von den Stigmata des Scheiterns der Kirche und ihrer Glieder gezeichnet ist? Ein möglicher Weg dahin ist das Wahrnehmen der künstlerischen Auseinandersetzung mit Auschwitz und dessen Folgen. In George Tabori findet die Theologie einen profilierten Gesprächspartner. Seine Person, sein Werk und seine Theaterarbeit sind Gegenstand unseres literarischen Fallbeispieles.
Vielerlei Gründe spechen für diese Wahl:

- Tabori, der Geburt nach Jude, dem religiösen Bekenntnis nach ein Nicht-Glaubender, wächst in der mehrheitlich christlichen Umgebung Budapests auf. Er ist vertraut mit der Geschichte, den Riten, den biblischen Erzählungen und wichtigen theologischen Begriffen beider Religionen. Seine Werke weisen eine Fülle biblischer und religiöser Bezüge auf. Sein literarisches Schaffen ist bestimmt und durchdrungen von der Auseinandersetzung mit Auschwitz. Dort verlor er den größten Teil seiner Familie. Seine Stücke über den Holocaust wirken auf das deutsche Publikum anstößig und zugleich befreiend aus einer Sprachlosigkeit über die Schrecken von Auschwitz.
- Tabori stellt sich in ihnen der Problematik einer Welt nach Auschwitz in ihrer Pluralität der Lebenseinstellungen, ihrer Indifferenz der Sprachspiele und ihrer Bewußtheit des Gescheitert-Seins und des Scheitern-Werdens.
- Mit der Postmoderne teilt Tabori das Ringen um die Aussagbarkeit des Humanum nach dem Holocaust. Die Theologie vermag in ihm einen Gesprächspartner zu finden. Umgekehrt darf der Theologe durch die biblischen und religiösen Bezüge in seinem Werk sich ermutigt wissen, die Sprache des Literaten auf Gott und den Sinn menschlichen Lebens hin zu befragen.
- Taboris Vielseitigkeit und sein kosmopolitischer Lebensstil wecken zudem Assoziationen zu postmodernen ‚Patchwork-Biographien‘. Ohne daß er sich als postmoderner Literat verstünde, spiegelt sich die Problematik der Postmoderne in der Person und im Werk George Taboris.

---

[87] Ders., Jenseits bürgerlicher Religion, 29.

Kapitel 2

George Tabori – Biographie und Werk

Ein Leben zwischen Auschwitz und Postmoderne

2.1. Die Quellenlage

„George Taboris Lebenswerk ist im Grunde ein einziges Anekdotikum: die künstlerische Neuzusammensetzung des zuvor zerkleinerten Lebens, das – zerstoßen in lauter Anekdoten, zerschrotet zu lauter Beispielgeschichten, immer mit einer Pointe und einer Moral – dem Werk als Material dient. Taboris Werk konstituiert sich, genauer: collagiert sich, aus den Witzen, in die seine Lebenserfahrungen zuvor zerstoben sind."[88] Fragmentarisch und anekdotenhaft mutet erst recht das biographische Material zu Person und Lebensgeschichte Taboris an: Eine große Zahl an Interviews, Zeitungs- und Zeitschriftenartikeln bergen Informationen aus seinem Leben. Eine umfassende Biographie, die wissenschaftlichen Ansprüchen genügte, wurde bis heute noch nicht vorgelegt, was um so erstaunlicher ist, als Tabori geradezu als Ikone der deutschsprachigen Theaterlandschaft gilt.[89] Es fällt auf, daß das, was er zu sich selbst preisgibt, von seinen Gesprächspartnern, Rezensenten und den über ihn schreibenden Autoren in der Regel kommentarlos wiedergegeben wird. Eine Fülle von Artikeln wiederum verarbeitet das dort Niedergeschriebene weiter. Dem interessierten Leser bietet sich so ein weitgehend homogenes Geflecht von Selbst- und Fremddarstellungen zur Person Taboris dar, aufeinander verweisend und sich gegenseitig bestätigend. Sie konvergieren in dem augenfälligen Interesse, Tabori als ‚authentischen' Menschen zu zeigen. Einerseits leistet er durch seine Auftritte und Selbstdarstellungen dieser Ikonographie seiner Person Vorschub, andererseits konterkariert er sie durch Selbstironie.[90] Ganz im Gegensatz zur großen Anzahl kleinerer Artikel steht die kärgliche Auswahl an wissenschaftlicher Literatur, jedenfalls im deutschen

---

88 Löffler, Gefunkel und Geflunker, 18.

89 „[...] die biographischen Informationen über Tabori lassen sich nach dem gegenwärtigen Stand der Forschung nicht zu einer soliden Biographie fügen. Jeder Versuch, sie durch Selbstaussagen Taboris zu unterfüttern, setzte sich der Gefahr aus, seiner anekdotischen Erinnerungsweise und suggestiven Lakonik aufzusitzen, die Fakten und Fiktion untrennbar ineinander verwebt." Strümpel, Vorstellungen vom Holocaust, 10f.

90 Vgl. Pott/Schönert, Tabori unter den Deutschen, 346–377.

Sprachgebiet: Drei gewichtigen Aufsatzsammlungen[91] und einer detaillierten Dissertation[92] stehen eine grobrastige Analyse der Rezeptionsgeschichte der Werke Taboris im deutschsprachigen Raum[93] und eine mehr paraphrasierende denn analysierende Promotionsarbeit[94] gegenüber.[95] Ein Grund für diese magere Ausbeute mag in dem Originären und Originellen der Theaterstücke Taboris zu suchen sein, die, wie wir später beim Gang durch drei seiner Stücke sehen werden, Befremden auslösen, den Zuschauer/Leser in einen Zustand chronischer Verwirrung und Desorientierung stoßen und deshalb einer Analyse schwer faßlich sind. Sein Werk und auch in weiten Teilen seine Theaterarbeit ist ein Unicum und über weite Strecken ein Fremdkörper in der theatralen und literarischen Landschaft geblieben.
Die nachfolgende Skizze zeichnet ein grobrastriges Bild vom Leben und literarischem Schaffen Taboris. Sie orientiert sich an drei großen Lebensabschnitten, konzentriert sich auf die Theaterarbeit und reichert das Datenmaterial mit jenen Anekdoten an, die für Taboris Darstellung seiner selbst so charakteristisch sind. Das erzählerische Werk wird anschließend kurz vorgestellt.

2.2. Eine Skizze der Biographie und Bibliographie Taboris

2.2.1. Die erste Periode (1914–1946)

Geboren wird George Tabori in Budapest am 24. Mai 1914, das Jahr, in dem der Erste Weltkrieg ausbrach. Elsa Tabori, seine Mutter, Kornél, sein Vater, ein Journalist, sein älterer Bruder Paul – der engste Familienkreis. Das Elternhaus ist liberal, jüdische Identität wird nicht über religiöses Bekenntnis vermittelt.

> „Ich wurde in Budapest wie ein Katholik unter Katholiken erzogen [...], das ist schon sehr komisch, wenn man mit sieben Jahren erfährt, daß man Jude ist.“[96]

Der Vater beschäftigte sich, kurz nach dem Zusammenbruch der Monarchie, ...

> „[...] mit sozialen Fragen. Er drehte Filme über Slums und die Flüchtlinge aus den verschiedenen Teilen der Monarchie. Er hielt auch Vorträge. Ich erinnere mich, als ich etwa vier Jahre alt war, da hatte er in einer Vorstellung Dias aus dem Armenviertel von Budapest gezeigt. Ich saß in der Ehrenloge neben dem Erzbischof von Ungarn, und bevor es diese furchtbaren Bilder zu sehen gab, hatte mein Vater eine

---

91 Höyng (Hrsg.), Verkörperte Geschichtsentwürfe; George Taboris Theaterarbeit. – Bayerdörfer/Schönert (Hrsg.), Theater gegen das Vergessen,. – Arnold (Hrsg.), George Tabori.

92 Haas, Das Theater des George Tabori.

93 Guerrero, George Tabori im Spiegel der deutschsprachigen Kritik.

94 Ubermann, Auschwitz im Theater der „Peinlichkeit“.

95 Das erst wenige Wochen vor der Fertigstellung dieser Arbeit erschienene Buch von Jan Strümpel, *Vorstellungen vom Holocaust*, konnte für unsere Belange nicht mehr berücksichtigt werden.

96 Tabori. In: Hensel, Aus Katastrophen etwas Hilfreiches machen.

Filmklamotte gezeigt. Es war eine Mischung aus Humor und Grauen. Die Menschen haben sehr gelacht und waren sehr betroffen, als man Bilder von Kindern sah, die von Ratten gebissen wurden. Der Erzbischof drehte sich zu mir um und sagte: ‚Das Problem mit deinem Vater ist, mein Junge, er kann sich nicht entscheiden, ob er uns zum Weinen oder zum Lachen bringen soll.' Für mich war es irgendwie klar, es ist so in meinem Kopf, und gewissermaßen bestimmt diese Ambivalenz auch meine Dramaturgie."[97]

Später wird dem Sohn in seinem literarischen Schaffen jener schwarze Humor geradezu zum Markenzeichen einer Existenzbewältigung nach Auschwitz.
Der Vater prägte das Leben des jungen George entscheidend. Eine Begabung für den Umgang mit der Sprache wird schon früh sichtbar, ebenso zeichnet ihn ein Charakterbild aus, das ihn seinen Mitmenschen angenehm macht:

> „[...] ich war in der Familie der Sonnyboy. Mein Bruder, der sechs Jahre älter war, kränkelte dauernd, begann erst sehr spät zu sprechen und wurde verprügelt. Ich habe schon mit eineinhalb Jahren sehr schön gesprochen, trug Gedichte vor und wurde geliebt. Ich war der Günstling, den alle mochten."

Als drei- oder vierjähriger besucht er eine Zirkusvorstellung. Eine Artistin stürzt sich zu Tode.

> „Für Jahre dachte ich, jeden Abend ist das so, jeden Abend kommt eine schöne Frau, klettert hoch aufs Trapez, verbeugt sich, lächelt, geht los – und fällt herunter. Also das Existentielle, das Wahre – die echte Tragödie, die eigentlich das Theater nur umsetzen kann, diese Utopie blieb in mir."[98]

Sein Bruder Paul geht als Student nach Berlin und weckt durch seine Berichte von dort in George das Interesse am Theater.

> „Meine ersten literarischen Vorbilder waren der *Zauberberg* und Kafkas *Verwandlung* [...]. Aus Berlin zurückgekehrt, übersetzte mein Bruder Morgenstern, Wassermannn, Zweig und machte auch mich zum Übersetzer, ich war kaum 15 Jahre alt [...]. Mit 16 schrieb ich ein Libretto für meinen Onkel Zoltán, den einzigen schlanken Wagner-Tenor in Europa; [...]."[99]

George Tabori verläßt Ungarn 1932 während einer großen Rezession Richtung Berlin.

> „Als sie [Tante Piroschka] in jenem häßlichen November im Jahre 32 erfuhr, daß ich in Berlin studieren wollte, wedelte sie mir mit dem ‚Nathan' [G. E. Lessing, Nathan der Weise] vorm Gesicht und sagte: ‚Wenn dieses Stück nicht wäre, würde ich dich nicht nach Deutschland gehen lassen, ich würde mich vor deinen Zug schmeißen', sie neigte zu Übertreibungen [...]."[100]

---

97 Ders. In: von Becker, Diese große Lebensreise, 8.
98 Beide Zitate: Ders. In: von Becker, Diese grosse Lebensreise, 8.
99 Ders., Wenn die Leute vom Theater reden ..., 26.
100 Ders., Unterammergau, 34.

„Ich sollte ins Hotelfach."

Sein Vater hatte diesen Plan für ihn gefaßt. Im Hotel „Hessler" gab es ...

„[...] ein Künstlercafé. Dort hatte ich alles gemacht: Aschenbecher geputzt, ich war Kellner und Koch, nicht sehr gut übrigens. Im Bierzapfen war ich absolut hoffnungslos [...]. Ich war sehr jung und sehr grün, und Politik hatte mich nicht besonders interessiert. Berlin war sehr faszinierend für jemanden, der aus einer kleinen Stadt kommt. Die Zeit war sehr apokalyptisch"[101].

1933, George Tabori arbeitet als Kellner in einem Berliner Café. SS-Leute schikanieren ihn ob seiner jüdischen Herkunft. Bei einer Hure macht er sich abends Luft. Man hat ...

„[...] mich in eine Rolle gedrängt, die ich immer abgelehnt habe zu spielen, wenn ich die Besetzung nicht selbst wählen durfte"[102].

„Hör zu, Ingeborg, nur ich entscheide, wann ich mich als Jude fühlen und als solcher behandelt werden will, niemand anderes wird das entscheiden, nicht die gesamte Scheiß-SS, nicht dein Scheißführer, nicht mal mein bekloppter Onkel Moritz, der mich auf die Toilette zu schleifen pflegte, um dort die Begegnung mit Gott zu üben, eines Tages, an der Klagemauer."[103]

Nach Hitlers Machtergreifung kehrt Tabori nach Budapest zurück.

„Ich war dabei, in der Wilhelmstraße. Alle gingen hin. Es gab eine große Fackelparade vor der Reichskanzlei. Ich habe auch Hitler gesehen, dort am Fenster, von wo er herabwinkte. Die Leute jubelten. Mir schien er sehr einsam, nur leid hat er mir nicht getan [...]. Doch das Entscheidende war, die meisten Leute, auch ich, wußten nicht, was dies eigentlich bedeuten konnte. Es wird den Deutschen immer vorgeworfen, warum sie es nicht früher verhindert oder gewußt hätten [...] – Die Menschen haben grundsätzlich nichts gewußt."[104]

Er tritt in die Fußstapfen seines Vaters und wird Journalist. 1935 folgt er dem Bruder ins Exil nach London. Seine Familie bleibt in Ungarn. 1939 wird er als Berichterstatter nach Budapest geschickt, von dort nach Sophia ...

„[...] als Korrespondent der letzten liberalen Zeitung in Budapest"[105].

„Meine Eltern wohnten in Budapest, wo es zu Anfang des Krieges für Juden noch nicht so gefährlich war. Andere Familienmitglieder waren in der Tschecheslowakei und in Rumänien, zwei Onkel in Zagreb [...]. 1941 ist mein Vater überall hinge-

---

101 Ders. In: von Becker, Zeuge des Jahrhunderts, 248 f.
102 Ebd.
103 Ders., Unterammergau, 33.
104 Ders. In: von Becker, Diese große Lebensreise, 9.
105 Ders. In: von Becker, Zeuge des Jahrhunderts, 249.

> fahren, hat sie gesammelt und nach Ungarn geholt. Eine Zeitlang haben in unserer kleinen Wohnung zwanzig Leute gelebt.“[106]

George, in der Zwischenzeit britischer Staatsbürger, wirkt im Nahen Osten als Kriegsberichterstatter.

> „1941 habe ich ihn [den Vater] aus Istanbul angerufen und nur so beiläufig gesagt, er solle mich doch mit der Mutter besuchen kommen. Also ich habe ihn nicht gedrängt. Das habe ich mir nie ganz verziehen. Ich habe die Lage harmloser dargestellt, als sie war.“[107]

Die Tätigkeit der beiden Söhne im Exil gefährdet zunehmend auch das Leben der Daheimgebliebenen. Der Vater wird 1941 zum ersten Mal verhaftet. Nach seiner zweiten Internierung kam er ...

> „[...] in verschiedene Lager und Gefängnisse.“[108]

1942 wird Tabori als Leutnant der britischen Armee in den Nahen Osten versetzt. In Jerusalem heiratet er seine erste Frau, Hannah Freund.
1944 – der Vater wird verhaftet, deportiert, vergast.

> „Eine kleine illegale Bewegung wollte meinen Vater befreien. Er weigerte sich, denn er fragte, was mit den anderen 1200 Menschen, die noch im Lager waren, sei. 1944 war er dann wohl in dem letzten Transport, der aus Ungarn nach Polen ging, und so ist er in Auschwitz umgekommen.“[109]

> „Er war in einem ehemaligen Schulgebäude eingesperrt; während die anderen dalagen und zu schlafen versuchten, blieb er die ganze Nacht in einem Stuhl wach und paßte auf die anderen auf, deckte sie zu, tröstete die, die in einem Alptraum lagen.“[110]

Fast schon legendär wird jener Ausspruch Kornél Taboris tradiert, mit dem er die Gaskammer betrat – ein Zeichen seiner ungebrochenen Würde als Mensch:

> „[...] zwei Zeugen erzählten mir von seinem letzten Gang in die Gaskammer, wie er freundlich zu jemandem hinter ihm sagte: ‚Nach Ihnen, Herr Mandelbaum.‘ Auf seiner letzten Postkarte an meine Mutter bat er sie um ein Paar weiße Handschuhe; er hatte ein Ekzem.“[111]

1994 besucht sein Sohn George Auschwitz auf Spurensuche nach dem ermordeten Vater.

---

106 Ders. In: Müller, „Ich habe mein Lachen verloren“.
107 Ebd.
108 Ders. In: von Becker, Diese große Lebensreise, 9.
109 Ebd.
110 Ders., Auschwitz-Lüge.
111 Ebd.

> „Ich habe ihn gesucht auf den vergrößerten Fotos, die die Menge zeigten, die darauf wartete, vergast zu werden; er war nicht da. Ich habe nach ihm gesucht zwischen den stillen roten Häusern [...]; er war nicht da [...]. Wo war er? Jahrelang hatte ich diese Phantasie [...], daß ich ihn dort treffen würde: Er wird plötzlich aus einem dieser Gebäude auftauchen, [...] und er wird sagen:,Wie geht es dir?' Ich habe nach meinem Vater gesucht, einfach, um mich zu entschuldigen für die Jahre meiner Unfähigkeit zu trauern, und nicht nur um Vergebung zu bitten, sondern um seine Liebe."[112]

Tabori quält das Schuldempfinden der Überlebenden:

> „Ich fühlte mich schuldig als Überlebender, den Toten gegenüber. Ich hatte ein verhältnismäßig leichtes Leben im Krieg. Ich habe wenig gelitten [...]. Erst nach dem Krieg ist mir bewußt geworden, welchem Schrecken ich [...] entkommen war."[113]

Daß er den Vater nicht dringlicher genötigt habe, sich und die Seinen in Sicherheit zu bringen, den Grund hierzu erkennt er rückblickend in der bis dahin ungeklärten Frage nach seiner Identität:

> „Ich habe das Jüdische in mir bis zu einem gewissen Zeitpunkt verdrängt: Es gab auch in Ungarn schon vor dem Krieg Antisemiten: Ich habe nicht hingesehen. Ich wollte selbst bestimmen, wann ich mich als Jude fühle, wann nicht [...]. Spätestens nach Auschwitz mußte ich mich mit der Tatsache, daß ich Jude bin, auseinandersetzen."[114]

Auch seiner Mutter werden die Nazi-Schergen habhaft. Durch eine Verkettung geradezu unglaublicher Ereignisse wird sie vor der Deportation bewahrt und kann untertauchen.
Die schreckliche Bilanz am Ende des Krieges:

> „So ungefähr achtzig Prozent meiner Familie sind in den Lagern umgekommen."[115]

Der achtzigjährige Tabori auf die Frage, was er fühle, wenn er heute an diese Ereignisse denke:

> „Ich fühle Schmerz."

Der Interviewer setzt nach: „Nicht auch Haß auf die Mörder?

Tabori antwortet:

---

112 Ebd.
113 Ders. In: Müller, „Ich habe mein Lachen verloren".
114 Ebd.
115 Ders. In: von Becker, Diese große Lebensreise, 9.

> „Nein.“[116]

In *Mutters Courage* warnt Elsa Tabori – ein deutscher Offizier hatte sie vor der Deportation bewahrt – ihren Sohn:

> „Hüte dich davor, deinem Feind in die Augen zu sehen, mein Schatz, es könnte sein, daß du aufhörst, ihn zu hassen, und somit die Toten verrätst.“[117]

Der mordende Nationalsozialist wird für Tabori dennoch nicht zum typischen Bild für den Deutschen schlechthin.

> „[...] ich könnte den Faust, den Kleist, den Heine, den Böll, die Liste ist endlos, nicht mit dem Himmler in einen teutonischen Topf stecken, nur weil sie alle Heinrich hießen.“[118]

Wie lebt es sich, nach eigenem Bekunden, als Angehöriger von Opfern ohne Haß auf die Täter?

> „Ich mag diese Paradejuden nicht, die einen Lebensinhalt aus dieser Frage [ob es heute noch Nazis gebe oder nicht] machen. Ich mag diese Leute nicht, die sagen, hier sind die Juden und auf der anderen Seite die bösen Deutschen. Ich habe das nie so empfunden, auch während des Krieges nicht. Das kann ein Fehler sein.“[119]

Fixieren auf Schuld beseitigt nicht das geschehene Unrecht, es vermehrt es:

> „Wer immer wieder in den sogenannten Schuldgefühlen der Deutschen rumbohrt, ist dumm. Leute, die sich schuldig fühlen, sind gefährliche Leute. Unvermeidlich fangen sie an, Schlimmes mit den Leuten zu machen, gegen die sie Schuldgefühle haben. Das ist auch im Privatleben so. Ein Mensch verdrängt nicht, weil er feige ist, sondern weil es weh tut.“[120]

> „Ich kann Menschen nicht pauschal begegnen. Es gibt nicht so etwas wie ‚die Deutschen‘[...], einem jeden muß ich persönlich begegnen, alles andere ist für mich das Böse und eine Lüge.“[121]

Aus Tabori ist durch die Ereignisse um Auschwitz herum ein Grenzgänger, ein Kosmopolit, ein Fremder in einer Heimat auf Zeit geworden, wie er sich selbst beschreibt:

> „Ich habe meine Heimat verloren in den dreißiger Jahren, als ich weg mußte – mehr oder weniger. Dadurch mußte ich Ersatzheimaten finden. Und das habe ich

---

116 Ders. In: Müller, „Ich habe mein Lachen verloren“.
117 MC 312.
118 Tabori, Dieses peinliche Wort: Liebe.
119 Ders. In: Müller, „Ich habe mein Lachen verloren“.
120 Ders. In: Michaelsen, George Tabori & Claus Peymann.
121 Ders. In: von Becker, Diese große Lebensreise, 14.

> auch. Ich fühle mich ebenso zu Hause oder nicht zu Hause in New York wie in Berlin, London, wo ich lange lebte, oder in Wien, aber ich empfinde das als keinen Verlust mehr. Ich finde meine Heimat sind meine Freunde, meine Bücher, meine Frau, mein Hund, meine Muse [...]. Aber die größerern Begriffe der Heimat, die manche Leute jetzt wieder zelebrieren – damit habe ich nichts zu tun, will ich ja auch nicht [...]. Wir sind ja alle Flüchtlinge, Fremde. Wir sind alle Ausländer auf dieser Welt."[122]

Ende 1943 kehrt er nach London zurück. Durch glückliche Zufälle kommt er aus gefährlichen Situationen immer wieder mit dem Leben davon.
„‚Don't push the river it flows', ist der Satz, den der junge Tabori von Fritz Perls, dem Begründer der Gestalttherapie, übernahm [...]. Eine Lebenshaltung, die er sich aneignete:

> „Es war in London, 1945, als die V1- und V2-Bomben kamen: Eines Morgens ging ich zum Bäcker. Ich blieb stehen, weil sich meine Schnürsenkel gelöst hatten. Ich sah noch einen Bus kommen. Dann fiel die Bombe und beide waren weg: Bus und Bäcker. Damals entwickelte ich die Theorie: Die Bomben haben deine Nummer – oder sie haben sie nicht. Da kannst du dich verstecken, wo du willst."[123]

> „Ich glaube, Gott steckt im Zufall. Es war zufällig, das ist das schöpferische Prinzip für mich."[124]

1945 fliegt er zum ersten Mal in die Vereinigten Staaten. Eine seiner Kurzerzählungen wurde verfilmt. Nach drei Monaten kehrt er nach London zurück.

2.2.2. Die zweite Periode: 1947–1970

Von England zieht es ihn in die Vereinigten Staaten von Amerika. Tabori geht ...

> „[...] für drei Monate dort hin und blieb 22 Jahre in Amerika, von 1947 bis 1970 [...]. Für zwei Wochen fand ich Hollywood faszinierend"[125].

„George Tabori lebte ab seinem dreiunddreißigsten Lebensjahr beinahe ein Vierteljahrhundert in beiden Städten [New York und Los Angeles], vor allem in New York, wo er – mit Unterbrechungen – [...] unterschiedlichste Projekte anging und manche realisierte."[126]

---

122 Ders. In: von Becker, Zeuge des Jahrhunderts, 256.
123 Ders. In: Fritsch, Bomben haben deine Nummer.
124 Ders. In: von Becker, Diese große Lebensreise, 14.
125 Ders. In: von Becker, Zeuge des Jahrhunderts, 250.
126 Peter Höyng „Car, radio, blonde wife, good address, job with big business", 18.

Drehbuchautoren werden gesucht[127]. Tabori liefert Drehbücher. Korda, Litvak, Losey, Hitchcock verfilmen sie. Was für sein Empfinden auf der Strecke bleibt: die eigene künstlerische Aussage.

> „Ich glaube, es war meine Enttäuschung oder mein Schamgefühl, als ich sah, was Hitchcock oder andere machten [...]. Die Utopie war immer, daß man in diesem System [der Produktionsgesellschaften und Studios] etwas machen kann. Und das war illusorisch. Es ist eigentlich fast nie gelungen.“[128]

Selbst so bekannte Filme wie *I confess* (1952), *The Journey/Die Reise* (1958) *und North by Northwest/ Der unsichtbare Dritte* (1959), zu denen er die Drehbücher schrieb, finden im Nachhinein wenig Gnade in seinen Augen. Im Rückblick verwirft er jene Produkte der Filmindustrie, an denen er mitgewirkt hatte, weil seine ursprünglichen Intentionen mehr oder weniger von den gängigen Hollywood-Klischees verfremdet worden seien. Mit Thomas Mann und Zoltan Korda besprach er die Möglichkeiten einer Verfilmung des *Zauberberg*, von dem er in seiner Jugend so fasziniert war. Das Projekt kam nicht zustande. Entgegen dieser später getroffenen Bewertung seiner Arbeit als Drehbuchautor hält Michael Töteberg fest, daß Tabori sich selbst um eine Arbeit in Hollywood intensiv bemüht hatte, sich in das lukrative Geschäft der Filmproduzenten einspannen ließ und dabei gutes Geld verdiente. „In Wahrheit bedeutete der Umzug [nach Amerika] das Ende einer literarischen Karriere, ohne daß es Tabori gelang, sich auf vergleichbarem Level in der US-Filmindustrie zu etablieren [...]. Andererseits paßte sich der Schriftsteller Tabori rasch dem amerikanischen System an: Er skizzierte Plot und Personen, schrieb ein Exposé und suchte für den Stoff einen Auftraggeber. Kam es nicht zum Vertragsabschluß oder stieß das Projekt danach auf Schwierigkeiten [...], wurde es von Tabori nicht weiterverfolgt. Damit gab er seine Position als freier Autor auf und machte sich abhängig von Auftraggebern, unterwarf schon im Entstehungsstadium seine literarische Arbeit den Gesetzen der Filmindustrie.“[129]
Er kennt sie alle, die Stars jener Zeit:

> „Mit Chaplin war ich befreundet, Brecht war für mich wichtig, weil ich durch ihn zum Theater kam. Die Garbo hatte, als ich sie traf, ihre Glanzzeit schon hinter sich. Aus Angst vor Falten klebte sie sich Pflaster über die Stirn. Auf einer Geburtstagsparty bin ich einmal nach ihr auf die Toilette gegangen. Sie hatte vergessen herun-

---

127 „1947 [...] erhielt er [Tabori] von der amerikanischen Filmgesellschaft MGM eine Einladung für drei Monate nach Hollywood. Er folgte ihr aus Neugier, er fühlte sich als Romanschreiber, und mit Film oder Theater hatte er nichts im Sinn. Es waren drei Monate mit Villa, Auto und reichlichen Spesen, er genoß es und fühlte sich frei von jeglicher Verpflichtung. Als er nach England zurückkehren wollte, machte man ihm klar, daß er nicht ausreisen durfte, ehe er die Steuern für das Luxusleben bezahlt hatte. Man hatte ihn überlistet, er brauchte nun einen Job, er mußte Drehbücher schreiben.“ Hensel, Aus Katastrophen etwas Hilfreiches machen.

128 Tabori. In: Witte, „Kasperl, Käfig und Kommerz“.

129 Töteberg, Auf dem Markt der schönen Lügen, 40.

terzulassen. Das hat mich schockiert. Ich war damals noch ziemlich bürgerlich. Tennessee Williams lernte ich später kennen [...].“[130]

„Thomas Mann war wohlhabend, Feuchtwanger war sehr wohlhabend, Schönberg hatte eine Professur gehabt, aber niemand außer zwei Leuten wußte, wer er ist und wie wichtig er war [...]. Mit Brecht hatte ich kaum direkten Kontakt [...]. Hitchcock ist ein großzügiger, lieber, witziger, ganz böser Mensch gewesen [...]. Der Unterschied zwischen der Rolle Chaplins als der Tramp und ihm persönlich war sehr groß. Im Privatleben war er wie ein Diplomat, immer sehr elegant, im Nadelstreifenanzug, und sprach sehr King's English, also hat er seine Jugend eigentlich negiert, denn er kam aus einer Cockney-Familie [...]. Marilyn Monroe ist ein tragischer Fall, denn sie wurde von vielen mißverstanden, die sie nur eine Sexbombe nannten [...]. Große Ängste hatte sie gehabt, wie fast alle großen und guten Schauspieler. Diese Angst kommt aus einer Art Schamgefühl, denn wenn man so viel von sich gibt, gibt man sich als Schauspieler selbst [...].“[131]

Mit Sympathie und sanfter Ironie spricht er von den Großen des Showbuisiness. Das Skurrile, Extravagante, Exotische, Exaltierte, vermischt mit Klatsch und Tratsch, umgarnt anekdotenhaft die Diven und Heroen der Leindwand mit den Spinnfäden des Alltäglichen, Trivialen, Biederen, Menschlich-allzu-Menschlichen.

„[...] die Garbo war ein Gesundheitsfreak, denn ihr Freund war der berühmte Diätenerfinder Gaylord Hauser. Zuhause hatte sie eine deutsche Köchin, die Gertrud hieß. Immer gab es dort nur Brokkoli und im besten Fall Lammkotelettes, schonend angebraten, also Gesundheitskost. Da sie aber immer noch hungrig war, ging sie heimlich zu Salka Viertel – die Gertrud durfte das natürlich nicht wissen – und hat Gänsebraten und Apfelstrudel gefressen. Aber etwas Göttliches war schon an ihr. Eine Mischung aus dem Göttlichen und dem Spießigen.“[132]

1951 trennt er sich von seiner Frau, Hannah Freund.
Eine große Enttäuschung widerfuhr ihm in dieser Zeit. Der befreundete Regisseur Elia Kazan denunzierte ihn als subversives linkslastiges Element.

„Als die McCarthy-Inquisition in vollem Gange war, stand ich auch auf der schwarzen Liste, weil ich eine Lesung gehalten hatte, zusammen mit einem Mann, den ein FBI-Mensch als Theodor Mann beschrieb. Als ich darauf hinwies, daß der Name Thomas sei, fuhr er mich barsch an: ‚Du hast mich nicht zu verbessern, du dreckiger Roter.‘ So waren die Zeiten.“[133]

„Sein großes Hollywood-Erlebnis im Jahr 1947 war grotesker Weise nicht der Film, sondern das Theater. Er lernte Bertold Brecht kennen, und durch ihn änderte

130 Tabori. In: Müller, Ich habe mein Lachen verloren.
131 Ders. In: von Becker, Zeuge des Jahrhunderts, 251–253.
132 Ebd., 251.
133 Ders, Wenn die Leute vom Theater reden ..., 27f.

sich seine Einstellung zum Theater, das er bis dahin wie viele Romanschreiber für unseriös gehalten hatte.“[134] Er übersetzt einige Brecht-Stücke ins Englische ...

> „[...] und dieses Erlebnis veränderte mein Leben.“[135]

Tabori versucht sich selbst als Autor eines Theaterstückes. 1952 wird *Flight into Egypt* am Broadway uraufgeführt. Es handelt von einer österreichischen Familie und ihren Versuchen, in die USA zu kommen.

> „Das Stück und seine Uraufführung waren ein Reinfall, weder der Regisseur, Elia Kazan, noch die Presse schienen gewillt, den Humor in allen Widersprüchen zu sehen. Damals erfuhr ich zum ersten Mal, mit einem Schock, daß die Produktion eines Stückes unendlich interessanter sein konnte als das Stück selbst.“[136]

1953 heiratet er in zweiter Ehe die Schauspielerin Viveca Lindfors und lernt durch sie das *actor's studio*, die Schauspielschule von Lee Strasberg kennen.[137] Diese Begegnung wird von großer Bedeutung für seine eigene Arbeit als Regisseur. Im gleichen Jahr bringt er das zweite eigene Stück auf die Bühne, „‚*The Emperor's Clothes*‘, eine aktuelle Version über das Andersen-Märchen von des Kaisers neuen Kleidern, war ein Stück gegen McCarthy“[138]. Mit Viveca Lindfors „gründete Tabori 1966 eine eigene Gruppe ‚The Strolling Players‘ und ging mit ihr auf Tournee“[139].
„Taboris Verhältnis zu den USA, was er in Los Angeles und New York gewonnen hat, ist nicht leicht zu bestimmen. Man muß sich vorerst damit begnügen, es als ambivalent zu bezeichnen [...]. Chancen waren Tabori allemal vergönnt, Erfolge hatte er mehr als einmal, und Mißerfolge öfter, als einem so kreativen Künstler recht sein kann. Taboris Werken wurde in den USA allerdings nicht jene große Aufmerksamkeit und Anerkennung zuteil, die ihm inzwischen im deutschsprachigen Raum entgegengebracht werden.“[140]

Mit seinem Stück *Die Kannibalen* (*The Cannibals*, 1968 uraufgeführt am Broadway) versucht er zum ersten Mal, den Tod des Vaters literarisch zu verarbeiten.

---

134 Hensel, Aus Katastrophen etwas Hilfreiches machen.

135 Tabori, Wenn die Leute vom Theater reden ..., 27.
„Ich habe [...] viel Brecht übersetzt, ‚Mutter Courage‘, ‚Arturo Ui‘, ‚Die Gewehre der Frau Carrar‘, ‚Flüchtlingsgespräche‘ und auch viele Gedichte. Wir haben in New York einen Brecht-Abend mit frühen Texten inszeniert, ‚Brecht und Brecht‘ [Originaltitel „Brecht on Brecht“], eine Art Collage, um ihn vorzustellen, denn er war außer zwei, drei Kritikern kaum bekannt.“ Ders. In: Gronius/Kässens, Theatermacher, 163.

136 Ders. Wenn die Leute vom Theater reden ..., 27.

137 Vgl. zu Strasberg: 5.2.2.

138 Hensel, Aus Katastrophen etwas Hilfreiches machen.

139 Ebd.

140 Höyng, „Car, radio, blond wife, [...]“, 25.

> „Jeder Sohn möchte irgendwann einmal seinen Vater umbringen; wenn aber – wie in meinem Fall – andere das für ihn erledigen und er sich auf lähmende Weise zwischen einer Art von Erleichterung und dem heftigen Verlangen nach Rache schwankend fühlt – was dann? Und noch heute kann ich seine Mörder nicht hassen [...]. Es ist nicht leicht, es öffentlich auszusprechen, aber mein armer Geist ließ mich keine Ruhe finden, bis dieses Stück geschrieben war, [...] eine schwarze Messe, bevölkert von den Dämonen meines eignen Ichs, um diejenigen, die diesen Alptraum teilen, davon zu befreien."[141]

2.2.3. Die dritte Periode: ab 1971

Noch in Amerika unterzog sich Tabori einer Gestalttherapie, weil er immer wieder in der Entstehungszeit von *The Cannibals* an diesem Projekt zu scheitern drohte. Die Erfahrungen aus diesem Ansatz der von Fritz Perls begründeten Therapieform flossen in seine Arbeit mit den Schauspielern ein. Einen therapeutischen Grundduktus weisen viele seiner Theaterstücke auf.[142]

> „In Amerika war das Klima von Freud geprägt [...], das Klima war psychoanalysefreundlich – im Gegensatz zum großen Widerstand gegen die Psychoanalyse, den man gelegentlich hier [in Europa] verspürt. Diesen Einflüssen habe ich mich nicht entzogen, [...]. Diese Art von Sensibilität und Nabelschau war eine überwältigende, teilweise komisch-groteske Erfahrung in Los Angeles, in New York dann noch mehr."[143]

„Damals schloß Tabori mit Amerika ab, mit seiner Ehe mit der schwedischen Schauspielerin Viveca Lindfors [Trennung 1970] und mit der anglo-amerikanischen Sprach- und Kulturwelt, in der er sich seit 1936, seit seiner Emigration nach London, bewegt hatte, und kehrte zurück nach Europa – nach Deutschland und nach Österreich, in den deutschen Sprachraum, in den deutsch-sprachigen Theater- und Literaturbetrieb –, wo seine Arbeit ein bislang unerhörtes Echo fand."[144]
1969 kommt er nach Deutschland, wo er ein Jahr zuvor mit seinem Stück *Brecht on Brecht* in Ost-Berlin zu Gast war.
„Ein paar Jahre später war Tabori aus der deutschen Schauspielszene nicht mehr fortzudenken."[145] Seitdem zählt er „zu den meistgespielten Autoren des deutschen Theaters, gleichrangig den Klassikern"[146].
In *Pinkville* (1971) setzt sich Tabori mit dem Vietnamkrieg auseinander. Deutlich ist diesem Theaterstück der Einfluß Brechts abzulesen. Aus einem zarten Jungen,

---

141 Tabori. In: Stoltzenberg, Nur kein Theater.
142 In den drei Fallbeispielen wird dies dargelegt werden. Vgl. dazu Kapitel 3.
143 Tabori. In: Gronius/Kässens, Theatermacher, 166.
144 Löffler, Gefunkel und Geflunker, 19.
145 Spengler, Ein Zauberer bleibt ein Lehrling.
146 Schulze-Reimpell, Vom Provokateur zum Medienstar, 16.

Jerry, der Natz, – eine Anspielung auf Jesus, den Nazarener[147] – macht militärischer Drill eine skrupellose Kampfmaschine. Die militärische „Heldentat" besteht im Töten eines wehrlosen Kindes. Historischer Hintergrund ist das Massaker amerikanischer Soldaten an vietnamesischen Zivilisten in May Lee.

Clowns, 1972 in Tübingen uraufgeführt, steht in der Tradition des Absurden Theaters. Es thematisiert die zwischenmenschliche Kommunikations- und Beziehungslosigkeit.

In Bremen richtet man – in den Jahren von 1975 bis 1979 – Tabori ein eigenes *Theaterlabor* ein. Er und seine Schauspieler waren jeden Zwanges enthoben. Von der Auswahl der Stücke über die Probendauer bis hin zur Inszenierung genoß er völlige Freiheit. Nach Gesprächsprotokollen des Gestalttherapeuten Fritz Perls entwarf Tabori 1975 sein Stück *Sigmunds Freude*. Zu einem Skandal kam es, als Tabori und seine Schauspieltruppe beschlossen, als Vorbereitung auf Kafkas *Ein Hungerkünstler* (*Die Hüngerkünstler*, in der Bearbeitung Taboris, 1977), vierzig Tage unter ärztlicher Aufsicht zu hungern, um aus der Erfahrung des Hungers glaubhaft jenes Stück interpretieren zu können.

Von 1978 bis 1986 liegt der Schwerpunkt der Theaterarbeit Taboris in der bayerischen Landeshauptstadt. In seinen eigenen Stücken nimmt er sich überwiegend der Holocaust-Thematik an.

Die antisemitische Rezeptionsgeschichte von Shakespeares *Der Kaufmann von Venedig* führt ihn zu Improvisationen über die Figur des Shylock, wie dieser von einer christlichen Gesellschaft in die Rolle des rachsüchtigen, bösen, raffgierigen Juden gedrängt wird (*Ich wollte meine Tochter läge tot zu meinen Füßen und hätte die Juwelen in den Ohren* – 1978).

In *Mutters Courage* (1979) erzählt er, die Brecht'sche *Mutter Courage* konterkarierend, die Geschichte seiner vertrauensseligen, ängstlichen Mutter und ihrer unglaublichen Rettung aus der Deportation.

Der Voyeur (Berlin, 1982) konfrontiert das Leiden des Juden Dryfoos während der NS-Zeit mit dem sozialen Elend amerikanischer Farbiger. Er, der „Experte" in Sachen Leiden, versteht letztlich die Situation der Schwarzen nicht. Seine vermeindliche Nächstenliebe ihnen gegenüber entpuppt sich als sexuelles Begehren zu einer farbigen Frau. Sie erstirbt unter dem Ansturm ihrer hilfsbedürftigen Familienangehörigen, die Dryfoos nach Strich und Faden ausnutzen. Der Konflikt

[147] ERSTER SERGEANT *schleppt Jerry vor ein Klobecken* Was siehst du da? JERRY Mich selbst ZWEITER SERGEANT Lauter JERRY Mich selbst. DRITTER SERGEANT Und was ist das, was du da siehst? JERRY Jerry, der Natz. ZWEITER SERGEANT Jerry, der was? JERRY Der Nazarener ERSTER SERGEANT Nein, das ist ganz und gar nicht, was du da siehst. Das ist Schütze Arsch, was du da siehst. Das ist ein Stück stinkendes Fleisch [...]. PV 106.

eskaliert, Dryfoos tötet einen farbigen Jungen. Die Liebe vermag soziale Gegensätze nicht zu überbrücken. Ein stellvertetendes Leiden ist unmöglich.[148]
Zum 50. Tag der Machtergreifung Hitlers inszeniert Tabori 1983 in Bochum sein Stück *Jubiläum*. Der Neo-Nazi Jürgen schändet jüdische Gräber. Die verwesten Toten kommen aus ihren Gräbern und erinnern sich an die Schrecken der Vergangenheit, die, auch 50 Jahre danach, noch kein Ende gefunden haben. Selbst den Toten ist keine Ruhe vergönnt.
1985 heiratet Tabori in dritter Ehe die Schauspielerin und Tänzerin Ursula Höpfner.
1987 verlegt er seinen Wohnsitz nach Wien. Burg- und Akademietheater werden seine Hauptwirkungsstätte. Er gründet das Theater *Der Kreis* als eine Arbeitsgemeinschaft von Schauspielern. Das, was der Schauspieler an momentaner Befindlichkeit und Lebensgeschichte mitbringt, ist das Potential zu einem erneuerten Theaterverständnis.[149] In diese Wiener Zeit fallen die Uraufführungen seiner, meiner Meinung nach, bedeutensten Werke. Mit *Mein Kampf* schafft er 1987 endgültig den Durchbruch in der deutschsprachigen Theaterlandschaft. Den Höhepunkt seines Schaffens erreicht er mit den *Goldberg-Variationen* 1991.
Verstärkt finden sich während dieser Zeit auch Bearbeitungen von Texten anderer Autoren, denen er in seiner spezifischen Lesart eine Deutung gibt, die durch die Erfahrung des Holocausts bestimmt ist: *Massada* (1988, nach *Der jüdische Krieg* von Flavius Josephus), *Nathans Tod* (1991, nach *Nathan der Weise* von G.E. Lessing), *Unruhige Träume* (1992, nach Franz Kafka), *Der Großinquisitor* (1993, nach F. I. Dostojewskij).
Unter all den vielen Ehrungen und Würdigungen, die George Tabori im Laufe seines Lebens widerfuhren, ragt die Verleihung des Georg-Büchner-Preises (1992) heraus. Das Ungewöhnliche ist, daß die höchste deutsche Literaturauszeichnung einem englischen Staatsbürger ungarischer Herkunft zuerkannt wurde, dessen gesamtes literarisches Werk in Englisch verfaßt und großenteils erst von seiner Frau, Ursula Höpfner-Tabori, ins Deutsche übersetzt worden ist.[150]
Ungebrochen bleibt Taboris Schaffenskraft, wenn auch die letzten Produktionen von Kritik und Publikum eher verhalten aufgenommen wurden: *Die Massenmör-*

---

148 Dieses Thema hatte Tabori bereits in *Die Demonstration* von 1972 aufgegriffen und führt es in anderem Kontext 1990 in *Weisman und Rotgesicht* weiter.

149 „Ich bin nicht nach Wien gekommen, um wieder einmal einen Produktionspuff oder einen Jahrmarkt der Eitelkeiten zu bedienen [...]. Auch nicht, um etwas ‚Besseres' oder ‚Neues' zu finden, sondern etwas ‚Anderes', einige Wahrheiten, die nicht in der alten Zauberkiste oder durch ein gewonnenes Argument zu finden sind, sondern, wie ich hoffe, in uns selbst." Tabori, Verliebte und Verrückte, 192.

150 Mit Ihnen, ehrwürdige Damen und gesetzte Herren, genieße und feiere ich heute einen herzerfrischenden Skandal: Der Ausländer George Tabori kassiert den Georg-Büchner-Preis [...]. Dabei ist dieser Ausländer nicht nur ein Ungar, er ist nicht nur ein gewordener Brite und gemachter Amerikaner. George Tabori, Sie wissen es, ist Jude." Biermann, Ein Kampf mit falschem Leben und echter Kunst, 35.

derin und ihre Freunde (1995), *Die Ballade vom Wiener Schnitzel* (1996), *Die letzte Nacht im September* (1997), *Purgatorium* (1999). Gegen Ende des Jahres 1999 zieht Tabori mit Claus Peymann in die bundesrepublikanische Hauptstadt. Das Berliner Ensemble wird dort Anfang 2000 mit Taboris neuestem Stück, die *Brecht-Akte*, wiedereröffnet.

2.2.4. Das erzählerische Werk: Die Romane und Erzählungen

In den vierziger und fünfziger Jahren des vorigen Jahrhunderts verfaßte Tabori fünf Romane. 1942/43 schrieb er in Istanbul und Kairo an *Beneath the Stone*, 1944 in England, 1946 in den USA erstveröffentlicht, 1996 auch auf Deutsch herausgegeben unter dem Titel *Das Opfer*. *Companions of the left hand* verfaßte er „im November des Jahres 1943 auf dem Sonnendeck jenes überfüllten Schiffes, das, [...] im ersten offenen Konvoi durchs Mittelmeer [...], Flüchtlinge vor allem, von Nordafrika [...] nach Liverpool brachte“[151]. Zuerst erschien dieser Roman 1945 in England, ein Jahr später in den USA, 1999 unter dem Titel *Gefährten zur linken Hand* in Deutschland. *Original Sin*, sein drittes Werk, „[...] entstand 1944 in London und verarbeitet Erfahrungen und Erlebnisse in Kairo“[152], wurde in England und in den USA 1946 veröffentlicht, 1992 unter dem deutschen Titel *Ein guter Mord*. In Hollywood in den Jahren 1947 bis 1950 stellte Tabori seinen vierten Roman *The Caravan Passes* fertig, in dem er wiederum Erlebnisse aus seiner Zeit im Nahen Osten zum Thema machte – 1949 in England, ein Jahr später in den USA, in Deutschland 1994 veröffentlicht, *Tod in Port Aarif*. Der letzte Roman Taboris, *The Journey*, 1958 in den USA veröffentlicht, ist 1987 auf Deutsch erschienen unter dem Titel *Die Reise*.

Der Romancier Tabori wurde im deutschsprachigen Raum also erst entdeckt, als er durch seine Theaterstücke bereits bekannt geworden war. Den Romanen fehlt jener schwarze Humor der Theaterstücke, die eine Katastrophe zugleich erträglich machen und im selben Atemzug unerträglich auf die Spitze treiben. Ansonsten finden sich in ihnen schon viele jener Tabori-typischen Themen und Figurenkonstellationen vorgebildet, die die Theaterstücke später auszeichnen werden.

Die Hauptfigur in Taboris Romanen ist meist ein Mann, der, durch ein traumatisches Erlebnis an schmerzvolle Erinnerungen gekettet, diesen zu entfliehen sucht. Ihm steht eine leidenschaftliche Frau gegenüber, der seine Sehnsucht gilt, die ihn gleichzeitig aber auch gefährdet, weil sie ihn an seinen Lebensschmerz zurückführt. Dieser emotional gehemmten männlichen Hauptfigur stellt Tabori eine

---

151 Kässens, Vom Inferno ins Purgatorium, 361.

152 Kässens, Bemerkungen über George Taboris frühe Romane, 251.

Mann-Frau-Paarung von größter Leidenschaft gegenüber. Aus der Begegnung des emotional gehemmten mit dem leidenschaftlichen Typus wird in beiden ein Erinnerungsprozeß initiiert, der sie an die Wurzel ihres Lebensschmerzes bzw. ihrer Leidenschaften bringt. Ein Vater-Konflikt und eine zwiespältige Stellung zur eigenen Sexualität machen den Kern ihrer persönlichen Problematik aus. Angezogen und zugleich angewidert von der weiblichen Sexualität wird die männliche Hauptfigur als unfähig überführt, zu lieben und sich hinzugeben. In seinen Romanen führt Tabori das Scheitern aller an ihren Lebensentwürfen vor. Die Hauptfigur bezahlt stets mit ihrem Leben für die Erkenntnis, wie behindert ihre Existenz bisher war. In einem Akt der Selbstaufopferung oder mit dem schicksalhaften Wissen um ihr baldiges Sterben und ihr darin Einwilligen befreit sie sich im Tod von den Fesseln ihrer Lebensgeschichte und findet so sterbend jenen Frieden, der ihr zu Lebzeiten nicht zuteil wurde. Im Verlauf der Handlung erweisen sich die Gesunden als die Kranken, die Behinderten als die Freien, die Mächtigen als ohnmächtig. Stets rückt der konkrete Mensch in den Vordergrund. Feindbilder werden aufgelöst, schablonenhaftes Denken gesprengt. Eine Figur übernimmt in den Romanen die Funktion des skrupellosen Perfektionisten oder Versuchers. Sein Bestreben ist es, entweder die Hauptfigur in ihrer lähmenden Behinderung zu lassen oder sie dahin zu bringen, ihren eigentlichen Antrieben zu folgen. Wie immer sie sich entscheidet, die Hauptfigur wird in jedem Falle scheitern.

Diese schematische Darstellung mag den Kern der Handlung der Romane erhellen, wobei nicht jede Einzelheit für jedes Werk zutrifft. Deshalb beschränken wir uns an dieser Stelle auf Taboris ersten Roman *Das Opfer*, um unsere obigen Behauptungen zu exemplifizieren:

Der deutsche Major von Borst ist auf dem Balkan stationiert. Er vermittelt das Bild eines typisch deutschen Offiziers: pflichbewußt, exakt, unberührt von Angst, Krankheit und Tod. In diesem Gefühl der Stärke verhört er den gefangenen englischen Offizier Fowler. Wider Erwarten läßt sich dieser trotz seiner unterlegenen Position weder beeindrucken noch einschüchtern. Die Stärke des Schwächeren irritiert den Starken und läßt in Borst längst verarbeitet geglaubte Situationen in seiner Erinnerung aufsteigen, die ihn seinerzeit tief verunsicherten, derer er sich aber durch Verdrängung entledigt zu haben glaubte. Hirtenberg, ein gefühlskalter, perfektionistischer Offizier, bereit, über Leichen zu gehen, erinnert sich der leidenschaftlichen Liebesgeschichte, die Fowler an eine einheimische Frau, Flora Röt, kettete. Fowler versuchte, sie von einem Flüchtlingsschiff herunterzuholen, von dem er wußte, daß es seine Passagiere in den sicheren Tod fahren wird. Von sexueller Begierde getrieben, von Zorn, Haß und Verzweiflung gepeitscht, in tiefe Trauer und Resignation gestürzt, dann wieder von unbändiger Hoffnung auf ein gutes Ende ergriffen, riskierte Fowler damals sein Leben. Nach einer gescheiterten Flucht akzeptierte Flora jedoch ihr Schicksal, sie wollte bei den Menschen auf dem Schiff bleiben und half ihnen aufopferungsvoll. Hirtenbergs Bericht ruft in Borst nach und nach all jene Situationen und Ereignisse in seinem Leben wach, die ihn daran gehindert haben, seine Leidenschaften zu leben. Von den Demütigungen englischer Kommilitonen bis hin zu dem Tag , an dem er vom Vater als Kind beim Nacktbaden mit seinem Cousin erwischt wurde, aus allen Tiefenschichten des Unterbewußten suchen ihn die Erinnerungen heim. Je stärker sie ans Tageslicht treten, desto mehr wird ihm seine Einsamkeit bewußt. Der fremdländische Körpertypus und das exotische Temperament von Nadja, seiner Frau, werden ihm zum Sinnbild seines zwiespältigen Verhältnisses zur Sexualität. Er hatte, im Gegensatz zu Fowler, nie sein Leben gewagt, nie sich einem Menschen liebend hingegeben, nie sich in die Ekstase fallen lassen, nie einen Schmerz in letzter Konsequenz zugelassen. Borst empfindet sich als einen alten, kranken, geängstigten Mann. Sein Selbstbild zerbricht. Er ist der Gefangene, nicht Fowler. Um diesen vor dem Zugriff Hirtenbergs zu retten, verhilft er ihm zur Flucht. Bevor er sich von eigener Hand durch eine Kugel den Tod gibt, wird seine Erinnerung unerwartet noch tiefer berührt:

> „Mutter nahm mich bei der Hand, und wir gingen in ihr Zimmer. Alles war weiß. Neben dem Bett standen Rosen. ‚Wo ist der Bruder, den du mir versprochen hast?' fragte ich. Sie antwortete nicht und führte mich zur Wiege, und ich sah sein kleines Totengesicht. Geweint habe ich nie [...]. Der Schuß macht ein dumpfes Echo. Ich höre ein Geräusch vom Haus: ein Fenster wird aufgerissen. ‚Was ist los? Was ist los?' höre ich Hirtenberg rufen. ‚Der Gefangene wurde erschossen', antworte ich so laut ich kann. ‚Auf der Flucht', füge ich hinzu [...].“[153]

Einigen der Theaterstücke George Taboris liegen Erzählungen zugrunde. In dem Erzählband *Son of a bitch* ist die gleichnahmige Erzählung Vorlage zu *Die 25. Stunde*, das auch als Hörspiel vorliegt (1978)[154]. Im gleichen Band finden sich auch, unter gleichlautendem Titel, die Prosavorlagen zu den Theaterstücken *Mutters Courage*[155] und *Weissmann und Rotgesicht*, von denen ebenfalls Hörspielfassungen vorliegen, beide aus dem Jahr 1979. Taboris Erzählung Insomnia wurde 1986 in ein Hörspiel umgesetzt.

Unter dem Titel *Meine Kämpfe* sind drei Erzählungen veröffentlicht: *Mein Kampf* als Vorlage zu dem gleichnamigen Theaterstück, als Hörspiel uraufgeführt 1988; in der Erzählung *Erste Nacht Letzte Nacht* sind wichtige Motive und Handlungsstränge der *Goldberg-Variationen* ab Szene Vierzehn herauszulesen; *Pfft oder Der letzte Tango am Telefon* handelt vom Älterwerden und Sterben. Obwohl kein ausdrücklicher Bezug zu einem der Theaterstücke Taboris auszumachen ist, weckt diese Erzählung Assoziationen zu diversen Stücken, in denen er sich mit den

---

[153] Tabori, Das Opfer, 309f.

[154] Einen Gesamtüberblick über alle Hörspiele in: Welker, George Tabori, 339.

[155] Die Erzählung *Mutters Courage* findet sich ebenfalls in dem Essayband *Unterammergau* .

Themen Tod, Krankheit und Beziehung beschäftigt, etwa zu *Clowns*, *Die 25. Stunde* und *Peepshow*.

2.3. Eine zusammenfassende Charakterisierung der Person George Taboris

Der Umgang mit Sprache ist Tabori von Kindesbeinen an vertraut. Schon als Jugendlicher betätigt er sich als Übersetzer und versucht sich als Autor in ersten Schreibübungen. Der Tod des Vaters und eines Großteils der Familie in Auschwitz zerstört die Sorglosigkeit und Naivität der Anfangsjahre und zwingt ihn in einen schmerzlichen Prozeß der Auseinandersetzung um den Sinn des Lebens im Angesicht der Greuel in den Konzentrationslagern und andernorts. Das Exil, das Leben in der Fremde, wird seit Mitte der dreißiger Jahre des vorigen Jahrhunderts bis zum heutigen Tag zu einem äußeren Kennzeichen seiner inneren Haltung als Kosmopolit.

Lebenserfahrungen und literarisches Schaffen fordern sich bei Tabori gegenseitig heraus und befruchten sich wechselseitig. Ständig ist er auf Reisen. Er entfaltet eine breitgefächerte literarische Tätigkeit: Romane, Drehbücher, Theaterstücke, Erzählungen, Kurzgeschichten, Essays, Glossen, Artikel, Hörspiele, etc. Dabei wechselt er die literarischen Genera bei gleichem Stoff. Gleichzeitig versteht er es, seine Produkte ökonomisch, z.T. mehrfach zu nutzen: Erzählungen werden zu Theaterstücken verarbeitet, Elemente aus verschiedenen Werken zu einem neuen kombiniert. Er vermag in kurzer Zeit an mehreren Werken zu schreiben und sie fertigzustellen. Seit seiner Begegnung mit Brecht bestimmt die Leidenschaft für das Theater sein weiteres Leben.

Die Fülle seiner Kontakte, Bekanntschaften und Freundschaften sticht ins Auge. Schon früh macht er sich vom Elternhaus unabhängig und taucht ein in das Leben des Ortes und der Zeit, an dem und in der er sich gerade befindet.

Er kommt zu einer philosophischen Weltsicht und persönlichen Lebenshaltung, die unterschiedlichste Strömungen aus den verschiedensten menschlichen Lebensbereichen zu einem originären Ansatz verknüpft, auf der Suche nach einer Möglichkeit, in der Zeit nach Auschwitz noch von Humanität sprechen zu können. Impulse aus der Literatur, Philosophie, Psychoanalyse und Gestalttherapie, aus Theater- und Schauspielschulen, Einsichten des Zen-Buddhismus, jüdische und christliche religiöse Elemente in eigenwilliger Lesart, ein ausgeprägtes Interesse und Neugierde am konkreten Menschen verknüpft er mit eigenen Lebenserfahrungen.

Radikal demonstriert er in seinen Theaterstücken die Relativität der Werte, die Destruktion der Sprachspiele, das Ende der „großen Erzählungen", die Delegitimation aller Legitimationen religiöser, philosophischer, ideologischer, politischer,

etc. Art. Tabori nimmt die postmoderne Problematik vorweg und spielt sie im wahrsten Sinne des Wortes in all ihren Konsequenzen durch. Was vordergründig als allumfassender Auflösungsprozeß gelesen werden könnte, in dessen Folge alles der Beliebigkeit anheimfällt, wird sich bei näherem Betrachten der Theaterstücke Taboris der Utopie der Humanität verpflichtet zeigen, nicht im Ideal des Humanismus bürgerlicher Pädagogik, sondern in der therapeutischen Bewußtheit und Aufarbeitung menschlichen Scheiterns in einer Welt nach Auschwitz.
Taboris Theaterstücke beschränken sich nicht auf eine Analyse und Diagnostik postmoderner Zeiten. Sie wollen durch ihre primär therapeutische Intention zu einer Praxis humanen Lebens führen, im Wissen, daß Humanität nach Auschwitz nur als gescheiterte und scheiternde zu begreifen ist, und im Anstiften zum bewußten Erleben und Akzeptieren des fortwährenden eigenen Scheiterns.
Daß ein Jude sich der Thematik des Holocaust derart animmt, daß er mit den Tätern und deren Nachfahren mittels seiner Stücke in einen Dialog tritt, in denen nach Schuld gefragt, aber nicht auf Schuld fixiert wird, hat in der Rezeption Taboris im deutschen Sprachraum zu einer zweifachen Stilisierung geführt. „Tabori ist für eine Generation, die mit dem Wissen über die Schuld der Deutschen im Genozid an den Juden groß geworden ist, der ‚gute Jude' – der nichts von diesem Wissen in Vergessenheit geraten läßt, der provokativ und ironisch, grimmig und gelassen damit umgeht, aber dennoch das Gespräch mit denen aufnimmt, die zum Gespräch bereit sind."[156] Zugleich gilt er als der „‚gute George'", als der „gütige [...] Vater einer Schauspielerfamilie [...], der Regisseur als teilnehmender Beobachter der Probenarbeit, als Stichwortgeber und Animateur für die Selbstfindung der Schauspieler, als Helfer bei der ‚sanften Geburt' einer Aufführung"[157]. „Die ‚authentische Existenz' ist das Ergebnis einer (von vielen besorgten) Inszenierung der Repräsentation: Mensch und Werk werden zum Zeichen des gelingenden Gesprächs zwischen ‚dem Juden' und ‚den Deutschen'."[158]
Dies alles macht Tabori zu einem interessanten Gesprächspartner für die Praktische Theologie, die nach Wegen gelingenden Lebens aus der Perspektive und in der Haltung des Glaubens in der Postmoderne sucht. In George Tabori findet sie einen Literaten, der sich in seinem Schaffen aus einer existentiellen Notwendigkeit heraus diesem unermeßlichen Leid von Auschwitz und seinen Konsequenzen gestellt hat. Diese Begegnung kann den (Praktischen) Theologen in ein umfassendes Erinnern führen, was Leiden und Scheitern für Menschen bedeutet, die nach Auschwitz mit dem verdrängten Wissen um die Radikalität des Scheiterns leben. Deshalb ist es aus theologischer Perspektive lohnend, es nicht bei der Analyse von Theaterstücken Taboris bewenden zu lassen, sondern auch seiner Theaterarbeit

156 Pott/Schönert, Tabori unter den Deutschen, 348.
157 Ebd., 349.
158 Ebd.

Aufmerksamkeit zu schenken: Tabori als Regisseur in seiner therapeutischen Arbeit mit den Schauspielern und seinem pädagogischen Interesse, die Zuschauer betreffend.
Aus diesen beiden Schwerpunkten – Theaterstücke und Theaterarbeitarbeit George Taboris – ergibt sich der weitere Verlauf unserer Untersuchungen: Der Analyse dreier Stücke (Kapitel 3) schließen sich Überlegungen an zur Theorie des Theaters und seiner Theaterarbeit (Kapitel 4). Das fünfte Kapitel bettet Tabori in jene Traditionsstränge ein, die er selbst als bedeutsam für sich anführt, was sein Verständnis vom Theater und seine Praxis der Theaterarbeit angeht.

Kapitel 3

Die humanisierende Kraft des Scheiterns

Die Theaterstücke George Taboris – Drei Fallbeispiele

Auschwitz, Postmoderne und Gotteskrise wurden als wesentliche Faktoren ausgemacht, um in deren Kontext die Phänomene der gegenwärtigen Zeit wahrzunehmen und zu deuten. Wir stellen uns dieser Aufgabe aus der Perspektive George Taboris und seines literarischen Werkes. Aus dessen Fülle bieten sich die verschiedensten Gattungen und Genres an: Vom Essay über die Erzählung, den Roman bis hin zum Theaterstück, Hörspiel und Film. Unsere Wahl fiel auf die Theaterstücke. Über sie erreichte Tabori die größte Öffentlichkeitswirkung innerhalb des deutschsprachigen Raumes. Alle anderen literarischen Produktionen wurden erst im Nachgang zu den Theaterstücken veröffentlicht, auch wenn sie ihrer Entstehungszeit diesen vorauslagen. Der Blick auf Taboris Arbeit mit den Schauspielern als Regisseur vermag einen umfassenderen Einblick in seine Lebensauffassung zu gewähren, als dies durch reine Arbeit am Text möglich wäre. Besonders um den therapeutischen Grundduktus seiner Werke herauszustellen, bieten sich die Theaterstücke vor allen anderen Gattungen als Gegenstand unserer Untersuchungen an.
Das Scheitern der Moderne und mit ihr des Humanismus der Aufklärung in Auschwitz läßt das Scheitern menschlichen Lebens generell in einer Welt nach Auschwitz zu einem der bestimmenden Fragestellungen für alle Bereiche der Gesellschaft und in allen wissenschaftlichen Disziplinen werden. Deshalb liegt es nahe, unter den Theaterstücken Taboris jene auszuwählen, die das Scheitern menschlichen Lebens an seinen neuralgischen Punkten thematisieren: In bezug auf Krankheit und Tod, den Holocaust und die Gottesfrage. Unser besonderes Augenmerk wird in der Problematik des Scheiterns der Frage gelten, ob und wie die religiöse Dimension im Theater Taboris zum Tragen kommt und wie er mit dem religiösen Sprachspiel umgeht.
Unsere Wahl fiel auf folgende Stücke: *Die 25. Stunde*, *Mein Kampf* und die *Goldberg-Variationen*.

- Bei *Die 25. Stunde* (1977) handelt es sich um eines der frühen Werke Taboris, dem eine Erzählung, *Son of a bitch*, aus den sechziger Jahren zugrunde liegt. In diesem Theaterstück spiegelt sich Taboris kritische Auseinandersetzung mit seiner Arbeit als Drehbuchautor während seiner Zeit in Amerika und dem damaligen *american way of life*. Inhaltlich kreist es um das Thema der natürlichen Bedrohung menschlichen Lebens durch Krankheit und Tod. An ihm läßt sich besonders deutlich die therapeutische Dimension der Theaterarbeit Taboris aufweisen. Im Vergleich zu späteren Stücken ist *Die 25. Stunde* von ihrem Aufbau her einfacher zu überblicken und eignet sich daher gut, um in zwei wichtige Aspekte der Arbeit Taboris einzuführen: Die grundsätzliche Bedeutung des Scheiterns im Leben eines Menschen und seine therapeutische Bewußtmachung und Aufarbeitung.

- Um dem Leser einen Eindruck von der Auseinandersetzung Taboris mit Auschwitz und dem Holocaust zu geben, bieten sich vier Stücke an: *Die Kannibalen* (1968), *Jubiläum* (1983), *Mein Kampf* (1987) und *Die Ballade vom Wiener Schnitzel* (1996). Das letztere Werk reicht unseres Erachtens nicht an die Dichte der literarischen Aussage und die Vielschichtigkeit des Aufbaus der erstgenannten heran. *Die Kannibalen* (1969) sind in noch großer zeitlicher Nähe zum historischen Ereignis Auschwitz verfaßt. Lebendiges Erinnern an das dort Geschehene wird mit wachsender Distanz immer schwieriger. Wir haben uns für *Mein Kampf* als zweites Fallbeispiel entschieden, zum einen, weil Tabori mit diesem Stück einen Durchbruch hinsichtlich seines Bekanntheitsgrades im deutschsprachigen Raum erzielte, zum anderen, weil es wichtig ist zu sehen, wie er uns an Auschwitz heranführt und die zeitliche Kluft überbrückt zwischen heutiger und damaliger Situation. Im Vergleich zu *Jubiläum* haben wir *Mein Kampf* den Vorzug gegeben, weil die Problematiken der Theodizee und des christlichen Antisemitismus dort explizit herausgearbeitet werden.
- Die *Goldberg-Variationen* sehen wir als den Höhepunkt des literarischen Schaffens George Taboris an. Sie können als *summa* gelten über das Scheitern menschlichen Lebens. Besonders deutlich tritt in diesem Stück das Theaterverständnis Taboris zu Tage. ‚Theater' wird zu einer Metapher für ‚Leben'. Für die theologische Betrachtung besonders interessant ist, daß der Handlung des Stückes eine lose Folge biblischer Geschichten zugrunde liegen und die religiöse Sprache durchgängig explizit in Dienst genommen wird.

3.1. Die 25. Stunde

3.1.1. Einführung

3.1.1.1. Das Thema – Todesfurcht

> PRINCE Timor mortis disturbat me, und nicht nur mich vermutlich [...].
> Die Nacht bricht an wie immer,

Und gestreift von den Schwingen des kalten Engels
Zittere ich in der Furcht der Sterblichkeit.
Scheiße! Ich habe Angst! Ich habe Angst! Ich habe Angst![159]

Timor mortis – die Angst vor dem Tod, dessen Vorboten, Krankheiten jeder Art, den Siechenden einen Vorgeschmack auf das unvermeidliche Sterben geben – davon handelt Taboris Theaterstück *Die 25. Stunde*, entfaltet in elf Szenen. Die Uraufführung fand 1977 in holländischer Sprache statt, 1992 erfuhr es seine deutsche Erstaufführung.

3.1.1.2. Figuren und Handlung

Dem jüdischen Versicherungsvertreter Arthur Prince, „nicht mehr der Jüngste“[160], wird Krebs diagnostiziert. Joe Spritz, Arthurs Freund, ein Hypochonder, und der wegen Krankheit vorzeitig pensionierte Polizeibeamte Willy Callaghan sind Leidensgenossen von Prince. Von den ersten Beschwerden bis hin zur Operation kreuzen sich immer wieder ihre Wege. Jeder hat seine eigene Art, wie er sich zu seiner Krankheit stellt und dem *timor mortis* begegnet. Arthur ist Vater eines Sohnes, Johnny, und verheiratet mit der etwas dümmlichen Alice. Zur Familie gehört auch die alte Hündin Lady.
Dem siebenundachtzigjährigen Filmmogul Jay Jay, Arthurs wichtigstem Kunden, sind Kranke der größte Greuel. Auf einer Party zwingt er den kränkelnden Prince, Unmengen an Essen in sich hineinzustopfen, um sich vor seinen Augen von dem Verdacht zu reinigen, krank zu sein.
Arthurs behandelnder Arzt, Dr. Salmon, selbst krank, „traurig, mit Nebenhöhlenkatarrh“[161], vermag sich in seinem Fall zu keiner eindeutigen medizinischen Stellungnahme durchzuringen, sein Unwissen verbirgt er hinter vieldeutig Nichtssagendem. Dadurch, daß Salmon Arthur Prince über Diagnose und Therapie im Unklaren läßt, bleibt diesem nichts anderes übrig, als sich, in einer Doppelrolle als Patient und Arzt, die Symptome seines Unwohlseins selbst zu deuten. Arthur verläßt Dr. Salmons Praxis mit der bösen Ahnung, daß jede Krankheit die seine sein könnte.
Das Gegenteil zu dem undurchsichtigen Dr. Salmon verkörpert Dr. Ruth Greenberg, Arthurs Therapeutin. Sie konfrontiert ihn mit der ungeschminkten Wahrheit über seinen Zustand – ein Tumor wütet in seinem Innern – und führt ihn dahin, sich der Ursachen seiner Krankheit zu erinnern und sich den damit verbundenen physischen und vor allem psychischen Schmerzen zu stellen.

---

159 FS 255.
160 FS 233.
161 FS 250.

„Zeit und Ort: Heute in Hollywood."[162] Dieser Angabe zu Beginn des Stückes korrespondiert die Vierte Szene: Hollywoods Kult um Schönheit, Jugend und Gesundheit wird auf Jay Jays Party grotesk zelebriert. Arthur träumt (Szene Sieben), daß er mit seinem Krebsleiden in einem Wettbewerb Patienten mit anderen Krankheitsbildern aussticht. Seinem Tumor wird der erste Preis zuerkannt. In der Manier der Oscar-Verleihungen überreicht man ihm die Auszeichnung. Im weiteren Verlauf der Handlung aber wird deutlich: Hollywood ist überall. Die Angst vor dem Sterben und das Verdrängen des Todes liegt allen Menschen im Blut.
In *Die 25. Stunde* sind mehrere Handlungsebenen auszumachen:

- In der Gestalt des Dr. Salmon nimmt Tabori die „Götter in Weiß" auf's Korn und den Mythos der Allwissenheit, mit dem sich die medizinische Zunft in seinem Stück umgibt (sechste, siebte und zehnte Szene). Jeder krankt am Leben, auch die Ärzte.[163]
- In Freud'schen Kategorien – Ödipus-Komplex – beschreibt Tabori das Familienleben von Arthur Prince. Die aufkeimende Krankheit bringt zu Tage, wie weit sich Mann, Frau und Sohn voneinander entfremdet haben, wie subtil sie gegeneinander, wie beziehungslos sie nebeneinander stehen (erste, dritte, fünfte, achte und elfte Szene).
- In den Gesprächen mit Spritz und Callaghan sind Krankheit und Tod das beherrschende Thema (zweite, sechste und zehnte Szene).
- Der Schlüssel zum Verständnis der Handlung findet sich in der neunten Szene, die mit dem Titel des Stückes selbst, *Die 25. Stunde*, überschrieben ist: die therapeutische Arbeit Dr. Greenbergs mit Arthur. Sie steht in engem Zusammenhang mit der siebten Szene, in der Prince von jener eingangs erwähnten makaberen Preisverleihung träumt.

3.1.1.3. Szenische Ortsangaben und Struktur des Stückes.

Ein Blick auf die Ortsangaben zu den einzelnen Szenen vermittelt einen ersten groben Überblick über den Aufbau der Handlung.

---

162 FS 232.

163 „PRINCE Wer ist denn kein Patient? Wer [...] könnte die Prüfung bestehen in dieser bösen Zeit?" FS 255.

Szene	Titel	Ort
1. Szene	Erste Symptome	Die Küche der Familie Prince
2. Szene	Die Hypochonder	Fitneß-Club
3. Szene	Ein chinesisches Beispiel	Das Schlafzimmer
4. Szene	Der Boß	Jay Jays Zelt
5. Szene	Ein Zusammenbruch	Das Schlafzimmer
6. Szene	Eine Untersuchung	Arztpraxis
7. **Szene**	Eine Erfolgskarriere	TRAUM
8. Szene	Der Vorabend der Schlacht	Arbeitszimmer von Prince
9. **Szene**	Die 25. Stunde	EIN ZIMMER IN EINEM LUXUSMOTEL
10. Szene	Ein Todeskuß	Im „Lazarus", einem Krankenhaus
11. Szene	Die Wirksamkeit von Gebeten	Im „Lazarus"

Wechselt die Handlung, in deren Verlauf sich die einzelnen Figuren immer tiefer in die Problematik von Krankheit und Tod verstricken, von Szene zu Szene zwischen privatem (Küche, Schlaf-, Arbeitszimmer) und öffentlichem Raum (Club, Zelt, Praxis), eröffnen die siebte und die neunte Szene mit der Welt des Traums und dem Zimmer in einem Luxusmotel zwei Räume auf der Bühne, in denen Arthur Prince, auf sich selbst zurückgeworfen, mit seinen Ängsten konfrontiert wird. Die zehnte und elfte Szene spielen in einem Krankenhauszimmer. Das Bett, Inbegriff der Intimsphäre eines Menschen, der „Lebensraum" eines Patienten, befindet sich in einem Krankenhaus, also einem öffentlichen Raum, zu dem Ärzte und Pfleger zu jeder Zeit, Besucher zu bestimmen Zeiten freien Zugang haben. Das Krankenhaus bildet einen Schnittpunkt zwischen Privatsphäre und öffentlichem Raum, in der die Intimität und Würde eines Menschen in hohem Maße von dem Respekt abhängen, die ihm in seiner Schwäche und Hilflosigkeit entgegengebracht werden. Das, was Arthur Prince mit sich durch Dr.Greenbergs Therapie erlebt, wird ihm im Krankenhaus helfen, seine Würde als Mensch zu wahren, an jenem für die Würde des Menschen so prekären Ort, wo das Allerintimste, ein gebrechlicher Körper oder ein sterbender Mensch, dem Krankenhauspersonal und den Besuchern mehr oder weniger ausgeliefert ist.

Von den auf der Bühne dargestellten Räumen her betrachtet, lassen sich in *Die 25. Stunde* drei Teile ausmachen:

- Der erste umfaßt die Szenen eins bis acht im Wechsel von privatem und öffentlichem Raum, ausgenommen die siebte Szene, dem Traum Arthurs, die in enger Verbindung zur neunten Szene gesehen werden muß.

- Die neunte Szene, ähnlich der Szene Acht in den *Goldberg-Variationen* und dem dritten Akt in *Mein Kampf* – Herzls Lebensgeschichte – eröffnet der Hauptfigur, Arthur Prince, einen Raum der Selbstreflexion. Der Handlungsstrang wird unterbrochen. Die Ortsangabe, Zimmer in einem Luxusmotel, überrascht.
- Die Handlung im dritten Teil wird durch diese „Auszeit" in Szene Neun anders weitergeführt, als dies der erste Teil hätte erwarten lassen können: Die Einstellung Arthurs zu Leben, Tod und Krankheit ändert sich. Der dritte Teil (Szene Zehn bis Elf) – Ort: Krankenhauszimmer – expliziert, worin diese Veränderung im Verhalten Arthurs im Vergleich zum ersten Teil besteht.

Diese ersten Beobachtungen legen es nahe, die Handlung des Stückes sich von der neunten Szene her zu erschließen, überschrieben mit *Die 25. Stunde.*

3.1.2. Die neunte Szene

3.1.2.1. Der Titel – Die 25. Stunde

„Eine 25. Stunde gibt es nicht. Zumindest nicht auf herkömmlichen Chronometern."[164] Was hat es auf sich mit dieser Zeitangabe? Die der neunten Szene vorangestellten Regieanweisungen geben Aufschluß:

> *Ein Zimmer in einem Luxusmotel. – Prince, völlig angezogen, auf dem Bett. – Flackerndes Neonlicht vor dem Fenster. – Prince nimmt ein Merkblatt vom Nachttisch, liest es, legt es wieder hin und sagt: ‚Was mache ich eigentlich hier?' – Dreht sich auf die linke Seite, summt ein Lied. – Ein Kojote heult in der Ferne. Prince geht zum Fenster, schaut hinaus und sagt: ‚Auch 'ne Wüste.' – Der Kojote hört auf zu heulen. – Prince geht zurück zum Bett, legt sich nieder [...].*[165]

Auf Anweisung von Dr. Greenberg hat sich Arthur in das Motel eingemietet. Das luxuriöse Zimmer erweckt den Anschein von Geborgenheit. Doch Prince kann sich ihr nicht anheimgeben. Angezogen liegt er auf dem Bett. Er weiß nicht, was er hier soll. Mehrmals versucht Prince, sich zu beschäftigen. Jeder Versuch schlägt fehl. Alles ist verboten: Rauchen, Trinken, Masturbieren. Alles erscheint sinnlos: Lieder summen, Rouleaus herunterziehen, lesen. „Dieser Mistkerl!"[166], mehrmals stößt er gegen Greenberg, in der Annahme, sie sei ein Mann, diesen Fluch aus. Er ist in all dem Luxus isoliert, allein mit sich. Auch andere Patienten

164 Wolfgang Kralicek, Tumor & Humor; 45f.
165 FS 259.
166 FS 260.

von Greenberg wohnen hier, wie eine Frau im Zimmer nebenan. Reden dürfen sie nicht miteinander.

Kojotengeheul, erst aus der Ferne, dann beängstigend immer näher kommend, steigert seine Angst. Kojoten sind Aasfresser und Wüstenbewohner. Arthur Prince erfährt in allem Luxus seine Wüste. Er ist mit sich allein, von der Außenwelt abgeschnitten. Das ihn ängstigende Kojotengeheul steht für seine Furcht vor dem Sterben.

Er entdeckt eine Spinne an der Decke – seine verstörte Phantasie gaukelt ihm vor, daß sie größer werde. Später benutzt Prince das Bild der Spinne in der Arbeit mit Greenberg als Bild, um seinem Erleben des körperlichen Schmerzes Ausdruck zu verleihen:

> PRINCE Und hier bleibe ich einfach sitzen, eine alte kleine Spinne des Schmerzes, sammle all die niedlichen Nerven und knote sie zusammen, eng und enger, bis ihm der kalte Schweiß ausbricht.[167]

Die Wüstenei seiner Einsamkeit läßt den Schmerz anschwellen und steigert seine Angst. Prince ruft Greenberg an, um sich die Erlaubnis einzuholen, die körperliche Pein mit Tabletten zu betäuben. Greenberg lehnt ab. Arthur will sich sofort mit ihr treffen. Sie verwehrt es ihm. Er nimmt durch die Wand Kontakt mit der Frau im Nebenzimmer auf. Diese bricht das Gespräch ab. Er bestellt sich Unmengen an Essen und beginnt, es in sich hineinzuschlingen. Nach Art eines trotzigen Kindes will er Dr. Greenberg bestrafen für entzogene Zuwendung, indem er sich selbst straft.

> PRINCE [...] Dies wird eine Art „Scheiß-auf-Dr.Greenberg-Mahlzeit". Geben Sie die Speisekarte her [...]. Wie viele Speisen haben Sie, fünfundziebzig?
> KELLNER Bestimmt.
> PRINCE Ich will alle.
> *Pause*
> KELLNER Alle?.
> PRINCE Jede einzelne.
> KELLNER Etwas zu trinken?
> PRINCE Dreiunddreißig Martinis.
> KELLNER Kaffee?
> PRINCE Später.[168]
>
> *Ruth Greenberg tritt ein. Sie trägt Tennisschuhe und über ihrem T-Shirt einen Parka.*[169]

---

[167] FS 267.
[168] FS 262.
[169] Ebd.

Vom Äußeren und ihrem Verhalten her hebt sich Dr. Greenberg vom Auftreten ihrer Standeskollegen ab. Die korrekte Anrede mit ihrem akademischen Titel gilt ihr nichts. Die kühle Distanz zu Arthur verliert sich im weiteren Verlauf der Handlung. Das Ziel ihrer Therapie: In den Erwachsenen das verstummte, verletzte Kind zum Sprechen zu bringen.

> GREENBERG [...] Oh, wenn man sie nur hörte, die Kinder! Ich stelle mir den Himmel vor als einen Sandkasten mit einer Million Kinder, die schreien: Mama, es tut weh, es tut weh! Aber gerade wenn sie gehört werden wollen, werden sie zum Schweigen gebracht und wachsen heran zu todesstarren Gespenstern, die den Schmerz des Lebens nicht spüren wollen. Den einzigen Schmerz, den wir haben, und das einzige Leben, und wenn wir diesen Schmerz nicht spüren, wenn wir ihn nicht schmecken, riechen, essen, leben, verwandelt er sich in einen kleine Kannibalen, der sich durch unsere Lenden frißt [...]. Das Schweigen ist der Killer, und Leiden ist alles, wie dieses Ding [Tumor] in ihrer Mitte, und nicht nur für Frauen und Juden, auch für alle diese verschlossenen, schweigsamen, harten Mannsbilder, die durch die Straßen gehen und ticken wie Zeitbomben [...].[170]

Die 25. Stunde bezeichnet keinen konkreten Zeitpunkt, sondern eine Qualität der Zeit. Im therapeutischen Prozeß wird der körperliche Schmerz auf seine seelischen Ursachen in der Vergangenheit hin befragt, um für die Gegenwart eine Handlungsperspektive auf Zukunft hin zu gewinnen. Unbewältigte Widerfahrnisse werden im therapeutischen Prozeß neu durchlebt, sinnlich erinnert und so als gestalt- und veränderbar erlebt. In theologische Sprache gewendet kommt das griechische καιρός, „das eigentlich den rechten, zum Ziel führenden Zeitpunkt, also entweder den ‚kritischen Zeitpunkt‘ oder den ‚günstigen Augenblick‘ bedeutet“[171], dem Gehalt dessen, was Tabori mit 25. Stunde meint, am nächsten.

3.1.2.2. Therapeutisches Erinnern

a. Erster Schritt: Das Wahrnehmen und Deuten des körperlichen Schmerzes.
Arthurs vordergründiges Anliegen besteht darin, daß er seiner Angst vor der Operation und dem Krankenhausaufenthalt Herr werden möchte. Greenberg bietet ihm an, ihm dabei zu helfen. Allerdings werde Prince seine Angst nur dann bewältigen, wenn er sich der ganzen Wucht seines Schmerzes aussetze und auf Verdrängung und Ablenkung verzichte.

Eine erste Übung hierzu ist die Wahrnehmung des körperlichen Schmerzes. Ihm seine Stimme zu leihen, wird Arthur helfen, ihn anzunehmen und seine Botschaft zu entschlüsseln.

---

170 FS 264.
171 Artikel „Zeit“ in: Dufour, Wörterbuch zum Neuen Testament, 443.

GREENBERG [...] Sperre dich nicht gegen den Schmerz. Verbünde dich mit ihm [...]. Nagle ihn fest. Lerne ihn kennen. Werde zum Schmerz.[172]

Prince, achtsam in seinen Schmerz hineinfühlend, gibt sich selbst die Antwort, warum dieser ihn quält. Der Schmerz will ihn davor bewahren, sich selbst zugrunde zu richten. Statt auf die Dinge zu verzichten, die ihm nicht bekommen, stopft und schlingt er sie in sich hinein.

PRINCE [als Schmerz] Was habe ich n i c h t für ihn getan? Gäbe es mich nicht, wäre er schon lange tot. Ich ermahne ihn ständig, Diät zu halten, aber nein, er hört nicht auf mich.[173]

b. Zweiter Schritt: Das Wahrnehmen der Todesfurcht

Mit unmäßigem Essen erstickt Prince seine Angst vor dem Tod. Dr. Greenberg leitet Arthur, analog zum ersten Schritt, an, sich auch dieser Angst zu stellen, indem er dem Tod eine Gestalt verleiht.

Wie Prince in der Spinne ein Bild für den körperlichen Schmerz gefunden hat, so vergleicht er den Tod u.a. mit einer Dame in Schwarz.[174] In der vorangehenden Szene trägt seine Frau ein neues schwarzes Kleid.

FRAU Die Franzosen nennen das das kleine Schwarze.
PRINCE Trauerkluft.
FRAU Du magst es nicht.
PRINCE Könnte noch mal nützlich werden. *Entdeckt ein Foto* Wo war das?
FRAU Ich weiß nicht.
[...]
PRINCE *ein zweites Foto* Wer ist das?
FRAU *betrachtet es* Ich.
PRINCE Ach![175]

Die schwarze Dame, die vertraute, dennoch unbekannte eigene Frau, versinnbildlicht die Einsamkeit in der Beziehung, sie steht für den Tod der Liebe, der langsam Dahinsiechende ahnt im Anblick der schwarzen Dame sein nahendes Ende.

Die Anordnung eines gestalttherapeutischen Settings bestimmt den weiteren Gang der Arbeit. Der Tod selbst gerät in den Blick:

GREENBERG *schreit* Schau ihn dir an. Dort!
PRINCE *schaut auf den leeren Stuhl* Dort sitzt er und grinst, als gehöre ihm alles hier [...]. Alles Knochen, kein Fleisch [...]. Diese Zähne sehen sehr lebendig aus. Schließt die Augen.
GREENBERG Berühre ihn.

---

172 FS 267.
173 FS 268.
174 Vgl. FS 269.
175 FS 255f.

PRINCE *zögert* Seine Hand ist kalt [...]. Ich wage nicht, in seine Augenhöhlen zu sehen. Es könnte etwas Weiches darin sein.
GREENBERG Sieh nach.
PRINCE *Legt seinen Finger in den Schädel* [...].[176]

Die Angst vor dem Tod errichtete in Arthur ein Tabu. Nun schaut er das Unanschaubare, betastet den Unberührbaren, verliert so seine Angst vor dem enttabuisierten Sensenmann.

c. Dritter Schritt: Das Deuten der Todesfurcht

Greenberg ermutigt ihren Klienten, die Rolle des Todes einzunehmen und ihm seine Stimme zu leihen. Dadurch lernt Arthur, den Tod als seinen Tod anzunehmen, genauso wie er lernen mußte, daß der Schmerz sein Schmerz ist.

PRINCE [als Tod] [...] Niemand widersteht mir. Jeder muß sterben. Es ist das Ende vom Anfang der Straße, und alle Straßen führen zu mir, weil das Königreich des Todes in euch ist, und ich bin der König dieses Königreiches in euch [...]. Ich bin immer um dich gewesen, also tu jetzt nicht, als sei ich ein Fremder [...] ich halte dich in meinen Armen, [...] mein Becken reibt sich an deinem und drückt dein Ding in meinen kalten bodenlosen Spalt.
GREENBERG Du liebst den Tod.
PRINCE Ja.
GRENNBERG Dann sag es ihm.
PRINCE Ich liebe dich, ich liebe dich.[177]

Seines Wunsches sich bewußt zu werden, sich mit dem Tod sexuell vereinigen zu wollen, öffnet Arthur für die Erkenntnis, daß Leben und Tod, Eros und Thanatos, zwei Seiten ein- und derselben Medaille sind. Wer das Leben annimmt, hat implizit auch den Tod bejaht.

d. Vierter Schritt: Der Schmerz einer mißlungenen Vater-Beziehung

Prince liebt den Tod. Er ist ihm vertraut. Hinter seiner Todesangst, ausgelöst durch die Tumordiagnose, verbirgt sich ein tieferer Schmerz: Die Trauer um die gescheiterte Beziehung zu seinem Vater. Dessen Tod war in einem gewissen Sinne auch der seine. Er ist schon einmal gestorben. Als Kind wurde er von seinem Vater nicht wahrgenommen. Diesen Tod soll er nun noch einmal sterben. Sein Vater, Dr. Morton Prince, ein Arzt, unter der Schlafkrankheit leidend, hat ihn um seine Kindheit betrogen. Aus Rücksicht auf den kranken Vater mußte er sich unsichtbar und unhörbar machen.

PRINCE Ich bin mein Leben lang auf Zehenspitzen gegangen, habe leise gesprochen aus Angst, ihn aufzuwecken. Wo gibt's das sonst? Einen Vater, der die Kind-

---

176 FS 269.
177 FS 270.

> heit seines Sohnes verschläft? [...] Darf nicht laut sprechen. Brave kleine Jungen sprechen nicht laut. Wenn du um Hilfe rufst, dann leise, sonst weckst du Papa auf, mein Schatz. *Flüstert* Hilfe, Hilfe, die Polackenkinder haben mich eingefangen und schwingen ihre Fahrradketten. Hilfe, im Kindergarten habe ich mir in die Hose gemacht. Hilfe, da ist ein Schwarzer Mann im Schrank. Hilfe, mir ist kalt ... kalt.[178]

Am Tag der Beerdigung gleiten die Sargträger aus, die Holzkiste mit dem Leichnam des Vaters macht sich selbständig und zerschellt an einem Grabstein. Ein jahrelang unterdrücktes Lachen über die komische Figur eines Vaters, der bei allen möglichen und unmöglichen Gelegenheiten einschläft, ...

> PRINCE Vater in seinem weißen Kittel, in seinem Mahagonisessel schnarchend oder schnarchend mit einer Urinprobe in der Hand oder schnarchend mit heruntergelassenen Hosen, schnarchend in die große haarige Möse einer Schwester, schnarchend mit weit geöffneten Hundeaugen [...].[179]

... will sich aus Arthurs Kehle seinen Weg bahnen.

> PRINCE Ich preßte einen Kicheranfall hinunter in meinen Bauch, wo jetzt der Tumor sitzt [...].[180]

Im Rollenspiel spricht er den verstorbenen Vater an und teilt ihm das mit, was er ihm zu Lebzeiten aus erzwungener Rücksichtnahme nicht sagen durfte und konnte: Sein Vater nahm von ihm keine Notiz. Das Lachen über den Vater resultiert aus der Haß-Liebe des Sohnes. Verdrängte Gefühle und Sprachlosigkeit haben Arthur krank werden lassen.

Ein wichtiges Detail in diesem Zusammenhang:

> PRINCE Die Sonne ging hinter diesem schrecklichen bunten Glas mit dem ‚Abendmahl' unter, als der Sarg aus der Kapelle gerollt wurde [...].[181]

In der vierten Szene läd Jay Jay „Zwölf zum Dinner"[182] ein. Das Motiv des Abendmahls schlägt eine Brücke zwischen diesen beiden Szenen. In Jay Jay als quasi-göttlichem Über-Vater, der keinen Widerspruch duldet, begegnet Prince seinem verstorbenen Vater. Wie er damals seinen leiblichen Vater in seiner Krankheit nicht bloßstellen durfte, so verlangt auch Jay Jay von ihm, dessen Alter und Gebrechlichkeit zu leugnen, indem er eigene Gesundheit vortäuscht. Die Hilfsbedürftigkeit des Sohnes wird Morton Prince wie auch analog Jay Jay zum

---

178 FS 273f.
179 FS 273.
180 FS 272.
181 Ebd.
182 FS 244.

unerträglichen Spiegel ihrer eigenen Hinfälligkeit. An dieser Stelle wird verständlich, warum die ärztliche Kunst Dr. Salmons bei Prince versagt. Die Ursache seiner Krankheit liegt jenseits des durch die Schulmedizin Therapierbaren. Auch Dr. Salmon, selbst krank, verkörpert in seiner unnahbaren Ratlosigkeit eine Facette des Dr. Morton Prince, der als Arzt seinem Sohn weder in dessen körperlichen – er schläft während einer Mandeloperation an Arthur ein – noch seelischen Leiden hilft.

e. Fünfter Schritt: Der Schmerz des Geboren-Werdens

In einer gefühlskalten und beziehungsarmen Welt hat sich Arthur eine Ahnung von einer ursprünglichen Geborgenheit in der Wärme des mütterlichen Schoßes bewahrt. Er kam als Frühgeburt zur Welt, ausgelöst durch väterlichen Beischlaf. Im Uterus der Mutter ist er „das Prinzenbaby, der Prinz des Lichtes und der Lieblichkeit im sechsten Monat, noch nicht bereit zur Geburt und zur Karriere“[183] – von daher erklärt sich sein Name, Arthur Prince. Durch die Penetration des Vater erfährt er schmerzlich, daß er in seinem Königreich nicht der Einziggeliebte der Mutter ist, sondern deren Liebe mit dem Vater teilen muß:

> PRINCE Er besteigt sie wie ein Hund, und ich höre deinen großen Schwanz an die Tür klopfen und hereinbrechen. Und ich höre dich grunzen, und du schläfst noch in ihr ein und explodierst, ein Wunder, daß ich nicht ertrunken bin in all dem Zeugs.[184]

Arthur möchte der Einziggeliebte bleiben, verweigert sich der Geburt, wird, durch den Beischlaf des Vaters ausgelöst, von der Mutter gegen seinen Willen in die kalte Welt gepreßt, entfremdet sich im Augenblick der Geburt von beiden:

> PRINCE Ihr Schweine! [...] als ihr zwei Schurken, ihr zwei schrecklichen, schamlosen Schurken gemeinsam, zwei gegen einen, zieht und preßt, und jetzt ... ich bin ... draußen! Laß mich drin, Papa! Laß mich drin! Mama, schick mich nicht weg! Bitte! Laß mich drin! LASS MICH DRIN ... *Schreit* AAAAAAAAAAAAAAAAAAAAAAAAAAAAA![185]

Im Erleben dieses ersten und letzten Schmerzes zieht Prince das Fazit:

> PRINCE Mein Leben war ein einziges Zögern, geboren zu werden.[186]

Der kranke Morton Prince vermag seinem liebesbedürftigen Sohn nicht gerecht zu werden. Selbst erwachsen und krank durchschaut Arthur mit Hilfe des gestalttherapeutischen Erinnerungsprozesses seine schicksalhafte Verstrickung in

183 FS 275.
184 FS 274f.
185 FS 275.
186 Ebd.

Scheitern und Schuld. Sie reicht so weit, daß sie kaum dem einzelnen als persönliche Schuld zur Last gelegt werden kann. Denn schon im Augenblick der Geburt entfremden sich die Menschen, die sich in der Liebesgemeinschaft der Familie aneinander gebunden haben. Die Mutter stößt den Säugling aus der warmen Geborgenheit ihres Schoßes in eine lieblose Welt. Der Vater wird zum Konkurrenten des Sohnes. Beide buhlen um die Mutterliebe.
Prince stößt im Verlauf der Therapie zum Kern seiner Krankheit vor. Seit seiner Geburt schon krankt er am Leben. Folglich ist jeder Mensch von Anfang an krank.[187] Niemand kann irgend jemandem gerecht werden. Die Frage nach persönlicher Schuld und Verantwortung tritt vor dem Hintergrund der allgemeinen „Lebenskrankheit" zurück zugunsten der Erfahrung einer jedem menschlichen Leben vorgängigen Determination zum Scheitern.

3.1.2.3. Exkurs: Vater-Sohn-Beziehung

Die Haß-Liebe zwischen Morton und Arthur Prince setzt sich fort in der Beziehung Arthurs zu seinem Sohn Johnny. Wie einst Arthur der Schlafkrankheit seines Vaters machtlos ausgesetzt war, so steht auch Johnny dem Krebsleiden seines Vaters hilflos gegenüber. In der dritten Szene macht er den verzweifelten Vorschlag, dem Beispiel der Chinesen folgend, jede Krankheit dadurch auszumerzen, indem man alle Fliegen, als potentielle Überträger, tötet. Doch Fliegen sind nur ein Risikoposten neben einer Heerschar anderer.

> SOHN Wir könnten ein Programm für den Sommer machen. Termiten und Küchenschaben gibt es auch noch. Ihre Hungersnöte rotteten sie [die Chinesen] aus, indem sie die Vögel ausmerzten, die das Getreide vernichteten. Abschießen wäre zu teuer geworden, da machten sie einen Höllenlärm. Chinesische Vögel können sich nicht niederlassen, wenn sie Lärm hören. Sie flogen den ganzen Tag herum und fielen schließlich vor Erschöpfung vom Himmel. Als der große Lärm vorbei war, gingen die Menschen über einen Teppich kleiner Leiber nach Hause [...].[188]

Vater und Sohn schlagen wie wild um sich. „Dabei geht der Spiegel zu Bruch."[189] In mehreren Werken Taboris steht ein Spiegel für Selbsterkenntnis.[190] In ihrer

---

187 „[...] ich habe eine medizinische Neigung – mein Großvater, ein TB-Spezialist, wurde aus vielen Kurorten der Monarchie entlassen, weil er zu viele Ehefrauen und Töchter vernascht hatte. Nicht die Güte oder Schlechtigkeit des Menschen ist die Frage, sondern seine Krankheit, ich will nicht urteilen, ich habe nur die Neugier eines Möchte-gern-Arztes, der nur um die Ausdehnung seines Universums weiß, und, daß alle Patienten [Menschen] letztlich sterben." Tabori, Unterammergau, 27.

188 FS 243f.

189 FS 244.

190 In Major von Borst in Taboris Roman *Das Opfer* weckt das Betrachten seines Spiegelbildes Erinnerungen, welche ihn bis zu Erlebnissen aus der Kinderzeit zurückführen, und es gemahnt ihn an Alter und Tod: „Ich sah wieder zu Nadja, aber als sie sich vorbeugte, um eine Zigarette anzuzünden, fing

Hilflosigkeit, mit sich und ihren Gefühlen umzugehen, verfallen sie auf Gewalt als Flucht vor dem Lebensschmerz und berauben sich dadurch ihrer Selbsterkenntnis: Im Rausch der Gewalt suchen sie Vergessen. Der Lebensschmerz darf sich nicht äußern.
Nach Jay Jays Party erleidet Prince (Szene fünf) einen Zusammenbruch. In seiner Angst vor dem Tod verlangt er nach seinem Sohn.

PRINCE Weck Johnny.
FRAU *dümmlich* Er schläft.
PRINCE *brüllt* Hol Johnny her!
Sie rennt hinaus.
Ich will nicht sterben.
Ein Vogel flattert gegen die Fensterscheibe.[191]

Das chinesische Beispiel verdeutlicht, daß Krankheit, Leiden und Tod nur durch eine übermenschliche, titanische Anstrengung zu besiegen wären, deren Undurchführbarkeit jeden konkreten Schritt zu ihrer Ausführung grotesk erscheinen läßt. Dennoch setzt Arthur in seiner Verzweiflung alle Hoffnung auf seinen Sohn. Mit seinem Plan, alles Lebensfeindliche zu vernichten, wird er sein Leben retten können. Eine Utopie, aber die einzige Hoffnung, an die Arthur sich verzweifelt klammert. Er überfordert Johnny dadurch hoffnungslos und reißt ihn in jenen Schuldzusammenhang, unter dem er selbst in Bezug auf seinen Vater gelitten hatte. Er durfte nicht lachen , nur flüstern. Auf Johnny lädt er in seiner Angst vor dem Sterben seine irrationale Hoffnung auf Rettung durch einen Menschen. Vater und Sohn haben doch die Fliegen umgebracht, wie die Chinesen, die sich so aller Krankheiten entledigt haben. Warum sollte es ihnen nicht gelingen, gemeinsam sein Leben dem Tod zu entreißen?

SOHN Wenn du stirbst, bringe ich dich um.[192]

---

ich mein Bild in dem hinter ihr hängenden, vergoldeten Spiegel ein. Mein Gesicht war düster im Halbschatten und wirkte älter, als es war [...]. Als das Licht auf meinen Schädel fiel, sah er seltsam kahl aus, und unter den Augen, die nicht eigentlich Augen waren, sondern zwei schräge schwarze Höhlen, sah ich tiefe Augenringe. Und rechts und links von meinem Mund verliefen zwei dunkle Linien. Der Anblick erschreckte mich, und ich sah schnell zu Nadja hinüber [...]. Aber das Gesicht im Spiegel zog mich an [...]. Ich hob den Kopf, ob durch die Veränderung des Lichteinfalls womöglich das Gesicht besser aussehen würde. Aber es wurde nur schlimmer; [...]. Ich ließ den Blick, wie fasziniert, nicht vom Gesicht im Spiegel, und plötzlich drängten sich mir eine Menge verdächtiger, unzusammenhängender Bilder auf – nicht so sehr Bilder als vielmehr Gefühle von Dingen und Wörtern, die sich dann zu einer klaren Struktur zusammenfügten [...], die Tatsache blieb, daß mein Gesicht im Spiegel alt aussah und daß ich heute vielleicht zum ersten Mal in meinem Leben über das Alter nachdachte." Tabori, Das Opfer, 166–168.
In *Clowns* entdecken Frau und Mann, sich in einem Spiegelrahmen gegenüberstehend, aneinander den eigenen körperlichen Verfall: „FRAU [...] *Sie wendet sich zum Spiegel. Der Mann wendet sich zum Spiegel. Die Frau fürchtet sich vor dem Spiegel. Der Mann fürchtet sich vor dem Spiegel* [...]" CL 227. Das gleiche Motiv verwendet Tabori in *Peepshow*. Hier stehen sich Mutter und Sohn gegenüber. PS 139–142.

191 FS 249.

Der vermeindliche Kalauer am Ende der siebten Szene birgt einen tiefen Ernst. Stirbt der Vater, bleibt Johnny zurück mit dem Gefühl der Schuld, nicht alles zu seiner Rettung getan zu haben. Fliegen und Vögel – die potentiellen Keime und Ursachen des Todes – sind unausrottbar. Auch wenn der Vater an den Folgen seines Tumorleidens sterben sollte, wird sein Sohn den Toten töten müssen, d.h. sich vom Vater distanzieren und dessen Erwartung auf Rettung vor dem Tod zurückweisen, um selbst mit der Schuld, nicht geholfen zu haben und nicht helfen zu können, zu (über)leben.

3.1.2.4. Das Weibliche als Ort der Erlösung

Nachdem Arthur alle Ebenen seines Schmerzes erkannt und durchlitten hat, erfährt er vor der Operation einen Moment der Erlösung:

> PRINCE *Greenberg legt ihn in ihren Schoß und wischt sein Gesicht.* O Gott, ist es schön zu sein.[193]

Eine Frau, seine Mutter, hat ihm das Leben geschenkt;
eine Frau, der ihm innewohnende Tod, wird es ihm nehmen;
eine Frau, Ruth Greenberg, hat ihn mit dem Scheitern an der Widersprüchlichkeit des Lebens – Leben und Tod – versöhnt.
Doch auch diese „Erlösung" bleibt augenblickhaft, dem Scheitern unterworfen. Die „Erlöserin" selbst, Dr. Greenberg, ist der Erlösung, der Liebe, bedürftig. Zu Beginn der Therapie konfrontiert Ruth Greenberg Arthur hart mit dem Tod. Es kommt zu einem Handgemenge.

> *Prince schlägt sie. – Sie schlägt zurück. – Er verprügelt sie. – Sie läßt ihn. – Er umarmt sie und trägt sie ins Bett. – Sie lieben sich. – Ein Krampf durchfährt ihn, und er krümmt sich. – Sie denkt, es ist Lust. – Als sie kommen, verzieht er das Gesicht vor Schmerzen und schreit. – Sie denkt, es ist Liebe. – Sie ruhen sich aus.*[194]

Wie zwischen Arthur und Alice findet sich auch zwischen ihm und Ruth Zeichen der Entfremdung. Der Unterschied zwischen den beiden Frauen ist, daß Ruth um die schicksalhafte Verstrickung von Leben, Schmerz, Scheitern und Schuld weiß, die dümmliche Alice diese Verkettungen nicht erkennt.
Auch die Liebe gewährt nur Augenblicke des Glücks, auch sie ist gezeichnet von der Determination zum Scheitern.

---

192 FS 255.
193 FS 276.
194 FS 265.

3.1.3. Die zehnte und elfte Szene: Im Krankenhaus

3.1.3.1. Der Name des Krankenhauses: Lazarus

Für einen Augenblick versöhnt die Liebe Arthur mit dem Leben. Ein glückliches Ende seiner Krankengeschichte hält sie trotz therapeutischer Aufarbeitung nicht bereit. Seine Operation steht an. Er begibt sich in ein Krankenhaus mit dem bezeichnenden Namen „Lazarus", auf jenen Freund Jesu anspielend, den dieser in den sicheren Tod gehen ließ, ohne ihm zu helfen, mit dem Hinweis, dadurch werde Gott verherrlicht (vgl. Joh 11,1–43).
Die Assoziation liegt nahe, Dr. Greenberg, in Analogie zur biblischen Geschichte, in der Jesus-Rolle zu sehen. Sie läßt Prince seine „Tode" sterben, als Bedingung der Möglichkeit, daß er ins Leben zurückkehrt. „Es ist schön zu sein" – das menschliche „Credo", ein „Auferstehungswunder" á la Lazarus, wenn es jemand zu sprechen vermag, trotz all des Scheiterns, eingedenk, daß dem Leben der Tod kein Fremder ist. Wie Prince sein „Lazarus-Erlebnis", das er schon hinter sich hat, bevor er ins Lazarus-Krankenhaus eingeliefert wird, ihn verändert hat; wie er als mit dem Tod Vertrauter unter Kranken und Sterbenden lebt; ob es für ihn ein Leben in diesem Leben in all seinem Scheitern gibt – das erzählt Tabori in der zehnten Szene.

3.1.3.2. Das Paradox des Lebens: Ein Todeskuß als Liebeserweis

Joe Spritz, Willy Callaghan und Arthur Prince treffen sich als Patienten im Lazarus-Krankenhaus wieder. Willy liegt im Sterben.

> *Willy Callaghan ringt mit steifem Rücken um seine letzten Atemzüge.*
> PRINCE Willy?
> CALLAGHAN *mit schrecklicher Stimme* Laßt mich gehen!
> PRINCE Ich bin es, Arthur.
> DR. SALMON *Er hört sie nicht.*
> PRINCE Können Sie denn nichts für ihn tun?
> DR. SALMON Nein.
> PRINCE *brüllt* Schwester!
> CALLAGHAN Laßt mich gehen.
> PRINCE *hält ihn* Halt durch, Willy.
> CALLAGHAN Laßt mich.
> PRINCE Sagen Sie doch, was ich tun soll.
> DR. SALMON Wenn er mein Kind wäre, würde ich ihn erwürgen.
> CALLAGHAN Es tut weh.
> DR. SALMON Es gibt nur eines, was man für seinen Patienten tun kann.
> CALLAGHAN Mama, es tut weh.
> *Prince legt seinen Mund auf Willys und erstickt ihn. Es braucht seine Zeit. – Willy stirbt. – Prince geht zurück zu seinem Bett. – Willy sieht friedlich aus [...].*[195]

[195] FS 280.

Von allen dreien hat Willy am heftigsten gegen den Tod aufbegehrt.
Aus dem Fitneß-Studio wurde er auf der Bahre als Leiche hinausgetragen. Er kehrte zurück. Er hatte eine Entscheidung gefällt.

> CALLAGHAN Ich habe mich entschlossen, nicht zu sterben [...].
> PRINCE Gott hat es gegeben, Gott wird es nehmen.
> CALLAGHAN *brüllt* Nicht mich, Jungchen![196]

Derselbe Willy bittet nun, in Szene zehn, sterben zu dürfen. Prince hält seine Ohnmacht, nichts tun zu können, nicht aus. Er fordert Dr. Salmon auf, das Unmögliche möglich zu machen.
„Mama, es tut weh.“ – auf dieses Stichwort Callaghans hin ändert Prince sein Verhalten. Dieselben Worte hatte er aus dem Mund von Dr. Greenberg gehört. Willy ist an seinen Kinderschmerz herangekommen. Prince hat sich zu Callaghan so verhalten, wie sein Vater sich ihm gegenüber verhalten hatte. Er will Willy als Kind in seinem Schmerz nicht akzeptieren, dessen Sterben schürt seine Angst vor dem Sterben. Er steht in der Gefahr, auch Willy mundtot zu machen, wie seine Eltern ihn zum Schweigen verdammt hatten. Das entspricht Dr. Salmons Meinung: Das leidende erwachsene Kind, welches Callaghan jetzt ist, mit roher Gewalt zu töten, um den Lebenden die Erfahrung der Ohnmacht im Angesicht des Todes zu ersparen. Prince leistet Callaghan Sterbehilfe. Nicht jedoch gewaltsam, sondern liebevoll. Er küßt ihn. Zwar nimmt er ihm im Kuß die Luft zum Atmen, aber Callaghan kann gehen in der Erfahrung, zur Mutter zurückzukehren. Der Kuß ist die Antwort auf Willys Mama-Ruf. Prince hat seine Lektion gelernt: Den Schmerz, das Leben, den Tod – annehmen, lieben und loslassen.

3.1.3.3. Das Ungenügen menschlicher Liebe – die Hündin Lady

Was Ruth Greenberg als Liebe deutete, war für Arthur nur Schmerz. Wahre, vollkommene, beständige Liebe bleibt unter Menschen ein utopischer Traum. Vor seiner Operation erinnert er sich seiner einzigen wirklichen Liebe, zur Schäferhündin Lady.[197]

> PRINCE Sie war das ideale weibliche Wesen für mich armen Sexbesessenen, der sich vergebens nach einer menschlichen Frau sehnte, die bereit gewesen wäre, seine Phantasien von Willfährigkeit zu erfüllen. Lady hätte mich auch unter der

196 FS 238.
197 Lady – Dame: Die Hündin symbolisiert das Weibliche in seiner Polarität zwischen Leben und Tod. Vgl. in *Mein Kampf* Frau Tod (3.2.4.2.) mit der dunklen Dame in *Die 25. Stunde* (3.1.2.2.c.).

> Folter nicht verraten. Ihretwegen bedauerte ich es oft, nicht als Hund geboren zu sein, auf daß unsere Romanze volle Erfüllung gefunden hätte.[198]

In der bedingungslosen Hingebung des Hundes an seinen Herren bringt Arthur das Ideal seiner Sehnsucht nach einer Liebe in völliger Harmonie ins Bild. Was ihm zwischen Menschen als unmöglich erscheint, erlebte er mit seiner Hündin. Das Tier wird zum Symbol einer zwischen Menschen zwar ersehnten, aber nicht zu verwirklichenden Form der Annahme und Geborgenheit, die freilich um den Preis der völligen Unterordnung des Hundes unter den Herren, der Frau unter den Mann erkauft wäre.
Das Ende der zehnten Szene sticht in hartem Kontrast zum Beginn der elften und letzten heraus, überschrieben mit „Die Wirksamkeit von Gebeten"[199]. Alice betet am Bett ihres Mannes. Einige Zeit später gibt er ein Lebenszeichen von sich, einen Furz. Es ist nicht ihre Beziehung, die ihn im Leben gehalten hat, sondern die Erinnerungsarbeit mit Ruth Greenberg und die Liebe zu einer Hündin.

3.1.3.4. Das Geheimnis des Lebens – ein Furz

Annehmen und loslassen – was er bei Willy Callaghan praktiziert hat, rettet ihm nach seiner Operation das Leben.

> FRAU Wie geht es ihm?
> GREENBERG Ihr Mann wird leben, Mrs. Prince.
> FRAU *dümmlich* Wann?
> GREENBERG Beten Sie, daß er Winde läßt heute nacht.
> *Frau und Sohn setzen sich und warten. Die Frau betet. Die Schatten werden länger. – Zu guter Letzt ein Furz. – Triumphale Musik. Alle drei treten ans Bett und lächeln unter Tränen.*[200]

Tabori stellt seinem Stück ein Goethe-Zitat voran:

> Mach es kurz!
> Am Jüngsten Tag ist's nur ein Furz.[201]

Arthurs Furz – ein banaler Kommentar zu einem existentiellen Thema: Die Frage nach dem Sinn des Lebens mit dem Tod im Nacken. Arthur hat erfahren: Im Augenblick seiner Geburt hat er mit dem Leben auch den Tod bejaht. Liebt er das Leben, so liebt er auch den Tod. Leben, Scheitern, Schuld und Tod gehen eine symbiotische Gemeinschaft miteinander ein. Niemand kann leben wollen, ohne

---

198 FS 281f.
199 FS 283.
200 Ebd.
201 FS 231.

schuldig zu werden, ohne zu scheitern, ohne zu sterben. Den Tod als Widerpart des Lebens zu dramatisieren, ist eine Flucht vor dem Leben. Tod und Leben – ein Zwillingspaar. Ein banaler Furz auf eine banale Wahrheit.
In seiner Therapie mußte Prince das Annehmen und Loslassen lernen. Pinkeln, scheißen und furzen – Vokabeln Taboris aus seinem Stück aufgreifend – sind die natürlichsten, einfachsten Formen des Loslassens. In einem Furz drückt sich eine Lebenshaltung aus, eine Art und Weise zu überleben.[202]

3.1.4. Die siebte Szene: Der Traum

> 7. Szene: Eine Erfolgskarriere
> *Prince träumt: Im Operationssaal. – Atmosphäre wie bei der Verleihung des Oscar. – Kreisende Scheinwerfer. – Musik. – Dr. Salmon tritt auf als Conférencier.*[203]

Die Angst Arthurs vor der bevorstehenden Operation, und daß er diese nicht überleben könnte, entlädt sich in einem grotesken Alptraum. Makabere Witze und billige Zoten, Arthurs Dankesrede an die verstorbenen kranken Eltern, die ihm erst seine Krankheit ermöglicht haben, all diese Traumsequenzen steigern seine Ängste bis ins Unerträgliche.

> PRINCE [...] Und Dank sei dir, Mutter, ohne deren Syph ich das nie geschafft hätte [den Preis für den besten Tumor des Jahres zu erhalten].
> *Die Mutter, das Gesicht zerfressen, strahlt stolz.*
> Gott segne euch alle.
> *Scheinwefer und Musik geraten außer Rand und Band. – Dann Dunkelheit und Stille bis auf Prince. Prince schlotternd*
> Timor mortis disturbat me, [...].[204]

Arthurs Traum in dieser Szene ermöglicht es ihm erst, sich auf die Therapie bei Dr. Greenberg in der neunten Szene einzulassen. Nachdem in der achten Szene ein letzter Kommunikationsversuch mit seiner Frau scheitert, ist er so auf sich selbst zurückgeworfen, daß er im Rahmen seiner üblichen Beziehungen und Handlungsschemata seine Ängste nicht mehr verarbeiten kann. Schon in den Romanen bedient sich Tabori des Traumes, um eine wesentliche Veränderung im Verhalten seiner Figuren herbeizuführen:

---

202 Ein sehr ähnliches Ende gibt Tabori seinem Stück Peepshow. Wille schläft mit seiner Mutter, er kehrt dorthin zurück, woher er kam. Der kranke Wille läßt einen Furz. Der Geist des Vaters und seine Mutter deuten es als Zeichen der Genesung. Augenfällig ist die Anspielung an die Auferstehungsberichte der Evangelien: „MUTTER Beten wir, daß er Winde läßt, noch heute nacht. *Die Frauen erscheinen. Alle beten. Ein stürmischer Furz. Willie ist auferstanden. Alle singen Hallelujah.*“ PS 142.

203 FS 253.

204 FS 255.

- *Ein guter Mord*: Durch einen „schlimmen Alptraum“ wird Tristan Manasse gezwungen, sich einzugestehen, daß er selbst seine Frau Adela umgebracht hat, um sich aus einem für ihn unlösbaren Konflikt zu befreien: Die Liebe zu seinem Vater duldet keine Liebesbeziehung zu einer Frau.[205]
- *Tod in Port Aarif*: Der skrupellose und gerissene Gouverneur El Bekaa ist krank. Nichts fürchtet er so sehr, als zu sterben. Nach erfolgreich verlaufener Operation erschrickt ihn im Traum seine Tochter Mediheh im wahrsten Sinne des Wortes zu Tode. El Bekaa hatte sie, weil sie ihre Jungfräulichkeit schon vor der Ehe verloren hatte, lebendig einmauern lassen.[206]
- *Gefährten zur linken Hand*: Der Autor Stefan Farkas entflieht dem Krieg in Europa in das beschauliche San Fernando. Er ist auch auf der Flucht vor sich selbst, vor dem Prozeß des Älterwerdens, vor seiner Einsamkeit. Ein Alptraum weckt seine unbändige Sehnsucht nach Liebe und macht ihn mit seinem bald bevorstehenden Tod vertraut.[207]
- *Die Reise*: Lady Ashley versucht, V., einen verletzten Partisanen, während des ungarischen Aufstandes gegen die Russen durch deren Linien nach Österreich zu schmuggeln. Der russische Major Surov schöpft Verdacht und hält sie fest. Er verliebt sich in sie. In einem Traum wird deutlich, daß auch Lady Ashley sich in Surov verliebt hat. Dieser, ein exzellenter Reiter, scheint mit der männlichen Kraft seines Pferdes zu verschmelzen.[208]

---

205 „Es war der Morgen des dritten Tages, als ich den schlimmen Alptraum hatte: Eine Krankenschwester stand am Ufer eines grünen Kanals, riß die Blütenblätter einer Blume ab und kaute einen Spargel. Schwester, rief ich aus dem Wasser, bitte, zieh dich aus! Sie setzte sich zu mir aufs Bett (irgendwie waren wir wieder zu Hause) und sagte, während sie mit ihrem Spargel wackelte: Wenn ich das tue, wird er [der Vater] sterben müssen [...]. Ich dachte, wenn ich die Krankenschwester nackt sehe, wird Vater sterben. Ich werde vieles tun müssen, um das zu verhindern. Das Schreckliche war, daß jedermann meine Gedanken hören konnte; durch lange silberne Lupen starrten mich in der tiefen Stille alle an.“ Tabori, Ein guter Mord, 240.

206 „Der Gouverneur träumte von seiner Tochter Mediheh. Sie kam auf ihn zu, im Kittel einer Krankenschwester, mit einem Dolch in der Hand. Tu es nicht, sagte er, und sein ganzer Körper war eine offene Wunde mit roher, runzeliger Haut. Sie blieb stehen und fiel vor ihm auf die Knie. Der Dolch steckte zwischen ihren kindlichen Brüsten. Als er langsam aufwachte, überkam ihn wieder das Entsetzen darüber, mitten in der Operation zu sein.“ Ders., Tod in Port Aarif, 186.

207 „Wachte um neun nach einem sonderbaren Traum schweißgebadet auf, starrte an die Decke und versuchte, den Traum zu rekapitulieren [...] [Farkas flieht im folgenden vor seinem Schatten, der die Fratze des Todes trägt]. Plötzlich hielt ich den Schatten in den Armen und spürte einen nackten Rükken; auch ich war nackt, voller Sehnsucht und Wärme, warm und geborgen, als sie ihre weichen, kindlichen Arme um mich legte und sich immer enger an mich drückte. Ich küßte sie auf die Wangen: Sie waren weich und dufteten nach frischen Pfirsichen, und ihr Haar war wie Seide. Aber plötzlich trafen meine Lippen eine entsetzlich rauhe Stelle in ihrem Gesicht, eine scharfe Kante, als wäre dort ein bodenloses Loch [...]; ich versuchte, mich zu entziehen, aber mein Körper kam nicht weg [...]; ich war gezwungen, die Lippen auf diesem Riß zu lassen.“ Ders., Gefährten zur Linken Hand, 228–231.

208 „Ich hatte Angst, und wußte immer noch nicht, warum, bis mir mein Traum von der letzten Nacht einfiel: Ich ritt ein schwarzes Pferd, und sein Schweiß rann an meinen nackten Schenkeln herunter. Das Land sah wie Sussex aus, aber überall waren Stacheldrahthindernisse. Das Pferd sprang und stolperte; ich stürzte: Das letzte, an das ich mich erinnern konnte, war das Pferd, wie es wiehernd in die Höhe stieg, und mich mit Dunkelheit bedeckte.“ Ders., Die Reise, 97.

3.1.5. Son of a bitch – *die literarische Vorlage*

Als Prosavorlage zu *Die 25. Stunde* diente Tabori seine Erzählung *Son of a bitch.*

3.1.5.1. Bitch – Hündin und Hure

‚Bitch' bedeutet ‚Hündin' oder ‚Hure'. Nach dem Tod von Lady nimmt Alice, inspiriert durch eine therapeutische Sitzung, deren Rolle ein.

> „Alice gehts gut, sagt Harold [der Therapeut von Alice], sie hat sich prima abreagiert mit der Hundenummer, […]."[209]

Wie sie sich selbst als Frau erfährt und sieht und welche Beziehungsebenen in ihrem Verhältnis zu ihrem Mann zum Tragen kommen, das macht sie sich durch das Rollenspiel bewußt:

- Alice kokettiert mit einer anderen Beziehung um die Aufmerksamkeit Arthurs:

> „Aber das ist nichts gegen die Motherwells, die sich einen englischen Mastiff zugelegt haben […]. ‚Ach', ihr entschlüpft ein kokettes Kichern, ‚er könnte nicht netter sein. Als ich das letzte Mal heiß war, stand er vor meinem Fenster wie festgenagelt.' Sie bricht ab, mit einem süßen Lächeln. ‚Du bist doch nicht eifersüchtig, Arthur?'"[210]

- Sie ängstigt sich vor dem Alter:

> „Ich werde langsamer, stimmt. Ich sage zu meinen Freiern: Meine Herren, sage ich, ich kann noch immer meine Nummer schieben, aber ich habs nicht mehr nötig. Willst du sehen, wie hoch ich springen kann? […]. Sie macht ein paar Schritte zurück, macht einen Satz mit dem Kopf zuerst, als wolle sie über meinen Arm springen, fällt aufs Gesicht, der Pelzmantel öffnet sich und legt ihr blond gefärbtes Dreieck bloß."[211]

- Sie fürchtet die Einsamkeit:

> „‚Alice, ich glaube, du mußt mal Ferien machen. Wie wärs, wenn du eine Zeitlang nach Florida gingst?' […] Sie steht schwer atmend auf. ‚Wenn du mich loswerden willst, brauchst du mich nicht außer Haus zu geben wie deine meschuggene Tante."[212]

---

[209] Ders., Son of a bitch, 158.
[210] Ebd., 147.
[211] Ebd., 148f.
[212] Ebd., 149.

Die Rolle der Hündin wird zu einer Metapher für Alice' Ehe mit Prince. Er sieht sie als Polizeihund, fühlt sich von ihr bedroht und eingeengt. Sie will als rassige, begehrenswerte Frau wahrgenommen werden.

> „Irgendwas ist schrecklich schiefgegangen mit unserer Ehe. Wir haben uns nichts mehr zu sagen. Du behandelst mich wie einen Polizeihund, par example. Das bin ich nicht, Arthur, wirklich nicht, ich bin ein französischer Pudel, na schön, ein Achtel jüdisch, aber kein Polizeihund."[213]

Alice und Arthur finden keine gemeinsame Ebene miteinander. Kommunikation mißlingt, sexuelles Begehren hat sich verflüchtigt, die Liebe erkaltet. In ihrer Not, nicht geliebt zu werden, prostituiert sie sich, ohne Erfolg, vor drei Schwarzen.

- Die ‚Hündin' Alice wird zur ‚Hure' – *bitch.*

> „‚Für drei Dollar und das Fahrgeld darfst du mal mein Mäuschen sehen' [...]. ‚Zwei Dollar?' feilscht Alice. ‚Kümmert euch um Alice. Es geht ihr nicht sehr gut. Einsfünfzig, verdammt nochmal! Kümmert euch um Alice, sie ist leer.'"[214]

Niemand nimmt sich Alice an. Weder als liebenswerte Frau noch als Hure wird sie begehrt. Sie ist leer, ohne Liebe. Nichts bleibt ihr als Einsamkeit oder die sinnentleerte Beziehung zu ihrem Mann. Sie wählt letzteres, gibt sich als eigenständige Person auf, indem sie die von ihr zuvor abgelehnte Rolle des Polizei-, des Killerhundes zu spielen versucht, um ihrem Mann wenigstens ihre Nützlichkeit zu beweisen. Ihre Ehe wird zur reinen Zweckgemeinschaft. Ihr einziger Sinn ist das Abwenden der Einsamkeit. Alice bietet Arthur sogar an, sie zu erschießen. Wenn ihr schon als Lebende kein Wert zugemessen wird, so könnte ihr Tod von Nutzen sein.
Zum Schluß beschwört sie alte Zeiten trauter Zweisamkeit, der Mond erinnert sie an eine beschauliche Nacht, als sie sich noch mit Arthur verständigen konnte:

> „[...] wir heulen zusammen den Mond an, mit zitterndem Kinn"[215].

Arthur und Alice trauern dem Ideal einer ersehnten, aber nie Wirklichkeit gewordenen Liebe nach. Die Prosavorlage *Son of a bitch* stützt unsere These, daß die Hündin Lady in *Die 25. Stunde* zu einem Bild gelungener Beziehung wird. Was zwischen Mensch und Hund möglich erscheint, mißglückt zwischenmenschlich. Das Schimpfwort ‚Hundesohn' wird in diesem Zusammenhang ein Ehrentitel für erfüllte Liebe, ‚Hurensohn' wandelt sich von einer Beleidigung zu einer realen

---

213 Ebd., 150.
214 Ebd., 151.
215 Ebd., 155.

Beschreibung des Verhältnisses von Mann und Frau. Um der zwischenmenschlichen Einsamkeit und der inneren Leere zu entrinnen, prostituieren sich beide.

3.1.5.2. Die Bedeutung der 25. Stunde

> „Na schön, also heute sind es 25 Stunden her, daß Alice sich in einen Hund verwandelt hat, jetzt bin ich dran mit Ausflippen im ‚Lox-and-Bagel', einer Plastikfreßbude, [...].“[216]

Alice hat sich in ihrem therapeutischen Rollenspiel Klarheit über ihre Beziehung verschafft. Ihre Sehnsüchte und Enttäuschungen hat sie ausagiert im Schutz der Rolle. Arthur Prince bleibt während ihres Spiels innerlich unbeteiligt. Die Unerträglichkeit seiner körperlichen Schmerzen treibt ihn dazu, sich seinerseits in Therapie zu begeben.
In *Son of a bitch* besteht das Setting aus einer Gruppentherapie, und der Therapeut ist ein Mann, ansonsten folgt der Handlungsablauf im Wesentlichen dem des Theaterstückes *Die 25. Stunde*.

3.1.6. Zusammenfassung

3.1.6.1. Die fünf therapeutischen Schritte und die fünf Phasen der Gestalttherapie

Die fünf Schritte des therapeutischen Prozesses, wie sie Arthur sowohl in der Erzählung als auch im Theaterstück durchläuft, lassen sich beziehen auf die fünf Schritte der Gestaltherapie. Diese werden im einzelnen später beschrieben.[217] Hier mag eine Aufzeigen dieser Analogie reichen:

Erster Schritt: Das Wahrnehmen und Deuten des körperlichen Schmerzes

> STAGNATION Arthurs Freßorgie führt ihm die Ausweglosigkeit seiner Situation vor Augen.
> *Erster Übergang*: Der körperliche Schmerz übermittelt eine Botschaft.

Zweiter Schritt: Das Wahrnehmen der Todesfurcht

> POLARISATION Arthurs Lebensthematik spannt sich aus zwischen den Polen von ‚Angst vor dem Leben' und ‚Angst vor dem Tod'.

---

[216] Ebd., 156.
[217] Vgl. 5.3., bes. 5.3.1.3.

Zweiter Übergang: Arthur erkennt, daß der Tod zum Leben gehört, und die Art und Weise, wie er mit ihm umgeht, in seiner Verantwortung liegt.

Dritter Schritt: Das Deuten der Todesfurcht

DIFFUSION Die als Gegensätze von Arthur empfundenen Pole zwischen Leben und Tod lösen sich auf. Arthur bejaht den Tod.

Dritter Übergang: Hinter der Angst vor dem Tod verbirgt sich die Angst vor dem Vater. Dadurch, daß Arthur keine Angst mehr hat vor dem Tod, kann er sich seiner eigentlichen Lebensproblematik stellen, dem Vater-Sohn-Verhältnis.

Vierter Schritt: Der Schmerz einer mißlungenen Vater-Beziehung

KONTRAKTION Arthur ist völlig auf seine Lebensproblematik zurückgeworfen und durchleidet den Schmerz einer verfehlten Vater-Sohn-Beziehung.

Vierter Übergang: Der Schmerz über den Vater verdichtet sich zum Schmerz des Geborenwerdens, zum Schmerz über das scheiternde Leben schlechthin.

Fünfter Schritt: Der Schmerz des Geboren-Werdens

EXPANSION: Das Erleiden des Urschmerzes, aus dem mütterlichen Uterus in eine unbehauste Wirklichkeit geworfen zu werden, befreit von der Angst vor dem Erleiden dieses Schmerzes.

3.1.6.2. Krankheit und Behinderung als Kennzeichen jeden menschlichen Lebens

- Jeder Mensch möchte unbedingt geliebt und angenommen sein (ein *Prinzenbaby* – Arthur *Prince*). Tabori erzählt diesen Traum von gelingendem Leben, von Glück, wie in allen seinen Theaterstücken, aus der Perspektive des Mannes. Im Augenblick der Geburt erweist sich dieser Traum als ortlos, als Utopie. Menschliches Leben ist von Geburt an krankes Leben, weil es die Erfüllung seiner tiefsten Sehnsucht – Liebe und Annahme – schuldig bleibt. Fortwährend scheitert jeder Mensch in dieser Spannung zwischen Verheißung und Wirklichkeit.
- In diesem Sinne ist jeder Mensch krank, weil er sein Lebensziel – Liebe und Glück – nie wird erreichen können. Der Schmerz in der Erfahrung scheiternden Lebens manifestiert sich zuerst in einer gestörten Eltern-Kind-Beziehung, bei Tabori, aus männlicher Sicht, im Kern ein Vater-Sohn-Konflikt.

- Zwar kann ein Mensch niemals diese quasi angeborene Lebens-Krankheit überwinden, die ihn beständig scheitern läßt. Er vermag sich aber so zu ihr zu verhalten, daß sie für ihn lebbar wird. Voraussetzung dafür ist, daß er in einem therapeutischen Prozeß seinem Lebensschmerz eine Gestalt verleiht, ihn so anschaubar, aus- und ansprechbar macht.
- Das Durchdringen der Tiefenschichten dieses Schmerzes bis hin zu jenem Urschmerz des Geboren-Werdens ereignet sich nur durch sinnliches Erinnern. Der Schmerz über das scheiternde und gescheiterte Leben muß durchlebt, durchlitten werden. Nur der wird bereit sein, sich auf diesen Prozeß einzulassen, der geliebt wird (Dr. Greenberg). Diese Liebe bleibt hinter dem Ideal vollkommener Liebe stets zurück, sie unterliegt selbst dem Fatum des Scheiterns.
- Die beständige Bedrohung des Lebens in der umfassenden Erfahrung des Scheiterns – geboren worden zu sein, um zu sterben – relativiert alle Werte und Bindungen: Liebe, Ehe, Familie, Freundschaft, etc. Da ein Idealzustand nie zu erreichen sein wird, besteht die einzige Möglichkeit zu einem menschenwürdigen Leben unter diesen Prämissen in der Akzeptanz dieses Scheiterns, wozu der therapeutische Erinnerungsprozeß befähigt. Er gewährt jene Freiheit, die einem Menschen das schenken kann, was er im Moment zu einem würdigen Leben oder zu einem würdigen Sterben braucht (Der Todeskuß).

3.2. Mein Kampf

3.2.1. Einführung

„Mein Kampf" – Hitlers programmatische Hetzschrift, die „Bibel" der Nationalsozialisten, und zugleich Titel eines Theaterstückes von George Tabori. Ein Jude wählt für eines seiner Hauptwerke den Titel eines Buches, das dem Rassenwahn huldigt und eine weltweite jüdische Verschwörung behauptet, die für den Niedergang des deutschen Volkes verantwortlich sei und die Vernichtung des jüdischen legitimiert. Judenhasser und Jude publizieren unter gleichem Cover. Schon der Titel macht neugierig, er irritiert und provoziert.

3.2.1.1. Der historische Anknüpfungspunkt: Hitler und Hanisch

Gegen Ende des Jahres 1909: Dem zwanzigjährigen Adolf Hitler zerplatzten in Wien die Träume von künstlerischer Anerkennung und sozialem Aufstieg. Er war „sozial viel tiefer geraten [...], als es seinen sehnsüchtigen Träumen von Künstlertum, Genie und öffentlicher Bestaunung je zumutbar erschienen war“[218]. Im Meidlinger Obdachlosen-Asyl „lernt er einen Landstreicher namens Reinhold Hanisch kennen, der in einem später verfaßten handschriftlichen Bericht dargestellt hat, wie ‚ich nach langer Irrfahrt auf den Landstraßen Deutschlands und Österreichs das Asyl für Obdachlose in Meidling aufsuchte. Zur Linken auf der Drahtpritsche war ein magerer junger Mensch mit ganz wund gelaufenen Füßen. Da ich noch Brod von den Bauern hatte teilte ich mit ihm. Ich sprach damals stark den Berliner Dialekt, er schwärmte für Deutschland“[219]. „Bis zum Sommer 1910, ungefähr sieben Monate lang, haben Hitler und Hanisch in enger Freundschaft und geschäftlicher Kumpanei verbracht.“[220] Er verkaufte Hitlers Aquarelle und Zeichnungen, weil dieser den Kontakt mit den Kunden scheute. Hanisch beschreibt die Neigung Hitlers, „untätig vor sich hinzubrüten, und vom Scheitern der Bemühungen […], ihn zu gemeinsamer Arbeitssuche zu bewegen.“[221] Zum Bruch zwischen beiden kam es, weil Hanisch, nach Meinung Hitlers, eines von dessen Bildern weit unter Preis verkauft hatte. Hitler brachte ihn wegen Unterschlagung vor Gericht. 1938 ließ er Hanisch ermorden. Er wollte „niemandes Schüler sein und alle Erkenntnis der eigenen Inspiration, Begnadung und Zwiesprache mit dem Geiste verdanken“[222]. In *Mein Kampf* hatte er, verfaßt während seiner Festungshaft, jene Wiener Zeit stilisiert, um sie dem selbstgeschaffenen Mythos seiner Person einzupassen. Zeugen des Tatsächlichen konnten dieser Legende gefährlich werden. Joachim C. Fest sieht in den dreieinhalb Jahren, die Hitler im Milieu von Männerasylen verbrachte, jene Zeit, in der sich sein Weltbild unrevidierbar formte. „Es fällt nicht schwer, die Haß- und Auflehnungskomplexe zu begreifen, die er angesichts all seiner hochfliegenden Ambitionen in dieser Umgebung entwickeln mußte. Noch Jahre später schauderte er vor Entsetzen bei der Erinnerung an die ‚düsteren Bilder von Unrat, widerlichem Schmutz und Ärgerem‘, die er insbesondere auf dem Weg durch seinen Wohnbezirk antraf; Mitgefühl empfand er bezeichnenderweise nicht“[223]. „Hanisch ausgenommen, besaß Hitler auch im Männerheim keine Freunde; die ihn kannten, betonten wiederum seine Unduldsamkeit […]. Denkbar ist immerhin, daß er keine Freundschaften suchte, seit er mit Hanischs Hilfe dem Asyl entronnen war, alle Intimität irritierte und erschöpfte ihn nur. Was er dagegen kennenlernte, war jene Art von Kameraderie unter gemeinen Leuten, die Kontakt und Anonymität zugleich gewährt und eine Loyalität bietet, die jederzeit widerruflich ist; es war eine nie mehr vergessene, auf den unterschiedlichsten sozialen Ebenen mit nahezu gleichbleibendem Personal stets er-

---

218 Fest, Hitler, 65.
219 Ebd., 70f.
220 Ebd., 71.
221 Ebd.
222 Ebd., 30.
223 Ebd., 80.

neuerte Erfahrung: in den Schützengräben des Krieges, inmitten seiner Ordonnanzen und Chauffeure, deren Gegenwart er als Parteiführer und später als Reichskanzler bevorzugte, sowie schließlich in der Bunkerwelt des Führerhauptquartiers – stets schien Hitler die Lebensform des Männerheims zu repetieren, die nur entrückte Formen des Zusammenlebens kannte und seiner Vorstellung von den menschlichen Beziehungen überhaupt ziemlich genau entsprach."[224]
Hitlers orientierungsloses Suchen, eine stete Unrast, die er als väterliches Erbe mitbrachte, sein unstillbares Geltungsbedürfnis und die seit der Schulzeit immer wieder erfahrene Ablehnung seitens seiner Mitmenschen – all das spielte sich in einer bürgerlichen Gesellschaft ab, die Sexualität tabuisierte. „Aus Hitlers Umgebung ist nach dem Kriege eine umfangreiche Liste seiner Geliebten veröffentlicht worden [...]; glaubhafter klingt indessen die Versicherung, er habe weder in Linz noch in Wien eine ‚tatsächliche Begegnung mit einem Mädchen' gehabt, und jedenfalls fehlt mit Sicherheit eine Leidenschaft, die ihn aus seiner theatralischen Ichbezogenheit hätte befreien können [...]. Kubizek, der Jugendfreund, und andere Gefährten aus dem trüben Halblicht des Wiener Untergrunds haben darauf hingewiesen, daß Hitler von früh auf mit aller Welt überworfen war und Haß empfand, wohin er blickte. Denkbar ist daher, daß sein Antisemitismus nur die gebündelte Form seines bis dahin ziellos vagabundierenden Hasses war, der im Juden endlich sein Objekt gefunden hatte. In ‚Mein Kampf' hat Hitler die Auffassung vertreten, man dürfe der Masse nie mehr als einen Gegner zeigen, weil die Erkenntnis verschiedener Feinde nur den Zweifel wecke, und zutreffend hat man darauf verwiesen, daß dieser Grundsatz mehr noch für ihn selbst gegolten habe: immer hat er seinen Affekt mit ungeteilter Intensität auf eine einzige Erscheinung konzentriert, in der sich alle Übel der Welt ursächlich zusammenfanden; und immer war es eine konkret vorstellbare Figur, auf die der Vorwurf geballt zulief, niemals dagegen ein schwer greifbares Geflecht von Gründen."[225]

3.2.1.2. Figuren und Handlung

Wien. Winter 19.. – Asyl in der Blutgasse[226]

Der Ort des historischen Geschehens, versehen mit einer unbestimmten Zeitangabe: Was damals geschehen ist, kann sich jederzeit wiederholen.
Unter der Metzgerei von Frau Merschmeyer haben Tagespenner eine provisorische Bleibe gefunden. Hier hausen der jüdische Buchhändler Schlomo Herzl und Lobkowitz, ein gefeuerter Koscher-Koch, der sich für Gott hält. Ein junges Wie-

---

224 Ebd., 72.
225 Ebd., 64f.
226 MK 144.

ner Mädchen, Gretchen, versüßt durch wöchentliche Besuche Herzl das bedrükkende Dasein im Asyl. Dort platzt Adolf Hitler herein.[227] Mit einem endlosen Redeschwall spielt er sich in den Mittelpunkt des Interesses. Halb angewidert, halb mitleidig versucht Herzl, Hitler ein Stück Lebenstüchtigkeit und Mitmenschlichkeit anzuerziehen, ohne damit Erfolg zu haben. Im Gegenteil: Je mehr er sich um Hitler kümmert, desto mehr nutzt dieser seine Sorge um ihn aus. Die Schmach, von der Kunstakademie abgelehnt worden zu sein, kompensiert Hitler mit dem Traum von der Weltherrschaft. Währenddessen ringt Herzl um sein Projekt, ein Buch zu schreiben. Er gibt ihm den Titel *Mein Kampf.* Hitler fürchtet, in diesem Buch könnte Herzl Begebenheiten über ihn festgehalten haben, die die spätere Heroisierung seines Lebens Lügen strafen könnten. Um dieses Buches habhaft zu werden, verwüstet Hitler mit Hilfe seines Freundes Himmlischst, Gretchens, in der Rolle eines HJ-Mädchens, und der Tagespenner, die nun die Tiroler Tölpel miemen, Herzls Lager und setzt ihm mit Gewalt zu. Der Auftritt von Frau Tod bewahrt Herzl vor Schlimmerem. Hatte er bei ihrem ersten Erscheinen sich erboten, Hitler vor dem Tod zu retten, muß er jetzt erkennen, daß es Frau Tod nicht um Hitlers Sterben zu tun ist. Vielmehr hat sie in ihm einen Helfershelfer gesucht und gefunden. Herzl verfällt in tiefe Traurigkeit. Lobkowitz will ihn mit einem Witz daraus befreien. Die Henne Mizzi, ein Geschenk Gretchens, wird von Himmlischst getötet, um Herzl zur Herausgabe seines Buches zu bewegen. Das Stück endet mit einem makaberen Mahl. Lobkowitz hält Herzl an, Mizzis Überreste zu verspeisen, um Kraft zu sammeln für schlimmere Ereignisse, die noch ausstehen

Uraufgeführt wurde *Mein Kampf* im Mai 1987 am Akademietheater in Wien. In fünf Akten läßt Tabori die Handlung dieses Stückes sich auf der Bühne ereignen. Auffällig ist, daß jedem Akt ein Wochentag zugeordnet ist.

1. Akt *Morgengrauen.* ***Donnerstag***[228]. *Es schneit. Lobkowitz betet […]. Ein Hahn schreit […]. Herzl kommt […].*[229]

---

[227] „Zu Recht erkennt man als versierter Theaterbesucher und Literaturfreund im Nebeneinander von Banalem und Erhabenem eine Anleihe an Shakespeare-Dramen; erscheinen das Männerpaar Schlomo Herzl und Lobkowitz verwandt mit Becketts Estragon und Vladimir; erinnern Hitlers parodistische Einlagen an Chaplins *The Great Dictator*; fühlt man sich bei dem Stück an Brechts *Aturo Ui* erinnert, mit dem es das Interesse an der Genese des Faschismus teilt; und denkt man schließlich bei den Auftritten von Frau Tod und Lobkowitz in der Rolle Gott[e]s an das *Theatrum mundi* des Barock […]. Shakespeare, Brecht und Beckett sind in der Tat diejenigen Dramatiker, die Tabori als Dramenautor und Regisseur seit langem besonders schätzt." Höyng, Zur Dialektik des Lachens in George Taboris Mein Kampf, 130. Zur Bedeutung dieser drei Dramatiker vgl.: 5.1.1. (Shakespeare); 5.1.3. (Brecht); 5.1.5. (Beckett).

[228] Die Hervorhebungen im Text hat der Autor dieser Arbeit vorgenommen.

[229] MK 145.

2. Akt *Morgengrauen.* ***Freitag****. Hitler wühlt in seinem Koffer [...]. Herzl kehrt heim [...].*[230]
3. Akt ***Samstag****. Hitler schläft noch [...]. Herzl schlurft hinüber, um ihn zu wecken.*[231]
4. Akt ***Sonntag****. Herzl rasiert Hitler. Hitler liest gleichzeitig die Bibel und das Kamasutra.*[232]
5. Akt ***Bußtag****. Herzl schläft [...]. Hitlers Busenfreund, Himmlischst, macht Frühstück. Hitler verwandelt Gretchen in ein Hitler-Mädchen. Alle tragen weiße Kittel. Eine feierliche Stimmung.*[233]

An dieser Stelle genügt es, auf diesen Sachverhalt hinzuweisen. Erst gegen Ende unserer Überlegungen zu Taboris *Mein Kampf* werden sie eine Deutung erfahren.[234]

3.2.1.3. Mein Kampf – Eine Farce

Unter ein- und demselben Titel, *Mein Kampf*, erzählt Tabori das Leben des Adolf Hitler und des Schlomo Herzl[235] in einer fiktiven, schicksalhaften Begegnung in einem Wiener Männerheim für Obdachlose. Als Farce bezeichnet er sein Stück.[236] Übersetzen läßt dies sich mit „Posse" oder „lächerliche Angelegenheit"[237]. Weder das Schicksal der Juden während des Holocausts noch das Verderben, das von Hitler ausging, lassen sich als Posse verstehen. Durch den Untertitel *Farce* verschärft Tabori die ohnehin schon provokante Nennung seines Stückes. Worin besteht der Kampf Herzls, welche Umstände haben Hitler zu einem Schlächter gemacht? Was macht aus der Verquickung zwei Tragödien eine Posse?

---

230 MK 160.
231 MK 171.
232 MK 186.
233 MK 195.
234 Vgl. 3.2.5.
235 Der Name Schlomo Herzl spielt an auf den Gründer der zionistischen Bewegung Theodor Herzl und den König Salomo. Zur Person Theodor Herzls vgl. auch die Informationen in: Haas, Das Theater des George Tabori, 153–156.
236 „Das farcenhafte Spiel verhindert die Identifikation des Rezipienten mit den Figuren, die als Typen oder als Verdoppelungen anderer Figuren auftreten. Die Obszönität der Sprache, die gewaltsamen und tölpelhaften Handlungen der Figuren lösen mögliche emotionale Bindungen der Rezipienten an mögliche Protagonisten, so daß vermittels der Witz-Strukuren der Farce ein Lachen erreicht wird, das frei von Empathie ist: Gefühlsregungen wie das Mitleiden werden vom Genre der Farce nicht bewirkt, vielmehr hat es eine Distanzierung des Rezipienten zur Folge." Pott, „Ecce Schlomo", 251.
237 Beide Zitate aus: Kluge, Ethymologisches Wörterbuch der deutschen Sprache, 203.

3.2.2. Herzl und Hitler

3.2.2.1. Schlomo Herzls „Mein Kampf" oder: die Farce der Liebe

a. Bibel und Kamasutra – Das Gute und das Glück

Der Jude Schlomo Herzl verdient sein Brot als Buchhändler. Nur zwei Titel führt er in seinem Angebot: die Bibel und das Kamasutra.

„Das Kamasutra ist das grundlegende Lehrbuch für das dritte der drei Lebensziele der Hindus: für den *kama* (Liebe und Lebensgenuß); das erste Lebensziel ist der *dharma* (Recht und Sitte) [...], und das zweite ist der *artha* (materieller Erfolg) [...]. Das Kamasutra bietet nicht Sex für das Volk, sondern schildert vor allem den Lebensstil des vermögenden Lebemannes [...] und des gebildeten Freudenmädchens [...]. Der eigentliche Held des Kamasutra ist der durch Erbschaft oder Geschäft (oder durch beides) reich gewordene ‚Städter' [...], der seinen Vergnügungen nachgeht."[238]

Es ist Herzls Sehnsucht nach Glück, die sich im Kamasutra ausdrückt. Rechtschaffen sein und gleichzeitig Liebe und Erfolg genießen zu dürfen, das wäre vollkommenes Glück.

Für das erste Lebensziel, den dharma, Recht und Sitte, um in diesem Sprachspiel zu bleiben, steht die Bibel. Sie ist das Buch der göttlichen Ordnung. Sie enthält die Gebote Gottes. Gott fordert vom Menschen die Einhaltung der Gebote. Gut soll der Mensch sein. Wer gut ist, wird glücklich, darin liegt die Verheißung der Bibel. Herzl wird dieses Versprechen als uneinlösbare Utopie erfahren. Wer glücklich ist, kann nicht gut sein; wer gut ist, dem versagt sich das Glück. Mitleid und Gastfreundschaft wird er Hitler angedeihen lassen. Seine Güte wird er mit seinem Glück bezahlen.

Bibel und Kamasutra stehen bei Tabori stellvertretend für einen Grundkonflikt des Menschen, der sich im Schicksal des jüdischen Volkes exemplarisch darstellen läßt: Das Verlangen, glücklich zu sein, und der Anspruch, gut sein zu sollen, stellen den Menschen vor eine Zerreißprobe.

Der triste Alltag mit seinem täglichen Kampf ums Überleben im Kellerloch einer Obdachlosenunterkunft wird Herzl einmal in der Woche durch den Besuch von Gretchen erhellt. Herzl reißt es hin und her zwischen heftigem sexuellen Verlangen und einer fast heiligen Scheu, als unansehnlicher, heruntergekommener, häßlicher Penner die Schöne zu berühren. Er fühlt sich ihrer Liebe unwürdig. Gretchen ist ihm kokette Konkubine und jungfräuliche Madonna in einem.[239]

---

238 Artikel ‚Kamasutra'. In: Kindlers Literaturlexikon, Bd. 16, 1090f.

239 „[...] die Beziehung von Schlomo und Gretchen erinnert an die entsprechenden *Faust*-Szenen. Dabei fällt die Beziehung von Faust und Gretchen, wie sie von Goethe gezeichnet wird, der Bearbeitungs-Strategie der ‚Farcierung' anheim, der Tabori folgt: ‚Ihre Brüste sind wie zwei junge Rehzwillinge,

> HERZL O Herr, großer und gnädiger Gott, der du dich jener erbarmst, die deine Gebote achten, was ich nicht tue, selbst jetzt, da ich vom Gebet erfüllt bin, sehe ich das Kind Gretchen Maria Carolina Globuschek, wie sie mich zur Zeit der Morgenandacht berührt: Meine bösen Finger krümmen sich beim Anblick ihrer süßen Kugeln, ich sitze am Ofen wie an den Wassern von Babylon und warte auf den Messias, sehr wohl, aber ich bin nicht sicher, daß ich dabei sein will, wenn er kommt. O Herr, offen gesagt, wäre mir die Globuschek lieber, obwohl ich weiß, daß ich für meine Verfehlungen bestraft werde [...] und daß Anton Pawlowitsch Tschechow gesagt hat: Nur das Ernste ist wahrhaft schön. Scheiß auf Anton Pawlowitsch, laß meine Geliebte in meinen Garten kommen und von meinen Früchten essen.[240]

Selbst in der Liebe, im sexuellen Verlangen kann Herzl sich von diesem Dilemma, gut sein zu sollen und glücklich werden zu wollen, nicht befreien. Gretchen nähert sich ihm, doch kommt es nicht zum Letzten, zur sexuellen Vereinigung. Sie scheitert am Empfinden seiner eigenen Minderwertigkeit und am edlen Charakter, den Herzl bei Gretchen wahrzunehmen meint.

b. Fußwaschung – Liebe und Selbsterkenntnis

Um Hitler aus seinem Kreisen um sich selbst zu befreien, erzählt ihm Herzl eine Geschichte. Sie illustriert, was selbstlose Liebe meint.

> HERZL [...] es geht die Mär vom großen Rabbi Elieser, daß er in Liebe die Tochter seiner toten Schwester aufzog und in seinem Bett schlafen ließ, bis sie süße dreizehn war und vorne und hinten unmißverständliche Zeichen der Weiblichkeit zeigte. Und der große Rabbi sprach zu ihr: Geh aus meinem Haus, Kind, und verheirate dich. Sie antwortete: Nein, ich bin deine Magd und möchte hier bleiben, um dir und deinen Schülern die Füße zu waschen [...]. Und er segnete die Hartnäckigkeit ihrer Liebe und ließ sie, in Reinheit, bleiben.[241]

Seine Beziehung zu Gretchen spiegelt sich in dieser Geschichte. Trotz aller Selbstzweifel Herzls liebt sie ihn und schneidet ihm die Zehennägel.[242] Für Obdachlose sind die Füße die Achillesverse der Hygiene. Den ganzen Tag sind sie auf den Beinen, Waschgelegenheiten rar. An den verdreckten, stinkenden Füßen wird ihre Armut sinnlich wahrnehmbar. Das adrette Gretchen läßt sich zu Herzls geschundenen Füßen herab. Das erinnert an die Begegnung Jesu mit der Sünderin. Von ihr duldet er es, sich die Füße waschen, trocknen und salben zu lassen (vgl. Lk 7,36–50), wenngleich hier in umgekehrter Intention. Vor allem aber spielt Tabori wohl an die Fußwaschung beim Letzten Abendmahl an (vgl. Joh 13,1–20).

Zitatende. Salomon mit seiner Spürnase für schlechtverhohlene Pornographie wußte, was er besang, aber, liebe gnädige Frau, hier ist ein Pfund Gummibärchen, und adieu!‘ [MK 174] Schlomo handelt demnach konträr zu Faust: Ziel der Gabe – Faust schenkt Geschmeide, Schlomo schenkt Gummibärchen – ist nicht länger, Gretchen zu gewinnen, sondern sie zu vertreiben.“ Pott, „Ecce Schlomo“, 258.

240 MK 172f.

241 MK 185.

242 MK 176.

Gleich Petrus quält auch Herzl diese Geste der Liebe: Wie kann sich eine Reine dem Schmutzigen zuwenden? Die Fußwaschung, als Zeichen der Liebe gemeint, hat für den, der gewaschen wird, auch etwas Demütigendes, wenn der Waschende Herr und nicht Sklave ist. Er muß gewaschen werden. Seine Armut, seine Häßlichkeit, seine Bedürftigkeit werden sichtbar. „Gut, daß ich heute morgen meine Füße gewaschen habe“[243], sagt Herzl erleichtert zu sich selbst, Gretchen nackt an seiner Seite. Seine schmutzigen Füße hätten den Kontrast zu dem reinen Gretchen noch vergrößert. Seine Unzulänglichkeit wäre Herzl noch härter aufgegangen. Hitler kennt diese Scham nicht: “Samstag. Hitler schläft noch, seine schrecklichen Füße hängen über Bord.“[244] Später wird er sich von Herzl als Liebesbeweis seine Füße waschen lassen. Er deutet dies aber nicht als Geschenk unverdienter Liebe, sondern glaubt, daß ihm etwas widerfahre, worauf er einen Anspruch habe.

c. Erlösung – Liebe und Scheitern

Der Zwiespalt zwischen Sehnsucht und Erfüllung, Begierde und Selbstlosigkeit, Gutsein und Glücklichwerden wird sich nie überbrücken lassen. Im Gegenteil: Je intensiver geliebt wird, desto breiter wird dieser Graben. „Erlösung“ findet ein Mann nur bei einer Frau. Er will dorthin zurück, woher er gekommen ist, in den Mutterschoß. Dort war er der Einziggeliebte.[245] Die geschlechtliche Vereinigung deutet Tabori als Sehnsucht, zwischen den Schenkeln einer Frau jenen paradiesischen Urzustand wiederzufinden. Gretchen ist der Messias Herzls:

> HERZL Laß uns warten, Schlomo. Warten ist die wahre Zeit. Wenn man auf den Messias wartet, kommt es aufs Warten an, nicht aufs Kommen. Also setzt dich, Schlomo, und begegne deinem Erlöser mit Lob und Preis, halte die Uhr an und freue dich, freue dich an der Stimme der Turteltaube, es ist schon spät, die Totenglocke läutet, jeder Tag kann der letzte sein.[246]

Herzls Glaube an das Gute im Menschen läßt ihn hoffen, daß selbst aus einem Hitler mit ein wenig Liebe ein erträglicher Mensch zu machen sei.[247] Bibel und Kamasutra – das Gebot, gut zu sein, und das Verlangen, sein Glück zu genießen – der Jude Herzl wird sich für das Gutsein entscheiden, auf Glück hoffend und doch wissend, daß er es mit seiner Wahl verspielt hat. Daß Glück und Gutsein nicht

---

243 MK 177.

244 MK 171.

245 Vgl. 3.1.2.4.

246 MK 172.

247 Tabori beschreibt das zentrale Anliegen von *Mein Kampf* wie folgt: „„Grundsätzlich geht es um die Liebe. Auf verschiedenen Ebenen. Die himmlische, die erotische und die sexuelle. Wenn man die Heilige Schrift ernst nimmt, was ich, je älter ich werde, tue, dann ist es ganz klar, daß die jüdische Bibel und die christliche Bibel wollen, daß man den Feind liebt wie sich selber. Das ist die theologische Ebene, wo die extremen Polaritäten die Versöhnung – das ist nicht das richtige Wort –, die Liebe, das Vergeben, das Verzeihen üben.““ Zitiert nach: Höyng, „Immer spielt ihr und scherzt?“, 131.

übereins zu bringen sind, das macht sein Leben zu einer Farce. Die Tragödie dieses Scheiterns ist nur mit Galgenhumor zu ertragen. Nicht umsonst will Lobkowitz gegen Ende des letzten Aktes Herzls Trauer mit einem Witz lösen.

3.2.2.2. Hitlers „Mein Kampf" oder: die Farce der Lieblosigkeit

Hitler tritt in Taboris Stück als ein unerzogener, kindischer Balg im Körper eines Mannes auf.[248] Seelisch verkümmert, ein um sich selbst kreisender Hypochonder, sein Erscheinungsbild verlottert. Im Sprechen ergeht er sich in weitschweifenden Betrachtungen, gewichtig setzt er sich mit dem Wenigen, was er zu sagen hat, in Szene.

Hitler platzt, ohne anzuklopfen, in ein Gespräch Herzls mit Lobkowitz. Auf Herzls Frage, ob seine Mutter ihm keine Manieren beigebracht habe, antwortet Hitler mit einem ganzseitigen Monolog.

> HERZL Ich habe Ihnen eine einfache Frage gestellt, ich erwarte eine einfache Antwort, nicht das Nibelungenlied.[249]

a. Hitlers Unfähigkeit zu lieben und geliebt zu werden

Wichtigtuerisches Gehabe und rhetorisches Pathos täuschen über die innere Leere Hitlers hinweg. Er benimmt sich wie ein Kind, das sich nach Liebe sehnt, aber aus Trotz und falschem Stolz sich gegen dieses Bedürfnis wehrt.

Das Genießen der Liebe um ihrer selbst willen und selbstloser Liebesdienst – Bibel und Kamasutra, die Essenz aus Herzls Leben –, Hitler hat weder zum einen noch zum anderen einen Bezug. Sexualität verunsichert ihn. Er ist verklemmt.[250]

---

[248] Konrad Paul Lissmann gibt zu bedenken: „Die Humanität von Taboris Stück ist auch seine Gefahr – brav entdecken wir den Hitler in uns: ‚Man kann einen Hitler nur bewältigen, wenn man diese Züge in sich selbst erkennen läßt. Wenn die Österreicher sagen: Wir sind das erste Opfer von Hitler, dann ist das Quatsch. Die Deutschen waren das erste Opfer von Hitler. Oder Hitler war das erste Opfer von Hitler. Das muß man verstehen – ein jeder in sich selbst – sonst fängt man an, es zu zelebrieren.‘ [Lissmann zitiert Tabori] Diese Sätze von Tabori benennen genau das Problem: man müßte es *verstehen* – das Theater aber ist keine verständige Anstalt: es *zelebriert*, ob es will oder nicht. Das Theater ist immer schon die Falle, vor der es warnen möchte. Tabori konnte dieser Falle nicht entgehen. ‚Mein Kampf‘ versteht nicht, sondern zelebriert gleichermaßen amüsant wie angestrengt den Hitler in uns. Und weil dieses Stück dies tut, fühlen wir uns dabei so unendlich behaglich. Wir sind mit dem schlechtesten Teil von uns konfrontiert und versöhnt in einem – aber eben nur im Theater. Angesichts der Verhältnisse, wie sie sind, bleibt die Versöhnung zwischen Täter und Opfer, zwischen uns und den anderen, zwischen Ich und Ich als realpolitische Kategorie aber bis auf weiteres eine Utopie. Wohl ist ihr Ort das Theater und George Tabori ist ihr großer Zeremonienmeister. Dies ist aber eine Gnade und – ein Verhängnis." Lissmann, Die Tragödie als Farce, 88f.

[249] MK 150. „Die Sucht nach Monumentalem, die sich in der NS-Sprache widerspiegelt, wird hier zitiert und zugleich destruiert." Haas, Das Theater des George Tabori , 149.

[250] „Ebenso wie dem historischen Hitler gilt auch seinem erfundenen Pendant die Sexualität als ‚schmutziger‘, typisch jüdischer Makel [...]. In Taboris Stück ist nicht der Jude, sondern der nach Weltherrschaft strebende ‚Hitler‘ unfähig, seine Triebhaftigkeit zu kontrollieren." Ebd., 145.

> HITLER [...] Sag mal, Schlomo, unter uns, ist dieser Beischlaf Tatsache?
> HERZL Wie meinst du das, Tatsache?
> HITLER Der Vikar Basedow hat mich wissen lassen, daß er das ist.
> HERZL Was ist?
> HITLER Er sagte: Vorsicht, in einer Großstadt wie Wien tun sie es wirklich.
> HERZL Tun was?
> HITLER Na ja, du weißt schon, Männer und Frauen, zusammen, wie die Hunde [...].
> [...]
> Ist es schön?
> HERZL Manchmal
> HITLER Aber es ist Sünde?[251]

Auch die oben zitierte Geschichte von Rabbi Eliezer und seiner Nichte, die Herzl Hitler erzählt, weckt in diesem nicht das Bedürfnis, anderen zu dienen, bzw. seine eigenen Angelegenheiten selbst zu regeln. Sie dient ihm zur Legitimation, sich weiterhin von Herzl bedienen zu lassen.

> HERZL [...] Und sie antwortete: [...] laß mich bleiben als deine Magd, damit ich dir und deinen Schülern die Füße wasche ...
> HITLER Sehr gut. Dann wasch mir die Füße.
> HERZL *wäscht Hitler die Füße* [...]. Geschieht mir recht, Ungeliebten mit stinkenden Füßen Liebesgeschichten zu erzählen.[252]

b. Hitlers Unfähigkeit zu scheitern

Hitler ist sich selbst genug. Er will sich alles unterwerfen, zerstört, was sich ihm widersetzt. Fortwährend macht er sich dadurch lächerlich: Hitler, der Weltbeherrscher in spe, verliert die Beherrschung, weil er weder einen Knopf annähen, noch seine Schuhe wichsen, noch sich nach dem Toilettengang das Hinterteil richtig wischen kann. Er schleudert Rotzkugeln durch den Raum, wischt sich an fremden Bettlaken die Hände, steigert sich in Krankheitsbilder hinein, weil er der einzige sein will, dem man Beachtung schenken soll.[253] Krankhaftes Mißtrauen läßt ihn in jedem einen Feind sehen. Gefährlich wird er Herzl, weil sein Selbstbild keinen Zeugen seiner Schwäche verträgt.[254] Das Zerrbild des jüdischen Weltverschwörers liefert Hitler die Legitimation, Herzl in die Rolle des Sündenbocks zu pressen, wann immer er selbst Schiffbruch erleidet.
Nachdem er bei der Kunstakademie abgelehnt wurde ...

> HITLER [...] habe ich Zuflucht in einem nahegelegenen Kaffeehaus gesucht, einer rauchgeschwängerten Lasterhöhle, und meine Augen öffneten sich weit, und

---

[251] MK 167.
[252] MK 185.
[253] „Erst der Jude bringt dem ‚barbarischen Germanen' Kultur bei." Haas, Das Theater des George Tabori, 143.
[254] Vgl. 3.1.1.2. (zur Figur des Jay Jay) und 3.3.3.4. (zur Figur des Mr. Jay).

> da habe ich sie gesehen, diese Shylocks, schwarze Pestvögel in schmierigen Pelzen und Kaftanen, keine Freunde von Wasser und Seife, ihren Achselhöhlen entströmte ein Gestank dampfender Wollust, während sie ein christliches Baby-Schnitzel hinunterschlangen.
> HERZL Welche Beilage?
> HITLER Blumenkohl, Leipziger Allerlei und Röstkartoffeln.
> HERZL Kein Salat?[255]

Das Lachen an dieser Stelle nimmt „sehr unterschiedliche Bedeutung an. Einerseits ermöglicht es, sich mit den Opfern zu identifizieren und sich gegen den Tyrannen zu wehren, und ist daher in seiner Grundstruktur rebellisch. Andererseits verhilft es uns, uns unmittelbar der Holocaust-Etikette bewußt zu werden, und tangiert dadurch Fragen nach der Darstellbarkeit des Holocaust und weist Geschichte als grundsätzlich nicht abschließbaren Prozeß auf“[256].

c. Hitlers Unfähigkeit zu lachen und zu weinen

A. Herzls Tränen

Gretchen spürt eine tiefe Traurigkeit in Herzl. Sie liebt ihn, sie will ihn heiraten, Kinder möchte sie von ihm; er ist häßlich, sie findet ihn zum Knuddeln. Ihre Liebe erreicht ihn nicht in seinem Innersten. Deshalb bittet sie Herzl, ihr seine Geschichte zu erzählen:

> GRETCHEN Vergib mir, lieber Schlomo, aber was ist los mit euch Juden? All diese Flüche und Klagen, diese Reue und diese Regeln![257]

Herzl erzählt seine Geschichte.

> HERZL Natürlich lüge ich. Schon als Kind war ich der beste Lügner von Pest, weil das, was in Pest war, böse war, also drehte ich es um in das, was sein sollte, das Gute.[258]

Nach Tabori ist das Lügen unmittelbar und notwendig mit dem Leben gegeben, nicht als moralische Verfehlung, sondern in dem Sinne, daß das Leben nur erträglich wird, wenn man sich selbst belügt, und man nur überleben kann, belügt man die anderen. Die Widersprüchlichkeit und die Ungerechtigkeiten des Lebens ziehen die Lüge nach sich.[259] Herzls Lügen machten ihm das Leben erträglich. Er log das Böse in Gutes um. Nur paßte in diese erlogene heile Welt Herzls nicht das Bild hinein, was sein Vater von sich abgab:

---

255 MK 167.
256 Höyng, „Immer scherzt ihr und lacht?“, 147.
257 MK 177.
258 MK 178.
259 „[...] denn die Erscheinungen der Welt sind ein Lügengewebe, unsere Worte, unsere Gesten, unsere Gesichter, unsere Körper sind in ein Geflecht von Lügensignalen verwoben, nicht aus Schlechtigkeit, sondern aus Selbsterhaltung.“ Tabori, Unterammergau, 27f.

> HERZL Ich mag das Wort [Vater] nicht, ich nenne ihn lieber den Drehorgelspieler, und meine berühmteste Lüge, die, die ihm die Seele rettete, nenne ich die Wahrheit des Drehorgelspielers.[260]

Den Vater erträumte sich Herzl als tapferen Ritter, der gegen das Böse zu Felde zieht. Doch der Vater war alles andere als ein Held. Die Ermordung der Mutter hatte er nicht verhindert, als Kantor in der Synagoge entließ man ihn wegen seines mittelmäßigen Gesanges, als Drehorgelspieler brachte er sich und seinen Sohn mit Erbetteltem durch. Der Sohn will den Vater zur Heldentat zwingen, zeigt ihn bei der Polizei als Revolutionär an. Unter den Schlägen der Gesetzeshüter gesteht der Vater schließlich alles, dessen der Sohn ihn bezichtigt hatte.

> HERZL [...] und so geschah es, daß zur Abwechslung mal der Vater für den Sohn gestorben ist.[261]

Taboris Vater wurde in Auschwitz vergast. Den Sohn läßt er zurück mit einem Gefühl der Schuld und der Wut: mitschuldig zu sein am Tod des Vaters und Wut, daß der Vater nicht als Held starb, um dem Sohn, statt Schuld aufzuladen, ein Gefühl der Größe und des Stolzes zu geben. Möglicherweise fließt die persönliche Thematik Taboris in diese Passage mit ein. Da der Vater schon tot ist, kann der Sohn sich nicht, den Vater in sich „tötend", von ihm lösen, um selbst erwachsen und frei zu werden. So bleibt dem Sohn nur die Schuld und die Trauer.

> *Herzls Tränen, mehrere tausend Jahre alt, kommen durch Augen, Nase und Mund geschossen, mit einem Brüllen tief aus den Därmen und das nackte Kind [Gretchen] nimmt sein Gesicht und wischt es an seinem Busen trocken.*
>
> GRETCHEN Weine, mein Geliebter, damit ich endlich erfahre, was es auf sich hat mit euch Juden.[262]

B. Hitlers trockene Augen

> HITLER Du hast geweint. Ich habe beobachtet, wie du geweint hast, eine abscheuliche Angewohnheit bei erwachsenen Männern, aber eine heimliche Bewunderung für dieses Weinen kann ich nicht verhehlen. Offenbar bist du ein talentierter Weiner, wo hast du diese Fähigkeit erworben?
> HERZL *zuckt die Achseln* Übung macht den Meister.
> HITLER Ganz recht, nichts geht über Erfahrung, stimmt's? Du weinst seit Jahren, vermute ich.
> HERZL Seit zweitausend plus oder minus eineinhalb Wochen.[263]

---

260 MK 178.
261 MK 180.
262 Ebd.
263 MK 182.

In Schlomo verdichtet sich die tausendjährige Geschichte des jüdischen Volkes. Sie ist ein Kampf ums Überleben. Herzls Unterkunft bringt sein Schicksal und das seines Volkes ins Bild. Als Penner lebt er in einem Männerheim unter einer Metzgerei. Wie ein Damoklesschwert kann der Tod und das Leid in jedem Augenblick über ihn hereinbrechen. Der obdachlose Schlomo Herzl ist überall Fremder, ein Mensch in einem immerwährenden Exil.

> HERZL [zu Hitler] Im großen ganzen sind die Wiener Tagweiner; und die, die am Tag weinen, weinen im großen ganzen nur um sich selbst und machen den Kummer zum Schmalzer, was sich zufällig auf Walzer reimt. Wahre Tränen, von Gott geliebte, werden des Nachts geweint, und die, die des Nachts weinen, werden weithin gehört [...], selbst die Sterne und die Planeten werden mit dir weinen, wenn du des Nachts weinst.[264]

Herzl kann Hitler das Weinen nicht lehren. Nur die Augen feuchten sich ihm, weil er sich ungeliebt fühlt. Das Scheitern Herzls an Hitler steht in dem Augenblick fest, in dem Hitler versucht zu weinen, aber zu echter Trauer nicht fähig ist. Selbst das Gedenken an die tote Mutter weckt außer Haß und Vorwürfen keine reinigende Tränen. Hitler kreist um sich selbst, für einen anderen kann er nichts empfinden. Das Leben wird erträglich, kann man weinen und lachen. Dem Weinen ist Hitler abhold, einem Witz vermag er nichts abzugewinnen.

> HITLER Ich hasse Witze. Ich vergesse immer die Pointe. Aber dann ziehe ich ja auch Ernstes vor. Schließlich ist das Leben eine sehr ernste Angelegenheit.[265]

Hitlers Unfähigkeit, zu lieben, zu scheitern, zu weinen, zu lachen – das einzige, was ihm bleibt, ist, sich selbst zum Maß aller Dinge zu machen. Sein Wille ist Gesetz, seine Launen die Gebote, der Jude der Feind und die Weltherrschaft das Ziel. Daß er eine gescheiterte Existenz ist, ist ihm vom Gesicht und seinem Verhalten abzulesen. Seine Selbstinszenierungen wirken in höchstem Maße peinlich. Hitlers *Mein Kampf* ist der lächerliche Versuch, sein Scheitern als Gelingen darzustellen, eine Farce, lächerlich wie keine andere, aber auch gefährlich wie keine andere, weil Hitler über sich selbst nicht lachen kann, und denen, die über ihn lachen, nach dem Leben trachtet.

3.2.2.3. Die Nacht Herzls und das Zwielicht Hitlers – zwei Lebenseinstellungen

Hitler und Herzl, beide sprechen von der Nacht. Beiden bedeutet sie Verschiedenes. Sie wird zu einem Bild ihrer Lebenseinstellungen.

---

264 MK 183.
265 MK 158.

Schlomo gemahnt die Nacht mit zunehmendem Alter an seine Endlichkeit. Er bedient sich der nüchternen Ausdrucksweise des alttestamentlichen Weisheitslehrers Kohelet (vgl. Koh 3,1–15). Dieser spricht vom Geheimnis dieser Welt, deren Gegensätze auf den Willen Gottes zurückgehen und deshalb dem Menschen unergründlich sind. Ihm bleibt nur, alles so zu nehmen, wie Gott es in seinem Ratschluß fügt, das Schlimme zu ertragen und das Gute zu genießen, alles zu seiner Zeit.

> HERZL Ein Stachel in der Seite ist Gottes Finger in der Nacht, welche Gottes Zeit ist, eine Zeit zu lieben, eine Zeit zu sterben. Wenn man alt wird, zieht man den Tag vor.[266]

Die Nacht birgt in sich als Bild die ganze Dimension des Lebens: Lebensweitergabe und Lebensende, Verschmelzen der Körper und Einsamkeit. Das Gegensätzliche ist Teil des Lebensgeheimnisses.
Hitler hingegen dient die Nacht zum Pläneschmieden.

> HITLER Ich kriege meine besten Ideen in der Nacht [...]. Ich will nämlich gar kein Maler werden [...]. Ich will was anderes.
> HERZL Was zum Beispiel?
> HITLER Die Welt.
> [...]
> Es könnte notwendig werden, die Rundheit der Welt umzustrukturieren zur eckigen Form, zum Würfel, sagen wir mal, damit die Menschen nicht mehr um das Runde kriechen können, sondern vom Rand hängen, bis man ihnen auf die Finger tritt und sie – hoppla! – kreischend herunterfallen [...].[267]

„‚Kukuruz im Zwielicht‘, ‚Mein Hund im Zwielicht‘, ‚Meine Mutter beim Erbsenpulen im Zwielicht‘“[268] – Bilder aus der Hand Hitlers. Zwielicht ist „das Licht zwischen hell und dunkel.“[269] Als Morgengrauen kündet es den kommenden Tag, als Dämmerung führt es in die Nacht. Die trivialen Bilder stehen für den ungebildeten Hitler. Das Zwielicht endet in der Nacht seines Größenwahns.

> HERZL Zwielicht magst du, was [...]?
> HITLER Eine Herausforderung, jawohl, den Weltschmerz schwindenden Lichts einzufangen [...].[270]

Herzl nimmt das Leben letztlich, wie es ist, er klingt sich ein in den Rhythmus von Tag und Nacht, von Freude und Leid, von Weinen und Lachen. Hitler verbleibt im Zwielicht. Die Grundstimmung seines Lebens malt grau in grau. Pathos,

---

266 MK 168.
267 MK 168f.
268 MK 157f.
269 Kluge, Ethymologisches Wörterbuch, 821.
270 MK 157f.

Melancholie, leidenschaftlicher Haß. Seine Nacht, um auch hier einen biblischen Vergleich zu wagen, ist die johanneische Finsternis (Joh 1, 15), die das Licht scheut, damit ihre Wahrheit nicht offenbar wird.

3.2.2.4. Das Risiko der Liebe

Einen solchen Menschen wie Hitler zu lieben, bedeutet, Gefahr zu laufen, von ihm nach Strich und Faden ausgenutzt zu werden, sich seiner Willkür auszusetzen, mit dem eigenen Leben zu spielen.

> LOBKOWITZ Paß bloß auf, Schlomo Herzl, die Liebe ist lebensgefährlich.[271]

Wie gefährlich sie sein kann, erzählt Tabori z.B. im zweiten Akt. Herzl macht Hitler fesch für seinen Auftritt vor der Kunstakademie. Der Zahnbürstenbart und das gescheitelte, pomadisierte Haar, das typische Hitler-Outfit, ist das Werk eines Juden. Aus Mitleid mit dem lebensuntüchtigen Möchtegernkünstler verleiht Herzl ihm ein gepflegtes Erscheinungsbild.

> HITLER Jude, ich schätze deine Handreichungen. Wenn meine Zeit gekommen ist, werde ich dich angemessen entlohnen. Ich werde dir einen Laden kaufen, damit du es warm hast, und wenn du richtig alt bist, finde ich eine saubere Lösung für dich, irgendein komfortables Altersheim in den Bergen mit Volkstanz-Festen samstagnachts.[272]

Statt Entlohnung Enteignung, statt Einrichtung Plünderung, statt Kaminfeuer Krematorien, statt Feste Reichskristallnacht – der Glaube an das Gute im Menschen wurde einer bestialischen Feuerprobe unterzogen. Nach Tabori ist das Schlimmste eingetreten und doch lebt der Jude Schlomo Herzl so, als ob das Schlimmste noch nicht stattgefunden hat, ein Vertrauensvorschuß an das Leben.
Die ernste Posse des Schlomo Herzl in seinem leidvollen Kampf um ein Überleben als guter Mensch und der zur Posse geratene Ernst Adolf Hitlers in seinem Kampf, sich zum Heroen zu stilisieren und den Zeugen seiner Erniedrigung und Lebensuntüchtigkeit zu beseitigen – zwei Kämpfe, die unter dem einen Titel *Mein Kampf* in Taboris Farce sich schicksalhaft miteinander verquicken und beide auf ihre je eigene Weise Anteil haben an der Farce dieses Lebens.
Herzls Fazit gegen Ende des letzten Aktes, als Frau Tod Hitler als Helfershelfer mit sich nimmt:

> HERZL Ich war zu dumm zu wissen, daß manche Menschen Liebe nicht ertragen können.

---

271 MK 165.
272 MK 163.

> *Hitler kommt mit Zahnbürste und Gendarmen zurück. Herzl geht zu ihm, knöpft ihn zu, nimmt eine Fussel vom Revers, wischt etwas Zahnpasta vom Kinn.*[273]

Hier schließt sich der Kreis zum ersten Akt.

> LOBKOWITZ [...] Wie gehen die Geschäfte?
> HERZL Miserabel
> LOBKOWITZ Aus Leiden wird man klug.
> HERZL Wie kommt es, daß ich dumm geblieben bin?[274]

Die Antwort: In jener Dummheit bleibt der gefangen, der trotz aller gegenteiligen Erfahrung des Scheiterns in der Liebe den Sinn des Lebens sieht.

3.2.3. „Mein Kampf" – Das Buch

3.2.3.1. Schlomo Herzl – Ecce Homo

> HERZL [zu Hitler] [...] Ich sage Ihnen, was alles in einem Namen stecken kann. Herz reimt sich auf Schmerz. Schlomo auf homo. Andererseits reimt sich Herzl auf Scherzl, das Schwanzstück vom Rind. Jeder verdient den Namen, den er trägt.[275]

Schlomo Herzl, der Schmerzensmann, ein „Rindvieh". Die Liebe zu Gretchen erhält sein Leben, die Nächstenliebe Hitler gegenüber gefährdet sein Leben. Er will, er muß gut sein. Er weiß, er kann nicht glücklich werden dadurch, im Gegenteil. Dieser unentrinnbare Widerspruch ist in Herzls jüdisches Leben eingezeichnet. Er kann ihm nicht entrinnen. Was könnte ihm helfen, nicht daran zu zerbrechen? Wie kann er der Versuchung widerstehen, sich mit den Tätern gemein zu machen, um aus der Rolle des Schmerzensmannes herauszukommen? Er schreibt ein Buch. Herzl therapiert sich durch das Schreiben.[276] Ein autobiographischer Zug, den Tabori in diese Figur eingewoben hat.[277]

> HERZL [...] warum noch ein Buch schreiben? Es gibt nur ein Buch, und das ist schon geschrieben, und dieses eine Buch, das schon geschrieben ist, sagt alles über alles, auch über deine Tränen, und doch muß ich mein eigenes Buch schreiben, um

---

273 MK 202.

274 MK 145.

275 MK 154f.

276 „Das Schreiben noch mehr als das Erzählen lebt von dem qualvollen Wissen, daß es nicht mehr sein kann als ein vergeblicher Versuch, sich gegen das Vergessen und den Tod aufzulehnen." Höyng, „Immer scherzt ihr und lacht?", 132.

277 Lange vor *Mein Kampf* hatte er sich in *Die Kannibalen* mit seinen Schuldgefühlen gegenüber seinem Vater auseinandergesetzt. Dieser wurde in Auschwitz vergast. Sein Sohn überlebte, ohne größeres Kriegsleid erfahren zu haben, im Exil.

> das Böse aus meinem Herzen zu vertreiben, diesen Schatten, der auf meine Schwelle fällt [...].[278]

3.2.3.2. Der Autor von „Mein Kampf" – Hitler oder Herzl?

Seit drei Jahren trägt sich Herzl mit dem Gedanken, dieses Buch zu schreiben. Noch kein Wort ist ihm aus der Feder geflossen. Lobkowitz rät ihm, mit der Titelsuche zu beginnen, wenn er sich mit dem Textanfang noch schwertue.

> HERZL Wie wär's mit „Schlomo und die Detektive?" „Schlomo ohne Eigenschaften". „Schlomo und Julia". „Schlomo und Isolde". „Warten auf Schlomo". „Schlomo auf der Suche nach den verlorenen Schlomos". „Schlomo und Frieden". „Die letzten Tage des Schlomos". „Ecce Schlomo". Wie wär's mit „Mein Kampf"?
> LOBKOWITZ Das ist es!
> HITLER Jetzt haben Sie's.[279]

Der Titel von Hitlers Pamphlet voller Unmenschlichkeit gewinnt, über das Buch Schlomo Herzls gesetzt, seine humane Dimension wieder. Das zu schreibende Buch des Juden Herzl erzählt den Kampf der Juden um ihre Identität, ihr Menschsein und ihre Menschlichkeit. Und: Nicht Hitlers Buch ist das ursprüngliche, sondern das Herzls. Die Hitler'sche Version ist nichts anderes als die Perversion des jüdischen Kampfes um ein menschenwürdiges (Über)Leben. Statt die Identität der Juden von den Taten derer her zu definieren, die sie töteten, müssen sich die Täter vor ihren Opfern rechtfertigen, warum sie deren humanen Kampf in ein menschenverachtendes Morden gekehrt haben. Gäben die Taten der Mörder den Verstehenshintergrund für die Identität ihrer Opfer ab, hätten sie einen subtilen Sieg über diese errungen. Man würde die Täter vor den Hingerichteten nennen. Tabori sieht diese Gefahr. Deshalb entzieht er Adolf Hitler die Urheberschaft über jenen Buchtitel, der unauslöschlich mit seinem Namen und seinen Taten verbunden ist. Herzl, der Jude, hat das Buch geschrieben. Nicht das Verbrechen ist das Originäre, sondern die schillernde Liebe, das widersprüchliche Leben, das Leben unter dem Boden einer Metzgerei, das Leben mit dem Tod im Nacken, das scheiternde Leben.

3.2.3.3. Herzls Überlebenskampf

In seinem Dialog mit Frau Tod lüftet Herzl das Geheimnis seines Buches: Es handelt vom Tod und von seinem Wunsch, zu leben.

---

278 MK 148f.
279 MK 149.

> FRAU TOD [...] Wie möchten Sie sterben?
> HERZL Ehrlich gesagt, möchte ich überhaupt nicht sterben, aber ich lasse mit mir reden.
> [...]
> Morgen ist ein anderes Wort für Hoffnung. Was dieser arme Leib will, ist ein anderes Morgen, damit er sein Buch beenden kann. Ist das zuviel verlangt?
> FRAU TOD Ja. Sie schreiben also ein Buch?
> HERZL Ich versuche es.
> FRAU TOD Wovon handelt es?
> HERZL Von Ihnen.
> FRAU TOD *droht mit dem Finger* Wie weit sind Sie?
> HERZL Nähere mich dem Ende.
> FRAU TOD Dann nähern Sie sich Herzl! Und zögern Sie's nicht zu lange hinaus, oder die Feder wird Ihnen aus der Hand fallen inmitten eines Wortes. Und weniger lügen, Herzl.
> *Sie erhebt sich und tätschelt seine Wange.*
> Bleiben Sie bei dem, was ist, und nicht bei dem, was sein sollte, ja?[280]

Herzls *Mein Kampf* bleibt ungeschrieben. Im letzten Akt durchwühlen Hitler, Himmlischst alias Himmler, Gretchen und ihre Helfershelfer Schlomos Sachen, um seines Buches habhaft zu werden. Hitler befürchtet Eintragungen Herzls über seine Person, die dem Mythos, den er um sich bauen will, schaden könnten.

> HITLER Schlomo, ich sehe nur einen Satz hier, den letzten. „Und wenn sie nicht gestorben sind, dann leben sie noch heute."
> HERZL Ich habe doch gesagt, daß es noch nicht ganz fertig ist.
> HITLER Wo ist der Rest, Schlomo?
> HERZL In meinem Kopf.
> HIMMLISCHST Na gut. In dem Fall krempeln wir dein Inneres nach außen.[281]

Das Leben des Juden wird zum Buch. Es schreibt das Buch der Bücher fort. Es erzählt von Aussonderung, Anderssein, Verfolgung, Leiden, Scheitern und Tod. Das Ende steht schon fest: Es wird sie immer geben, die Verfolger. Sie laufen vor sich selbst davon, erkennen im Juden die Peinlichkeit ihrer Unvollkommenheit und Schwäche, machen ihn zum Sündenbock und versuchen, mit ihm zugleich die Erinnerung an ihr Scheitern auszumerzen. Der Jude Schlomo Herzl steht exemplarisch, mit dem Schicksal seines Volkes im Rücken, für alle, die ähnliches erdulden und von den Nationalsozialisten ebenso verfolgt wurden.

> HERZL [zu Hitler] Ihre Zimmergenossen sind die Tagespenner von Wien: Diebe, Bettler, Studenten, Revolutionäre, ein Schlattenschammes und die Schwuchtel, die die Lorbeeren vor der Oper zusammenharkt.[282]

---

280 MK 193f.
281 MK 199.
282 MK 152f.

3.2.4. Weitere Figuren des Stückes

3.2.4.1. Die Henne Mizzi

a. Die Ursehnsucht nach Liebe

Nach nichts sehnt ein Mensch sich so sehr wie nach Liebe. Tabori versteht Hitlers Hang zu Grausamkeit, Haß und Zwielichtigem aus einem Defizit an Liebeszuwendung in Kindheitstagen. In einer gleichsam therapeutischen Sitzung versucht Herzl, in Hitler die Erinnerung an seine verstorbene Mutter wachzurufen, um ihm ein Gefühl der Trauer und Liebe zu entlocken. Beides mißlingt. Statt dessen brüstet er sich all dessen, mit dem er seine Mutter hintergangen hat. Hitler mißtraut jedem Menschen:

> HITLER Niemand liebt mich.
> HERZL Ich liebe dich.
> HITLER Ach ja? Beweise es!
> HERZL Hitler, wie soll ich so was beweisen? Liebenswert bist du nicht gerade. Dennoch, in diesem Augenblick, wenn du da sitzt mit nassen Augen[283], liebe ich dich.
> HITLER Dann küß mich.[284]

Herzl lehnt angewidert ab. Hitler fordert ein sichtbares Zeichen, daß Herzl seine Liebesbekundung ernst meint. Er läßt sich von ihm die Füße waschen.[285] Auch jetzt noch bleibt Hitler auf Distanz zu Herzl. Statt sich seiner Führung anzuvertrauen, mißbraucht er ihn als Lakaien.

b. Tiere als Sinnbilder des Humanen

In der Mutterhenne Mizzi drückt sich die Sehnsucht nach ursprünglicher Geborgenheit und Geliebtwerden aus. Gretchens Eltern – der Vater Gardist, die Mutter eine Baronesse, beide aus der oberen Gesellschaftsschicht – hatten aneinander eine so große, erfüllende Liebe gefunden, daß sie beschlossen, freiwillig aus dem Leben zu scheiden. Sie wollten sie sich durch nichts und niemanden trüben lassen. Für die Tochter war kein Platz in dieser Liebe. Von Menschen wurde Gretchen fortwährend enttäuscht. In der Henne Mizzi fand sie das, was sie bei Menschen vergeblich suchte, Wahrhaftigkeit und Liebe.

> GRETCHEN Was ist Häßlichkeit, Schlomo? Tiere sind schön, besonders Hennen. Das Antlitz einer Henne ergibt Sinn, aber die Gesichter der Menschen, ergeben die Sinn? [...] Wenn ich ein Menschengesicht betrachte, ergibt das keinen

283 Vgl. 3.2.2.2.c.B.
284 MK 184.
285 Vgl. die Fußwaschung Jesu in Joh 13, 1–20: Auch Judas werden die Füße gewaschen. Trotz dieses Liebesdienstes wird er Verrat an Jesus üben.

> Sinn für mich: eine eirige Kugel, oben buschig, zwei Löcher als Augen, zwei als Ohren, eins als Mund! [...] Aber dein Gesicht, mein Liebster, so geheimnisvoll es ist, ergibt einen Sinn für mich, und auch dein kleiner Krüppelleib. Du siehst aus wie ein Tier, vielleicht bist du eins, mit dir fühle ich mich zu Hause wie mit Hennen [...].“[286]

Hitler verweigert sich der Liebe, um sich nicht als in seinen Träumen Gescheiterter sehen zu müssen. Gretchens Eltern versuchten, ihre Liebe durch den Tod zu konservieren, um sie nicht durch ein wechselvolles Leben der Gefahr des Scheiterns auszusetzen. Tabori hat zutiefst Vorbehalte gegen diese Formen des Perfektionsstrebens. Er setzt dem Schönen, Vollkommenen, Erhabenen in der Person Herzls das Häßliche, Verkrüppelte, Scheiternde entgegen.[287] Perfektion gebiert Unmenschlichkeit. Tiere hingegen sind so, wie sie sind. Ein Streben nach Vervollkommnung, wie es dem Menschen eigen ist, ist ihnen ihrer Natur nach fremd. Deshalb vermag Tabori im Tier etwas zu sehen und auszudrücken, was der Mensch bewußt oder unbewußt leugnet: seine Unvollkommenheit und damit seine Menschlichkeit.

c. Die Tötung Mizzis – Das Schicksal des „Ecce homo“

Gretchen macht Mizzi Herzl zum Geschenk.

> GRETCHEN [...] Ich habe ein Geschenk für dich, Mizzi, die Henne, stubenrein. Sie wird dich warm halten in den Wiener Wintern.[288]

Verärgert darüber, daß Herzl ihm nicht in allem zu Willen ist, droht Hitler, Mizzi zum Abendessen zu verspeisen und wirft mit der Bibel nach ihr.[289] Eine Tat mit Hintersinn, denn es ist die biblische Verpflichtung zu Gastfreundschaft und Nächstenliebe, die Herzl an Hitlers Launen kettet. Wenig später provoziert Hitler ein Handgemenge mit Herzl. Als er sich seiner Haut nicht mehr zu erwehren weiß, nimmt er Mizzi als Geisel.

> HITLER Auf die Knie, Jude, und bitte um Vergebung!
> *Die Henne scheißt ihm auf die Hand, er schleudert sie mit einem Heuler weg, saust ins Bad und schlägt die Tür hinter sich zu.*
> HERZL *zu Mizzi* Nur die Ruhe. Das wird nicht mehr vorkommen, das verspreche ich. Eins-zwei habe ich das Ungeheuer an die Luft gesetzt.[290]

Mizzi hat Herzl deutlich gemacht, was von Hitler zu halten ist. Kaum aber, daß Frau Tod erscheint, macht Herzl sich zum Anwalt des vermeintlich vom Sterben

286 MK 175.
287 Vgl. 4.1.1.1.
288 MK 175.
289 MK 186.
290 MK 188.

bedrohten Hitlers. Er kann nicht aus seiner Haut. Der Glaube an das Gute im Menschen und sein Mitleid lassen ihn die Welt nicht so sehen, wie sie ist. Herzl war der Mahnung von Frau Tod nicht eingedenk, daß er bei dem bleiben solle, was ist, und nicht, wie es sein sollte. Herzl lügt das Böse in Gutes um. Die sich von da ab notwendig ergebende Konsequenz: der Tod Mizzis.
Um Herzl zu zwingen, den Inhalt seines Buches *Mein Kampf* preiszugeben, töten Hitler und Himmlischst Mizzi. In einem langen Monolog ergeht sich Himmlischst alias Himmler detailiert über die rechte Zubereitung von Hühnern. Über sein Rezitieren von Kochrezepten wird die Erinnerung an die Ermordung der Juden in den Konzentrationslagern lebendig. Am Tode Mizzis erkennt man die Verletzlichkeit des Menschen, der an seinem Traum vom Gutsein aller festhält. Das Schicksal des „Ecce homo", des „Schmerzensmannes", seine „Kreuzigung" wird vorweggenommen in der Ermordung der Henne.

> HERZL Wenn ihr beginnt, Vögel zu verbrennen, werdet ihr enden, Menschen zu verbrennen.[291]

d. Das Begräbnis Mizzis

Bevor Hitler und Himmlischst Herzl zu Tode bringen können, beendet Frau Tod das Treiben.

> FRAU TOD Finita la commedia.[292]
> [...]
> *zu Hitler* Der Anfang einer wundervollen Freundschaft.[293]

Herzl ist gerettet, doch er wird leben müssen in der ständigen Angst, daß Menschen wie Hitler aus dem Reich des Todes in sein Leben „auferstehen" werden. Herzl erweist Mizzi die Ehre eines jüdischen Begräbnisses, er nimmt „die Überreste von Mizzi aus der Pfanne, wäscht sie, legt sie auf einen Kissenbezug und sagt ein Kaddisch über dem Körper"[294]. Das Totengedenken Herzls für Mizzi schließt alle Opfer von Gewalt und Verbrechen ein.

> *Lobkowitz taucht aus einer dunklen Ecke auf.*
>
> HERZL Wo bist du gewesen?
> LOBKOWITZ Ich war hier, die ganze Zeit. Aber du hast vergessen nachzuschauen.[295]

---

291 MK 201.
292 MK 202.
293 Ebd.
294 Ebd.
295 Ebd.

Eine moderne Variante der Antwort Gottes auf die Klage des ungerechtfertigt leidenden Ijobs. Ob diese Behauptung Lüge oder Wahrheit ist, bleibt offen.

e. Das Ende der Farce – ein Witz und ein makaberes Pessach

Wird es bald wieder einen Hitler geben? War Gott da, oder gibt es keinen Gott? Wird es wieder ein Gretchen geben, in dessen Armen für wenige Augenblicke „Erlösung" spürbar wird? Herzl bleibt mit diesen Fragen am Ende allein zurück. Lobkowitz-Gott gibt keine Antworten auf sie. Das einzige, was bleibt, ist, die Farce, die gerade auf der Bühne endete, bevor die nächste beginnt, mit einem neuen Hitler, erträglich zu machen, den Fragenden vom Fragen und Grübeln wegzubringen, dem die Antworten immer fehlen werden. Lobkowitz erzählt einen Witz.

> LOBKOWITZ Es war einmal ein Vampir, der schlüpfte ins Schlafgemach einer Prinzessin und kroch sabbernd zu ihr ins Bett, und sie wachte auf und schrie und hielt ein silbernes Kruzifix hoch, und der Vampir lächelte und sprach: ‚SVET GORNISCHT HELFEN.
> *Herzl lacht nicht.*[296]
> Sie hat einen falschen Vampir erwischt. Iß, Söhnchen, nicht aus Hunger, sondern in der Hoffnung, eine Kraft in dich aufzunehmen, die du in all den kommenden Jahren, wenn das Schuhplatteln wieder zum Donnern geworden ist, brauchen wirst. Du wirst es brauchen.
> *Herzl ißt, würgt, weint. Gretchen küßt seine Nase.*
> Na endlich.[297]

Mag sein, daß Lobkowitz' Witz[298] einen Lacher des Publikums provoziert. Herzl lacht nicht. Die Farce ist bitterernst komisch. Ob der Glaube an einen Gott oder Herzls Lebensentwurf richtig oder falsch sind, beide Fragen bleiben offen. Vielleicht bewähren sich Gott und sein Gebot, gut zu sein, beim nächsten Vampir. Bei Hitler versagten sie. Lobkowitz verordnet Herzl eine kannibalische Stärkung[299].

---

296 Hier ist ein Unterschied zur Erzählung *Mein Kampf* festzuhalten: „‚Wo bist du gewesen?' warf Schlomo ihm die Frage vor, die ihn in all den kommenden Jahren heimsuchen würde, obwohl er wußte, daß diese Frage nach der Allgegenwart ihn in eine Einsamkeit treiben würde, wo alle Liebe abwesend ist. ‚Ich war hier', antwortete Lobkowitz, der vor kurzem zu der Rolle zurückgekehrt war, die er niemals wieder aufgeben würde [...]. Und er rieb Schlomo so heftig über den Kopf, daß die Tafeln in zwei Hälften zerbrachen. Aber Schlomo war zufrieden. Sie blieben die ganze Nacht wach und erzählten sich Scherze, über die nur die Gläubigen lachen können." Tabori, Mein Kampf. In: Ders., Meine Kämpfe, 98f.

297 MK 203.

298 „Der Name Lobkowitz könnte so zerlegt werden, daß die Silben ‚Lobko' dem Namen ‚Godot' ähneln und auf *Warten auf Godot* von Samuel Beckett verweisen. ‚Godot' könnte eine Chiffre für den Allmächtigen sein, als dessen Schwundstufe Lobkowitz in den beiden Texten Taboris [der Prosa- und der Dramenfassung von *Mein Kampf*] erscheint. Als dritte Silbe scheint der ‚-witz' nicht nur den Namen des Pseudo-Gottes, sondern auch jeglichen Versuch der Sinnstiftung zu persiflieren." Pott, „Ecce Schlomo", 256.

299 „Für unsere Freiheit wäre gesorgt, wenn der Sohn Gottes am Karfreitag opferheischend sich nicht hingegeben hätte und nicht zugleich wieder zum Gott gemacht worden wäre, der von der Erde verschwand und uns Erlösung versprach. Dann könnte das Abendmahl nicht als eschatologisches, son-

Die soll er essen, die ihm im Leben am nächsten stand, Mizzi, die Henne. Selbst das sanfte Gretchen wechselte im letzten Akt von der Seite der Opfer auf die der Täter. Sie ließ aus sich ein Hitler-Mädchen machen. Die Henne Mizzi ist das einzige Lebewesen, das Herzl treu blieb, bis zum bitteren Ende. Das Stück endet mit diesem makaberen Mahl: Mizzi wird zum Pessah, dem eilig hinuntergeschlungenen Mahl vor der Flucht aus ägyptischer Knechtschaft.[300] Herzl schlingt die Geschichte seines Volkes in sich hinein. Sein Scheitern reiht sich damit ein in ein Jahrtausende altes Scheitern. Die Kraft, die ihm daraus zufließt, ist die Hoffnung auf Leben. Sie ist genau so alt wie das Scheitern. Wie angefochten und geprüft sie auch immer sein mochte, selbst das Schlimmste, was zu befürchten war, vermochte sie nicht auszulöschen. Das Leben bleibt eine Farce. Ob Herzl über sie wird lachen können, bleibt offen. Die Speise muß erst ihre Wirkung tun. Gretchen küßt ihn auf die Nase. Die gebogene Nase macht ihn als Juden kenntlich. Ein Liebeserweis, der ihm gilt als der, der er ist.

dern als heiteres Mahl der Daseinsfreude genossen werden [...]. Solche Verkehrungsverhältnisse und Inversionen des Abendmahls erschafft Tabori in seinen Stücken, da er zur Heilung der Wunden nicht der utopischen, jenseitigen Erlösung vertraut, sondern allein dem Eingedenken des Vergangenen – denn das kollektive Abendmahl bedeutet immer auch ein gegenwärtiges Vereinigungsritual [...]. Tabori wiederholt diese Feste, bei denen (Menschen-)Opfer zum Verzehr zubereitet werden. Seine Dramen zelebrieren archaische Handlungen, die über den aufgeklärten Menschen als bedrängende Phantasien über die Prähistorie immer wieder hereinbrechen und Machtstrukturen sichtbar machen. Das Zubereiten, das Essen und schließlich auch das Verdauen der Speise haben bei Tabori immer rituellen Charakter [...]. Seine Spiele sind in diesem Sinne auch Ver-Wandlungen, die unser Bewußtsein verändern und aufnahmefähig machen [...]. Der Zyklus von Essen und Ausscheiden ist dem Zyklus von Geburt und Tod vergleichbar. Die Verdauung ist eine Art Selbstausscheidung der eigenen Fleischlichkeit." Marschall, Der Leichenschmaus als Leib-Gericht, 35f. Vgl. zum Thema Furz: 3.1.3.4.

300 „In einem anti-rituellen Schlachtopfer wird Mizzi von Himmlischst, einer Mixtur aus Fernsehkoch und Schlächter, gebraten. Auf unkoschere Weise, d.h. nicht lebend ausgeblutet und in einer Blutsoße angerichtet. Statt bitterer Kräuter werden Herbes de Provence zum Würzen verwendet. In einer Inversion des Passah-Rituals wird Mizzi in Koteletts zerhackt und in der Pfanne gebraten: Mit dem ‚Mißachten' des Verbotes, die Knochen der Opfertiere zu zerbrechen, wird – symbolisch gesehen – das zukünftige Leben verhindert. Denn die Vorsorge, die Knochen unversehrt zu lassen, entspricht einem archaischen Wiederauferstehungsglauben, der besagt, daß nur unverletzte Knochen sich wieder mit Fleisch überziehen können [...]. Die Haggadah, die rituelle Erzählung vom Auszug aus Ägypten, die die Feierlichkeiten begleitet, wird ersetzt von dem platten ‚man nehme' eines Schaukochs. An die Stelle der Psalmen zur Lobpreisung Gottes treten makabere Reime [...]. Ganz im ursprünglichen Sinn des Begriffs ‚farce'; der ja aus der Küchensprache kommt, werden biblische und profane Versatzstücke vermengt [...]. Die Inversion des Passahfestes ist radikal durchgeführt: Während das Lamm am *Seder*abend verspeist wird – *Seder* bedeuetet Ordnung – dämmert in *Mein Kampf* die Unordnung herauf. So fehlt im Stück ein weiteres Symbol des Passahfestes, ein Ei, das am Abend in der *Seder*schüssel liegt. Da das Ei traditionell als Zeichen der Fruchtbarkeit gilt, ist sein Fehlen im Stück im Hinblick auf Mizzis Tod bedeutsam. Einmal geschlachtet kann die Henne keine Eier mehr legen, d.h. das Symbol für die Keimzelle, aus der sich zukünftiges Leben entwickelt, fehlt. Im Stück bedeutet dies, daß der Holocuast und der Versuch einer systematischen ‚Ausrottung' des jüdischen Volkes in *Mein Kampf* erst noch bevor stehen." Haas, Das Theater des George Tabori, 162f.; 166.

3.2.4.2. Frau Tod

a. Der Tod – eine Frau

> FRAU TOD Ich suche einen Herrn Hotler oder Hutler, nein, Hitler.
> HERZL *mit Butlerton* Wen darf ich bitte melden?
> FRAU TOD Tod.
> HERZL Der Tod?
> FRAU TOD Die Tod![301]

„Mord ist ebenso sinnlich wie Sex und noch intimer, die äußerste Verletzung der Haut [...]. Die Gaskammern waren eine bewußte Methode, den Mord zu entsexualisieren, aber der nackte Menschenhaufen, der zurückblieb, enthüllt sich bei näherer Betrachtung nicht als Dreck, sondern als eine Pyramide von Liebenden. In ihren verzerrten Gesichtern und ihren qualvollen Umarmungen liegt ihr Geheimnis verborgen.“[302]
Hitlers verdrängte Sexualität, sein grundsätzliches Mißtrauen und sein Hang, komplizierte Sachverhalte eindimensional darzustellen – der Jude als der Schuldige für alles – bestätigen Taboris These von der sexuellen Dimension des Mordens. Deshalb läßt er den Tod in *Mein Kampf* als Frau auftreten. Eros und Thanatos finden in der Figur von Frau Tod zueinander.[303] Hitlers zwielichtiger Charakter duldet nur die Nähe des Zerstörenden. Der Tod ist die einzige sinnliche Erfahrung, der er zugänglich ist, die einzige „Frau“, deren Nähe er erträgt, mit der ein Einswerden möglich ist.

b. Das einzig Eindeutige – der Tod
Frau Tod ist in Taboris Stück die einzige Figur, die eindeutig ist. Ob es einen Gott gibt, ob den Menschen ein Leben nach dem Tod erwartet, ob der Gute mit Glück belohnt wird – alle Fragen bleiben offen. Die Liebe, das Leben, alles ist mehrdeutig, gegensätzlich, widersprüchlich. Das einzig Gewisse, Eindeutige, es ist der Tod.

> FRAU TOD [...] Man stirbt am Tag der Geburt. Jedes abblätternde Hautschüppchen, jedes ausfallende Haar, jeder vergessene Name ist ein täglicher kleiner Tod. Der große ist, wenn man's richtig anfängt, nicht viel anders. Am besten sterben die Kinder. Die Alten sind da schon schwieriger, klammern sich an ein oder zwei Schmerzen, bis sie das Klammern leid sind [...]. Freiheit ist etwas Schreckliches, den Stein den steilen Hang hinaufzurollen und wie er immer wieder herunterrollt, ein Ganztagsjob, aber das ist der Welten Lauf, es liegt immer an einem selbst, den Schwarzen Peter jemand anderem, zum Beispiel Gott, zuzuschieben, hilft gar

---

301 MK 188.
302 Tabori, Ich wollte meine Tochter läge tot vor meinen Füßen und hätte die Juwelen in den Ohren, 12f.
303 Vgl. 3.1.2.2.c.

> nichts. Was soll ich über ihn sagen? Wenn sie nett zu Ihm sind, wird Er nett zu ihnen sein, der Rest ist Kommentar [...].[304]

Ein Hitler wird sterben, und ein Herzl wird sterben. Es wird Täter geben, und es wird Opfer geben. Die Täter suchen das Glück in der Perfektion und scheitern, die Opfer halten an ihrem Glauben an das Gute fest, lieben und scheitern. Das Scheitern aktualisiert sich je neu:

> FRAU TOD Haben Sie endlich Ihr Buch beendet?
> HERZL Es weigert sich zu enden.
> FRAU TOD Alle guten Geschichten enden mit dem Tod.
> HERZL Bescheiden sind Sie nicht gerade.[305]

Frau Tod tritt in Taboris *Mein Kampf* als die eigentliche göttliche Macht auf. Ihrer Allmacht entgeht keiner.

3.2.4.3. Lobkowitz

a. Das Gott-Spiel

Herzl hält sich durch die Liebe zu Gretchen aufrecht, „Lobkowitz, ein kaputter Koscher-Koch, der von seinem Chef Moskowitz seines Amtes enthoben wurde, weil er Schmelzkäse und Tafelspitz gemischt hatte“[306] und damit gegen mosaisches Gesetz verstieß, erträgt die Unbillen der Obdachlosigkeit und seiner erbärmlichen Unterbringung dadurch, daß er sich für Gott hält. Herzl ist sein Untertan. Ein Spiel, das zwischen den beiden schon drei Jahre währt. Herzls Vorteil bei diesem Spiel: Er hat in Lobkowitz einen Freund gefunden. Und Lobkowitz' Gewinn: Herzl redet ihn mit „Herr“ an. Sein Pennerdasein erhält einen Sinn. Lobkowitz als Gott muß auf Herzl aufpassen, ihm raten, ihn ermahnen und zurechtweisen. Beiden ist stets bewußt, daß es sich um ein Spiel handelt. Schlägt Lobkowitz-Gott den renitenten Zweifler Herzl, entsteht diesem kein Schaden. Umgekehrt darf Herzl aus seiner Rolle fallen und Lobkowitz Lobkowitz nennen statt ihn mit „Herr“ zu titulieren. In ihrem Spiel stützen beide sich gegenseitig und helfen sich.

> HERZL [...] Vielleicht tut mir dieser Gott leid, der als Allgegenwärtiger auch in Wien unweigerlich gegenwärtig ist, denn er liebt seine Juden so sehr, daß er sie nie aus den Augen lassen mag. Aber an diesem Morgen, in diesem Schnee, hatte ich es satt, Gott war seines Amtes enthoben, als Koch demaskiert. Dieser Gott ist natür-

---

304 MK 192f.
305 MK 202.
306 MK 147.

> lich nicht Gott, Sie wissen schon, wen ich meine, denn es gibt schließlich nur den Einen, Sein Name sei gepriesen, […].[307]

Lobkowitz ist nicht Gott, aber das Spiel mit Lobkowitz ermöglicht es Herzl, mit Gott, dem echten, zu sprechen. Dieser hüllt sich in Schweigen, verschleiert seine Gegenwart, bleibt vage und unbestimmt. Im Spiel vermag Herzl dieses Schweigen zu brechen. Im Zwiegespräch mit Lobkowitz kann er sich im Aussprechen seiner Zweifel, Nöte und Klagen von ihnen reinigen. So ist das Gespräch mit Lobkowitz-Gott immer auch ein Herantasten an den „wirklichen" Gott. Ob dieser existiert und wenn er existiert, ob er der Gott ist, der seinem Volk menschenfreundlich zugetan ist, Tabori hält im Text diese Frage in der Schwebe. Die Skepsis an der Existenz Gottes überwiegt, wenn als das einzig Gewisse nur der Tod ausgemacht werden kann.

b. Die Gerechtigkeit Gottes und die ungerechte Welt

Die Dialoge zwischen Herzl und Lobkowitz-Gott erinnern in ihrer anthropomorphen Rede von Gott an jenes Gespräch, das Abraham mit Jahwe führt, als er um das Leben der Gerechten in den Städten Sodom und Gomorrha feilscht, die dieser, zusammen mit den Sündern, der Vernichtung preisgeben will (vgl. Gen 18,22b–33). Abrahams vorwurfsvolle Frage: „Willst du auch den Gerechten mit den Ruchlosen wegraffen?" (18, 23), die Frage nach der Gerechtigkeit Gottes und seiner Schöpfungsordnung treibt auch Herzl um.

> LOBKOWITZ […] Wer sich Sorgen macht, hat wenig Glauben, also bedenke, was im Himmel über dir ist.
> HERZL Glauben kann man nicht erzwingen, Herr.
> LOBKOWITZ […] Du bezweifelst meine Allwissenheit. Frechling. *Schlägt zu.*
> HERZL Wenn ich nicht zweifle, was bin ich dann?
> LOBKOWITZ Wenn du nur zweifelst, was bist du dann?
> HERZL Wenn du gegen mich bist, wer ist für mich? Meine Feinde bedrängen mich. Erst gestern nacht erklärte mir ein Kellner im Café Central, keine Hunde, keine Juden.
> LOBKOWITZ Wenn du lernst, mich zu fürchten, brauchst du niemanden in den Kaffeehäusern zu fürchten.
> *Hitler taucht draußen auf, sucht eine Hausnummer, verschwindet.*[308]

Die Feinde gedeihen, die Gerechten unterliegen – gehäuft wird die Klage hierüber in vielen Psalmen vor Gott gebracht. Der Triumph der Feinde wird zur schwerwiegensten Anfrage an die Bundestreue und an die Allmacht des einen Gottes. Die biblische Gleichung: Glaube = Vertrauen = Sicherheit, die Lobkowitz-Gott Herzl aufmacht, wird durch das Auftreten Hitlers grotesk konterkariert. Der Zu-

---

[307] Ebd.

[308] MK 145f.

schauer kennt das Ende der Geschichte, die Gaskammern und Krematorien der Konzentrationslager. Tabori greift die biblische Klage und Anklage auf. Eine göttliche Farce: Die Treue des allmächtigen Gottes wird auf Erden von einem kaputten, göttlichen Koscher-Koch versprochen und zusätzlich durch das Vorbeihuschen jenes Menschen in Frage gestellt, der sich von der Vorsehung berufen glaubte, die, denen das Versprechen Gottes gilt, zu vernichten.

> HERZL Sie brechen hier rein wie ein Elefant ins Unterholz [...] zufällig habe ich an einem Buch gearbeitet, bis Gott mich unterbrach.
> HITLER Wer?
> HERZL G-o-t-t.
> HITLER Ist tot.
> LOBKOWITZ Denkste.
> HITLER Wetten?
> HERZL Schon verloren [...].[309]

c. Das Aushalten der Widersprüche

Das Leben ist von Gegensätzen durchzogen. Sie schließen einander nicht aus, sondern müssen in ihrer Unversöhnlichkeit und in ihrem Neben- und Gegeneinander ausgehalten werden. Herzl gibt Hitler für diese Eigenart jüdischer Lebensauffassung ein Beispiel:

> HITLER Als Winnteou starb, mußte ich weinen; in kleinen Dosen.
> HERZL Ich auch. Also, du siehst, wir haben doch etwas gemein.
> HITLER Das bezweifle ich, wenn man ihre Nase sieht. Wie ist sie so geworden?
> HERZL Ein kleiner Gichtschub![310] Gemein, ein talmudisches Wort, hat, wie Gott, gegensätzliche Bedeutungen, es bedeutet böse, aber auch gewöhnlich. Wenn böse, trennt es, wenn gewöhnlich, vereinigt es. Ich gebe dir ein Beispiel.
> HITLER Das habe ich befürchtet.
> HERZL Zwillinge fallen durch einen Schornstein, einer von ihnen kommt schmutzig heraus, der andere sauber. Welcher wäscht sich?
> HITLER Der schmutzige.
> HERZL Falsch. Er sieht den sauberen und hält sich für sauber. Versuchen wir's noch mal? Zwillinge fallen durch einen Schornstein, einer kommt schmutzig heraus, der andere sauber, welcher wäscht sich?
> HITLER Der saubere, er sieht den schmutzigen, hält sich für schmutzig und wäscht sich.
> HERZL Wieder falsch. Wenn Zwillinge durch einen Schornstein fallen, wie kommt es dann, daß der eine sauber ist und der andere schmutzig?[311]

Das Heilige ist erhaben und obszön, das Leben schön und häßlich, Liebe vereinigt und trennt; hinter allem Gegensätzlichen läßt sich immer fragen, warum alles so gegensätzlich, schillernd ist und sich der Eindeutigkeit verweigert. Das Leben ist

---

309 MK 151f.
310 MK 156.
311 Ebd.

in sich widersprüchlich und facettenreich. Die Endfrage mündet in die Ausgangsfrage. Alles ist mit allem durchmischt. Letzte Antworten kann es nicht geben. Alles bleibt in der Schwebe, die Waagschalen neigen sich mal nach rechts und links, nie hebt eine als schwerere die andere auf Dauer in die Höhe. In wenigen Zeilen hat George Tabori sein Lebensgefühl beschrieben. Alle seine Theaterstücke vermitteln diesen Eindruck der Vieldeutigkeit und Widersprüchlichkeit, die er dem Leben, wie er es erfährt, abgeschaut hat.

d. Die Notwendigkeit der Widersprüche

Hitler kommt, tief getroffen, weinerlich und voll rasender Wut in das Obdachlosenquartier zurück. Die Kunstakademie hat ihn abgelehnt und ihm Talentlosigkeit bescheinigt. Herzl macht er zum Sündenbock seines verletzten Stolzes. Es beginnt für Herzl jene leidvolle Beziehung zu Hitler, die ihm lebensgefährlich ausgehen wird. Kurz vor diesem entscheidenden Augenblick der Rückkunft Hitlers verläßt Lobkowitz Herzl.

> LOBKOWITZ Ich gehe.
> HERZL Verläßt du mich?
> LOBKOWITZ Gott braucht den Menschen. Auch der Mensch braucht den Menschen, aber du hast etwas von deiner Menschlichkeit verloren, seit du den Graphiker bedienst wie eine Mutter, und die Mütter sterben mit dem Schwert im Arsch, das weißt du ja. Ich mache mir Sorgen um dich und kehre zu Moskowitz zurück […].[312]

Lobkowitz bringt sich aus der Schußlinie. Er weiß, er wird Herzl nicht davon abbringen können, sich um Hitler zu kümmern. Zudem: Als Herzl begann, an seinem Buch zu schreiben, brauchte er Lobkowitz als Gott der Bibel nicht mehr. Vielleicht versuchte er, seinem Buch/Leben eine andere Wendung zu geben als jenes ewige Scheitern des Menschen und auch Gottes, von dem die Bibel erzählt. Am Ende des fünften Aktes:

> *Lobkowitz taucht aus einer dunklen Ecke auf.*
> HERZL Wo bist du gewesen?
> LOBKOWITZ Ich war hier, die ganze Zeit hier, aber du hast vergessen nachzuschauen […].[313]

Herzl mußte die Erfahrung machen, „daß manche Menschen Liebe nicht ertragen können". Die Abwesenheit Lobkowitz' als Freund und Gott gehörte dazu. Wie bedroht sein Leben ist, wie einsam ihn sein Glaube an das Gute im Menschen, selbst in einem Hitler, gemacht hat, das zu erleben und sich selbst so kennenzu-

---

312 MK 164.
313 MK 203.

lernen, hat Herzl die Dramatik des Lebens tiefer und schmerzlicher erfahren lassen.

e. Christlicher Antisemitismus

Tabori stellt sich in *Mein Kampf* auch dem christlichen Antisemitismus:

> GRETCHEN [...] Was übrigens hältst du von Christus?
> HERZL [...] Kommt drauf an, welchen Christus du meinst?[...]
> GRETCHEN Jesus.
> HERZL Ach den. Den liebe ich.
> GRETCHEN Warum hast du ihn dann getötet?
> HERZL Wer, ich, töten, Jesus, Christus? Wer hat dich mit solchen Gedanken verseucht?
> GRETCHEN Die Evangelisten zum Beispiel.
> HERZL Tratschsammler, was wissen die schon? Nichts wissen die, träumen ihre eigenen Träume und nicht die seinen. Keine Einigkeit, nicht einmal im Kleinen, und warum, weil sie nicht dabei waren, darum, aber ich war dabei, ich weiß, was ich weiß, ich wüßte, wenn ich ihn getötet hätte, ich habe ihn nicht getötet, ich war den ganzen Tag in den Menschenmassen gewesen, frag seine Mutter, die genau neben mir in der Menge stand, [...].
> GRETCHEN Erzähl weiter. Auch wenn du lügst.[314]

Herzl lügt. Er war nicht bei der Kreuzigung Christi zugegen. Und doch spricht er die Wahrheit. Er hat ihn nicht getötet. Er selbst steht mit Jesus auf der Seite der Opfer, nicht der Täter. Scharf formuliert Tabori seinen Vorwurf: Schon die Evangelisten haben die Juden in die Opferrolle gedrängt. Sie haben Jesus nicht verstanden. Um ihr Unverständnis des eigentlichen Anliegens Jesu zu kaschieren, haben sie die Juden zu Sündenböcken gestempelt. Tabori gibt dieser Anklage eine besondere Brisanz: Herzl rät Hitler, wenn er in die Politik gehe, könne er von den Evangelisten lernen, wie man durch kluges Taktieren Menschen gegeneinander ausspielen kann.

> HERZL [...] Du solltest in die Politik gehen.
> HITLER Wie meinen? Glaubst du wirklich?
> HERZL Ja, das glaube ich wirklich. Nichts dabei. Natürlich müßtest du deine Grammatik verbessern und dazu das Markus-Evangelium studieren. UND ER KAM NACH GALILÄA UND SEIN NAME VERBREITETE SICH IN DER FREMDE; UND ER LEHRTE IM TEMPEL. Markus verbesserte die Grammatik, indem er hinzufügte: in IHREM Tempel, und so erfand er das Ghetto. So einfach ist das, vergiß Schlomo, EINEN Juden, sprich nur von DEN Juden, und du wirst ein König sein, der über eine Decke von Gebeinen schreitet, und sie werden dir in den Schnee folgen, und in die Wüste, zum brennenden Tempel.[315]

---

314 MK 177f.
315 MK 181f.

Das abstrakte Sprechen von Menschen degradiert sie zu einer Sache, die verschoben, deportiert, vernichtet werden kann, ohne daß sich das Gewissen der Täter beschwert. Der konkrete Mensch verschwindet hinter dem Klischee z.B. des Juden als Jesusmörder, Weltverschwörer, Rassenschänder, Ausbeuter, etc. Tabori kreidet den Christen an, dieser Entwicklung Vorschub geleistet, bzw. sie sogar initiiert zu haben.

3.2.5. Die Umkehrung des christlichen Triduum Paschale

Der Inhalt der einzelnen Akte in Beziehung gesetzt zu den ihnen zugeordneten Wochentagsangaben[316] weckt Assoziationen an das christliche Triduum Paschale.[317]

3.2.5.1. Die „Auferstehung" der Täter

1. Akt „GRÜNDONNERSTAG": Hitler tritt als „Judas" in das Leben Herzls. Den Juden gegenüber hegt er Mißbehagen und Vorurteile. Dennoch nimmt sich Herzl seiner an.
2. Akt „KARFREITAG": Hitler scheitert mit seiner Bewerbung an der Kunstakademie (zu Herzl: „Ich erlebe mein Waterloo, und du treibst dich herum."[318]). Er schmiedet Welteroberungspläne, um sich für diese Schmach zu rächen: „Unsterblichkeit sei mein, Juda verrecke, amen."[319] Herzl dagegen zu Lobkowitz: „Liebe deine Feinde wie dich selbst [...]."[320]
3. Akt „KARSAMSTAG": Herzl erinnert sich des Schicksals seines verfehmten Volkes als das eines beständigen Scheiterns. Auch sein Leben ist ein Teil dieses jüdischen Geschicks. Er wäscht Hitler die Füße. Wie die Fußwaschung der Jünger den Anfang der Passion Jesu markiert, so steht die Fußwaschung Hitlers am Anfang der Passion Herzls.
4. Akt „OSTERSONNTAG": Herzl will Hitler vor Frau Tod retten. Doch sie verlangt nicht nach Hitlers Leben, sondern will ihn „auferstehen" lassen, „erhöhen" zu ihrem willigen Helfershelfer.

---

316 Vgl. 3.2.1.2.

317 Die Assoziierung der Wochentage mit dem Triduum Paschale liegt näher und läßt sich besser aus der Gesamtlogik der Handlung heraus erklären als generelle Farcierung auch biblischer, theologischer und religiöser Gehalte als die von Sandra Pott vertretene Ansicht, daß damit auf die Tage des biblischen Schöpfungsberichts angespielt werde. Vgl. Pott, „Ecce Schlomo", 263.

318 MK 165.

319 MK 169.

320 MK 170.

> FRAU TOD Armer Schlomo, daß Sie das immer noch nicht kapiert haben, daß Ihr Freund mich als Leiche überhaupt nicht interessiert. Als Leiche, als Opfer ist er doch absolut mittelmäßig. Aber als Täter, als Sensenknabe, als Würgeengel – ein Naturtalent.[321]

5. Akt BUßTAG. Hitler und Himmlischst geben Herzl einen Vorgeschmack des künftigen Nazi-Terrors. Es ist Herzls Bußtag. Aus Mitleid, Pflichtgefühl und Nächstenliebe hat er dem geholfen, der ihm nach dem Leben trachten wird. In der Schlachtung Mizzis ist das Schicksal der Juden im Dritten Reich vorgezeichnet.

Es ist Hitlers „Karfreitag" und seine „Auferstehung", die da gefeiert wird. Der „Schmerzensmann"[322], Schlomo Herzl, teilt das Verhängnis seines Volkes und verbleibt in einem ewigen Karsamstag, in der Grabesruhe, jenem Niemandsland zwischen Leben und Tod. Der Ostersonntag sieht nicht die Rechtfertigung des leidenden Gerechten, sondern die Auferstehung der künftigen Täter, der neuen Hitler, die sich als Parasiten von der Hoffnung ihrer (jüdischen) Gastwirte nähren, daß jeder Mensch ein guter Mensch sei. Trotz aller Gewalterfahrung – Herzls Mutter wurde von einem Kosakenschwert aufgeschlitzt, sein Vater starb unter der Folter von Polizeischergen – ist es diese Arglosigkeit wider besseres Wissen, die ihn immer noch hoffen läßt, daß der glücklich wird, der auch gut ist.[323] Zwar weint er jahrtausende alte Tränen, d.h. daß die Geschichte seines Volkes ihm als eine Geschichte des Scheiterns und der Verfolgung präsent ist, aber er kann nicht aus seiner Haut. Selbst als sich die Ahnung zur Gewißheit verdichtet – unabsehbar im Tod Mizzis – daß Hitler ihm seine Hilfe nicht danken wird, bleibt Schlomo Glied in der (jüdischen) Geschichte des Scheiterns. Das christliche Triduum Paschale endet nicht mit dem Triumph des Opfers, sondern mit der Auferstehung der Täter.[324] Dieses Themas hat sich Tabori explizit in seiner Bearbeitung von Les-

---

321 MK 194.

322 Vgl. 3.2.3.1.

323 „Taboris Theaterstück speist sich aus dem Bewußtsein der Vergeblichkeit, des Versuchs, das NS-Inferno angemessen darstellen zu können. Indem Tabori dieses Wissen in die Figuren und Handlung seines Dramas hineinverlagert, enstehen sich potenzierende Spiegelungen. So werden die *dramatis personae* im Stück mit einem von den Zuschauern zu realisierenden Wissen ausgestattet, in dem die Gegenwart der Figuren die Zukunft ebenso einholt wie die Vergangenheit unsere heutige Gegenwart ereilt. Während Hitler im Stück sich zwar seiner historischen Dimension unbewußt bleibt, quasi geschichtsblind agiert, weiß Schlomo um seine Opferrolle, noch während er vergeblich bemüht ist, seinen Feind brüderlich zu lieben und seine(e) späteren Mörder zu verstehen. Das daraus enstehende Bewußtsein über das Widersinnige und Schmerzhafte setzt neben dem Schreiben auch die Lust an der Verzweiflung in Gang – sowohl bei Schlomo als auch dem Theaterautor Tabori. Das Theater stellt für Tabori einen idealen Raum bereit, sich dieser schmerzhaften Wahrheit zu stellen […], da die Lust und der Schmerz in spielerische Energie und in immer neue Spielanordnungen um- und freigesetzt werden können." Höyng, „Immer scherzt ihr und lacht?", 132f.

324 „In diesem Sinn läßt sich *Mein Kampf* als Anti-Passionsspiel lesen, an dessen Schluß nicht die Auferstehung, sondern eine Apokalypse steht." Haas, Das Theater des George Tabori, 168.

sings *Nathan der Weise* angenommen. Daß den Wochenangaben in *Mein Kampf* die Idee eines „Ostern" der Täter zugrunde liegt – diese These wird durch einen Rekurs auf Taboris *Nathans Tod* untermauert.

3.2.5.2. Exkurs: Lessings *Nathan der Weise* und Taboris *Nathans Tod*

a. Die Vision einer besseren Welt – Lessings Nathan der Weise

Ein Feuerbrand fegte über Europa während des Dreißigjährigen Krieges. Welche die rechte und wahre Kirche Christi sei, um dieser Frage willen zückten die Fürsten des Reiches Schwert gegen Schwert. Nicht daß es nur heiliger Eifer gewesen wäre, der die Mächtigen auf Kosten der Schwachen das Land brandschatzen ließ. Die Religion bot sich als willkommenes Vehikel, alte Gelüste nach Mehrung von Ansehen, Rang und Vormacht auf dem Feld des Glaubens auszutragen. Menschenverachtende Greuel diskreditierte die in zwei Lager gespaltene christliche Religion. Widersprüche in der Lehre fanden keine Versöhnung. Was in der Theorie nicht gelöst werden konnte, mit diesem Konfliktpotential mußte man, um des Friedens und der Menschlichkeit willen, in der Praxis das Zusammenleben so einrichten, daß der theologische Dissens durch die Vernunft auf der Ebene der Ethik entschärft würde – das große Anliegen der Aufklärung[325].

Gotthold Ephraim Lessings *Nathan der Weise* ist ein Beitrag dazu. Der Jude Nathan ist selbst Opfer von Gewalt. Die ganze Familie wurde ihm ausgelöscht. Einem Pogrom von Christen fielen sie zum Opfer. Die Vernunft läutert sein Rachegelüst. Ein verwaistes Christenmädchen nimmt er an Kindes Statt an. Ohne sein Dazutun gerät Nathan zwischen die Mühlsteine der Religionen im Schmelztiegel Jerusalems. Der muselmanische Herrscher Saladin erzwingt von ihm eine Antwort auf die Frage, welche Religion die rechte sei. Jeder Entscheid Nathans zugunsten der seinigen, der des Sultans oder der christlichen hätte ihm das Leben gekostet. Zumal nicht Wißbegier Saladin die Frage stellen läßt. Unter ihrem Deckmantel schmiedet seine Schwester, Sittah, ein kühnes Komplott gegen Nathan. Gedankenlose Verschwendung hatte die Schatztruhe des Fürsten geleert. Wer anders könnte sie füllen als Nathan mit seinem Reichtum? Diesen nach Außen hin gerechtfertigt konfiszieren zu können, dazu legt Saladin ihm, auf Anraten Sittahs, die Schlinge um den Hals mit der Frage nach der einzig wahren Religion. Nathan antwortet mit der berühmten Ringparabel: Von Generation zu Generation ging ein Ring in einer Familie von einem Sohn auf dessen Sohn über,

325 „Ein Hauptthema aufklärerischer Diskussion war das Problem der Toleranz zwischen verschiedenen religiösen Gruppen innerhalb einer Gesellschaft, die sich immer mehr als säkulare zu begreifen begann und die Verbindlichkeit christlich-konfessioneller Normen mit zunehmender Skepsis prüfte." Barner/Grimm, Lessing, 316.

„und hatte die geheime Kraft, vor Gott/ Und Menschen angenehm zu machen, wer/ In dieser Zuversicht ihn trug“[326]. So kam der Ring an einen Mann, der seine drei Söhne unterschiedslos liebte. Unfähig, seiner Liebe zu einem von ihnen den Vorrang zu geben, ließ er zwei weitere Ringe anfertigen, dem ersten gleich, ununterscheidbar vom Original. Nach seinem Tod trugen die drei Söhne ihren Streit, wer Besitzer des wahren Ringes sei, vor einen Richter. Der weigerte sich, zwischen den dreien zu richten. Die Zeit werde entscheiden, ob und welcher der Ringe der echte sei. Denn erst bei den Kindern und Kindeskindern ihrer Träger werde sichtbar, ob einer der Ringe die ihm zugeschriebene Zauberkraft entfalte:

> „Es eifre jeder seiner unbestochnen
> Von Vorurteilen freien Liebe nach!
> Es strebe jeder von euch um die Wette,
> Die Kraft des Steins in seinem Ring' an Tag
> Zu legen! komme dieser Kraft mit Sanftmut,
> Mit herzlicher Verträglichkeit, mit Wohltun,
> Mit innigster Ergebenheit in Gott
> Zu Hilf'! Und wenn sich dann der Steine Kräfte
> Bei eueren Kindes-Kindeskindern äußern:
> So lad ich über tausend tausend Jahre
> Sie wiederum vor diesen Stuhl. Da wird
> Ein weisrer Mann auf diesem Stuhle sitzen
> Als ich; und sprechen:Geht! – So sagte der
> Bescheidne Richter.“[327]

In allseitigen Umarmungen ergehen sich die Hauptdarsteller gegen Ende. Was in der Parabel als Utopia märchenhaft aufscheint, geschieht am Schluß: Wundersame Verquickungen enthüllen geheimste Familienbande zwischen Menschen, die der Religion, Herkunft und Sprache nach getrennt sind. Der christliche Tempelritter und Reha, Nathans Ziehkind, erkennen sich als Bruder und Schwester. Nathan lüftet das Geheimnis ihrer Herkunft. Gezeugt von Saladins Bruder sind sie. Nathan, den keine Blutsbande mit den übrigen verbindet, bezieht geistige Vaterschaft in den Kreis der sich Umarmenden mit ein.
„Den utopischen Entwurf einer besseren Welt“[328] bringt Lessing mit seinem Nathan in die Auseinandersetzung ein mit orthodoxen Kräften. Orthopraxie wird zum Maß der Orthodoxie erklärt. Der Vernunft erkennt Lessing die Kraft zu, den Menschen zu humanisieren. „Die Diskrepanz zwischen historischer Wirklichkeit und geschichtsphilosophischem Ziel zu überwinden ist die Aufgabe des Menschen.“[329]

---

326 Lessing, Nathan der Weise, 1915–1917.
327 Ebd., 2041ff.
328 Barner/Grimm, Lessing, 317.
329 Ebd., 318.

b. Die zerbrochene Vision – Taboris „Nathans Tod"

Krieg und Intoleranz hatte in Lessing die Vision einer Versöhnung aller durch Religion, Kultur und Sprache Getrennten aufkeimen lassen. Was ihm verborgen war: Das Allheilmittel Vernunft stärkt zwar die Abwehrkräfte gegen Gewalt. Wie jede Medizin hat sie schädliche Nebenwirkungen. Ihr dunkles Wesen: Die Logik des Todes, präzise Vernichtung, eiskalter Mord – millionenfach. Lessings Vision überlebte die Schlachtfelder an der Marne und bei Verdun. Sein Utopia glüht selbst noch unter verbrannten Menschenleibern aus den Krematorien der Konzentrationslager. Nur läßt sie sich nicht mehr in naiver Unschuld erzählen und spielen, als ob wir ungehindert träumen dürften, der Leichenberge der Kriege, nur fünfzig Jahre entfernt, ungeachtet. Die Ringparabel läßt sich erzählen, auch heute noch, nur anders, damit die Vision der Humanität nicht einlullt und vergessen läßt das Reale des Grauens. In *Nathans Tod* erzählt George Tabori Lessings *Nathan der Weise* anders, als Verschontgebliebener vom Naziterror, den Vater vergast wissend mit vielen Familienangehörigen in Auschwitz und anderswo.

Das meiste aus *Nathans Tod* ist Lessings Original entnommen.

Die Bruchstelle: die Ringparabel.

> SALADIN Ich werde hinter diesem jüdischen Wolf
> Im philosophischen Schafspelz Hunde
> Schon zu bringen wissen, die ihn zausen sollen!
> NATHAN Und weiter hätte Saladin mir nichts
> Zu sagen?
> SALADIN Nichts.
> NATHAN Nichts?
> SITTAH Gar nichts.
> NATHAN Aus Nichts wird nichts. Erlaubst du wohl dir
> Ein Geschichtchen zu erzählen.
> SALADIN Die Geschichte von den Ringen? –
> NATHAN Ja.
> SALADIN Nein.
> NATHAN Schade."[330]

Vernunft hat keine Chance gegen den Vorsatz des Herrschers, sich zu bereichern. Der Jude muß sterben. Tabori flicht eine neue Szene in die Lessing'sche Vorlage ein, die sechste, überschrieben: „Pogrom. Nathans Haus brennt. – Er holt seine verbrannten Kinder heraus und erzählt [...] eine Geschichte"[331], die Ringparabel, gesprochen zu den toten Kindern. Saladin wollte sie nicht hören. Aus Nichts wird nichts. Nathan beginnt ein Selbstgespräch. Er fordert sich selbst zum Erzählen auf:

330 NT 23.
331 NT 31.

NATHAN Nicht Kinder bloß speist man
Mit Märchen ab. -
Erlaubst du wohl, dir ein
Geschichtchen zu
Erzählen?
Warum das nicht? Du bist stets
Ein Freund gewesen von Geschichtchen, gut
Erzählt. – Je, gut erzählen, das ist nun
Wohl eben meine Sache nicht.
Vor grauen Jahren lebt, ein Mann in Osten, ...[332].

Keiner will seine Geschichte hören. Die Wirklichkeit hat sie zu einem Geschichtchen gemacht. Den Lebenden gilt sie, nur die Toten hören sie.

NATHAN Nein; sie wird kommen, sie wird
Gewiß kommen, die Zeit der
Vollendung, da der Mensch -
Laß mich an dir nicht verzweifeln, -[333]

Nathan stirbt. Sittah raubt ihm seinen Ring mit einem Fluch auf den Lippen. Das Umarmungsfest Lessings – bei Tabori, in der siebten Szene, ein makaberer Leichenschmaus auf den toten ‚Saujud'[334]: „Ein Fest für Nathan. Saladin, der Patriarch, die Mönche und Mamelucken feiern mit Champagner ihren kleinen Sieg.

PATRIARCH Endlich verklingt
Sein lächerliches Lied
Das törrichte Märchen
Über irgendwelchen Ring
Wir werden es nie wieder hören.

Gläser klingen, Händeschütteln, Umarmung, Küßchen-Küßchen – [335].

Sittah hat das Morden angezettelt, sie vollzieht das Schicksal des Judas an sich, auf moderne Art. Sie zieht sich eine Plastiktüte über den Kopf.
Lessings Optimismus in die Humanisierung des Menschen durch vernünftige Einsicht und williges Lernen ist bleibend gebrochen. Seine Vision ist tot und lebendig zugleich. In *Nathans Tod* führt sie diese sterbend noch, Fragmente stotternd, im Mund. Die Schlußszene zeigt, was passiert ist, damals; was passiert, heute; was jederzeit wieder passieren kann, morgen – die „Auferstehung" der Täter.

---

332 NT 32.
333 NT 34.
334 „Sittah: Saujude, sei verflucht./ Du hast mich naß gemacht./ Ich meine meine Augen./ Jetzt stirbst du noch dazu./ Und nur, um mir das Herz zu brechen./ Und nimmst meinen Haß mit ins Grab./ Hier, dein Hut./ Bist nicht der Einzige,/ der krepieren muß./ Auf allen Vieren, wie ein Tier." Ebd.
335 NT 35.

3.2.6. Exkurs: Tiere – die menschlicheren Menschen

3.2.6.1. Mizzi, die Henne, und Mitzi, das Mädchen

Ohne daß ein direkter Bezug zwischen der Henne Mizzi[336] aus *Mein Kampf* und dem jüdischen Mädchen Mitzi aus *Jubiläum* belegt werden könnte, mag ein Hinweis in dieser Richtung erlaubt sein. Die Wehrlosigkeit des Tieres korrespondiert mit der Wehrlosigkeit des behinderten Kindes, Mitzi ist Spastikerin. Sie stellt in Szene Elf von *Jubiläum* das Schicksal verschiedener Kinder vor, die von den Nationalsozialisten ermordet wurden. Sie leiht auch den Tätern ihre Stimme, jenen Ärzten, die Kinder für Versuchszwecke angefordert hatten.

> *Als Dr. Heißmayer*
> [...] für mich gab es keinen Unterschied zwischen Juden und Versuchstieren [...].
> *Als Dr. Duclik*
> Zu jedem Kind gehörte ein Meerschweinchen. Kinder und Tiere hatten die gleiche Versuchsnummer.[337]

3.2.6.2. Mitleid mit Tieren und Pflanzen – die Perversion der Menschlichkeit

Zu Beginn der sechzehnten Szene der *Goldberg-Variationen* betritt Mr. Jay mit einem Lamm die Bühne.

> MR. JAY [...] Ich schlage vor, wir schlachten das Lamm und teilen an die Armen im Saal Kotelettes aus.
> ERNESTINA Wenn du diesem Lamm ein Haar krümmst, bringe ich dich um.[338]

Mrs. Mopp hatte Goldberg nach seiner Rückkunft aus Ninive schon als Lamm tituliert. Für Jay ist das Tier nur Platzhalter des zu kreuzigenden Goldbergs. Makaber mutet an, daß Ernestina ohne Schaudern eine sachlich präzise historische Information über das Kreuzigen abgibt. Das Schlachten eines Menschen berührt sie nicht, das Töten eines Tieres bringt sie in Rage.
Tabori verwendet dieses Motiv des unbarmherzigen Barmherzigen auch in *Mutters Courage*.
Der deutsche Offizier, der Taboris Mutter als Zeichen seiner Allmacht aus einem Deportationszug nach Hause entläßt, philosophiert mit der soeben Geretteten über das Schmerzempfinden von Tieren und Pflanzen.

---

336 In der gleichnamigen Prosavorlage zu *Mein Kampf* lautet die Schreibweise „Mitzi"
337 JU 78f.
338 GV 336.

> DEUTSCHER OFFIZIER Wissen Sie, die Kohlsuppe hat Wurststücke drin, das haben Sie doch gemerkt? Ich bin nämlich Vegetarier. Merkwürdig, aber die Vorstellung, totes Fleisch zu essen, widerstrebt mir [...]. Es fing an in Hamburg nach einer Feuersbrunst ... Ich war in einem Restaurant, und man brachte mir ein Steak [...] , als ich plötzlich erkannte, was es wirklich war, nämlich ein Stück von einem Kalb, das einst auf einer Wiese gegrast hat [...]. Wie kann jemand so tief sinken, sagte ich mir, ein Kalb zu schlachten, es in Stücke zu hacken und zu essen? [...] Natürlich, man sollte noch weitergehen. Eine Pflaume zum Beispiel, empfindet sie Schmerzen, wenn man sie ißt? [...] Manchmal höre ich alle Lilien auf dem Feld schreien und die Kohlköpfe auch. Wie weit muß man gehen, um ein Gerechter vor Gott zu werden?[339]

3.2.6.3. Die Bedeutung von Hunden in Theaterstücken Taboris

Ein sprechender Hund ist eine Figur in *Clowns*. Dieses Theaterstück thematisiert die Beziehung zwischen einem Mann, seiner Frau und ihrem Sohn. Der Hund ist dem Mann zugeordnet. Er kommentiert bissig alle Verlogenheiten, die die Familienangehörigen sich zuwerfen. In der fünften Szene, *Herr und Hund*[340], entwikkelt sich ein Gespräch zwischen beiden. Der Mann wird in seiner Gutmütigkeit von allen ausgenutzt. Sein Pudel, ein Polizeihund, verkörpert seine unterdrückte aggressive Seite, die aus der Opferrolle ausbrechen möchte, aber sich nicht getraut. Um sich diesem inneren Konflikt zu entziehen, erschießt der Mann den Hund.

Das gleiche Motiv taucht in *Peepshow* auf, in der Szene *Herr und Hündin*[341]. Willie hat Pech in der Liebe. Er will sich erschießen, weil er sich dem Leben nicht gewachsen fühlt. Herr und Hündin „heulen zusammen, mit zitternden Kinnen, Willie erschießt sie statt sich selbst."[342]

In *Die 25. Stunde* gehört in der ersten und achten Szene ein alter schlafender Hund mit zum Bühnenbild. Er steht stellvertretend für den erkrankten Arthur Prince, der um sein Leben ringt. Der Hund stirbt. Über zwei Seiten ergeht sich Prince über seine treue Hündin. Was er sagt, kommentiert beredt unsere These, daß Tabori Tiere als Sinnbilder des Humanen in seinen Theaterstücken gebraucht.

> PRINCE Einige meiner besten Freunde waren Hunde, begleiteten mich durch meine Hundejahre [...]. Warum ich Hunde liebe? Weil sie am besten lieben, nach deinen eigenen Bedingungen, anders als Menschen, die lieben, um geliebt zu werden. Ein judäischer Trugschluß. Ich sehe sogar aus wie ein Hund [...]. Lady hätte mich auch unter der Folter nicht verraten. Ihretwegen bedauerte ich es oft, nicht als

---

339 MC 314.
340 CL 194–203.
341 PS 128–134.
342 PS 134.

> Hund geboren zu sein, auf daß unsere Romanze volle Erfüllung gefunden hätte […].[343]

Zu guter Letzt ein Zitat aus der Prosavorlage zu *Mein Kampf*, einer Erzählung gleichen Titels: „‚God' umgekehrt ist ‚dog' oder ‚Hund', also sei nett zu unseren vierbeinigen Freunden, besonders wenn sie beschnitten sind."[344]

3.2.7. Zusammenfassung

Tabori konstruiert seine Farce durch das paarweise Zusammenstellen von Figuren und Begriffen, die einerseits unvereinbar gegeneinander stehen, andererseits geradezu schicksalhaft aneinander gekettet sind:

- HERZL und HITLER; eine zweitausendjährige Leidensgeschichte, wurzelnd im christlichen Antisemitismus, prädestiniert den Juden für die Rolle des Opfers. Sein Gott verpflichtet ihn obendrein zur Nächstenliebe und zur Suche nach dem Guten. Liebessehnsucht und Scheitern bestimmen das Leben Herzls. Erträglich wird ihm beides durch schwarzen Humor. Hitler vermag weder zu lieben, zu lachen, noch sein Scheitern zu akzeptieren. Darin gründet seine Lebensuntüchtigkeit, dies macht ihn abhängig von Herzl, und gerade das entfacht seinen Haß gegen den Juden. Er ist Zeuge seines Scheiterns.
- Das GUTE (Bibel) und das GLÜCK (Kamasutra); mit dem Gutsein ist die Verheißung des Glücklichseins gegeben, doch wird sie durch das Scheitern im Guten enttäuscht. Ihre Erfüllung ist in Frage gestellt. Herzl und Hitler streben beide nach Glück. Herzl kommt nicht los vom Guten, und Hitler bedarf des ‚Guten' als Feindbild, um sein Scheitern als geglücktes Gelingen ausgeben zu können.
- Die BIBEL und die beiden Bücher MEIN KAMPF; Herzls und Hitlers Version von *Mein Kampf* erweisen sich als Fortschreibung des Buches der Bücher, dessen vornehmliches Thema das Scheitern von Gott und Mensch ist.
- GOTT und LOBKOWITZ; wer die Hoffnung nicht aufgibt, daß Gut- und Glücklichlichsein eines Tages doch in eins fallen, läßt nicht ab, auf einen allmächtigen, gerechten und guten Gott im Himmel zu glauben, der dereinst seine Verheißung einlösen wird. Die konkrete Erfahrung Gottes auf Erden aber ist die seines Scheiterns (Lobkowitz-Gott) oder die einer Vergottung des Menschen (Hitler), die Erfahrung der Abwesenheit Gottes und der Ursupation göttlicher Attribute zur Kompensation nicht erfahrener und nicht zugelassener Liebe.

---

343 FS 281f.

344 Tabori, Mein Kampf, in: Ders., Meine Kämpfe, 23.

- FRAU TOD und GRETCHEN; Thanatos und Eros in Frauengestalt. Die Grundkräfte des Lebens ordnet Tabori der Sphäre des Weiblichen zu. Liebe und Beziehungslosigkeit, Leben und Sterben sind nur scheinbar streng voneinander getrennte Bereiche. In Wirklichkeit werden weder Liebe noch Leben ohne ihre Gegenteile erfahren.
- Die Katastrophe von AUSCHWITZ und die Banalitäten des ALLTAGS; Tabori entfaltet die Handlung seines Stückes zwischen diesen beiden Extremen. Ohne die Einmaligkeit des Holocausts zu leugnen, relativiert er ihn zugleich durch Banales, Obszönes, Witziges, Belangloses, um zu zeigen, daß der Schrecken der Konzentrationslager aus eben jenen alltäglichen Reibereien, Mißverständnissen, psychischen Behinderungen und Verkrüppelungen, durch die ein jeder Mensch gezeichnet ist, erwachsen. Das historisch einmalige Auschwitz ist in diesem Sinne nicht einmalig, weil es sich zu jeder Zeit an jedem Ort in jedem Menschen neu und unter Umständen schrecklicher ereignen kann.
- Der Glaube an die EXISTENZ GOTTES wird mit der Erfahrung seiner ABWESENHEIT konfrontiert, die biblischen Berichte und Geschichten mit ihren inhumanen geschichtlichen Auslegungen (Erfindung des Ghettos durch den Evangelisten Matthäus). Tabori verwirft nicht die religiöse Deutung als solche, zeigt aber, daß sie immer auch Spiegel der Persönlichkeit des Glaubenden, seiner Vorurteile und seines unentdeckten und unbewältigten Lebensschmerzes ist, der ihn dazu treibt, vor ihm zu fliehen, statt sich ihm zu stellen. Auch hier gewährt das therapeutische, sinnliche sich Erinnern, welches Herzl in den Armen von Gretchen durchmacht, die einzige Möglichkeit, einer Vergottung der eigenen Person zu wehren und zu leben im Bewußtsein, stets scheitern zu werden (gestärkt durch Mizzis Leib als Pessach). Auch der Bereich der Religion ist vom Scheitern gezeichnet. Tabori bringt dies durch die Konterkarierung des christlichen Triduum Paschale zum Ausdruck. Ostern wird zum Fest der Auferstehung der Täter.

3.3. Goldberg-Variationen

3.3.1. Einführung

3.3.1.1. Der Titel – die Bach'schen Variationen

Den Titel seines Theaterstücks hat Tabori Johann Sebastian Bachs *Goldberg Variationen* entlehnt. Ursprünglich von ihm komponiert, um sich dem sächsischen Kurfürsten für das Amt des Hofkompositeurs zu empfehlen, vollendete er die

zwischen 1733 und 1737 unfertig liegengebliebene Partitur erst 1741 und widmete sie seinem Gönner, dem Grafen Keyserlingk, dessen Bemühen maßgeblich dazu beigetragen hatte, Bach am sächsischen Hof in Amt und Würden zu bringen. Der Graf hatte den jungen Cembalisten Johann Gottlieb Goldberg (1727–1756) unter seine Fittiche genommen. Bach gab ihm Klavierunterricht und soll ihn als seinen „besten Schüler auf dem Klavier und der Orgel“ gepriesen haben. Er muß ein „eigenwilliger Sonderling“ gewesen sein, „der beim Spiel eine Vorliebe für ‚muthwillig gehäufte Schwierigkeiten‘ gehabt und seine eigenen Kompositionen als ‚elende Kleinigkeiten für Damen‘ bezeichnet habe“[345]. Einer späteren Legendenbildung nach, soll sich der Graf jene Kompositur von Bach für seinen Schützling erbeten haben, damit dieser ihm in langen Nächten häufiger Schlaflosigkeit aufspiele und ihm die Langeweile vertreibe.
Bach errichtete über der Baßlinie einer Arie dreißig Variationen von höchstem Schwierigkeitsgrad, die mit eben jener Arie beschlossen werden. Tabori läßt Ausschnitte daraus mehrfach in seinen *Goldberg-Variationen* einspielen.

3.3.1.2. Das Thema: Scheitern

Man könnte Taboris Stück, in Anlehnung an die Bach'schen Variationen, bezeichnen als achtzehn szenische Übungen über eine Arie, deren „Baßlinie“, über das Thema des Scheiterns menschlichen Lebens, anhand biblischer Geschichten improvisierend weitergeführt wird.

> GOLDBERG Scheitern, immer scheitern, wieder scheitern, besser scheitern.[346]

Das Wissen Goldbergs um die Unausweichlichkeit des Scheiterns in Szene Eins und seine Rückkehr auf die Bühne nach den Proben zur Kreuzigung (Szene Zwanzig) bilden Aria und Aria da capo der zwischen ihnen liegenden Variationen des nie endenden Scheiterns. Taboris Stück ist eine Art *perpetuum mobile*. Während sich am Ende der Saalvorhang senkt, hebt sich der Bühnenvorhang. Der Zuschauer verläßt das Theater und betritt die Bühne seines Lebens. Außerhalb des Theaters ist er es, der sich selbst in seinen Lebensrollen inszeniert. Auf der Bühne seines Lebens ist er der Schauspieler. Im Theater George Taboris wird der Zuschauer mit dem konfrontiert, was er zu vergessen sucht, daß nicht nur dort, son-

---

345 Dieses und die vorausgehenden Zitate aus: Andreas Traub, Johann Sebasitian Bach, Goldberg-Variationen BWV 988, 4.

346 GV 295.

dern über seinem ganzen Leben an brüchigem Roßhaar das Damoklesschwert des Scheiterns hängt.[347]
Wie wird der Zuschauer/Schauspieler mit dieser Theater-/Lebenserfahrung sein Spiel gestalten?

3.3.1.3. Die Figuren des Stückes

„Die Goldberg-Variationen stellen die vertraute Situation der Bühne auf der Bühne her.“[348] Die Zuschauer werden Zeugen der Proben zu einem Stück, das in loser Folge biblische Erzählungen des Alten und Neuen Testamentes als paradigmatische Geschichten menschlichen Lebens und Scheiterns aufführt.[349]
Die Figuren des Stücks: Der Regisseur Mr. Jay; Goldberg, sein jüdischer Assistent; die deutsche Bühnenbildnerin Ernestina van Veen; Masch, Japhet, Raamah, Teresa Tomentina Superstar – Schauspieler; die Putzfrau Mrs. Mopp; die Hell's Angels, eine Rockerbande.
Die Handlung der Goldberg-Variationen kreist im Wesentlichen um das wechselvolle Verhältnis von Regisseur und Assistent. Die biblischen Erzählungen entwickeln auf der Bühne eine Dynamik, in deren Sogwirkung Jay und Goldberg ihr gespanntes Verhältnis facettenreich bis ins Extrem ausagieren. Eine schillernde Haßliebe verbindet sie zu einer tragischen Schicksalsgemeinschaft. In beiden Figuren stehen sich zwei Lebenshaltungen gegenüber. Wie sie mit dem eigenen Scheitern umgehen – an dieser Frage entzünden sich ihre Konflikte.

3.3.1.4. Die Handlung

Ein Blick auf die Komposition der biblischen Geschichten erlaubt eine erste grobe Gliederung des Stücks. Von hier aus wird es leichter fallen, sich am Ariadnefaden

---

347 „Das Stück [Beckett, Warten auf Godot] endet nicht mit dem Schlußvorhang, sondern begleitet uns nach Hause. Der ideale Zuschauer sollte zurückkehren. Nacht für Nacht, und sich derselben Prüfung unterziehen wie Estragon und Wladimir: solange wir zur verabredeten Stunde erscheinen, Nacht für Nacht, sind wir gerettet, wenn nicht, werden wir bestraft. Das ist christliche Dramaturgie: das Leben wartet darauf, daß das Leben beginnt, nachdem es zu Ende ist.“ Tabori, Betrachtungen über das Feigenblatt, 51.

348 Peters, Die Verwandlung der Schrift in Spiel, 270.

349 „Wenn auch eher assoziative denn akribisch konstruiert, treten hier [in den *Goldberg-Variationen*] heterogene kulturelle Anspielungsbereiche programmatisch miteinander in Beziehung: Die ‚Dramen‘ des Alten wie des Neuen Testaments zu allen ‚Märchen‘ über das Leben hinter den Kulissen des Theaters – dazu das Paradigma elementarer psychosozialer Beziehungen (wie von Tabori immer wieder in den Vordergrund gestellt), die Religionsgeschichte als Geschichte der Konkurrenz von Lebenskonzepten und Denkprogrammen sowie die Leidensgeschichte des jüdischen Volkes von den Anfängen bis in unsere Zeit.“ Ebd.

des Scheiterns durch das Labyrinth der ineinander verwobenen Textebenen durchzutasten, ohne in der Betrachtung einzelner Passagen den Überblick zu verlieren. Außerdem gewährt diese Übersicht einen ersten Eindruck von der Handlung des Stückes.

SZENE	**HANDLUNG UND BIBLISCHE BEZÜGE**
EINS	1. Schöpfungstag: Scheiden von Licht und Finsternis
	4. Schöpfungstag: Erschaffen der Gestirne
ZWEI	Kain und Abel
DREI	2. Schöpfungstag: Erschaffen des Himmelsgewölbes
	3. Schöpfungstag: Erschaffen von Land und Meer
VIER	3. Schöpfungstag: Die Erde bringt Pflanzen hervor
	5. Schöpfungstag: Erschaffen der Vögel und Fische
	6. Schöpfungstag: Erschaffen der Landtiere
	Paradies: Der Baum der Erkenntnis
FÜNF	6. Schöpfungstag: Erschaffen des Menschen
	Vorbereiten der Paradiesszene
SECHS	Das Paradies
SIEBEN	Der Sündenfall
	Vertreibung aus dem Paradies
ACHT	Das Versagen Mr. Jays
	(Mr. Jay erfindet die Selbstkritik)
NEUN	Der Tanz um das Goldene Kalb
ZEHN	Goldberg als Mose: Die Zehn Gebote
	(Mr. Jay erfindet die Sünde und den Antisemitismus)
ELF	Goldberg als Jona: Sendung nach Ninive
ZWÖLF	Goldberg als Jona: in Ninive
	(Mr. Jay erfindet die Gnade)
DREIZEHN	Abraham, Sarah und Isaak
	Die Opferung des Isaak
VIERZEHN	Die Vorbereitung der Golgotha-Szene
	(Biblische Assoziation: Der Garten Gethsemani)
FÜNFZEHN	Die Versuchung Goldbergs
	(Biblische Assoziation: Die Versuchung Jesu)
SECHSZEHN	Vorbereitung der Kreuzigungsszene
SIEBZEHN	Streit um die Durchführung der Kreuzigungsszene
ACHTZEHN	Goldberg probt den Gang nach Golgotha
	(Biblische Assoziation: Geißelung und Kreuzweg Jesu)

NEUNZEHN	Goldberg probt die Kreuzigung (Biblische Assoziation: Kreuzigung Jesu)
DIE NEUNTE STUNDE	Rückkehr Goldbergs auf die Bühne (Biblische Assoziation: Auferstehung Jesu – Goldberg erfindet die *Nächstenliebe*)

Die tabellarische Auflistung der biblischen Motive zeigt eine Dreiteilung des Stückes.[350]
Die Szenen Eins bis Sieben folgen den Regieanweisungen des Buches Genesis, die biblische Chronologie der Ereignisse leicht variierend.
Im zweiten Teil, den Szenen Neun bis Zwölf, tauchen Mr. Jay und Goldberg als Mitspieler in die biblische Handlung ein. Die Schauspieler klinken sich erst am Ende des zweiten Teils, in Szene Dreizehn, wieder in das Geschehen ein.
Der dritte Teil handelt von den Vorbereitungen und der Durchführung des Höhepunktes des Stückes, der Kreuzigung.
Die Szenen Acht und Zwanzig („Die Neunte Stunde“) haben eine Sonderstellung inne. Erstere markiert den Umbruch der Handlung. Der Konflikt zwischen Goldberg und Mr. Jay tritt klar zu Tage und wird von beiden offen ausgesprochen: Welcher Sinn liegt in einem Leben, in dem das Scheitern alles Bemühen ad absurdum führt? – Jay und Goldberg ziehen unterschiedliche Konsequenzen aus dieser Erfahrung. Was die beiden trennt, verbindet sie in letzter Konsequenz, paradoxer Weise, miteinander. In „Die Neunte Stunde“ (Szene Zwanzig) wird die Rahmenhandlung aus Szene Eins wieder aufgegriffen – Beginn und Ende der Proben zu einem Theaterstück. Die in der achten Szene explizit gestellte Frage nach dem Scheitern erfährt in der letzten Szene eine Beantwortung, die alle Fragen offen läßt. Nach Inhalt und Form unterscheiden sich Szene Acht und die zwanzigste deutlich von den anderen. Deshalb werden sie keinem der Hauptteile des Stückes zugerechnet.
Vier thematische Ebenen sind in Taboris Goldberg Variationen komplex miteinander verwoben, dergestalt, daß eine thematische Ebene Metapher für alle anderen sein kann und sie so wechselseitig aufeinander verweisen und sich gegenseitig erhellen: das Theater, die Religion, die zwischenmenschlichen Beziehungen mit ihren psychologischen Implikationen, das Leiden der Juden.[351] Das Thea-

350 So auch Sibylle Peters in ihrem Artikel „Die Verwandlung der Schrift in Spiel“. Allerdings zählt sie die achte und zwanzigste Szene zum zweiten bzw. dritten Teil.

351 „Die ‚Dramen‘ des Alten wie des Neuen Testamentes zu allen ‚Märchen‘ über das Leben hinter den Kulissen des Theaters – dazu das Paradigma elementarer psychosozialer Beziehungen […], die Religionsgeschichte als Geschichte der Konkurrenz von Lebenskonzepten und Denkprogrammen sowie die Leidensgeschichte des jüdischen Volkes von den Anfängen bis in unsere Zeit.“ Ebd., 270.

terspiel wird zur Suche nach dem Sinn des Lebens in den Erfahrungen des Scheiterns.[352]

3.3.2. Der erster Teil (Szene Eins bis Szene Sieben)

3.3.2.1. Eine Parodie auf das Theater

Im ersten Teil der *Goldberg-Variationen*, in den Szenen Eins bis Sieben, wird das Geschehen hinter den Kulissen des Theaters mit Hilfe biblischer Motive und Anspielungen parodiert.

> MR. JAY Licht!
> *(Nichts geschieht)*
> Goldberg, wenn ich mich nicht irre, steht im Text, Es ward Licht.
> *(Nichts geschieht)*
> Wo ist die Technik, Goldberg?
> GOLDBERG Sir, die Technik ist wie immer unsichtbar.
> MR. JAY Unsichtbarkeit ist ein rein göttliches Prinzip!
> Also – Es werde Licht!
> *(Nichts geschieht)*[353]

Das erste Schöpfungswort Gottes (Gen 1, 3) aus Mr. Jay's Mund erleidet Schiffbruch an den Klippen der Technik. Der biblische Gott wies der Sonne den Tag und dem Mond die Nacht zu, auf der Bühne des Mr. Jay erscheint die Sonne „über der dunklen Hälfte, der Mond über der hellen“[354]. Spielzeugtiere müssen herhalten, „um die Herrlichkeit von allem, was da kreucht und fleucht, zu markieren“[355], weil das Requisitenbudget für lebende Tiere nicht ausreicht. „Satan haust im Detail“[356], und die Details sind es immer wieder, die sich den Probenden quer legen und zu komischen Situationen führen. Das schöpferische biblische Wort wird um seine machtvolle Wirkung gebracht durch die alltäglichen Unzulänglichkeiten und Fehler von Mensch und Material.
Das Scheitern im Kleinen konterkariert den theophanen Auftritt Mr. Jay's zu Beginn – Hubschraubergeräusche hatten sein Erscheinen angekündigt und Goldbergs und Mrs. Mopp's Blicke gen Himmel gezogen, bis er unter lauter, majestätischer Bach-Musik[357] ein Portal aus gleißendem Licht[358] durchschreitet. Zwar reizen

---

352 Das Theater als „eine Verbildlichung der Vorstellung vom Wiederfinden des ersten und letzten Sinns der biblischen Worte, der Heiligen Schrift. Tabori sieht Theater als ein textüberwindendes Medium immer auf der Suche nach diesem Sinn.“ Ebd., 281.

353 GV 296

354 GV 297.

355 GV 304.

356 GV 311.

357 GV 295.

Fehler und Pannen seinen Zorn, doch reagiert Jay anfangs spielerisch gelassen, manchmal auch selbstironisch auf die Abgründe, die sich zwischen seinem künstlerischen (göttlichen) Schöpferwillen und der widerständigen Realität auftun. Er gleicht einem Über-Vater, der, aus der Distanz des Spielleiters, bald begütigend, bald drohend die eigensinnige Schauspieltruppe und seinen scharfzüngigen Assistenten dazu bringen möchte, das zu tun, was er will. Ein Beispiel dazu: Sein Eingehen auf die kuriosen Einfälle der Schauspieler zur Kain-und-Abel-Szene.

> RAAMAH [...] Heute Morgen in der Dämmerung endlich haben mich zwei Musen geküßt und eine Lösung eingegeben, die elegant genug ist, den dümmsten Regisseur zufrieden zu stellen, und was tun Sie? Nichts tun Sie, als auf ihrer vergrößerten Vorsteherdrüse zu hocken und allmählich derselben zu gleichen.
> MR. JAY Na, dann machen Sie mal vor.
> RAAMAH Zu spät.
> MASCH Der Zug ist abgefahren.
> RAAMAH Besetzen Sie mich um.
> MASCH Verklagen Sie mich.
> MR. JAY Mes enfants du paradis, was soll ich tun? Mich hinknien?
> RAAMAH Ja.
> MR. JAY *auf Knien* Demütig sei der Mensch, denn was erwartet uns Sterbliche außer Würmer?
> MASCH Sagen Sie bitte, bitte, bitte.
> MR. JAY Bitte, bitte, bitte.[359]

3.3.2.2. Der schwelende Konflikt zwischen Goldberg und Jay

a. Der Streit um das letzte Wort

Von Szene Eins bis Szene Sieben ist zu beobachten, wie sich diese Souveränität zunehmend aufbraucht, in dem Maße, wie Mr. Jay als Regisseur seiner Distanz zum Stück verlustig geht und immer stärker selbst in die biblische Handlung und das Beziehungsgeflecht der auf der Bühne Agierenden involviert wird. Das Verhältnis zu Goldberg ist ein deutlicher Gratmesser dieser Entwicklung. Die Spannungen zwischen beiden ziehen sie zunehmend in den Handlungsablauf hinein, ja, im zweiten Teil werden sie, bis auf die letzte Szene, die biblischen Geschichten nur zu zweit improvisierend interpretieren. Jays Einstellung zur Theaterarbeit: Alles ist machbar („Für Gott ist nichts unmöglich"). Goldbergs Auffassung: Alles wird scheitern. Dialoge der beiden am Ende verschiedener Szenen mögen als Beispiele dienen für diesen Konflikt, in dessen Komik seismographische Ausschläge das Ausbrechen eines grundsätzlichen Dissenses ahnen lassen.

---

[358] So geschehen in der Uraufführung. Vgl. Kralicek, Die göttliche Komödie, 5f.
[359] GV 299f.

RAAMAH Müssen Sie immer das letzte Wort haben?
MR. JAY Und das erste ...[360]

Im Streit um das letzte Wort geraten Regisseur und Assistent von Mal zu Mal heftiger aneinander.

- Szene Eins

GOLDBERG Freude erfüllt das Herz, wenn der Schmerz vergeht.
MR. JAY Das ist mein Text, Goldberg.
GOLDBERG Mit freundlicher Genehmigung des Allmächtigen, Sir.[361]

- Szene Zwei

GOLDBERG Der Zölibat ist gut für die Kirche und gut fürs Theater.
MR. JAY Goldberg, deine Fundamentalismen machen mir Gänsehaut.[362]

- Szene Drei

Wasser ergießt sich wie ein Katarakt über Goldberg
MR. JAY *nach oben zur Technik* Sie sind ein Prinz von einem Mann.
GOLDBERG *tropfend, aber würdevoll* So mancher Prinz soll sich in einen Frosch verwandelt haben, Sir.[363]

b. Die Provokation Jays durch den Juden Goldberg

Immer wieder fühlt sich Jay von seinem Assistenten kritisiert, verspottet, nicht ernst genommen, seines „göttlichen" Privilegs, zumindest das letzte Wort zu haben, beraubt. In der dritten Szene eskaliert dieser Konflikt zum ersten Mal. Mit feinem, sarkastisch-ironischem Spott schafft Goldberg eine Distanz zwischen sich und Mr. Jay. Sie garantiert ihm, der durch seine Rolle als Assistent dem Regisseur vom Arbeitsablauf her am nächsten kommt und am ehesten mit seinen Launen und Unwägbarkeiten konfrontiert wird, ein Maß an Unabhängigkeit. Nun wendet Jay den Spieß um. Seine Achillesferse ist sein Perfektionsstreben. Goldbergs verletzliche Stelle: Er ist Jude.

MR. JAY Wie geht es dir, Goldberg?
GOLDBERG Kann nicht klagen.
MR. JAY Kommt noch.
GOLDBERG Ist dies die beste aller Welten?
MR. JAY Kennst du eine bessere?
GOLDBERG In meinem Kopf.
MR. JAY Macht dir dein Job keinen Spaß?

---

[360] GV 301.
[361] GV 298.
[362] GV 301.
[363] GV 303.

> GOLDBERG Na ja, besser als Gräber graben.
> MR. JAY Schon mal gegraben?
> GOLDBERG Als Kind, in Polen.
> MR. JAY Wie war's?
> GOLDBERG Selbst geliebte Menschen stinken, wenn sie tot sind.
> [...]
> MR. JAY [...] Ich reiche dir keine hilfreiche Hand, Goldberg, [...] weil ich dich nicht leiden kann.[364]

Den eigentlichen Grund, warum Jay Goldberg nicht leiden kann, erfährt der Zuschauer in Szene Acht.
Was als Theaterpersiflage beginnt und z.T. in Klischees schwelgt – der allmächtige, egozentrische Regisseur; Schauspieler mit Starallüren, aber mäßigem Talent; ein Assistent als graue Eminenz; Dilettanten in der Technik – entwickelt sich im ersten Teil mit fortlaufender Handlung zu einem dramatischen Beziehungskonflikt zwischen Regisseur und Assistent, in dessen Verlauf beide Figuren alle Konsequenzen aus ihrer Lebenseinstellung und Weltsicht bis ins Extrem hinein ausspielen werden. Den Juden Goldberg, die jüdischen biblischen Geschichten und die Verfolgung der Juden setzt Mr. Jay[365] in einen Zusammenhang, dessen nähere Bestimmung erst im zweiten und dritten Teil möglich sein wird.

3.3.2.3. Der Sündenfall Jays

Ernestina van Veen hat sich derweil ihre eigenen Gedanken zur Bühnengestaltung für die Paradiesszene gemacht:

> ERNESTINA Wenn ich den Text richtig verstanden habe, ist „Erkenntnis" eine schlecht verhohlene Spießermetapher für unser altes Rein-und-Raus-Spielchen. Adam erkannte Eva, Abraham erkannte Sarah, Onan erkannte seine linke Hand und so weiter. Kurz gesagt, ist Erkenntnis kein epistemologischer Begriff, sondern etwas erfrischend Libidinöses, habe ich recht?
> MR. JAY Du hast recht, Ernestina.
> ERNESTINA Da Äpfel ungefähr so libidinös sind wie ein Pickel am Arsch, habe ich mir gedacht, Bananen sind der Erkenntnis zuträglicher. Habe ich recht?[366]

Auf die Aufforderung Ernestinas hin ißt Mr. Jay eine Banane. In den *Goldberg-Variationen* ist es „Gott", der in Sünde fällt: Mr. Jay „gehen die Augen auf", und er erkennt, daß er sich als göttlicher Regisseur in eine tragische Zwickmühle manövriert hat. Er trägt sich mit einer leidenschaftlichen Liebe zur Darstellerin der

---

364 GV 302.
365 Der erste Hinweis findet sich in der ersten Szene: „MR. JAY Goldberg, erinnern Sie diese Nazíböcke von Technikern an die Heilige Schrift. GOLDBERG Das sind keine Nazis. MR. JAY Wenn sie lange genug für mich gearbeitet haben, schon." GV 297.
366 GV 304.

Eva, Teresa Tormentina Superstar. Sein Verlangen geht dahin, sie allein für sich zu haben. Quälende Eifersucht, von Goldberg zusätzlich geschürt, verzehrt ihn.

> MR. JAY Teresa, Teresa Tormentina, warum quälst du mich so? Was ist der Sinn solch sinnlosen Leidens? Ich sage dir, was der Sinn solch sinnlosen Leidens ist. Es gibt keine Liebe ohne Angst, diese Liebe zu verlieren. Wenn sie die Stadt verläßt, bin ich ein Nervenbündel. Wenn sie aus dem Schlafzimmer geht, schrumpfe ich zum Pygmäen. Ich bin eifersüchtig auf ihre Zahnbürste, die ihr Zahnfleisch bürstet. Eifersüchtig auf den Spaghetti carbonara, der ihre Speiseröhre hinunterglitscht. Vorige Woche habe ich ihr Toilettenpapier erwürgt. Die Liebe ist eine Leimrute, ich zapple, ich schreibe diese verfluchte Paradies-Szene und errichte dieses perfekte Ambiente, wo sie ohne Scham erkennen und erkannt werden wird, trotz meines Gebots, sich zu enthalten.
> GOLDBERG Oder deswegen.[367]

Als Regisseur ist Mr. Jay Anwalt des Textes. Der Text verlangt, die Paradiesszene nackt zu spielen. Teresa weigert sich anfangs. Masch in der Rolle der Schlange macht mit ihr auf Anordnung Jays eine Lockerungsübung, um ihr über ihre Scham hinwegzuhelfen, sich auf der Bühne ohne Kleidung zu zeigen. Das Ethos des Theaters verpflichtet Jay dazu, Teresa das „Erkennen" auf der Bühne in die Tat umsetzen zu lassen, seine Leidenschaft als Mann will gerade dies verhindern. Das Essen der „Banane der Erkenntnis" zeigt Mr. Jay, daß er nicht länger nur Spielleiter, sondern Mitspieler geworden ist. Das Spiel auf der Theaterbühne erfordert das Gegenteil dessen, was Jay in seinem Lebensspiel für sich ersehnt. Seine Sehnsucht nach Liebe, sein sexuelles Verlangen liegen über Kreuz mit den Erfordernissen des Theaters. Diese Spannung hält er nicht aus. Mit einem Wasserstrahl löst er die eng ineinander verschlungenen Masch, Japhet, Raamah und Teresa und vertreibt sie aus dem Paradiesbett.

3.3.3. Szene Acht

3.3.3.1. Der Text

Szene Acht kann im Rahmen unserer Untersuchungen als Schlüsselszene gelten. Deshalb wird ein größerer Teil des Dialoges zwischen Goldberg und Jay hier im Wortlaut wiedergegeben.

> *(Mr. Jay steht still da mit tropfendem Schlauch. Goldberg kommt unter einem Schirm heran.)*
> GOLDBERG Ich dachte, die Flut wäre gestrichen. Oder machen wir „Am Tag als der Regen kam"?

---

[367] GV 307.

MR. JAY Zynismus ist die letzte Zuflucht des Schurken.
GOLDBERG Wen von uns beiden meinen Sie, Sir?
MR. JAY Wer nicht für mich ist, ist gegen mich.
GOLDBERG Ich weiß nicht, ob irgend jemand für Sie ist. Es ist nie zu spät, den Beruf zu wechseln.
MR. JAY Du meinst, so schlecht war ich?
GOLDBERG Schlimmer.
MR. JAY So schlecht? […] Du bist der geborene Kritiker.
GOLDBERG Wer kann, der kann, wer nicht kann, wird Kritiker.
MR. JAY Ach ja, noch so ein kleines Goldberg-Sedatiefchen … Wenn du die Güte hättest, den Dolch aus meinem Rücken zu entfernen, könntest du mir vielleicht mitteilen, wo meine Schauspieler bleiben?
GOLDBERG Sie sind nach Hause gegangen […].[368]
MR. JAY Alles ist Eitelkeit. Wo ist der Engelschor, der Hosiannah singt? Kritiker sind die gefallenen Engel des Lichts. Aber deren Ablehnung ist ein Wimmern verglichen mit dem Gebrüll in meinem Kopf. Schau dir dieses Paradies an […]. Es gibt keine Entschuldigungen, wenn man aus dem Nichts etwas macht. Wenn man aus dem Nichts etwas macht, muß man ins Nichts hinabsteigen und sich dort zu Hause fühlen. Ich habe von Perfektion geträumt. Und siehst du dieses Chaos? Ordnung ist Perfektion, weil sie keine Pannen duldet. So etwas wie ein wenig Ordnung, ein wenig Schwangerschaft gibt es nicht. Ich hab's verpatzt. Ich ziehe mich zurück, um über meinen Memoiren zu sabbern. Gut, der Mensch ist nicht Gott, was aber, wenn Gott auch nicht Gott ist? Spring für mich ein. Ich gebe dir einen Traum von Freiheit, und du wirst ihn verraten. Ich vermache dir das Höllenfeuer des Scheiterns, in anderen Worten, der Perfektion. Es steht dir frei zu scheitern und das Scheitern als Traum von Freiheit zu feiern, bis du eines Tages so weit bist, dieses Haus niederzubrennen. Das Feuer wird die Ordnung der Aschenhaufen wiederherstellen, und aus der Asche wird nichts entstehen, und das ist gut. Nichts ist das einzige, was vollkommen ist. Nur Gott ist vollkommen, weil Er nichts ist. Ich weiß, daß ich Gott lästere, ich weiß, daß ich bestraft werde, weil ich Gott lästere, aber wenigstens weiß ich, wofür ich bestraft werde mit meiner Fieberhitze und Teresa Tormentinas unstetem Schoß. Kopf hoch, Goldberg, ich habe soeben die Selbstkritik erfunden. Und sie steht mir bis hier. Und ich bin müde und krank davon. Hilf mir, sei mein Luzifer, sag mir, wie schlecht ich bin.
GOLDBERG Sie sind eine alte Nutte, Mr. Jay.
MR. JAY Jetzt bist du zu weit gegangen, Goldberg. Schau dir meinen Anzug an. Hat sieben Wochen gedauert, bis er fertig war. Als ich den Schneider fragte, warum es so lange gedauert hat, schließlich hätte der Herr nur sieben Tage gebraucht, um die Welt zu erschaffen, sagte er -
GOLDBERG – sehen sie sich den Anzug an, und sehen sie sich die Welt an.
MR. JAY In diesem Theater erzähle ich die Witze, Goldberg. Nur daß die Zeit der Witze vorbei ist. Ich steige aus. Mach dir dein eigenes Ding, du und die Schauspieler. Sieh zu, wie du ohne mich zurecht kommst; was du ohne mich zustande bringst, wenn du mich nicht erfinden mußt. Sieh zu, wie es ist, wenn der Himmel leer ist. Sieh zu, wie alles erlaubt ist, wenn es mich nicht mehr gibt.
(Er geht ab. Goldberg räumt die Bühne ab, Nach einer Weile kommt Mr. Jay geknickt zurück.)
[…]

[368] GV 312f.

MR. JAY [...] Die Show muß weitergehen. Ich habe noch nicht zu kämpfen begonnen [...].[369]

3.3.3.2. Jays Scheitern

„Die Vertreibung aus dem Paradies, wer wird vertrieben, der Vertreiber oder der Vertriebene? Schreckliche Qualen quälen mich."[370] In den *Goldberg-Variationen* ist der Sündenfall der Sündenfall „Gottes". Auch der „göttliche" Regisseur ist nur Mensch, hat vom Baum der Erkenntnis gegessen, gegen seine inneren Bedürfnisse gehandelt, indem er verhinderte, daß das Wort Fleisch wird[371], daß Theater Leben inszeniert. Das Liebestreiben der Schauspieler wird erst durch die Eifersucht des Regisseurs zum Vergehen, der es ihnen neidet, nicht mitspielen zu dürfen, sondern als Spielleiter dazu verdammt ist, hinter den Kulissen zu wirken. „Gott" ist auf den Menschen eifersüchtig und straft ihn, indem er das Natürlichste auf der Welt, Liebe und Geschlechtlichkeit, zur Sünde erklärt. An dieser Stelle müßte das Spiel abbrechen. Der Regisseur entpuppte sich als Spielverderber. Er hat die Regeln nicht geachtet. Dennoch – das Spiel kann weitergehen. Die Bibel selbst ermöglicht dies. Sie erzählt eine Geschichte über den ob menschlicher Sünde erzürnten Gott, der mit einer gewaltigen Flut alles Leben von der Erde tilgen will. Nach vollbrachter Tat gehen Mr. Jay „die Augen auf". Er wird sich seines Sündenfalls bewußt. Er hat sich selbst in das Spiel eingebracht und damit seine „göttliche" Stellung als Regisseur preisgegeben. Zu spät merkt er, daß er in seinem Spiel nicht mehr „Gott" ist, sondern sich zum Mitspieler gemacht hat. Da „Die Sintflut" im Regiebuch der Bibel steht, verliert er vor den Schauspielern nicht das Gesicht. Nur Goldberg weiß, daß diese Perikope nicht mehr auf dem Spielplan stand. Überhaupt waren nur die Schöpfungstage als Gegenstand der Inszenierung vorgesehen.

MR. JAY In sieben Tagen haben wir unsere erste öffentliche Probe [...][372]

3.3.3.3. Die „Gott-Werdung" Jays

Statt mit dem „Und es war sehr gut" abschließen zu können, treibt das regelwidrige Verhalten Jays die Handlung weiter. Auch jetzt noch könnte das Spiel beendet werden, sollte sich Mr. Jay mit seinem Scheitern aussöhnen. Seit er die

369 GV 313–315.
370 GV 315.
371 Vgl. GV 309.
372 GV 297.

„Banane der Erkenntnis“ zu sich genommen hat, ist er ein Wissender um sich selbst und seine Bedürfnisse. Will er als Regisseur im Hintergrund bleiben und auf die Erfüllung seiner Sehnsüchte verzichten, oder zieht es ihn auf die Bühne, will er dort Mensch sein und auf seinen göttlichen Status verzichten? Beides zugleich sein zu wollen, läßt sich nicht miteinander vereinbaren. Das weiß Jay jetzt. Doch wider besseres Wissen will er dafür kämpfen, „Gott“ zu bleiben und „Mitspieler“ zu werden.

3.3.3.4. Der Zeuge von Jays Scheiterns: Der Jude Goldberg

In seine alten Rechte als „Gott“ kann sich Mr. Jay nicht selbst wieder einsetzen. Er wird nur dann wieder „Gott“, wenn der einzige Zeuge seines Scheiterns, Goldberg, das Spiel mitspielt und ihn als seinen „Gott“ anerkennt. Mr. Jay umwirbt Goldberg mitleidheischend, beklagt mit großem Pathos die Tragik seines Scheiterns. Doch Goldberg durchschaut dieses sich Anbiedern und die hinter ihm stehende Absicht: „Sie sind eine alte Nutte, Mr. Jay.“
Nach den vielen technischen Pannen der ersten Szene fragt Jay: „Stimmt was nicht, Goldberg? Ich werde doch keinen Ärger mit Ihnen haben?“[373] In der achten Szene ist diese Frage beantwortet: Jay will durch seine Rede Goldberg bewegen, ihn, den gescheiterten „Gott“, wieder in den Olymp des Theaterhimmels zu erheben, wenn nicht aus besserer Einsicht, so doch aus Angst, alleine, ohne Regisseur, nicht bestehen zu können. Wenn Gott scheitert, dann muß man sich Gott schaffen, um nicht an der übermenschlichen Aufgabe, Perfektes, Ordnung schaffen zu wollen, zu zerbrechen. Goldberg gewährt ihm diese Bestätigung nicht. Für ihn ist es eine Frage seiner Unabhängigkeit und Würde, sich nicht auf dieses Spiel einzulassen. Daß Jay Fehler macht, weiß er schon seit Beginn. Auch einem gescheiterten Regisseur bleibt Goldberg treu. Nur Jay kann den Anblick Goldbergs nicht mehr ertragen, weil er ihn an sein Scheitern als Gott-Regisseur beständig erinnert. Er will seinen „göttlichen“ Status nicht aufgeben, also bleibt nur, Goldberg zu demütigen, ihn zu Kreuze kriechen zu lassen. Was in Szene Drei nur angedeutet wurde, wird hier deutlicher. Jay prophezeit Goldberg, er werde das Scheitern ohne Regisseur/Gott nicht aushalten. Das innere Feuer der Erniedrigung werde er nach außen tragen und alles niederbrennen, um so die Erinnerung an sein Scheitern auszutilgen. Er redet zu Goldberg, spricht aber von sich selbst, denn Goldberg ist von Anfang an auf Scheitern in den Proben vorbereitet. So erweist sich die Prophezeiung Jays als ein verborgener, erster Hinweis auf den Holocaust.

---

[373] Ebd.

Das Spiel geht weiter. Für Goldberg bleibt es ein Spiel. Er stichelt nach gewohnter Manier gegen Jay, ringt ihm das letzte Wort ab. Mr. Jay jedoch hat sich verändert. Aus dem spielerischen Umgang mit dem Scheitern ist für ihn Ernst geworden. Er ist in seiner Rolle gescheitert. Goldberg wird sein Feind. Für ihn ist es kein Spiel mehr. Beide werden sie zu Mitspielern, der eine, weil er sich hinreißen ließ, der andere, weil er hineingerissen wird.

> MR. JAY [...] Die Show muß weitergehen. Ich habe noch nicht zu kämpfen begonnen. Als Napoleon gegen Moskau marschierte, was lispelte Churchill da dem Volk zu? „Ils ne passeront pas“[374], aber Französisch sprichst du ja nicht.
> GOLDBERG Non, mais ce n'était pas Churchill qu' íl a dit ca, c' était Clemenceau: Quand les boches arriveront à[375] – [376]

Das letzte Widerwort Goldbergs macht deutlich, dieser ist Jay überlegen. Bedeutend wird noch sein, daß es gerade das geschichtliche Gedächtnis Goldbergs ist, in dem sich diese Überlegenheit zeigt. Der Hinweis auf die Deutschen schlägt eine Brücke vom Holocaust zum Geschehen auf der Bühne, ohne daß Goldberg zu diesem Zeitpunkt sich der Bedeutung dieses Hinweises schon bewußt wäre. Darin wird im weiteren Verlauf auch die Tragik der Goldberg-Figur liegen. Als einzige weiß sie aus der Geschichte um die Umstände und die innere Beschaffenheit der Menschen, die die Juden immer wieder in die Vernichtung getrieben haben. Nur er, der Wissende, kann dieses Wissen auf sich selbst nicht anwenden. Die Geschichte seines Volkes wiederholt sich zu allen Zeiten an seinen Gliedern, so auch an Goldberg. Jay wird in die Fußstapfen der Nazis treten und alle, die für ihn arbeiten, selbst die unbeteiligte Mrs. Mopp, werden dem antijüdischen Sog nicht widerstehen.
Jay ruft die nächste Szene auf, der Tanz ums Goldene Kalb. Die Rache des Mister Jay: Hat er sich, im Eifer der Leidenschaft, zum Mitspieler degradiert, muß auch Goldberg mitspielen. Assistent kann er nicht bleiben, er wäre sonst göttlicher als der Regisseur des Sündenfalls. Auch im weiteren Verlauf des Spiels will Jay die Oberhand behalten.

> GOLDBERG Was haben Sie vor, um Himmels willen?
> MR. JAY Du gehst den Berg da rauf als kleiner mieser Knecht, und du kommst da runter als Moses, als Bote Gottes.
> GOLDBERG Ja, aber wie?[377]

---

374 „Es wird ihnen nicht gelingen.“
375 „Nein, aber es war nicht Churchill, der dies sagte, sondern Clemenceau: Wann werden die Deutschen ankommen in –“
376 GV 315.
377 GV 316.

3.3.4. Der zweite Teil (Szene Neun bis Szene Dreizehn)

Der Konflikt Regisseur – Assistent wird im zweiten Teil weitergeführt in dem biblischen Konflikt zwischen Mose und Aaron (Szene Zehn), zwischen Jona und Jahwe (Szenen Elf und Zwölf) .

3.3.4.1. Goldberg in der Rolle des Mose

„Aaron war redegewandter als Mose und spielte eine entscheidende Rolle, als es darum ging, zum einen die Israeliten zu überzeugen, daß Mose einen besonderen Auftrag von Gott erhalten hatte, und zum anderen den Pharao dazu zu bringen, die Israeliten ziehen zu lassen. Aarons Überzeugungskraft als Redner wurde noch durch die Wunder unterstrichen, die er mit seinem Stab ausführte; [...] In der Wüste verhielt er sich nicht immer loyal zu Mose [...]. Schlimmer war, daß Aaron, während Mose auf den Berg Sinai war, dem Drängen des Volkes nach einem Götterbild nachkam, goldene Ohrringe einsammeln und daraus ein goldenes Kalb gießen ließ, daß die Israeliten nackt anbeteten.“[378]

a. Der Text

Mr. Jay schlüpft in die Rolle des Aaron. *„[...] leicht betrunken [...], hält eine Flasche Bier umklammert*“[379]. Aaron kommt vom Tanz ums Goldene Kalb.

> AARON Wo warst du den ganzen Tag?
> MOSES Was glaubst du, wo ich war? Ich krieche den Scheißberg rauf, ich krieche den Scheißberg runter, Scheißberg rauf, Scheißberg runter – ich glaube, ich kriege Muskelschwund.
> AARON Hast du ihn gesehen?
> MOSES Den ganzen Scheißtag Versteck gespielt. Einerseits soll Er von Angesicht zu Angesicht zu einem sprechen, andererseits soll man sein Gesicht nicht sehen. Er hüllt sich in eine Wolke oder Rauchsäule, verdrückt sich hinter den Busch oder im Wirbelsturm, aber ich habe noch ein Stück von seinem Rücken gesehen.
> AARON Und? Wie sieht er aus?
> MOSES Unsichtbar.
> [...]
> AARON Hat Er was gesagt?
> MOSES *mit einem Hauch von Dialekt* „Du sollst das Böcklein nicht kochen in seiner Muttermilch.“
> AARON Hab ich nie gemacht, du?
> MOSES Wenn es ums Kochen geht, wird er leicht hysterisch.
> [...]
> AARON Was hat er dir gegeben?

---

[378] Calvocoressi, Who's who in der Bibel, 23.

[379] GV 318.

MOSES [...] Gottes Worte, die einem sagen, wie man gut ist statt glücklich [...]. Erst mal müssen wir alle auf eine neue Diät. Magst du Schweinerippchen?
AARON Du weißt, ich mag Schweinerippchen.
MOSES Kannst du vergessen. Und was unser altes Rein-und-Raus-Spiel betrifft, schnall dich an. Du sollst es nicht treiben mit deiner Mutter, deiner Schwester, deinen Tanten, deiner Base ersten Grades, deiner Base zweiten Grades, der Frau deines Sohnes, deines Vaters Konkubine, der Geliebten deines Bruders, deiner Tochter, und der Verlobten deiner Tochter.
AARON Was bleibt da noch?
[...]
Ich will mich ja nicht negativer Theologie hingeben, aber er muß meschugge sein. Diese Pennerbande wird ihm das nie abkaufen. Ich auch nicht.
[...]
Er verlangt zuviel. Wir sind nicht Er [...]. Wir wollen glücklich sein, nicht gut [...], wer will nicht gut sein? Aber wem gelingt das schon. Eine echte Zwickmühle [...]. Und weißt du, was? Er hat gerade den Antisemitismus erfunden. Ich kenne dich. Du wirst den Mund nicht halten können, du wirst das Gesetz der Wahrheit und Gerechtigkeit an die Kinder weitergeben, und sie werden ein Entsetzen für alle Völker sein, sie werden gehaßt und verbrannt werden, auch wenn nur noch ein einziger übrig ist, den man hassen und verbrennen kann, weil ihre Gegenwart an Seine Gegenwart erinnert. Er verwandelt den Traum vom Gutsein, den jeder träumt, beim Erwachen in einen Alptraum.[380]

b. Gut sein um den Preis des Glücklich-werdens

Wie spielt es sich im Theater ohne Regisseur, wie lebt es sich im Leben mit einem sich verbergenden Gott, von dem sich nur sagen läßt, er sei unsichtbar? Goldberg spielt in der Rolle des Mose den Sachwalter Gottes auf Erden. Er tritt, um in der Sprache des Theaters zu bleiben, in der Doppelrolle als Regisseur und Mitspieler auf die Bühne. Er hat die Spielregeln in der Hand. Das Ergebnis: Die Hell's Angels verprügeln ihn. Goldberg zerbricht die Tafeln. Er kann nicht Regisseur sein, weil er auf die Einhaltung der Regeln zum guten Spiel, zum Gutsein besteht. Goldberg erlebt sein Scheitern in der Rolle des Spielleiters vermittels der Rolle des Mose. Doch es geht längst nicht mehr nur um das Theater. Im zweiten Teil wird das Leben im Theater immer transparenter für das Leben außerhalb des Theaters, es wird zur Metapher für das Leben selbst. Ab dieser Szene, mit dem Antisemitismus als göttlicher Erfindung, werden sich die geschichtlichen Bezüge auf den Holocaust vermehren. Erst gegen Ende des dritten Teils wird Goldberg sie zu deuten wissen. Der lebenskluge Jay in der Rolle des Aaron weiß das Lebensspiel besser zu spielen. Er läßt die Gebote Gebote sein, weiß, wann es Zeit ist, von der Bühne abzutreten, um sich in Sicherheit zu bringen. Gibt es keinen Regisseur mehr in diesem Spiel, und wird der Himmel verdächtigt, leer zu sein, dann ist die einzige Stütze, die der hat, der gut durch's Leben kommen will, die mitmenschliche Solidarität.

380 GV 319–321.

GOLDBERG Aaron, Aaron, warum hast du mich verlassen?[381]

3.3.4.2. Goldberg in der Rolle des Jona

Die Szenen Elf und Zwölf: Mr. Jay hat sich als Mitspieler von der Bühne verabschiedet. Außer in den Rollen als Gott der Sintflut und Aaron wird er nur noch in das Gewand des Versuchers schlüpfen (Szene Fünfzehn). Ab der elften Szene amtiert er als Regisseur, und das immer deutlicher in der Rolle des biblischen Gottes Jahwe.

MR. JAY Gehe also in die große Stadt Ninive,
Gehe, Goldberg, gehe, Bote der Tugend,
Fuchtle mit der Bibel,
Sei der Schrecken des Universums.
Geh und sage denen in der Stadt Ninive
Bessert euch. Haltet die Gebote ein,
Oder ich komme über euch mit Feuer und Pein.
Mit einem großen Knall werde ich sie vernichten,
Mit Feuer und Asche werde ich sie auslöschen
Wenn sie sich nicht bessern. Am 40. Tag um sechs Uhr
fünfzehn
Wird der Überlebende die Toten beneiden.[382]

Eben noch als Aaron hat er sich der Verkündigung der Gebote Gottes verweigert, jetzt spricht er an Gottes Statt das Gericht denen, die die Gebote übertreten haben, noch dazu in seinem Auftrag.
Goldberg hingegen sucht nach einem Ausweg aus seiner mißlichen Lage. Von Gott hat er nichts zu erwarten. Er sucht Trost in der Liebe, bei Mrs. Mopp.

a. Erlösung in den Armen einer Frau – die Figur der Mrs. Mopp
Mrs. Mopp ist die einzige Figur, die in keiner Abhängigkeit zu den übrigen Theaterleuten steht. Sie macht ihre Arbeit, nimmt weder vor Mr. Jay noch vor Goldberg ein Blatt vor den Mund. Ihre schnoddrigen Antworten und Seitenhiebe bringen derart spröde die Sachen auf den Punkt, daß sie einen herben Kontrast darstellt zum still leidenden Goldberg und dem extrovertierten Mr. Jay:

MRS. MOPP Noch so ein schweinisches Stück, was?
GOLDBERG Tja, Mrs. Mopp, so bedauerlich es ist, aber niemand von uns ist unbefleckt empfangen worden.
MRS. MOPP Mit einer denkwürdigen Ausnahme.[383]

---

381 GV 322.
382 GV 323.
383 GV 295.

MR. JAY Wo sind sie alle?
MRS. MOPP Schauspieler kommen und gehen.
MR. JAY Der Stoff, aus dem die Schäume sind. Moppelchen, du bist das einzig Reale hier auf der Bühne. Wann immer ich dich hier unten auf den Knien sehe, bin ich ganz merkwürdig berührt. Komm doch mit in mein Büro [...].
MRS. MOPP Schon wieder?
MR. JAY Um den Stundenlohn anzuheben.
MRS. MOPP Das einzige, was Sie mir je angehoben haben, ist mein Rock.“[384]

In der elften Szene schaltet sich Mrs. Mopp aus eigenen Stücken in die Handlung ein. Sie hat Goldbergs Scheitern als Mose miterlebt. Ihr lakonischer Kommentar zu seiner Aussendung als Jona:

MRS. MOPP Wenn ich du wäre, würde ich den Krempel hinschmeißen.[385]
(Goldberg versteckt sich unter Mrs. Mopp's Rock. Mr. Jay kommt).
[...]
GOLDBERG Ich geh schon. Er hat die ganze Welt in der Hand, mich inbegriffen [...]. Kennst du Ninive?
MRS. MOPP Eine Schlangengrube.
GOLDBERG Leiden sind also Gott lieber.
MRS. MOPP Bleib bei mir.[386]

An dieser Stelle wird so etwas wie Erlösung sichtbar. Mr. Jay hätte versucht, sich die Frau zu nehmen, die er begehrt. Mrs. Mopp bietet sich Goldberg aus freien Stücken an, ohne daß dieser nach ihr verlangt hätte. Goldberg sucht Schutz nach Art eines Kindes bei der Mutter/der Frau. Verlaß die Bühne! – Bleib bei mir! Die „Frohe Botschaft“ für Goldberg. Eine Frau ist nicht Teil des männlichen Spieles. Sie ist nicht dem Wahn von Vollkommenheit und Glück verfallen.[387] Mrs. Mopp nimmt die Welt so, wie sie ist. Bleib bei mir! Kein Wort von Liebe. So eine Art *carpe diem*. Ein Augenblick im Theater, wo nicht Theater gespielt wird. Ein zeitloser Moment, ohne Anspruch auf Vollkommenheit, ohne Verheißung von Liebe und Glück. Schutz durch Selbstvergessenheit „zwischen den Schenkeln einer Frau“, wie Tabori sagen würde. Goldberg sucht das, was Masch als Schlange mit Teresa im Paradies als „Erkennen“ eingeübt hat. Letztlich wird sich ihm diese Hoffnung nicht erfüllen. Auch auf Mrs. Mopp, dem einzigen menschlichen Trostpunkt für Goldberg, hat die Zusammenarbeit mit Mr. Jay abgefärbt:

MRS. MOPP [zu Beginn der Schlußszene nach Goldbergs „Tod“]
(*Mrs. Mopp linst durch den Vorhang ins imaginäre Publikum*)

---

[384] GV 322.
[385] GV 323.
[386] GV 323f.
[387] Man könnte in Mrs. Mopp ein Gegenbild zu Sarah in Szene Dreizehn sehen. Diese fühlt sich als Opfer eines religiösen Bundes unter Männern, ihrem Mann Abraham und seinem Mann-Gott, Jahwe.

> Die Türen sind offen. Auf zu einem neuen Triumph. Aber mit zu viel Applaus würde ich nicht rechnen.
> MR. JAY Was gibt's da zu applaudieren?
> MRS. MOPP Ein Jid weniger.[388]

b. Goldbergs Einsamkeit – die Vorzeichen von Auschwitz

Szene Zwölf – Goldberg hat in der Rolle des Propheten Jona seinen Auftrag erfüllt. Mrs. Mopp begrüßt ihn: „Komm in meine Arme, mein Lamm."[389] Goldberg, der leidende jesajanische Gottesknecht, das Opferlamm erzählt von seiner Flucht, dem Walfisch, und wie er dann doch die Botschaft Gottes ausgerichtet hat.

> GOLDBERG Nicht nur das, sondern tagein, tagaus werdet ihr unterjocht sein, und niemand wird euch retten, wenn die Viehwagen wieder zu rollen beginnen [...]. Eure Söhne und Töchter werden zu Heiden oder sehr einsamen Leichen, eure Augen werden täglich vor Verlangen nach ihnen vergehen, und was ihr sehen werdet, Berge von Schuhen und Haaren, wird euch in den Wahnsinn treiben, aber der Herr wird euch aufgeben, und ihr werdet zum Entsetzen unter allen Völkern, zu denen der Herr euch treibt, und am 40. Tag werden die Öfen wieder zu rauchen beginnen [...].[390]

Die Gerichtsrede über Ninive, einer heidnischen Stadt, speist sich in ihren Drohbildern aus Goldbergs KZ-Erinnerungen.[391]
Das Strafgericht über Ninive bleibt aus, getreu der biblischen Vorlage. Doch die göttliche Gnade, die Jay zu diesem Zweck erfindet, dient nicht der Rettung Ninives, sondern der Demütigung Goldbergs. Seinem Scheitern als Spielleiter/„Gott" in der Rolle des Mose fügt die zwölfte Szene in der Rolle des Jona die Erfahrung der Isolation, der zwischenmenschlichen Entsolidarisierung hinzu.

3.3.4.3. Der Konflikt zwischen Jay und Goldberg: einVater-Sohn-Konflikt

Szene Dreizehn ist ein retardierendes Element im Handlungsablauf. Die Schauspieler kehren zurück, Goldberg kann sich auf seine Rolle als Assistent beschränken und ist vom Mitspielen entbunden. Ihre Wiedergutmachungsimprovisation über das familiäre Beziehungsgefüge zwischen Abraham, Sarah und Isaak paßt von der biblischen Thematik nicht in den Ablauf der Proben.

---

388 GV 344.
389 GV 324.
390 GV 325.
391 Tabori versteht das Leiden des jüdischen Volkes nicht als einzigartiges Geschehen. Es wiederholt sich unter anderen Vorzeichen in jeder beliebigen Konstellation. Vgl. dazu 6.4.1.4.b.

MR. JAY Das bringt meinen Zeitplan durcheinander. Wir haben anderes zu tun. Nicht jetzt![392]

a Die Ermordung des Sohnes

Die Kain-und-Abel-Improvisation endete in der zweiten Szene mit dem ersten Blutvergießen. Ein falsch gesetzter Keulenschlag Raamahs traf seinen Kollegen Masch am Kopf. Wieder ist es Masch in der Rolle des Isaak, der blutend von der Bühne getragen wird, diesmal nicht von einem Mitspieler verletzt, sondern von Mr. Jay, der demonstrieren wollte, wie man ein solches Schlachtopfer vollzieht.

MR. JAY Herr Masch, haben Sie sich weh getan?
Stille
ABRAHAM Zu spät.
SARAH So einer bist du, von Anfang bis Ende ein Kindesmörder.
Abraham und Sarah tragen Isaak hinaus.
MR. JAY Aus kleinen Kindern werden große Vatermörder.[393]

Szene Dreizehn greift zu Beginn Elemente der Theaterparodie des ersten Teils auf. Die improvisierte Familiengeschichte streift die Themen Generationenkonflikt, Frauenemanzipation, den Freud'schen Ödipus-Komplex und, aus theologischer Sicht, eine herzerfrischende Relecture der biblischen Geschichte aus der Frauenperspektive.

SARAH Nach zwei Tagen in Ägypten gehen wir durch den Basar. Die Männer pfeifen mir so laut nach, daß man kaum das Gebet des Muezzin vom Minarett hört, da sagt Abraham zu mir: Du bist eine schöne Frau, wenn die Ägypter erfahren, daß du meine Ehefrau bist, werden sie mich töten und dich besteigen. Sage ihnen also, du seist meine Schwester und ich werde, dank deiner, dem Tod entrinnen. – Sehr überzeugend! Ich sage diesen geilen Schleimis also, ich sei seine Schwester, und das Ende vom Lied ist, daß ich mit dem Pharao in den Federn lande. Wo landet Abraham? Bei reichlich Schaf, Esel, Bulle, Kamel und einer Schar von Mägden, darunter eine gewisse Hagar, die er, zum Ruhme Gottes, schwängert [...]. Endlich haben wir uns niedergelassen, das Dach ist repariert, die Katzen sind tot, die Nachbarn nett, ich erledige noch immer die Einkäufe und koche und wasche, auch bin ich halb taub, der graue Star graut, die Brüste hängen mir bis auf die Knie, die Nummer mit der Schwester ist, Gott sei Dank, ausgestanden, schließlich gehe ich auf die neunzig zu, als der Ewige, sein Name sei gepriesen, erneut zu Abraham sprach. Abraham, sprach er, ich mache dir einen Vorschlag, den du mir nicht abschlagen kannst, ich werde dich, Sarah, mit einem Sohn segnen, auf daß du ein großes Volk und ein Segen wirst. In meinem Alter! Zum Lachen ist, was mir Gott getan! *(Sie schlägt Isaak, zu Mr. Jay.)* Das nennst Du einen Segen?[394]

Die Komik dieser Passage wirkt entspannend, gerade nach der letzten Szene, mit ihren deutlichen Anklängen an den Holocaust.

---

392 GV 327.
393 GV 331.
394 GV 329f.

b Die Angst des Vaters vor dem Sohn

Die Schlußsequenz erweist die scheinbar zufällig in den Probenablauf hineingeratene Improvisation mit der Opferung des Isaak als ein wichtiges Bindeglied zum dritten Teil. Goldberg in der Assistentenrolle bietet gewohnheitsgemäß Mr. Jay Paroli:

> MR. JAY Hat dir die Szene gefallen?
> GOLDBERG Muß Theater gefallen?
> MR. JAY Es ist ein Geschenk.
> GOLDBERG Ein Märchen von einem Deppen.
> MR. JAY Das geht zu weit, Goldberg.
> [...]
> Wie lange kennen wir uns?
> GOLDBERG Zu lange.
> MR. JAY Du wirst mich erst noch kennenlernen.[395]

Die Demütigungen Goldbergs und sein Scheitern als Regisseur und in seinen menschlichen Beziehungen haben ihn nicht derart ängstigen können, daß dieser Mr. Jay als „göttlichen" Spielleiter anerkennt. Deshalb bleibt für Jay nur eine Möglichkeit: Den Zeugen seines Scheiterns zu beseitigen. Die Opferung des Isaak erweist sich aus dem Kontext als Anspielung auf die Kreuzigung Goldbergs. Der Vater Abraham tötet seinen Sohn Isaak, um dem Konflikt mit seiner Frau Sarah zu entgehen, da das Aufbegehren Sarahs seine männliche Überlegenheit in Frage stellt. Der „Über-Vater"-Regisseur vernichtet seinen Sohn-Assistenten, um nicht von diesem wegen seines Scheiterns seit Anbeginn der Schöpfung aus der „Vater-/Gott-" Regisseurrolle vertrieben zu werden;

Gott-Vater schickt Gott-Sohn ans Kreuz, um sich nicht eingestehen zu müssen, daß er nicht die beste aller Welten erschaffen hat; die Juden werden getötet und vernichtet, weil ihre Geschichte als auserwähltes Volk eines scheiternden Gottes selbst zu einer Geschichte des Scheiterns geworden ist. Die Bibel bewahrt die Erinnerungen an diese Erfahrung, daß Leben Scheitern bedeutet. Die Juden sieht Tabori als exemplarische Zeugen des Scheiterns, die allein durch ihre Existenz dieses Wissen um die Beschaffenheit des Lebens wachhalten. Sie werden zum Stein des Anstoßes für all jene, die von Vollkommenheit träumen und ihr Scheitern als Erfolg auf dem Weg zur Perfektion ausgeben. Das personifizierte Scheitern, das Leben eines jeden Juden qua Jude-seins, enttarnt diesen Traum von Vollkommenheit als schon in sich gescheitert. Mit dem siebten Schöpfungstag sollten die Theaterproben beendet sein. Wie im Leben endet es nie mit einem „sehr gut". Deshalb mußte das Theaterspiel weiter gehen. Das Leben, das Stück streben auf das Scheitern, die Kreuzigung zu. Die biblischen Geschichten, so

---

395 GV 332.

werden sie in den *Goldberg-Variationen* interpretiert, gehorchen in ihrer Dramatik einer inneren Logik, der des Scheiterns. Deshalb können sie auch heute noch erzählt werden als exemplarische Geschichten des Lebens, für Tabori allerdings mit dem Unterschied, daß, nicht erst seit der Judenvernichtung im Dritten Reich, sie nicht mehr so erzählt werden können, als sei die Frage: „Gut, der Mensch ist nicht Gott, was aber, wenn Gott auch nicht Gott ist?“[396] vor dem Hintergrund vielfältigen Scheiterns im biblischen Sinne schon immer zu Gunsten Gottes beantwortet.

3.3.5. Der dritte Teil (Szene Vierzehn bis Szene Neunzehn)

Der dritte Teil orientiert sich lose an der biblischen Chronologie der Passionsgeschichte Jesu.

3.3.5.1. Goldbergs Getsemani-Erlebnis

Die vierzehnte Szene könnte mit Jesu Gebet im Garten Getsemani assoziiert werden. Es ist die Stunde, in der sich in Jesus die Ahnung verdichtet, daß die kommenden Ereignisse seinen Tod bedeuten können. Parallel dazu Goldberg:

> ERNESTINA Ein Lastwagen mit zurechtgesägten Eisenstangen ist schon unterwegs. Ihr braucht nicht mehr zu tun, als die Balken kreuzweise zusammenzusetzen und mit 20 cm langen Schrauben fest zu verbinden. Ich meine, wir wollen doch nicht, daß die Jidden runterfallen wie reife Kokosnüsse [...].
> GOLDBERG Wie lange kann die Qual dauern?
> ERNESTINA Einlaß ist zur dritten Stunde. Zur neunten Stunde ist es vollbracht.
> GOLDBERG Ein langer Abend.
> ERNESTINA Ein sehr langer Abend.
> GOLDBERG Juden sterben langsam, oder?
> ERNESTINA Willkommen auf dem Schädelberg, Goldieboy.
> *(Goldberg betet.)*[397]

3.3.5.2. Goldbergs Versuchung

Im biblischen Passionsbericht ist Jesu Gebet in Getsemani auch eine Zeit der Anfechtung: „Da ergriff ihn Angst und Traurigkeit, und er sagte zu ihnen: Meine Seele ist zu Tode betrübt“ (Mt 26,37b–38a). Es unterbricht deshalb nicht den bi-

---

396 GV 314.
397 GV 332f.

blischen Bericht, wenn Tabori in der fünfzehnten Szene auf eine Erzählung rekurriert, von der die Evangelisten zu Beginn des öffentlichen Auftretens Jesu erzählen, seiner Versuchung durch Satan. In der Tradition des Hiob-Buches erscheint Mr. Jay in der Rolle des Versuchers als Diener Gottes.

> GOLDBERG Was kommt als nächstes?
> MR. JAY Ich bin der, der ich bin.
> GOLDBERG Das hat der Herr in der Wüste auch gesagt.
> MR. JAY Ich bin sein Diener.[398]

Die Opferung des Isaak endete damit, daß dieser tatsächlich verletzt wurde. Daran anknüpfend will Jay Goldberg dadurch „in Versuchung führen", daß er in ihm das Bedürfnis weckt, „Gott-Vater" zu ermorden, bevor dieser ihn umbringen wird.

> MR. JAY Wo ist Er? Er hat Sie vergessen. Väter sind Verräter. Möchten Sie ihn umbringen?
> GOLDBERG Ja, aber wie?[399]

Goldberg soll von der Opferseite der Verlierer auf die Täterseite der Gewinner wechseln, das Scheitern mit dem Erfolg, die Abhängigkeit mit der Freiheit einzutauschen, den Traum, gut zu sein, aufzugeben, um endlich glücklich zu werden.

> MR. JAY [...] Man plant eine neue Seifenoper. Das Massaker der Unschuldigen. Ich besorge Ihnen die Rolle des jugendlichen Helden. Sie können die Kleinen an den Wänden zerschmettern, Schauspielen kann Laune machen, wissen Sie, und Sie werden reich, berühmt und schön. Oder wie wär's mit der Stimme für ein Prestige-commercial? *Singt* „Oh, Exquisa, keiner schmeckt mir so wie dieser!" Für drei Tage Arbeit streichen Sie zehntausend Riesen ein. Was vergeuden Sie ihre Zeit am Theater? Einmal ein Laufbursche, immer ein Laufbursche [...]. Ein anonymer Sklave.[400]

Die „teuflische" List des Versuchers, Mr. Jay, besteht darin, daß er weiß, daß Goldberg diesen letzten Schritt nicht tun wird. Seine Frage, wie der Vater umzubringen wäre, bleibt unbeantwortet. Mr. Jay geht.[401] Goldberg aber hat als Opfer der Intrigen Jays durch dessen Intervention auch sein Täter-Potential in sich entdeckt. Das Kalkül des „Versuchers": Sein Opfer durch dieses Wissen um die gewalttätige Täter-Seite in sich unsicherer und wehrloser zu machen. Doch auch für Mr. Jay kann diese Versuchung gefährlich werden. Er sägt am eigenen Ast. Verließe Goldberg das Theater, wäre er Jays Einfluß entzogen, das Spiel müßte beendet werden. Die tragische Verflechtung beider Figuren tritt deutlich zu Tage.

---

[398] GV 333.
[399] GV 335.
[400] GV 334f.
[401] GV 335.

Beide sind an den Lebensraum „Theater“ gebunden, beide können es zunehmend schwerer ertragen, diesen Raum miteinander zu teilen.
Interessant ist, daß diese „Versuchung“ eingebettet ist in die Aufforderung, das Theater zu verlassen. Wie an keiner anderen Stelle wird hier deutlich, daß Theater und Leben für Tabori austauschbare Begriffe sind. Eine Abkehr vom Theater wäre für den Assistenten Goldberg gleichbedeutend mit einer Abkehr vom Leben, und für Mr. Jay zöge sie eine lebensbedrohliche Existenzkrise nach sich, er könnte nicht mehr „Gott“ spielen.

> MR. JAY [...] Das Theater ist tot.
> GOLDBERG Und heilig.
> MR. JAY Wie die Hölle.
> GOLDBERG Es verwandelt Brot in Fleisch und Wein in Blut.[402]

Tabori greift, wie in Szene Sieben, das Motiv der Inkarnation auf. Aufgabe des Theaters ist es, das Leben darzustellen. Heilig ist es, insofern es das tut. Auch die Darstellung der Hölle, aller Dimensionen des Scheiterns, ist ein heiliger Dienst, weil das Leben in seiner widersprüchlichen Gesamtheit als solches heilig ist.

3.3.5.3. Goldbergs Verurteilung

„Mr. Jay kommt auf Krücken herein, mit einem Lamm im Arm.“[403] – Auftakt zur sechzehnten Szene. Ein bemerkenswertes Detail: Goldberg erkannte die Rolle Jays als Versucher an seinem deformierten Fuß.

> GOLDBERG Was ist mit ihrem Fuß?
> MR. JAY Von einem gefallenen Engel zermanscht.
> GOLDBERG Lord Byron hatte auch orthopädische Probleme.
> MR.JAY Goebbels auch.
> GOLDBERG Und Beelezbubele.[404]

Aus seiner Rolle als Versucher übernimmt die Figur des Mr. Jay dieses Erkennungszeichen in seiner Rolle als Regisseur. Die biblische Geschichte findet ihre aktualisierte Fortsetzung in der Gegenwart.
Die Rolle Jesu wird von einem unbekannten „Jungen“[405] gespielt, der zu den Proben nicht anwesend ist. Diese Benennung der Jesus-Figur kennzeichnet sie als Platzhalter. Das Jesus-Schicksal teilen viele. Goldberg hat es schon durchlitten. Er

---
402 Ebd.
403 Ebd.
404 GV 335f.
405 GV 336.

soll den abwesenden Jungen während der Proben markieren. Durch das Spiel werden Erinnerungen geweckt.

> GOLDBERG Wer spielt den Jungen?
> MR. JAY Du trägst eine Nummer am Arm, ist mir nie aufgefallen. Welches Lager?
> GOLDBERG Nur das beste ist gut genug.
> MR. JAY Du hast dich mit Hitler nicht vertragen?
> GOLDBERG Wir hatten ein paar Meinungsverschiedenheiten.
> MR. JAY Dann wollen wir jetzt die technischen Einzelheiten besprechen. Kennt sich hier jemand mit Kreuzigen aus?[406]

3.3.5.4. Exkurs: Die Inhumanität der Perfektion

Im siebzehnten Aufzug entfacht sich ein makaberer Streit zwischen Ernestina van Veen und Mr. Jay um die rechte Art des Kreuzigens. Ernestina plädiert für historische Genauigkeit. Die Erinnerung an die perfekte Vernichtungsmaschinerie der deutschen Konzentrationslager wird angeregt durch die sachlich detailierte Schilderung des Kreuzigungsvorgangs durch die deutsche Bühnenbildnerin.

> ERNESTINA Richtig macht man es, wenn man das Kreuz auf den Boden legt und den Jungen mit der Schokoladenseite nach oben draufnagelt. Wenn ich noch ein Detail hinzufügen darf, von den Hüften an abwärts sollte das nicht frontal geschehen, sondern seitlich, Knie auf Knie, um den Zug der Schwerkraft zu verringern. Dann wird das Kreuz mit Hilfe von Seilen aufgerichtet und danach mit Eisenzwingen im Boden verankert.[407]

Mr. Jay schert sich nicht um Treue zum Detail, was ihn interessiert, ist der Effekt:

> MR. JAY Sichtlinie, noch nie was von Sichtlinie gehört? Wenn man es horizontal macht, ist von Reihe zwei an nur noch ein Wirrwarr zu sehen. Erwartest du, daß die lieben Leutchen dieser Stadt einen Blauen blechen, nur um ein Wirrwarr zu betrachten? [...].[408]

3.3.5.5. Goldbergs Kreuzigung

Szene Neunzehn – Goldberg, Masch und Japhet hängen an den Kreuzen. Lockere Probenatmosphäre zu Beginn. Es ist alles nur Spiel, Theater.

---

406 GV 337f.
407 GV 339.
408 GV 340.

a. Der Text

MR. JAY Wie sieht's aus bei euch da oben?
GOLDBERG Nicht gerade gemütlich.
MR. JAY Es soll auch nicht gemütlich sein.
GOLDBERG Und wie lange soll ich hier oben hängen?
MR. JAY Bist du gestorben bist. (*Zum 1. Dieb*) Sie verhöhnen ihn. Zum Beispiel: Bist du nicht der Heiland? Hilf dir selbst und uns.
JAPHET Bist du nicht der Heiland? Hilf dir selbst und uns.
MR. JAY (*Zum 2. Dieb*) Tadeln Sie ihn: Fürchtest du nicht Gott? Zu Goldberg sagen Sie: Denk an mich, wenn du zu deinem Thron kommst. Sagen Sie das im Dialekt.
MASCH Fürchtest du dich nicht vor Gott? – Denk an mich, wenn du zu deinem Thron kommst.
GOLDBERG (*zu Masch*) Wahrlich, ich sage dir: Heute wirst du mit mir im Paradiese sein.[409]
MR. JAY Mehr Stimme, Goldberg.
GOLDBERG Ich bin kein Schauspieler.
MR. JAY Das war Er auch nicht.
RAAMAH Entschuldigen Sie, wenn ich mich einmische, aber komme ich auch mal dran, oder bin ich gestrichen?
MR. JAY Aber woher denn. Sie kommen mit einem Pferd herein, mit einer Tricklanze und mit einem Schwamm. Sie galoppieren um Goldberg herum, reichem ihm den in Cannabis getauchten Schwamm, um die Schmerzen zu lindern, er lehnt ab und stöhnt. Sie fragen: Tut es weh, er sagt, nur wenn ich lache.
RAAMAH Meinen Sie das im Ernst mit dem Pferd.
MR. JAY Ein unvergeßlicher Auftritt.
RAAMAH Ich kann nicht reiten.
MR. JAY Üben, mein Bester, immer schön üben.
RAAMAH Eine halbe Stunde vor Vorstellungsbeginn?
MR. JAY Das Theater ist die Kunst des Unmöglichen. Glauben Sie nicht an Wunder?
RAAMAH Proben wäre mir lieber.
MR. JAY Wenn ich nicht an Wunder glauben würde, wäre ich nicht hier. Du auch nicht. Eines Nachts lag dein alter Herr bei deiner Mutter. Aus ein paar Tröpfchen bist du zu einem großen Trumm geworden.
RAAMAH Bestehen Sie auf diesem Witz, – Nur wenn ich lache? Das ist geschmacklos.
MR. JAY Das ist die Wahrheit immer.
RAAMAH Was muß ich noch tun, bevor ich aus schierer Verlegenheit vergehe?
MR. JAY Sie tänzeln mit dem Pferd um das Kreuz herum. (*Er tut es*) Goldberg stöhnt. (*Tut es*) Von Mitleid überwältigt, reichen Sie ihm den Schwamm. (*Tut es*) Goldberg, ein mächtig aufs Märtyrertum versessener Masochist, lehnt ab. (*Tut es*) Sie verspotten ihn. (*Zu Goldberg*) Wenn du der Sohn Gottes bist, warum hilft er dir nicht vom Kreuz?
GOLDBERG Ja, wieso eigentlich nicht?
MR. JAY Frag IHN, nicht mich.
GOLDBERG (*spuckt den Schwamm aus*) Was für ein Vater ist das, der mich so leiden läßt?

---

409 GV 342.

MR. JAY Was für ein Sohn ist das? Weißt du noch, was du zu dem armen Schwein am Toten Meer gesagt hast?
GOLDBERG Folge mir nach.
MR. JAY Einverstanden, aber ich muß erst noch nach Hause, um meinen Vater zu begraben.
GOLDBERG Sollen die Toten die Toten begraben.
MR. JAY Verstehst du jetzt? Du hast es so gewollt, wenn man im Aquarium lebt, soll man sich nicht beklagen, daß es feucht ist.
GOLDBERG Sie sind grausam.
MR. JAY Gerecht. Nur gerecht. Ich bin nicht grausam. Erst gestern Abend habe ich den Herrn gefragt, Warum läßt du den Jungen so leiden? Weißt du, was er geantwortet hat? Was macht ein netter jüdischer Junge an einem Kreuz? Also, weiter im Takt. (*Zu Raamah*) Vorsicht mit der Lanze. (*Nimmt sie*) Vor gar nicht langer Zeit in Mexiko gab es echte Passionsspiele. Jedes Jahr wurde ein Dorfjunge ausgesucht. Sie nagelten ihn ans Kreuz und ließen ihn dort zwei Tage oder länger hängen. Dann brachen sie ihm die Beine und schnitten ihm die Füße ab. Das war auch geschmacklos. (*Er sticht mit der Lanze in Goldbergs Leber.*)
GOLDBERG (*schreit*) Eli, Eli, lama asabthani?
(Donner; Blitz; Blackout)[410]

b. Goldbergs Scheitern

Der ständige Wechsel zwischen Parodie und Tragik, Weinen und Witz, lockerem und ernstem Spiel schafft eine Atmosphäre höchster dramatischer Spannung. Das Stück ist an seinem Höhepunkt angelangt. Mr. Jay souffliert den Schauspielern ihren Text, einzig Goldberg bedarf dieser Unterstützung nicht. Er kennt seine Rolle in diesem Spiel.[411] Eine Frage bleibt. Goldberg stellt sie, provoziert von Jay: Warum hilft Gott-Vater nicht seinem sterbenden Sohn. Mr. Jay spielt in seiner Antwort an Goldberg seine Trumpfkarte aus der Versuchungs-Szene aus. Goldberg wollte seinen Regisseur-Vater, der ihn so quält, umbringen. Den Vater begraben? Die Toten sollen die Toten begraben. Ergo: Der Vater ist tot. Goldberg ist sein Mörder. Wie sollte jemand helfen können, der nicht mehr existiert? Goldberg trägt die Verantwortung für seine Gottverlassenheit alleine. Gegen Ende des ersten Teils der *Goldberg-Variationen* trat das „Nur-Spiel" in das „Lebens-Spiel" ein. Aus Spiel wurde Ernst. Im zweiten Teil erlebte Goldberg die Verlassenheit von allen Menschen – „Aaron, Aaron, warum hast du mich verlassen?". Im dritten Teil erfährt er die totale Verlassenheit: Mr. Jay, der Spielleiter, er könnte ihn retten. Warum kreuzigen, wenn es auch Erhängen täte? Die Theatertrickkiste hätte viele Möglichkeiten bereitgehalten. Diese Stelle ist besonders

---

410 GV 343.

411 Hier wird ein feiner Unterschied zwischen Goldberg und den übrigen Figuren sichtbar: Während die übrigen Figuren im Bibeltext agieren oder in ihn eintreten oder [...] andere Figuren plötzlich Rollenwechsel vollziehen, ohne zwischen ihrer Theater-Existenz und den biblischen Rollen zu unterscheiden [...], scheint sich Goldberg des ständigen Ineinanderfließens von Aktualität und kulturellem Zitat bewußt zu sein. Dieses Wissen markiert in Taboris dramatischem Kosmos die Position des Juden und mag auch seine eigene Position als Autor umschreiben." Peters, Die Verwandlung der Schrift in Spiel, 271.

vielschichtig in der Bedeutung. Jesus war kein Schauspieler. Jay hat sich und alle am Theater Beteiligten dazu verpflichtet, das Wort Fleisch werden zu lassen. Also muß der biblische Text so inszeniert werden, daß die Erinnerung an die Grausamkeit des damals Geschehenen auch den Heutigen in die Glieder fährt. Zugleich benutzt Jay den biblischen Passionsbericht, um, durch ihn legitimiert, Goldberg als den Zeugen seines Scheiterns als Regisseur, der sich des Mitspielens nicht enthalten konnte, zu beseitigen. Goldberg ist ein Opfer Mr. Jays. Die biblische Geschichte ist eine Geschichte des Scheiterns. Auch Goldbergs Geschichte ist eine Geschichte des Scheiterns, er trägt dessen Zeichen an seinem Körper, die tätowierte Nummer an seinem Arm. Zugleich erkennt Goldberg im Spiel, daß er sich danach sehnt, diese Prädestination zum Scheitern zu verlassen und alle Vaterfiguren, die sie ihm aufzwingen, zu töten: Gott-Vater; Regisseur-Vater; Vater-Volk. Der Tod der Vater-Götter bedeutet aber nicht Freiheit, sondern umso größere Einsamkeit. Menschliche Beziehungen scheitern, die Beziehung zu den eigenen Göttern scheitert – am Ende des Stückes steht jeder für sich; Täter und Opfer, jeder ist beides auf seine Art. Jeder einsam in seiner Rolle, einander brauchend und hassend zugleich, zwingend in Schuld verstrickt. Es gibt keine unhinterfragbaren Gewißheiten, die Paradoxien des Lebens sprechen aller Eindeutigkeit Hohn. Der Anspruch auf Göttlichkeit entpuppt sich als Blasphemie, die geschmackloseste Gotteslästerlichkeit atmet Heiligkeit – die Wahrheit ist hart. Das Leben vollzieht beständig die Umwertung aller Werte. Die einzige Gewißheit; Jeder ist dazu „verdammt“, seine Rolle im Theater/Leben zu spielen. Leben heißt schuldig werden, Leben heißt Scheitern.

3.3.6. Die Neunte Stunde

Die neunte Stunde ist die Todesstunde Jesu.

3.3.6.1. Der Text

> *Mr. Jay sitzt am Boden in einer Blutlache und spielt mit Goldbergs Schuhen […].*[412]
>
> MR. JAY […] Aber ich werde zurückkommen, sagte er. Sieh dir diese Schuhe an. Die Riemen zerrissen, die Sohlen durchlöchert. Na ja, er ist viel gelaufen. Wo ist er hin? Ich habe Samstag ausgeschlafen und nicht gemerkt, daß der Stein weggerollt und der Leichnam verschwunden ist. *Zu den Schuhen* Du wirst zurückkommen, ja? Du kommst zurück?

---

412 GV 344.

Goldberg kommt zurück.
Bist du es? Ich weiß nicht, wer du bist. Es ist mir egal, ob du es bist oder deine zweite Besetzung. Du bist gekommen, um uns zu verwirren, deshalb werde ich dich morgen im Ofen verbrennen, weil du zurückgekommen bist, um uns zu erinnern, wie wir gescheitert sind. Geh und komm nie wieder.
GOLDBERG Nur, wenn Sie mich brauchen.
MR. JAY Wer braucht dich schon?
GOLDBERG Mein Platz ist hier, alter Mann. Dein Platz ist hinter der Bühne. Schwitzen sollst du da bis ans Ende des Abends, daß nichts schiefgeht. Hörst du das zweite Klingelzeichen? Geh, hau ab, verschwinde.
MR. JAY Toi-toi-toi.
Spuckt Goldberg ins Gesicht. Goldberg küßt ihn.
Was erlaubst du dir?
GOLDBERG Falls du es nicht gemerkt haben solltest, ich habe soeben die Nächstenliebe erfunden.
Man hört die dritte Klingel.
MR. JAY Ich gehe schon. „Es gibt noch Lieder zu singen jenseits der Menschen."
Er geht ab, gefolgt von Mrs. Mopp.
GOLDBERG *am Inspizientenpult* Bühne frei.
Die Kreuze fliegen himmelwärts.
Ich rufe die Herren Japhet, Masch und Raamah. Lichtstand eins.
Spiellicht
Saallicht aus.
Die Bühne ist leer wie am Anfang.
Also, noch einmal von vorn. Vorhang.
Der Bühnenvorhang hebt sich, dann senkt sich der Saalvorhang.

Ende[413]

3.3.6.2. Die Umkehr des Sinngehalts des christlichen Triduum Paschale

Die letzte Szene spielt im Niemandsland zwischen Karfreitag und Ostern. Mit seinen Erinnerungen steckt Mr. Jay im „Karsamstag", obwohl schon „Ostern" geworden ist. Ohne Goldberg gibt es kein Spiel. Es bleiben allein Erinnerungen. Mit Goldberg gibt es ein Spiel, aber nicht das, was Mr. Jay für sich ersehnt. Keine Perfektion, nur Scheitern. In Anlehnung an die Erzählung *Der Großinquisitor* von Dostojewskij ersehnt sich Jay die „Auferstehung" Goldbergs und fürchtet sie, denn Goldberg, der Jude, ist die personifizierte Erinnerung an das Scheitern aller am Theater Beteiligten. Im Theater stirbt man nicht, alles ist nur Spiel. Und trotzdem hat das Spiel in Goldberg Erinnerungen lebendig werden lassen, daß die Geschichte des Menschen eine Geschichte des Scheiterns ist. Exemplarisch für diese Erfahrung steht das Schicksal des jüdischen Volkes. Gewährt der „Theaterostersonntag" eine „Erlösung" der Gescheiterten? Ja, denn das Spiel geht weiter,

[413] GV 344–46.

für alle, „noch mal von vorn." „Erlösung" auch für Mr. Jay: Goldberg schickt ihn weg von der Bühne hinter die Kulissen. Mr. Jay kann im neuen Spiel wieder „Gott" sein, das, was sich Jay seit seinem Racheakt als Gott der Sintflut ersehnt hatte. Goldberg setzt ihn in seine „göttlichen" Rechte als Regisseur ein. Mr. Jay hatte die Selbstkritik erfunden, und konnte ihr nicht standhalten. Er hatte die Gnade erfunden, um Goldberg zu demütigen, und den Antisemitismus, um ihn als Zeugen seines Scheiterns zu eliminieren. Goldbergs einzige Erfindung ist die Nächstenliebe. Für das Opfer des Spiels die einzige Möglichkeit, sich mit dessen Ablauf zu versöhnen und ein neues Spiel/Leben zu wagen. Aber auch die „Erlösung" ist vom Scheitern gezeichnet: Mr. Jay darf nicht mehr Mitspieler sein; Goldberg muß damit rechnen, wenn der Bühnenvorhang sich hebt, erneut Opfer zu werden – er spielt mit in einem „Theater der Grausamkeit"; alle spielen weiter mit der Erfahrung, daß sie gescheitert sind und scheitern werden. Die „Frohe Botschaft" der *Goldberg-Variationen* am Ende des Spiels vor Beginn der neuen Variationen des immerwährenden Scheiterns: Leben heißt Scheitern. Aber ohne Scheitern gibt es kein Leben. Nur Goldberg hat diese Lektion gelernt, um sie im neuen Spiel gleich wieder zu vergessen, damit das Lebensspiel weiter gehen kann. Die Triebfeder zu diesem Spiel: Die Liebe, die glaubt, daß das erlittene Kreuzesleid noch schlimmer hätte kommen können. Die Liebe, die hofft, daß man doch noch glücklich werden könne, wenn man nur gut sei. Leben heißt Scheitern – Scheitern heißt Leben.

3.3.7. Die literarische Vorlage: Erste Nacht Letzte Nacht

In der Prosavorlage zu den *Goldberg-Variationen, Erste Nacht Letzte Nacht*[414], erzählt der jüdische Bühnenarbeiter Schlomo in der Ich-Form von den Proben zu einem Stück, dessen Bühne die Wüste vor Jerusalem ist. Ein Sandsturm tobt. Die Kreuzigung des Rebbe steht auf dem Programm.

3.3.7.1. Das Triduum Paschale – die theatrale „Auferstehung"

Schon in den Überschriften zu den einzelnen Kapiteln fällt die Gliederung nach dem christlichen Triduum Paschale, von Grünndonerstag bis Karsamstag, ins Auge.

[414] In: Tabori, Meine Kämpfe, 101–136.

Donnerstag – ein Sandsturm
Fünfzig Kreuze
Der Albinosong
Vom Himmel hoch ein Junggenie
Donnerstag abend: ein Kreuz ist ein Kreuz
Der Haken an Hitler
Der galiläische Traum
Freitag morgen – Hauptprobe
Die Peabody-Art
Freitag abend – Premierenabend
Leicht wie eine Braut
Ja, aber was ist Theater?
Die erste der Ersten Nächte
[**Samstag morgen**] Schuhe im Regen

Die Quintessens dieser Struktur liegt im Bekenntnis zum Theater als dem „österlichen“ Ort, an dem als einzigem erfahrbar „Auferstehung“ gefeiert werden kann. Nach der Kreuzesabnahme des Rebbe durch Schlomo entspinnt sich zwischen ihm und dem Albino das folgende Gespräch: „‚Ich hasse das Theater‘, sagte der Albino. ‚Ach, du Ungläubiger‘, sagte ich. Ich kenne meine Bibel, will sagen, ich kenne das Theater. Egal, wie viele an Nägeln hängend sterben werden, und wie oft sie sterben werden an Nägeln hängend, am nächsten Abend wird der Vorhang hochgehen, und du wirst eine neue Chance haben, [...]. Am nächsten Morgen verschlief ich und verpaßte die Nachricht, daß der Fels beiseitegerollt und der Leib verschwunden war.“[415] Die christliche Botschaft von der Auferstehung wird durch die Erfahrung des allgegenwärtigen Scheiterns selbst anzweifelbar, sie spiegelt, auf dem Hintergrund konkreten Lebens gelesen, wie alles andere eben jenes Scheitern, aus dem zu erlösen sie den Menschen verspricht. Nach Meinung Taboris ist allein das Theater ein Ort der Wahrheit, wenn es das Leben, so wie es ist, in allen Dimensionen des Scheiterns, zeigt. Es ist ein heiliger Ort, weil nur hier „Auferstehung“ real wird. Im Ausagieren der Beziehungskonflikte erfährt der Schauspieler eine „metanoia“, das Spiel hat therapeutische Wirkung. Er wird sich aller Facetten seiner Person bewußt. Emotionale Erblasten kann er aufarbeiten. „Auferstehung“ zu neuem Leben geschieht hier, ohne dem Scheitern entgehen zu können. Die Auferstehung Jesu kann man verschlafen, weil man ihre einzig mögliche Form im Theater erfahren hat. Das Versprechen von Erlösung vom Tod im Angesicht massenhaften Sterbens und Vernichtens von Menschen hat selbst Teil am Scheitern. Im Theater ersteht man auf vom Scheitern, um neu zu

[415] Ders., Erste Nacht Letzte Nacht, 135f.

scheitern, besser vielleicht als das letzte Mal. Es leugnet das Scheitern nicht, deshalb ist es Tabori heiliger als die Religion mit ihren unerfüllten Versprechen.

3.3.7.2. Das göttliche Scheitern im Theater

Im Nachgehen der einzelnen Teile der *Goldberg-Variationen* wurde die These aufgestellt, daß der Regisseur Mr. Jay im Verlauf des Stücks zu Jahwe wird. Die Prosavorlage stützt diese These. Auf die Frage des Albino, warum Schlomo dem Theater die Treue hält, wo er doch so unmenschlich behandelt wird, antwortet er: „Welche Ruhmesträume für mich mies bezahlten Schlattenschammes, der mit großem Glück auserwählt wurde, um für den Allmächtigen zu sorgen und zu tragen [...]. Erste Nacht, letzte Nacht, heute nacht: ewig drangsaliert, aber guter Hoffnung, eines Morgens aufzuwachen und im donnernden Applaus berühmt geworden zu sein. Jahre später würde ich meinen Enkeln erzählen, daß ich dabei war, als aus dem Nichts Etwas wurde, [...] Hosianna singend zum Lobe dieser ersten Ersten Nacht am Ende dieser ersten Ersten Woche, die am Montag mit einer Beleuchtungsprobe begann. Gott schritt durch das wirbelnde Chaos [...]. ‚Es werde Licht!' Er stolperte, fiel über ein Kabel [...]. In der Morgendämmerung entdeckte ich Gott im verlassenen Haus [...]. Ohne seinen Zorn schien er geschrumpft [...]; so habe ich das ganz und gar nicht gewollt, aber es gibt keine Entschuldigung [...], wenn das Chaos zur Ordnung erstarrt [...].“[416] Ist das Theater der heilige Ort schlechthin, dann ist es auch nicht blasphemisch, die religiöse Begrifflichkeit auf ihn zu übertragen und die Regisseure Benito Bernini und Mr. Jay als Gott zu titulieren. Denn im Theater gibt es, wie im Leben, nur scheiternde Götter. Damit leistet das Theater einen humanisierenden Dienst. Es hilft den Zuschauern, die Götter ihres Lebens als scheiternde Menschen zu demaskieren und so jeden totalitären Anspruch dieser vermeintlichen Götter zu durchschauen und abzulehnen. In dieser Theaterauffassung Taboris steckt auch ein religionskritisches Element. Wie eine Religion sich zum Scheitern des Menschen verhält, entscheidet über ihre Humanität.

3.3.7.3. Exkurs: Sandsturm – Leben heißt schuldig werden

Das Motiv des Sandsturms stammt aus Taboris Roman *Ein guter Mord.* Ein Sandsturm macht die Menschen mürbe. Selbst zum Lügen haben sie nicht mehr die Kraft. Der fünfte Tag eines solchen Sturmes ist bei Tabori ein Bild für die

416 Ebd., 131; 134.

„Stunde der Wahrheit“. Ein Mensch wird durch die Naturgewalt gezwungen, sich Rechenschaft zu geben, was er getan und besonders, warum er es getan hat. In diesem Roman schildert Tabori, wie Tristan Manasse am fünften Tag eines Chamsin seine Frau Adela tötet, weil sie ihn in ihrer Liebesbedürftigkeit an sein Verhältnis zu seinem kranken, herrschsüchtigen Vater erinnert. Damals von einem Freund zu einer abendlichen Vergnügungstour ins Freudenhaus überredet, läßt er mit einem schlechten Gewissen den Vater allein zu Hause. Bei seiner Wiederkunft findet er ihn tot vor. Manasses sexuelles Begehren, seine Sehnsucht nach Liebe, brachte dem Vater den Tod. Die Vaterbindung duldet keine andere Liebe, keine anderen „Götter“ neben sich. Während eines Sandsturms wird in Manasse die Erinnerung an den Tod des Vaters wieder lebendig, für den er sich schuldig fühlt. Adela erscheint ihm von Tag zu Tag mehr für den Tod des Vaters verantwortlich zu sein. In der Ehe mit ihr konnte er dem Vater nicht mehr treu sein. Mit ihrer Ermordung erkauft sich Manasse seine Freiheit um den Preis der Schuld: „Die Toten zahlen für die Lebenden, und eines Tages werden die Lebenden für den Frieden der Toten zahlen. Arme Adela! Arme unwissende Mörderin! [...] Ich legte den Hörer auf und stand im kühlen, dunklen Gang und lächelte, ich mit meiner größten Sünde, der Freiheit.“ (248f.) Der englische Originaltitel heißt *Original Sin*, die drei Teile des Romans sind überschrieben mit der dreimaligen Selbstbezichtigung des Sünders im Schuldbekenntnis der Kirche, MEA CULPA, MEA CULPA, MEA MAXIMA CULPA. 1947 wurde dieser Roman zuerst veröffentlicht. In unserem Zusammenhang ist es wichtig zu sehen, daß ein Handlungsstrang der Goldberg-Variationen, der Vater-Sohn-Konflikt – zwischen Mr. Jay und Goldberg ausgetragen auf der Theaterebene in den Rollen Regisseur und Assistent, in der biblischen Geschichte in den Rollen Jahwe und Mose/Jona/Jesus –, und eine unentrinnbare „erbsündige“, tragische Schuldverstrickung zur thematischen Grundsubstanz des literarischen Wirkens Taboris gehören.

In der dreizehnten Szene der Goldberg-Variationen greift Tabori dieses Motiv unmittelbar auf, bevor die Schauspieler mit ihrer Wiedergutmachungsimprovisation beginnen.

> RAAMAH Wenn man seine Frau am fünften Tag eines Sandsturms tötet, wird man freigesprochen.
> MASCH Niemand über fünf ist unschuldig.[417]

Tabori geht es weniger um die Klärung, wer welche Schuld auf sich geladen hat. Nur wer die „erbsündige“ Schuldverstrickung erkennt, in die jeder Mensch verwoben ist, nur wer zu den eigentlichen Motiven seines Handelns vorstößt,

---

[417] GV 327.

kann sich, um den Preis, schuldig zu werden, in der Schuld einen Freiraum der Menschlichkeit bewahren.

3.3.8. Zusammenfassung

- Wie in *Mein Kampf* so ist auch in den *Goldberg-Variationen* die zentrale Frage die, wie die Hauptfiguren sich zu ihrem Scheitern verhalten. Der Holocaust wird als Fortschreibung und Aktualisierung der biblischen Perikopen dargestellt. Die historische Singularität von Auschwitz und der Judenvernichtung im Dritten Reich wird insofern relativiert, als sich der Keim des Antisemitismus und der Inhumanität jederzeit in den Menschen entfalten kann, die sich der Einsicht verweigern, daß auch sie Scheiternde sind. Die biblischen Texte verweisen auf die transzendente Gegenwart Gottes. Tabori interessiert sich für sie hauptsächlich unter dem Aspekt der Immanenz, d.h. sie gelten ihm als Zeugnisse der dem Menschen von jeher innewohnenden Tendenz, sich dem Scheitern- und Schuldig-werden-müssens durch Vergottung und Perfektionsstreben zu entziehen.
- Die Ebenen der theatralen Wirklichkeit und der Lebenswirklichkeit gehen in den *Goldberg-Variationen* derart rasch ineinander über, daß sie bisweilen kaum voneinander zu unterscheiden sind. Theater und Leben werden so zu austauschbaren Begriffen, sie verweisen eins aufs andere, sind zwar voneinander geschieden, im Text aber, oft kaum zu unterschieden, ineinander verwoben.
- Wie schon in *Mein Kampf* spielt Tabori mit dem christlichen Triduum Paschale. Das Theater ist für ihn der eigentliche religiöse Ort. Hier kann das umfassende Scheitern des Menschen in den Proben zu einem Theaterstück, welches das Leben an sich meint, als solches inszeniert werden. Im Theater wird am deutlichsten sichtbar, was, immanent gewendet, Tod und Auferstehung Jesu Christi bedeuten: das unablässige Scheitern und das wieder von neuem Beginnen.
- Die besondere Dramaturgie in *Mein Kampf* als auch in den *Goldberg-Variationen* erzeugt Tabori dadurch, daß er die Polaritäten der Figuren, Begriffe und Handlungen in diesen beiden Stücken in ihrer Widersprüchlichkeit und in ihren Spannungen beläßt. Taboris Optionen sind unverkennbar: Das Theater als Restauration der verlorengegangenen Einheit menschlichen Lebens aus Profanem und Sakralem, aus Kult und Alltag, aus moralisch Gutem und (a-moralischem) Glück, aus Eros und Thanatos, aus Spiel und Ernst, aus Liebe und Haß, aus Scheitern und Perfektion, aus Schuld und Reinheit. Diese Polaritäten wenden sich dann ins Unmenschliche, wenn sie nach einer Seite hin aufgelöst werden. Die Sicht Taboris auf das Leben als Ganzes gebietet, alle Gegensätze und Wi-

dersprüche als Schein zu erkennen und sie zu begreifen als notwendige und schicksalhaft miteinander verknüpften Aspekte und Teile der einen Wirklichkeit.

- Das religiöse Bekenntnis und der Glaube an Gott wird von Tabori nicht verworfen. Gleichwohl müssen sie sich, was ihre konkrete Praxis anbelangt, anfragen lassen, ob der Glaubende seinen Glauben derart gebraucht, daß er sich dem in Auschwitz offenbar gewordenen umfassenden Scheitern aller Menschen und aller Sinn- und Deutungsysteme entzieht, damit sich selbst als Scheiternden ablehnt, und so ein neues Auschwitz potentiell in seiner Suche nach Perfektion in sich trägt und gebiert.
- Wer lebt, lädt auch Schuld auf sich. Eine ‚Erlösung' von Schuld wäre nur denkbar um den Preis, auf das Leben zu verzichten. Das Theater des George Tabori ‚erlöst' insofern, als es vor allem dem Schauspieler ermöglicht, sich im Spiel seines Scheiterns und der Ursachen seines Lebensschmerzes zu erinnern. Dieses Erinnern löst den Menschen nicht aus den Fängen des Scheiterns. Wohl aber befreit es ihn zu jener Erfindung Goldbergs, die ihm seine Würde als Mensch erkennen und den selbsternannten (Theater)Göttern ihren engdefinierten Platz zuweisen läßt, zur Erfindung der Nächstenliebe, der Garantin der Humanität auch nach Auschwitz. Mr. Jays Erfindungen der Selbstkritik und der Gnade gewinnen erst von der Nächstenliebe her ihre humane Gestalt.

3.4. Zusammenfassung der drei Theaterstückanalysen

3.4.1. Die zentralen Motive: Scheitern – Erinnern – Lieben

Das Scheitern des Menschen angesichts von Krankheit, Sterben und Tod (*Die 25. Stunde*), von (nationalsozialistischer) Gewalt (*Mein Kampf*) und das mit dem Leben notwendig einhergehende Scheitern (*Goldberg-Variationen*) begegnete uns in der Analyse dreier repräsentativer Theaterstücke George Taboris als das zentrale Thema seines literarischen Schaffens. Damit greift Tabori aus eigener Betroffenheit das Scheitern der Moderne, des aufgeklärten Humanismus, in der Auseinandersetzung mit dem menschenverachtenden Vernichtungsfeldzug der deutschen Nationalsozialisten gegen Andersdenkende, -fühlende und -seiende, besonders und vor allem gegen Menschen jüdischer Abstammung, auf und führt die radikalen Konsequenzen dieser Erfahrung in seinen Theaterstücken spielerisch vor Augen. Tabori zielt dabei auf ein sinnliches Erinnern des Scheiterns seiner Figuren. Dessen Kern verweist die durchweg männlichen Protagonisten auf einen unbewältigten Vater-Sohn-Konflikt im Konkurrieren um die Liebe der Mutter/der Frau. Obwohl auch diese Liebe und das Hingezogensein zum Weiblichen dem

Scheitern unterliegt und von ihm gezeichnet ist, erfahren die männlichen Hauptfiguren (Arthur Prince, Schlomo Herzl, Goldberg) in der Liebe des Augenblicks eine momentane Versöhnung mit dem Leben, die sie auch das Scheitern ertragen und nach einer Möglichkeit suchen läßt, sich zu ihm in einer menschenwürdigen Art und Weise zu verhalten. Die Nächstenliebe in all ihrer fragmentarischen Gebrochenheit ermöglicht es den jüdischen Hauptfiguren, einerseits sich mit ihrem Leben zu versöhnen, andererseits macht sie sie zu potentiellen Opfern der Unmenschlichkeit und schreibt so den Kreislauf des schicksalhaften Scheiterns weiter fort. Scheitern, Erinnern und Lieben begegneten uns als zentrale Begriffe in den besprochenen Theaterstücken George Taboris. Sie sind als Kerngedanken seinem gesamten literarischen Schaffen eingeprägt.

3.4.2. Das Offenhalten der religiösen Dimension

Entgegen dem ersten Anschein verwirft Tabori die religiöse Deutung der Wirklichkeit nicht, noch stellt er die Existenz Gottes grundsätzlich in Frage, auch wenn sie seiner persönlichen Überzeugung eher nicht entspricht. Im Gegenteil, es gehört wesentlich zu seiner Konzeption eines gescheiterten und scheiternden Humanismus nach Auschwitz, die Widersprüche, Polaritäten und Spannungen des Lebens im Theaterspiel anschaubar zu machen und sie so einem therapeutischen Erinnerungsprozeß zu öffnen, in dessen Verlauf der sich Erinnernde alle Widersprüche und Spannungen in sich selbst entdeckt, deren Ursachen erkennt und in ihrem Schmerz erlebt. Ob er dadurch bereit wird, sich als Gescheiterter zu erfahren und als immer wieder Scheiternder sich zu bejahen, daran entscheidet es sich, ob dem Humanismus in der Gestalt stets scheiternder Nächstenliebe eine Zukunft beschieden sein wird. Nach Auschwitz wird eine Grundgesetzlichkeit des Lebens und der Wirklichkeit an sich ansichtig, die, nach Tabori, nur im Theater anschaubar ist, daß es Leben, Glück und Humanität nur als scheiternde und gescheiterte geben kann und wird. Um der Humanität willen hält Tabori auch die Gottesfrage in seinen Theaterstücken offen, auch wenn er selbst sie für sich persönlich wahrscheinlich eher negativ beantworten wird. Was das Scheitern der Moderne nach Auschwitz in all ihrer Radikalität bedeutet, wird in den Theaterstücken George Taboris in aller Konsequenz ernst genommen und durchgespielt. In der Frage, wie Theologie mit dem Leid umgeht und wie Auschwitz in seinen Folgen für das Lebensgefühl und die Wirklichkeit der Menschen von heute durch sie gewürdigt werden sollte, erweist sich Tabori als ausgewiesen kompetenter Gesprächspartner. Dadurch, daß er die Gottesfrage an sich offen hält und nach einer Möglichkeit fragt, die es dem Menschen erlaubt, in der umfassenden Bedrohung seiner Existenz durch Leiden und Scheitern dennoch sein Leben und sich selbst zu bejahen, stellt er sich, wie die Theologie, der Frage nach dem Sinn des Ganzen. Auch eine theologische Antwort, das macht Tabori in seinen Theaterstücken deutlich, darf und kann nicht von der Katastrophe, die Auschwitz bezeichnet, abstrahieren. Auch eine theologische Antwort wird eine vom Scheitern gezeichnete und um es wissende sein. Sie wird nicht vom konkreten Menschen und dessen Erfahrungen absehen können. Ihr wird, in der Auseinandersetzung mit George Tabori, drängend bewußt, wie existentiell Orthodoxie und Orthopraxie zusammen hängen und, daß sich letztlich an einer humanen und humanisierenden Praxis die Glaubwürdigkeit ihrer Lehre mehr denn je entscheiden wird.

3.4.3. Tabori – ein Anwalt der Menschlichkeit in postmoderner Zeit

In den Theaterstücken Taboris erscheint die postmoderne Problematik im Sinne Lyotards verdichtet: Tabori propagiert, um der Humanität willen, das Gegen-, Mit-, Neben- und Widereinanderstehen der Meinungen und Überzeugungen, der großen und kleinen Erzählungen. Mit seinem therapeutischen Ansatz ganzheitlichen Erinnerns weist er einen konkreten Weg zur Einlösung der Lyotard'schen Gerechtigkeit – die Auseinandersetzung des Individuums mit seiner konkreten Geschichte des Leidens und Scheiterns in der sinnlichen, erinnernden Verarbeitung ihrer Ursachen. Wie sich der einzelne zu seinem Scheitern verhält, daran entscheidet sich, ob und wie er menschlich mit sich und seinen Mitmenschen umgeht. Dieser Ansatz könnte auch die Theologie ermutigen, sich der postmodernen Option für radikale Pluralität zu stellen und sich der relativierenden scheinbaren Beliebigkeit auszusetzen als therapeutische, humanisierende Praxis, in deren Verlauf der einzelne Theologe sich Rechenschaft gibt über die Motive seines Handelns und seiner Verkündigung.
Was im Durchgang durch die drei besprochenen Theaterstücke an Systematik sichtbar wurde unter den Begriffen Scheitern – Erinnern – Lieben, und worin sich die Problematik einer sich als postmodern verstehenden Zeit widerspiegelt, das erfordert eine Präzisierung durch einen Blick auf das Theaterverständnis und auf die Theaterarbeit George Taboris sowie der Traditionen und Einflußsphären, in denen beide stehen.

Kapitel 4

Das Theaterverständnis und die Theaterarbeit George Taboris

Eine Systematik über den Dreischritt: Scheitern – Erinnern – Lieben

Scheitern, erinnern, lieben – diese thematische Trias kristalisierte sich in der exemplarischen Analyse dreier seiner Theaterstücke als der Dreh- und Angelpunkt des literarischen Werkes George Taboris heraus. Diesem thematischen Dreiklang korrespondiert in Taboris Theaterarbeit das Trio „proben, spielen, improvisieren" und, bezogen auf den Theaterraum, die Triade „Bühne, Schauspieler, Subtext".

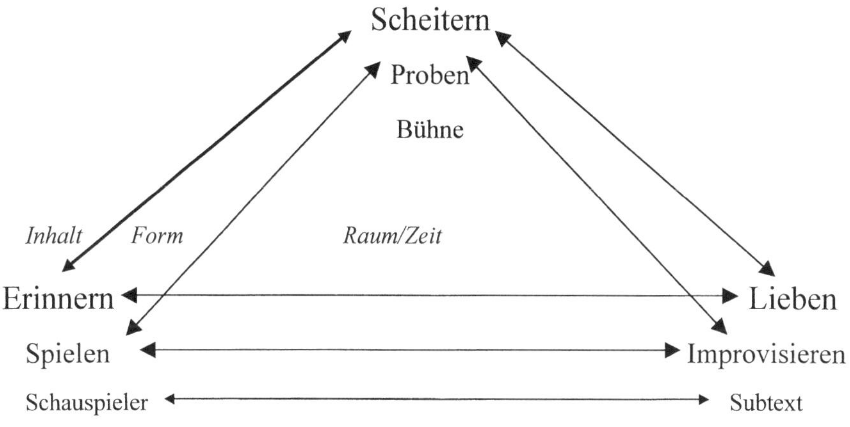

4.1. Die erste Triade auf der inhaltlichen Ebene: Scheitern – Erinnern – Lieben

4.1.1. Das Scheitern

4.1.1.1. Der Mensch – mehr krank als schlecht

Als universales Interpretament zur Deutung des Lebens und der Geschichte dient Tabori die Erfahrung schicksalhaft notwendigen Scheiterns.

„Das einzige Prinzip, dem anzuhängen sich lohnt, ist dasjenige, mit seiner eigenen Zerbrechlichkeit zu rechnen.“[418]

Die Menschen kranken am Leben.[419] Es sperrt sich dem Gelingen. Glück gibt es nur um den Preis des Guten. Das Böse ist mehr Ausdruck der Hilflosigkeit und des Aufbegehrens gegen die Zumutung, mit dem Wissen leben zu müssen, im Augenblick der Geburt schon tot-krank zu sein, als ein Kennzeichen einer grundsätzlich verderbten menschlichen Natur.

„Der ‚Kreis‘ [Taboris Theaterlabor in Bremen] [...] [ist] therapeutisch in der Annahme, daß die Menschen, die wir bedienen, mehr krank als böse sind [...].“[420]

Wir alle sind krank, auf beiden Seiten des Rampenlichts, leiden an jeder nur erdenklichen Krankheit, besonders an affektiver Atrophie und der schizioiden Gier nach Verdinglichung [...]. Wir winden uns bei Berührungen und flüchten beim ersten Zeichen von Wärme.[421]

Krankheit, Behinderung, Sterben, Tod sind Gefahren, die aus der natürlichen Verfassung des Lebens dem Leben selbst erwachsen.

„Ich kenne nichts Größeres, als den Menschen in seiner Verkrüppelung, besonders in seinen präzisen deutschen Varianten gehindert und behindert.“[422]

Gewalt, Krieg, Vernichtung, Zerstörung, Haß steuert der Mensch von sich aus diesem natürlichen Todespotential bei. Zu jeder Zeit kann das Leben vom Sein ins Nichts gestoßen, vernichtet werden.

„Wenn das Leben so grauenhaft ist wie der Tod, das Sein so unerträglich wie das Nichtsein, was bleibt dann übrig als das Nichts [...]. ‚Nichts‘ ist der Verlust schlechthin.“[423]

Der nackte menschliche Körper stellt den Normalfall des Lebens dar, seine umfassende Bedrohtheit, seine Nichtigkeit. Versöhnung mit dem Unversöhnlichen im Leben geschieht daher nicht primär im Kampf gegen das moralische Übel, sondern durch das Abreißen jener Feigenblätter und das Benennen jener Tabus, die verhindern, daß der Mensch sich als Kranker und Nackter begreift und akzeptiert. Das Böse im Menschen entsteht durch einen Mangel an Liebe. Liebesentzug und Liebesverweigerung lassen keine Versöhnung zustande kommen mit einem

---

418 Tabori, Betrachtungen über das Feigenblatt, 134.

419 „Wie die meisten Ärzte bin ich Melancholiker. Da das Leben eine unheilbare Krankheit ist, sterben alle meine Patienten entweder zur rechten Zeit oder alle auf einmal, wenn der nächste Krieg kommt.“ Ebd., 18.

420 Ebd., 85.

421 Ebd., 17.

422 Ebd., 205f.

423 Ebd., 107.

stets scheiternden Leben. Von seinem Kern her ist der Mensch krank, nicht schlecht.

> „Mensch bedeutet im jüdischen Jargon nicht einfach ein menschliches Wesen, sondern ein ganz besonderes, ein gutes."[424]

Das Leben zu lieben, hat zur Folge, mit dem Gelingen das Scheitern zu bejahen, mit der Freude die Trauer zu akzeptieren, im Genießen den Schmerz nicht auszuklammern.

> „Allgemeinrezepte fürs Leben oder fürs Sterben gibt es nicht, jeder von uns muß seinen eigenen Weg finden, wenn er innerhalb seines täglichen Sterbens lebendig bleiben will [...]. Mein persönliches Stichwort fürs Leben oder Lebendigwerden ist das Kneifen durch das Erlebnis des Schmerzes, ohne den es kein Genießen gibt. Das Schlimme ist, daß nur wenige von uns das Leben wirklich lieben, sondern eine Art sinn-losen Herumtaumelns und -fummelns vorziehen, ohne Schmerz und ohne Genuß, ebenso tot wie jeder Tod, wovor also Angst haben?"[425]

4.1.1.2. Das Scheitern des Juden

„Experten" in Sachen Scheitern sind für Tabori die Juden. Und das nicht nur um der historischen Einmaligkeit der gegen sie gerichteten nationalsozialistischen Vernichtungsstrategie willen. In jedem Juden inkarniert sich das Scheitern des Lebens. Das Erinnern der jüdischen Geschichte durch Nicht-Juden legt sie zudem, ob sie wollen oder nicht, auf dieses Scheitern auch in der Gegenwart fest. Sie werden definiert vom Holocaust her und damit fixiert auf die Rolle des prototypischen Gescheiterten.[426] Das im Juden ansichtig werdende Scheitern provoziert immer wieder dazu, sie in Ghettos abzudrängen, sie anzufeinden, sie auszurotten, um mit ihnen die Erinnerung an das eigene Scheitern-werden und -müssen zu tilgen.

> „Das ‚Jüdische' ist peinigend, hauptsächlich, weil es endlos ist, es ist verewigt in Zeit und Raum. Auch andere Völker haben ihre Probleme, werden gelegentlich zu einem nackten Nichts verwandelt wie die Indianer oder die Armenier, um nur einige zu nennen. Aber die sind für gewöhnlich ‚weit weg'. Die versprengten Juden sind überall, zwar in verschwindender Zahl, aber sie bilden – und das ist Gottes Fluch gegen das auserwählte Volk – selbst als einzelne in ihrer Nacktheit ein Ghetto. Solange nur ein einziger übrig ist, wird es andere geben, die durch diese Nacktheit versucht sind, sie zu zerstören."[427]

---

424 Ders., Unterammergau, 10.

425 Ebd., 190.

426 „Das Entscheidende ist nicht das Gute oder das Böse der Juden, sondern ihr Sterben; die historische Hetze." Ebd., 25.

427 Ders., Ich wollte meine Tochter [...], 10–11.

Diese Furcht vor dem Jüdischen schafft ein geradezu komisches Paradox: Je perfekter (!) der Plan zu ihrer Vernichtung, desto deutlicher spiegelt sich im Scheitern der Juden das Scheitern aller.

> „Vielleicht ein letzter Weg, den nächsten Holocaust, der uns alle zu Juden machen würde, zu verhindern oder zu verzögern, könnte der sein, die Killer zu erinnern, daß auf der anderen Seite des Sprengkopfes der Kopf eines Kindes ist, das vielleicht Talent zum Singen hat."[428]

4.1.2. Das Erinnern

4.1.2.1. Das Bejahen des Scheiterns oder die Hybris der Perfektionierung

Der Mensch sehnt sich nach einem Leben in vollkommener Harmonie, ungetrübtem Glück und reiner Liebe. Er sucht das Vollkommene und findet stets nur das Zwiespältige. Zur Lebendigkeit kehrt nur der zurück, der bereit ist, sich den Schmerzen zu stellen, die aus dem notwendigen Scheitern seines Lebens resultieren. Im Prozeß des sich Erinnerns führt Tabori die Figuren seiner Stücke an die Wurzeln ihres Lebensschmerzes. Von dort her erkennen sie die zuvor als willkürlich empfundene Kette ihrer Schiffbrüche als notwendige Folge eines traumatischen Erlebnisses. Tabori konstruiert es meist als unbearbeiteten Vater-Sohn-Konflikt.[429] Niemand und nichts kann sich dem Scheitern entziehen. Einzig das Erinnern eröffnet innerhalb dieser rätselhaften Determination zum Scheitern einen Entscheidungsfreiraum: Sich als Glied einer Kette von Scheiternden und Gescheiterten zu begreifen und die Notwendigkeit des Scheiterns zu bejahen, oder sich aus diesem Kreislauf gewaltsam zu befreien zu suchen, und das wider besseres Wissen, – darin liegt die Wahl. Nur auf dem erstgenannten Weg bewahrt ein Mensch sich seine Humanität. Auf letzterem wird er zwangsläufig der Hybris der Vergottung seiner stets scheiternden Person verfallen. Er müßte als ‚Schöpfergott' das Gesamt der Wirklichkeit neu erschaffen, um das Scheitern von Grund auf auszumerzen, was ihm als immer schon gescheiterter Menschen nie gelingen wird. Das ‚Wie-Gott-sein-Wollen' ficht den Menschen, in diesem Sinne, als größte Versuchung an. Es lockt mit dem Versprechen, er könne in die Speichen des Schicksalsrades greifen und es nach eigenem Gutdünken lenken, die unvoll-

---

428 Ders., Betrachtungen über das Feigenblatt, 22.

429 Arthur Prince wird krank, weil sein Vater, ein Arzt, ihm weder körperlich noch seelisch noch geistig Vater war. Schlomo Herzl ersehnt sich vergeblich einen Held als Vater, der im Pogrom die Familie todesmutig verteidigt. Goldbergs Erinnerungen an seine Zeit im KZ werden immer wieder im Verlauf des Stückes geweckt, er muss in verschiedenen Rollen sein Sohn-Sein spielend erinnern.

kommene Welt perfektionieren und sich den Traum immerwährenden Glückes verwirklichen.

> „Nur wenigen von uns ist es gelungen, das zu erinnern, was wir vergessen wollen, und wir können nur das vergessen, was wir wirklich erinnert haben [...]. Wie muß die Erinerung beschaffen sein, damit wir uns endlich frei fühlen können? [...] Was das Theater die Wissenschaften lehren könnte, ist, daß wahre Erinnerung nur durch sinnliches Erinnern möglich ist: Unmöglich ist es, die Vergangenheit zu bewältigen, ohne daß man sie mit Haut, Nase, Zunge, Hintern, Füßen und Bauch wiedererlebt hat [...]. Nicht-sinnliche Erinnerung verbleibt im Geschichte-Erzählen, wobei die Vergangenheit nichts als Vergangenheit bleibt, und zwar in großer Entfernung. Sie erklärt die Vergangenheit, ‚bewältigt' sie aber nicht."[430]

4.1.2.2. Identität durch Erinnerung

Lachen und Weinen, wirklich empfundene Emotionalität – keine Kopfgeburten – führen die Figuren in Taboris Theaterstücken zu jener Katarsis, die sie vom Verlangen reinigt, sich jenem tragischen Grundparadoxon des Lebens, immer wieder unabwendbar scheitern zu müssen, zu entziehen. Zwischen den Antipoden von Lachen und Weinen, Tod und Leben, Haß und Liebe, Gewalt und Zärtlichkeit, Kommunikation und Sprachlosigkeit, etc. sind vertikale Fäden in jenen Rahmen gespannt, in den Tabori mit dem Webschiffchen den Charakter seiner Figuren einfädelt. Es ensteht ein schillernder, changierender Lebensteppich ohne fest zu definierendes Muster. Die einzelnen Figuren sind gezwungen, ihre Identität stets neu zu suchen. Gelingt es ihnen, während dieses Prozesses mit der Erinnerung die Tiefenschichten ihres Lebens auszuloten, erfahren sie eine Stabilisierung in dem Sinne, daß sie ihre Rolle als permanent Suchende und Scheiternde bejahen.

> „Das Suchen ist wichtig, [...] und nicht das Finden, was ohnehin nicht gesichert ist."[431]

Sich als fragmentarische Existenz zu erfahren und auf kognitive, emotionale, ontologische, metaphysische, transzendente, religiöse, etc. Eindeutigkeit, Wahrheit und Sicherheit verzichten zu müssen, außer jener einen, daß Leben Scheitern bedeutet, wird als Schock erlebt. Der Mensch ist dazu verdammt, sich seine eigene Identität zu geben. Leibhaftiges Erinnern fördert immer neue Facetten seiner Persönlichkeit zutage. Immerwährendes Suchen nach Identität ist die Folge.

---

430 Tabori, Ich wollte meine Tochte [...], 10–11
431 Ders., Betrachtungen über das Feigenblatt, 37.

4.1.2.3. Tabus – verhindertes Erinnern

Die Figuren in Taboris Stücken durchlaufen einen therapeutischen Selbstfindungsprozeß. Alles, was wirklicher Erinnerung abträglich ist, – Tabori nennt es die durch Feigenblätter der Scham bedeckten Tabus – muß demaskiert, abgerissen, enttarnt werden.

> „Wenn wir nicht über Tabus und Klischees hinwegsehen und einander als Menschen und nicht als Abstraktionen betrachten können, dann kann man genauso gut die Öfen wieder anzünden.“[432]

Schock und Witz dienen dieser Enttabuisierung. Sie rufen das reinigende Weinen und Lachen hervor. Jede Art von Verallgemeinerung fällt bei Tabori grundsätzlich unter den Verdacht, erinnerungsverhinderndes Tabu zu sein. Ein konkreter Mensch, individuelles Leben wird unter einem Oberbegriff subsummiert und damit in seiner Einmaligkeit und Besonderheit eliminiert.

> „Wir stecken wieder bis zum Kinn im Die-da-ismus, ‚jene‘ und ‚andere‘ sirren umher wie Moskitos und vergiften die Luft mit denkfaulen Abstraktionen – die Juden, die Araber, die Deutschen, die Amis, die Roten, die Schwarzen, die Jugendlichen, die Frauen – bösartig denkfauler Schwachsinn. Im Theater ist die Wahrheit immer konkret, man kann keine kollektiven Substantive oder Abstraktionen 3. Grades spielen, auch wenn sie sich noch so hübsch auf dem Papier ausnehmen.[433]

Die Erfahrung des Scheiterns läßt nach Schuld fragen. Opfer fordern Rechenschaft von denen, die sich an ihnen vergangen haben. Der Gläubige setzt seinen Gott auf die Anklagebank, weil seine Schöpfung nicht die beste aller Welten geworden ist. Gott seinerseits brandmarkt den Abfall seiner Geschöpfe von ihm als Sünde. Die vom Leben Enttäuschten hadern mit ihrem Schicksal, die vom Schicksal Gebeutelten finden keinen Adressaten für ihre zornig-verzweifelten Fragen nach dem „Warum?“. Tabori benennt in seinen Stücken Schuld und Schuldige. Er verwehrt seinen Figuren jedoch, sich auf eine Rolle festzulegen. Opfer müssen ihre Täteranteile erfahren, Täter müssen ihr Opfersein erkennen. Nur so scheint es ihm möglich, den Gefahren der Inhumanität zu wehren. Nicht das beschwörende „Nie wieder!“, sondern die durch leibhaftes Erinnern schockierende Selbsterfahrung der Möglichkeit eines „Jederzeit wieder!“ konfrontiert den einzelnen damit, daß selbst die größte Grausamkeit noch überboten werden kann und es nicht ausgemacht ist, ob er, eben noch zerknirscht als Sympathisant an der Seite der Opfer, nicht im nächsten Moment in die Rolle des Täters schlüpfen wird,

---

[432] Ders., Unterammergau, 24.
[433] Ders., Betrachtungen über das Feigenblatt, 22.

Scheitern als Tabu des Lebens; rührt jemand daran (z.B. „die Juden") kann jeder zum Täter werden => Scheitern darf kein Tabu sein!

sollte irgend jemand an die Tabus seines Lebens rühren und sein inneres Gewaltpotential zünden. Sich auf die Frage nach Schuld und Schuldigen zu fixieren, darin wittert Tabori die Gefahr, sich in der Rolle des ewigen Opfers gegen jegliche Anfragen und Kritik, die eigene Lebensführung betreffend, zu immunisieren und zu wirklicher Anteilnahme am Leiden anderer unfähig zu werden. Das Prinzip der gezielten, planmäßigen Vernichtung von Menschen, der Holocaust, feiert immer wieder Auferstehung, Juden wie Nichtjuden zählt diese tägliche menschenverachtende Maschinerie in vielen Teilen der Welt zu ihren Opfern. Die Einmaligkeit des historischen Geschehens der Judenverfolgung bedeutet, nach Tabori, nicht, daß das hinter dem Holocaust stehende Denken und Handeln einmalig ist. Es ist jederzeit in allen Gesellschaften abrufbar und zu aktivieren. Die Quantität des Holocaust ist bis dato einmalig, die Qualität seiner menschenverachtenden Grausamkeit erfährt ungezählte Neuauflagen.

4.1.3. Die Liebe

4.1.3.1. Lebensbejahung trotz und wegen des Scheiterns

Daß den Menschen trotz dieser tragischen Verflechtung der Lebenswille nicht endgültig gebrochen wird, dieses Phänomen beschreibt Tabori an sich selbst als „Seinsucht"[434]. Eine Lust am Leben trotz aller Paradoxa, Schicksalsschläge, Grausamkeiten:

> „‚Glückliche Liebe, die gibt es nicht', singt Herr Wolf Biermann, was unsereinen nicht hindern kann, sich wieder zu verlieben, sei es in einen schönen Gedanken, in ein Wort, mit dem man spielen kann, solange es sticht und beißt, das Schlimmste erwartend, ein Hoffender bleibend, weil das Schlimmste doch noch nicht stattgefunden hat; [...]."[435]

Obgleich auch Liebe nur als scheiternde zu begreifen ist, initiiert sie doch im Liebenden den entscheidenden, humanisierenden Umkehrschluß: Leben bedeutet Scheitern – Scheitern bedeutet Leben.

> „Irgendwie haben wir den Tod Gottes überlebt; wenn uns der Tod der Liebe bestimmt ist, dann wird die Apokalypse eine Erleichterung sein, eine Erlösung von hoffnungsloser Suche. Manchmal sieht es so aus, als müßten wir zum ersten Mal in der Menschheitsgeschichte darauf gefaßt sein, ohne Wärme und Zuneigung zu leben, unsere juckende Haut kratzen zu müssen, während wir aufs Grab zukriechen, wo ‚niemand sich umarmen kann'. Wenn wir unser Inneres nach außen

---

434 Tabori auf die Frage: „Was ist für Sie das größte Unglück? *Sein ohne Seinsucht*". In: Fragebogen, FAZ Magazin.

435 Ders., Dieses peinliche Wort: Liebe.

kehren könnten, sähe es aus wie die versengte Landschaft Hiroshimas. Die eine letzte Hoffnung gilt dem prophetischen Zeugen [dem Schauspieler]: wenn wir den Tod der Liebe in diesem Höllenloch wieder-verkörpern, dann können andere vielleicht durch uns erkennen, daß man ohne Liebe nicht leben und nicht sterben kann.“[436]

Das, was als größte Gefährdung des Humanum gilt, wird zur Bedingung der Möglichkeit desselben, wenn man einwilligt in die Tatsache, daß Menschlichkeit nur als gescheiterte und scheiternde zu haben ist.

„Die Liebe ist [...] die Kunst des Unmöglichen. Zwischen Sehnen und Erfüllung fällt ein Schatten [...]. Wahre Liebende versuchen immer wieder, die unmögliche Gleichung 1+1=1 wahrzumachen, während sie gleichzeitig um ihre Autonomie zittern aus Angst vor der Auflösung ihres gefesselten Ich im anderen. So enden unsere kleinen Kriege in Resignation, Zynismus und Wahnsinn [...].“[437]

4.1.3.2. Die Konsequenzen einer scheiternden und gescheiterten Liebe:

- Gott bleibt als Gott nur in seiner menschlichen Fehlerhaftigkeit erträglich;

„Nehmen wir Gott zum Beispiel, diesen mäßigen Schauspieler. Er bestand darauf, sein eigener Autor und zugleich sein Regisseur zu sein. Dadurch wird das Schizophrene des Handwerks, wie jeder beim Theater einem sagen kann, nur noch verschärft. Daher diese Peinlichkeiten, wie die Szene im Paradies, wo Allmacht sowohl behauptet wie negiert wird. Man kann nicht verbieten und gleichzeitig verführen, ohne daß es in einem Double-bind endet. Und was ist mit so bombastischen Effekthaschereien wie der Sintflut oder dem Durchzug durchs Rote Meer? Am überzeugendsten war Gott in den kleinen Dramoletten mit Hiob und Jonas.“[438]

- unter dem Deckmantel der Wahrheit kauert die Lüge;

„Wir glauben, den Tag nicht ohne Unwahrheit überleben zu können, denn die Wahrheit ist ein ‚Tiger in eines Spielers Haut gewickelt‘, oder weniger poetisch, sie ist Schmerz, oft unerträglicher Schmerz. Zu diesem Tier, diesem Schmerz muß ich ja sagen, und die Bühne ist ein guter Ort, dies zu tun.“[439]

- Opfer gelüstet es, auch Täter zu sein, um sich an ihren Peinigern zu rächen. Täter rächen sich für Lieblosigkeit in ihrer Kindheit, der sie zum Opfer fielen, indem sie den Spieß umkehren und andere zu Opfern machen;
- Eindeutigkeit wird als undurchschaubare Vielschichtigkeit enttarnt;

---

436 Ders., Betrachtungen über das Feigenblatt, 45f.
437 Ebd., 101f.
438 Ebd., 122.
439 Ders., Unterammergau, 28.

- die Aussage eines Textes erschließt sich nicht vom Wortlaut, sondern er erklingt in einer polyphonen Vielstimmigkeit von Subtexten, die erst hörbar werden, wenn seine kontextuellen Bezüge mitbedacht sind; usw ...

> „Jedes kleinste Stück Tratsch kann Futter für den Subtext sein; im Unterschied zu Beckett will ich darauf bestehen, daß Text ohne Subtext, diesen Subkontinent, auf dem der Schauspieler seine Freiheit haben muß, nicht mehr ist als Druckerschwärze. Das Wort ist nur die Spitze des Eisbergs. Schließlich meint niemand nur das, was er sagt, und es gibt keine Worte der Welt, die man nur auf eine Art sagen kann."[440]

Auch die Liebe trägt einen Januskopf: Hingabe, extatische Selbstvergessenheit, Lebensenergie sind ihr ebenso zuzurechenen wie die Lust des Folterers an den Qualen seiner Opfer, die Ästhetik eines Leichenhaufens, die erotisierende Kraft und sexuelle Befriedigung durch Gewalt.

> „Eros wird beschattet von Thanatos; am Tag, an dem wir geboren werden, beginnen wir zu sterben; unsere Freude am Erschaffen ist so mächtig wie unsere Lust am Zerstören."[441]

> „Mord ist ebenso sinnlich wie Sex [...]. Die Gaskammern waren eine bewußte Methode, den Mord zu entsexualisieren, aber der nackte Menschenhaufen, der zurückblieb, enthüllt sich bei näherer Betrachtung nicht als Dreck, sondern als eine Pyramide von Liebenden. In ihren verzerrten Gesichtern und ihren qualvollen Umarmungen liegt ihr Geheimnis verborgen. Wer mag dieses Geheimnis berühren, schmecken, küssen? Und deshalb, so glaube ich, wird es uns heimsuchen bis zu den nächsten Morden. Wir werden weiterhin unsere Sinne verschließen, so wie die drei berühmten Affen, und wer könnte es uns verdenken?"[442]

> „Durch die organische Verknüpfung von Sein und Schein sollten wir versuchen, nicht Kunst zu reproduzieren, sondern Leben zu produzieren. Letzten Endes geht es um den höchst verdächtigen Begriff ‚Liebe'. Olivier sagte einmal, ‚Das Theater ist ein Akt der Liebe'."[443]

4.2. Die zweite Triade auf der formalen Ebene: Proben – Spielen – Improvisieren

4.2.1. Das Proben

„Theater" gilt Tabori als eine Metapher für „Leben".

> „Bühne und Leben zu trennen heißt, einen Organismus in seine Gegensätze zu verstümmeln."[444]

---

440 Ders., Betrachtungen über das Feigenblatt, 56.
441 Ebd., 99.
442 Ders., Ich wollte meine Tochter [...], 12–13.
443 Ders., Betrachtungen über das Feigenblatt, 85.
444 Ebd., 204.

Auf der Bühne wird Leben, sprich: Scheitern inszeniert, das Scheitern der Schauspieler an Stück und Rolle. Folglich kommt man im Theater nie über das Proben hinaus. Der Versuchung nach Perfektion nachzugeben, hieße, für Tabori, das Leben von der Bühne zu verbannen und damit der Institution des Theaters die Legitimation seiner Existenz zu entziehen.

> „Das Leben ist ein Hindernisrennen, ich habe mich immer verkrüppelt gefühlt und Anmaßungen der Perfektion höchst mißtrauisch gegenübergestanden: Wir sind keine Götter, und, wie die Bibel berichtet, selbst die Göttlichkeit war ständig durch die Hindernisse auf dem Weg zwischen Plan und Verwirklichung verkrüppelt."[445]

Was auf der Bühne des Lebens allzu leicht in Vergessenheit gerät, daß Leben Scheitern bedeutet und nur in der Akzeptanz des Scheiterns ein menschenwürdiges Leben bleibt, die Erinnerung daran leibhaft wach zu halten, ist die moralische Aufgabe des Theaters. Kurz gesagt: Theaterspielen ist Dienst am Humanum.

> „In unserer computerisierten Kultur, die alles mechanisch reproduzieren kann, von Mozart bis zur Wanderniere, bleibt das Theater unreproduzierbar und deshalb einzigartig, indem es eher das Leben produziert als die Kunst reproduziert; vielleicht unsere letzte Zuflucht angewandter Menschlichkeit, wo wir unsere schwindende Freiheit, menschlich zu bleiben und uns treu, offenbaren können, nicht als hübsche Schatten in einer Höhle, sondern als dreidimensionale Präsenz, die Galle, Schweiß und Tränen ausschwitzt."[446]

Theater, das sich zur Aufgabe setzt, im Namen der Menschlichkeit Menschenverachtendes zu enttarnen, wird aus sich heraus ein gesellschaftskritisches, politisches, anstößiges, „gefährliches"[447] Theater sein.

> „[...] wenn man uns [die Theaterschaffenden] so harmlos hinstellt, wie kommt es dann, daß die Geschichte der Kunst auch die Geschichte der Verfolgung der Künstler ist? Wann immer die Zeit der Verbrennung kommt, der Erschießung, der Folterung und Vertreibung von Menschen – unsere engsten Kollegen, von Euripides herunter bis Biermann, standen immer ziemlich weit oben auf dieser ehrenwerten Liste."[448]

Um das Bewußtsein wachzuhalten, daß jede Aufführung nicht auf eine statisch endgültige Fassung abzielt, sondern den Probencharakter sich bewahren muß, verändert Tabori bei der Inszenierung seiner eigenen Stücke deren Text von Probe

---

445 Ebd., 206.

446 Ebd., 19.

447 „Gefährlichkeit ist, dramaturgisch gesprochen, die Möglichkeit zu scheitern. Etwas zu versuchen, was nicht immer erreichbar ist, und auch Dinge anzusprechen, die Tabu sind und dadurch unaussprechlich geworden sind. Dazu gehört auch körperliche Gefährlichkeit." Stanley Walden In: Ohngemach, George Tabori, 39.

448 Tabori, Betrachtungen über das Feigenblatt, 21f.

zu Probe, von Aufführung zu Aufführung. So erfahren die Texte von der englischsprachigen Originalversion bis hin zur endgültigen, veröffentlichten deutschen Fassung eine längere Phase der Veränderung.[449]

4.2.2. Das Spiel

4.2.2.1. Spielendes Sich-erinnern

Erkennen und Akzeptieren des scheiternden Lebens im Namen der Humanität – welchen Weg geht das Theater George Taboris, um zu diesem Ziel zu gelangen? Es initiiert einen Prozeß des sich Erinnerns bei allen am Theater Beteiligten, nicht im Sinne einer intellektuellen Leistung, sondern eines sinnlichen Geschehens. Wirkliches Erinnern im Sinne Taboris geschieht erst im sich Einspielen in den eigenen Lebensschmerz, im spielerischen Nacherleben der Wunden des Scheiterns, die das Leben dem Körper und der Seele geschlagen hat.

4.2.2.2. Exkurs: Spiel – Nicht-Spiel

Spiel ist Handlung jedweder Art in einem geschützten Raum, den ein Mensch sich dadurch schafft, daß er spielt, oder den er, gesellschaftlich institutionalisiert, als Spiel-Raum vorfindet. Neugierde und Lust treiben ihn zum Spiel. Den Reiz des Spielens macht die Freiheit aus, die der Spielende im geschützten Raum des Spiels vorfindet, um sich in einer anderen Weise zu erfahren und auszuprobieren, wie es ihm im Bereich des Nicht-Spiels so nicht möglich wäre. Denn bei Beachtung der diesen Raum schützenden Regeln kann prinzipiell alles Gegenstand der spielerischen Handlung sein, auch solches, was im Bereich des Nicht-Spiels verpönt ist, geächtet wird oder unter Strafandrohung steht. Die Ausdrucksformen des Körpers, das geistige Potential, die emotionale Spannbreite, die Facetten der eigenen Persönlichkeit, die Möglichkeiten der Gestaltung der Umwelt, das Beschränkende und Befreiende für die eigene Person im Beziehungsgeflecht zu den Mitspielern, die Relativität und Bedeutung von Raum und Zeit[450], schließlich die

---

[449] „George sagt, daß jede Vorstellung eine Probe sei und die Möglichkeit zu ändern bis zuletzt bleibe." Stanley Walden. In: Ohngemach, George Tabori, 45.
„Es geht ihm immer mehr um den Weg als um das Ankommen, und er will nicht, daß man fertig wird. Er sagt, die Premiere sei eine Probe, und die letzte Vorstellung sei die Premiere, und die Inszenierung ist nur deshalb fertig, weil man nicht mehr weiterspielt." Hanna Schygulla. In: Ebd., 104.

[450] „Auf der Bühne bewohnen wir eine gesegnete Bleibe, die die Zeit gerinnen machen kann und in ein unsterbliches Jetzt rahmt, das nie aus den Fugen gerät, das so lange dauert, wie wir willens sind, das ‚Morgen und morgen, und dann wieder morgen' zu ignorieren wie im Liebesakt." Tabori, Betrachtungen über das Feigenblatt, 16.

kreative, phantasievolle Verknüpfung aller genannten Bereiche – das Spiel enthüllt dem Menschen ein Potential zur Gestaltung der Außen- und Innenwelt, macht ihn vertraut mit Trieb- und Geisteskräften, konfrontiert ihn mit Grenzerfahrungen, Unvermögen, Frustration und Unlust. Prinzipiell kann jede Handlung des Nicht-Spiels auch Gegenstand des Spiels sein. Was beide voneinander unterscheidet, ist der geschützte Raum des Spiels, der die Handlungsmöglichkeiten aller am Spiel Beteiligten erweitert. Geschützt ist dieser Raum durch die stillschweigende Übereinkunft oder die ausdrückliche Verständigung auf ein Regelwerk, das allen am Spiel Beteiligten gegenseitiges Wohlwollen und die leibliche Unversehrtheit ihrer Person garantiert. Verletzungen dieses Grundsatzes werden durch Sanktionen geahndet, die entweder durch Reflexion auf den Ernstfall entwickelt werden oder die bereits Teil einer vorgegebenen Spielregel sind. Grundsätzlich ist das Spiel frei von allen Tabus. Selbst aggressive Akte der (Selbst)Zerstörung, des Tötens, Hassens, etc. können nicht als nicht spielbar ausgeschlossen werden, vorausgesetzt, daß sie im Spiel so ausagiert werden, daß die Integrität der Personen gewahrt bleibt, d.h. es muß jedem Spieler prinzipiell zu jeder Zeit möglich sein, das Spiel zu verlassen, wenn er seine Integrität in ihm nicht mehr gewährleistet sieht.
Spielen zielt auf die Selbstvergessenheit der Spielenden. Es löst jene Blockaden, Hemmnisse und Konventionen in ihnen oder bricht eine Ebene beschränkter Erfahrungsmöglichkeiten auf, die im Bereich des Nicht-Spiels nur schwer oder gar nicht überschritten werden können. Im Spiel ist der Spielende verletzlich, weil er sich in einer Art und Weise zeigt, wie er es im Bereich des Nicht-Spiels nicht tun würde. Gerade diese Selbstvergessenheit kann deshalb zu Regelverletzungen führen, die den geschützten Raum des Spiels zerstören und die Handlung in den Bereich des Nicht-Spiels überführen. Spielen bedingt notwendig das Vorhandensein und die Ausbildung von Kommunikationsstrukturen, durch die sich die Mitspielenden des gegenseitigen Wohlwollens stets neu versichern können.

4.2.3. Die Improvisation

Unter dem Damoklesschwert des Scheiterns finden die Personen im Leben und die Figuren im Theater keine unanfechtbaren Weltbilder, keine unhinterfragbaren Werte, keinen unfehlbaren Gott, keine unbezweifelbare Identität. Wenn man im Lebens- und im Theaterspiel keinen festen Boden unter den Füßen hat, bleibt nur, zu improvisieren, mit dem Unvorhersehbaren zu spielen.

4.2.3.1. Status-Spiele

Zwischenmenschliche Beziehungen und das Agieren der Schauspieler untereinander sind, nach Tabori, nichts anderes als Machtspiele.[451] Individuelle Wünsche, Willensbekundungen, Emotionalitäten prallen konfliktreich aufeinander. Jeder will sich und seinen Willen durchsetzen. Um in diesem Kampf aller gegen alle zu überleben, spielt jeder einen bestimmten Status[452]. Er sendet Statuszeichen, mit deren Hilfe er sich zu seiner Umwelt hin definiert, und er empfängt Statussignale als Selbstdefinitionen anderer Menschen zu ihrer Umwelt und damit auch zu ihm hin. Im Leben führt dies schnell zur Fixierung eines Menschen auf eine bestimmte Art und Weise, seinen Status zu definieren. Das schafft ihm ein Gefühl von Sicherheit, um den Preis, sich seiner Handlungsfreiheit zu berauben. Das Statusspiel wird als Identität mißdeutet. Die Illusion, sich selbst gefunden zu haben, suggeriert Freiheit. Das Chaos scheiternden Lebens ordnet sich trügerisch in handhabbare Dualitäten: Hier gut, dort böse; dort Freund, hier Feind; das wahr, jenes falsch; das perfekt, dies unvollkommen; usf. Hat eine Person in dieser Scheinwelt einmal Fuß gefaßt, wird sie versuchen, sie gegen Anfragen und Angriffe zu verteidigen. Mit der Aufrechterhaltung des Scheins einer Geordnetheit des Daseins steht und fällt der Anschein des Realen seiner fiktiven Identität. Im Namen der Ordnung wird jede Form des Andersgeordnetseins (anderer Fiktionen) als Unordnung verdächtigt, das Unvorhersehbare als Gefahr empfunden und das Scheitern als eine Niederlage der Menschlichkeit.

> „‚Erkenne dich selbst‘ ist unser ältestes philosophisches Gebot, nicht ungefährlich, wenn man es befolgt, und daher verdammt schwierig, und deshalb flüchten wir uns auch so eilig in Unwissenheit darüber, wer und was wir sind, wenn wir unsere Liebes- und Machtspiele spielen […]. Für unser Bündel an Tics, Gewohnheiten, Regeln und Bestimmungen, Tugenden und Illusionen, die es uns ermöglichen, in diesem empfindlichen Alptraum, Zivilisation genannt, zu leben, ist Selbsterkenntnis ein Risiko.“[453]

Wer sich durch ein Statusspiel geordnet hat zu sich selbst und seiner Umwelt hin, wird versuchen, das ihm Fremde in gleicher Weise zu ordnen, um ihm die Bedrohlichkeit des Fremden zu nehmen. Denn Fremdes und Fremde erinnern den

---

451 „[…] Konflikt als das zentrale Faktum sowohl des Daseins als auch des Spiels; ein Naturgesetz, unentbehrlich für private und öffentliche Dramen.“ Ders., Nachwort. In: Johnstone, Improvisation und Theater, 361.

452 „Plötzlich verstanden wir, daß jeder Tonfall und jede Bewegung Status vermittelt, daß keine Handlung zufällig oder wirklich ‚grundlos‘ ist.“ Johnstone, Improvisation und Theater, 52. Statusspiele funktionieren nach Johnstone nach dem Prinzip der Wippe: Die Dominanz des einen bedingt die Unterwerfung des anderen. (Vgl. dazu ebd., 57–60.) In den meisten Stücken Taboris wird die Wippe ausagiert von einem Männerpaar, das in einem Herr-Knecht-Verhältnis zueinander steht: Arthur Prince – Jay-Jay; Hitler – Herzl; Mr. Jay – Goldberg.

453 Tabori, Betrachtungen über das Feigenblatt, 108f.

Statusspieler daran, daß seine Identität und seine Ordnung nur Fiktionen neben anderen sind. Wem das eigene Statusspiel zum Inbegriff der Humanität wird, der findet darin eine Legitimation, um die Menschenwürde anderen abzusprechen, deren Status er als Gefährdung seiner fiktiven Identität erfährt.

> „Das Spontane, das Schöpferische, das Freie sollte nie durch das Prinzip der Ordnung blockiert werden. Nur aus dem Chaos kann Ordnung enstehen.“[454]

4.2.3.2. Improvisation als humanisierende Spielkraft

Im Theater wird das Scheitern vergegenwärtigt im Scheitern des Schauspielers an seiner Rolle. Hielte er am Wunsch fest, seine Figur perfekt in Szene zu setzen, führte dies früher oder später zur Erstarrung des Spieles. Lebendig bleibt es nur, wenn der Schauspieler darin einwilligt, fortan die unzähligen Variationen seines Scheiterns an der Rolle zum Gegenstand des Spieles selbst zu machen. In der Improvisation über das Scheitern liegt der einzige Ausweg, das Paradox des Lebens in dem siamesischen Zwillingspaar von Glücken und Scheitern spielbar/lebbar zu halten. Die Phantasie durchbricht die Routine der Statusspiele. Die Spontaneität verknüpft vormals spielfremde Inhalte mit spielimmanenten Zügen und schafft so im Scheitern Freiräume für das Improvisieren. Phantasie, Spontaneität, Improvisation – Fähigkeiten, die Kindern eigen sind, die sie erwachsend aber bald ablegen, um in den Statusspielen der Erwachsenen bestehen zu können. Taboris Erinnerungsarbeit führt die Figuren seiner Stücke immer in Kindheitstage zurück. Der Freud'sche Ödipuskomplex beschreibt ihn: Der unüberbrückbare Dissens zwischen Vater und Sohn macht beide zu Rivalen, die um die Liebe der Mutter/der Frau buhlen. Der Vater will der einzig Geliebte seiner Frau bleiben, den Sohn zieht es aus dieser kalten Welt zurück in die Wärme und Geborgenheit des mütterlichen Uterus, den er als Einziggeliebter vor seiner Geburt bewohnte. Die therapeutische Rückschau in die Kinderzeit versteht sich von daher als Suche nach der dem Kind zugänglichen Quelle der Improvisation, des unbefangenen Spiels, das der Erwachsene wiederentdecken muß, um als Scheiternder überleben zu können.

[454] Ebd., 86.

4.3. Die dritte Triade auf der raum-zeitlichen Ebene: Bühne – Schauspieler – Subtext

4.3.1. Die Bühne

Für den ‚paradiesischen Urzustand' des Theaters steht die leere Bühne. Sie wird bei Tabori zum Inbegriff aller Lebensmöglichkeiten/aller Probenvariationen, zum Synomym für Freiheit und Liebe. Erst allerdings als bespielte Bühne wird sie zum Theater. Sie muß zwangsweise ihre ‚Unschuld' verlieren. Das erste Auftreten des Schauspielers, die erste Plazierung einer Requisite – wenn man so will, der erste theatrale ‚Schöpfungsakt', wird aus sich heraus zum ‚Sündenfall', zum Beginn des Scheiterns, zum Anfang des Probierens, zum Einstieg in das schicksalhafte Schuldigwerden und Scheitern, welches Tabori ‚Leben' nennt.

4.3.2. Der Schauspieler

4.3.2.1. Fiktion und Authentizität

Tabori spricht dem Theater einen, wenn man so will, ontologischen Mehrwert an Realität und Leben zu, als ihn das reale Leben selbst hat.[455] Wird hier nach Kräften die Erinnerung an das unentrinnbare Scheitern verdrängt, auf der Bühne des Theaters kommt es drastisch, schockierend, ungeschminkt, in seiner ganzen erdrückenden Wucht zur Anschauung.

> „[...] wir müssen ihnen [den Zuschauern] derart monströse Mythen bieten, daß sie, wenn sie das Theater verlassen, am liebsten ihre eigenen Fürze als Zeichen des Lebens feiern wollen."[456]

Deshalb polemisiert Tabori gegen eine Scheidung von Theater und Leben, gegen die Abgrenzung von Fiktion und Wirklichkeit.

> „Die Bühne soll nicht mehr anregen, einheizen, aufstacheln oder entflammen, indem sie unsere ärgsten Ängste und besten Hoffnungen destilliert, Masken runterreißt, uns an den Pranger stellt, nein, sie soll uns mit Räumen der Ruhe versorgen, wo wir gemütlich dösend die Hektik und Durchtriebenheit auf unseren Straßen und in unseren Betten vergessen können. Hinfort sollen Männer und Frauen ins Theater kommen wie zu einer Siesta. Was nun zu tun ist, um diese glückliche Entdeckung zu einem logischen Schluß zu treiben, ist, unsere Theater mit Lehnsesseln oder

---

455 Theater „[...] hört für mich auf, Kunst zu sein, wenn es nicht mehr lebenswahr ist. Künstlichkeit, ob nun unterhaltend oder dekorativ, ist reaktionär." Ders., Unterammergau, 7.

456 Ders., Betrachtungen über das Feigenblatt, 16.

> Schlafsäcken auszustatten, in den Foyers statt Kaffee Baldriantropfen auszuschenken und Schlafanzüge zu verteilen.“[457]

4.3.2.2. Der Schauspieler – ein professioneller Mensch

Dem enstpricht seine Sicht des Schauspielers als eines professionellen Menschen[458], dessen Scheitern an Stück und Rolle zum kreativen Quellpunkt der Aufführung wird.[459] Im Schauspieler wird, gleich welche Figur er miemt und gleich welches Stück gespielt wird, in einer authentischen Weise ein auf seiner Suche nach Identität scheiternder Mensch ansichtig. Er wandelt die Fiktion des literarischen Textes durch sein Spiel in ein reales Zeugnis des Scheiterns und damit des Lebens um.

> „Liebende und Künstler versagen immer. Zwischen Absicht und Ausführung fällt immer ein Schatten. Wer Angst hat vor dem Scheitern, im Atelier oder im Bett, sollte die Schöpfungsgeschichte lesen.“[460]

Fiktiv bleiben Stück und Rolle, authentisch bzw. real ist das in ihnen zur Anschauung kommende Scheitern des Schauspielers.

> „Für einen wahren Schauspieler [...] ist Spielen ebenso authentisch wie Sein, er bleibt er selbst, wird es nur noch mehr. Die Rolle ist nicht eine Negation, die dem Selbst von außen aufgezwungen wird, sondern ein neues Selbst, das unter den vielen Gestalten, die das Selbst ausmachen, entdeckt wird. Und außerdem steckt in jedem von uns ein Kind, das spielen will [...].“[461]

4.3.2.3. Die ganzheitliche Sicht des Lebens im Theater

a. Die religiöse Dimension des Theaters

> „Schauspielerei heißt Glauben“[462]

Der wahre Schauspieler – sowohl im Leben als auch im Theater – tritt als prophetischer Zeuge auf, daß der Humanismus zwar als allgemeine Idee gescheitert, aber

---

457 Ebd., 73f.

458 „Ganz am Anfang hat George etwas gesagt, was für mich entscheidend war: ‚Was ist ein Schauspieler? – Ein Schauspieler ist ein professioneller Mensch.‘“ Klaus Fischer. In: Ohngemach, George Tabori, 84.

459 „[...] würde ich sagen, daß der Schauspieler ‚interessanter‘ ist als seine Rolle, [...]. Daraus folgt, daß es unsere Aufgabe im Theater sein sollte, die Schauspieler in Menschen zu verwandeln und nicht die Menschen in Schauspieler.“ Tabori, Unterammergau, 9.

460 Ders., Betrachtungen über das Feigenblatt, 94.

461 Ebd., 121.

462 Ebd., 122f.

eben doch nicht gestorben ist, sondern in den Fragmenten gescheiterten Lebens eine provisorische Bleibe gefunden hat. Er zeigt sich im Schutz der Rolle als nackter, zerbrechlicher, als authentischer Mensch. Er inkarniert den Text des Stückes durch sein Spiel.

b. Jesus – der wahre Schauspieler

Urbild jedes Schauspielers – für Tabori ist es Christus.

> „Christus [...] war der beste Schauspieler, den es je gab, ein wahrer Bote. Auch er bediente sich der Trickkiste – ging auf dem Wasser, weckte Tote auf –, aber er haßte Tricks und sich selbst, wenn er sich ihrer bediente, und wetterte gegen das vulgäre Bedürfnis nach Schmierentheater. Wie alle großen Schauspieler zog er die Wunder des Seins vor – wenn er ein Paar schmutziger Füße wusch oder die andere Backe hinhielt. Nicht nur in getreuer Erfüllung der Prophetie wählte er den Weg zum Kreuz, sondern als letzten Beweis dafür, daß er meinte, was er sagte. ‚Nur die sagen die Wahrheit, die sie unter Schmerzen sagen.'"[463]

Das Kreuz zeugt von der Inkarnation des Wortes „Mensch" im Menschen Jesus. Es erweist ihn als authentischen Menschen.

c. Die Heiligkeit des Lebens

Der Schauspieler-Mensch ist ein Heiliger. Er stellt sich der Aufgabe, Wörter zu inkarnieren. Dadurch öffnet er sich dem Leben und stellt es auf der Bühne in all seiner Buntheit, Widersprüchlichkeit, Abgründigkeit dar. Das Leben selbst ist heilig. Jeder, der dem Leben dient, partizipiert an seiner Heiligkeit. Dabei beschreibt Tabori eben jenes Leben als apokalyptisch:

> „Apokalypse, die griechische Übersetzung des hebräischen Wortes *gala*, bedeutet Enthüllung: die der religiösen Mysterien wie die der Schamteile. Er [Shakespeare, für Tabori der apokalyptische Dichter schlechthin] reißt Masken und – gefährlicher – unsere Feigenblätter herunter. Seine Bedrohungen sind heilsam; sie stellen die uralte Einheit von Theater und Therapie, Kult und Paarung wieder her; alle diese sind dem Liebesakt verpflichtet. ‚Heilig' = *sacer* bedeutet in seinem Ursprung auch obszön."[464]

Heiligkeit bezeichnet daher nicht einen vom übrigen Leben abgrenzbaren Bezirk der Reinheit und Vollkommenheit, des Göttlichen, sondern wird zu einer Bezeichnung für das Leben als ganzes.

d. Blasphemie als Form des Glaubens

Obszönität und Blasphemie werden enttabuisiert und als Lebens- bzw. Glaubensqualitäten gewertet.

---

[463] Ebd., 122.
[464] Ebd., 104f.

> „Blasphemie ist eine besonders subtile Form des Glaubens."[465]

Tabori postuliert eine ganzheitliche Sicht des Lebens aus der Erfahrung des Holocausts, daß jede Tabuisierung, Verurteilung, Ausgrenzung von Menschen, Verhaltensweisen oder Eigenschaften des Lebens zwangsläufig in die Inhumanität führt.

e. Die humanisierende Kraft des Theaters

Auschwitz markiert auch ein theologisches, religiöses Fanal. Wie man, nach Tabori, Lessings *Nathan der Weise* nicht mehr so aufführen kann, als ob es die nationalsozialistische Zeit nie gegeben hätte, so kann man auch nach Auschwitz nicht mehr ungebrochen an die Güte und Vollkommenheit eines Schöpfergottes glauben. Hier erhielt dieser Glaube, der sich so lange durch alle geschichtlichen apokalyptischen Katastrophen behauptet hatte, seinen Todesstoß. Da es zweifelhaft geworden ist, daß ein guter Gott diesem scheiternden Leben noch Sinn einstiften könnte, bleibt dem Menschen nichts anderes übrig, als die Reste der Humanität sich selbst zu bewahren, indem er das Scheitern Gottes und sein eigenes Scheitern akzeptiert und durch spielendes, emotionales Erinnern sich in umfassender Toleranz übt. Das Theater beerbt die Religion wie die Philosophen des Humanismus und der Aufklärung gleichermaßen.

> „Ich glaube nicht, daß ich gläubig bin, ich habe meinen Glauben verloren, ich brauche keinen Vater, ich bin mein eigener."[466]

Das Theater ersetzt im Verständnis Taboris die religiöse Liturgie. Es feiert die humanisierende Kraft des Scheiterns und enthüllt die enthumanisierende Gewalt der nicht scheitern Wollenden.

> „Ich halte unbedingt daran fest, daß Humanismus keine Utopie ist, wenn auch nur zwei Menschen daran glauben."[467]

Menschen fliehen in ihrem Leben vor der offenkundigen Tatsache ihres notwendigen Scheiterns. Sie treten die Flucht an, um das Humanum vor dem Scheitern zu retten und scheitern gerade daran, daß sie es dem Scheitern nicht aussetzen. Dieses Paradox mit dem Licht der Vernunft zu erhellen, ist nicht zureichend, um sie von dieser Flucht abzubringen. Tiefwurzelnde persönliche Ängste vor Tod, Krankheit, Unglück, Sinnlosigkeit, Einsamkeit, etc. führen den inneren Fliehkräften des Menschen vor dem Scheitern immer wieder Energie zu. Die Bühne des Theaters ist Ort der Vergegenwärtigung dieses Paradoxons.

---

465 Ebd., 54.
466 Ebd., 53f.
467 Ders. In: Ehrlich, Theater ist wie Leben, auch wenn es lügt.

> „DIE KUNST DARF ALLES, besonders im Theater, wo das Undenkbare gedacht, das Unsagbare gesagt wird [...].“[468]

f. Die Zelebration der Heiligkeit und Obszönität des Lebens
Schauspieler sind ...

> „[...] von Beruf Hexen. Ihr Auftrag war schon immer, das Verdrängte herauszukitzeln, das Verschwiegene anzusprechen, das Verlogene in Frage zu stellen. ‚Nicht so, sondern so‘ – ist ihr hippokratischer Eid“[469].

> „Die Aufgabe, die wir uns vor einiger Zeit vorgenommen haben [Proben zu einem Stück] [...], war [...], das Wort zu Fleisch werden zu lassen, bei aller Korruption, die das bedeutet. Worte verwesen nicht, Fleisch ja [...]. Das geschriebene Wort, auch wenn noch so großartig, ist ein Stück Lehm, das auf den Atemhauch wartet.“[470]

4.3.3. Der Subtext

Die inhaltliche, formale und raum-zeitliche Ebene des Theaters George Taboris, mit jeweils drei Begriffen charakterisiert, spannen einen dreidimensionalen Raum auf. In ihm wird durch den Schauspieler in seiner Rolle durch sinnliches Erinnern Vergangenes als ein für die Gegenwart Bedeutsames aktualisiert. Eine Vielfalt von literarischen Texten, von Handlungen der Figuren, von Befindlichkeiten der Schauspieler, von durch das Bühnenbild geweckten Assoziationen, von improvisierten Variationen des Stücks, von Interaktionen zwischen Spielenden und Zuschauern treffen in diesem Raum aufeinander, treten in Beziehungen zueinander, verweisen eins aufs andere, ohne im anderen aufzugehen. Jenes vielschichtige Beziehungsgeflecht ist treffend beschrieben mit dem Ausdruck „intertextueller Bewußtseinsraum“[471]. Der weitgefaßte Begriff von Intertextualität, wie ihn Julia Kristeva im Anschluß an Michail Bachtin entwickelt hat[472], ist sehr dienlich, um die dramaturgische Technik im Theater des George Tabori zu verdeutlichen.

---

468 Ders., Betrachtungen über das Feigenblatt, 16.
469 Ebd., 78f.
470 Ebd., 33.
471 Nach dem Titel eines Aufsatzes von Klaus van den Berg, Intertextueller Bewußtseinsraum und kulturelle Transformationen in George Taboris Goldberg-Variationen, 177–196.
472 Vgl. Kristeva, Bachtin, das Wort, der Dialog und der Roman, 345–375.

4.3.3.1. Der intertextuelle Bewußtseinsraum

a. Die Logik der poetischen Sprache

Die der Intertextualität zugrunde liegende Einsicht ist – Kristeva zitiert Bachtin –, „daß ‚der Dialog die einzig mögliche Sphäre für das Leben der Sprache [...] ist'."[473] Einen Text ausschließlich auf nur eine Bedeutung hin zu lesen, widerspräche ihrer dialogischen Struktur. „Ein logisches System, das auf der Basis 0/1 arbeitet (falsch/wahr, Nichts/Notation), ist untauglich, um das Funktionieren der poetischen Sprache zu erklären."[474] Kristeva postuliert eine poetische 0/2 Logik: Die Null als Nicht-Aussage ist immer schon auf eine Aussage hin überschritten, ansonsten gäbe es keinen Text, ebenso die Eins, im Sinne nur eines möglichen Bedeutungsgehaltes. Die dialogische Struktur der Sprache läßt in einem Wort „zumindest ein anderes Wort [...] lesen"[475], jedes Wort, jeder Text notiert mindestens zwei Bedeutungen. In dieser poetischen 0/2 Logik ist „das (linguistisch, psychisch, gesellschaftlich) ‚Verbotene' die 1 (Gott, das Gesetz, die Definition)"[476].

b. Die dialogische Struktur der Sprache

Selbst monologische Texte weisen, nach Kristeva, grundsätzlich eine dialogische Struktur auf. Ein Autor schreibt an einem Text. Um dem Subjekt seiner Erzählung Raum zu geben, muß er selbst als Person zurücktreten, anonym werden. In seiner formalen Funktion als Subjekt des Aussagens (S_a) markiert er die Nullstelle, er ist Signifikant, reine Form, in der sich eine Aussage, ein Inhalt mitteilen kann. Zugleich ist er es, der diesen Inhalt hervorbringt, er ist Signifikat, Subjekt der Aussage (S_e). Als Signifikant und Signifikat steht der Autor im Prozeß des Schreibens mit sich selbst im Dialog. Hat er eine Textpassage, ein Wort hervorgebracht, muß er sich als Subjekt der Aussage wieder auf den Nullpunkt zurückführen, um erneuten Freiraum zu schaffen für das Andere, das Subjekt seiner Erzählung. Signifikant und Signifikat wechseln beständig die Funktionen, um den Schreibvorgang am Laufen zu halten. Die Person des Autors wird dadurch relativiert. Er erscheint als eine letztlich formale Funktion, Sa und Se sind „nichts mehr als ein Permutationswechsel zweier Signifikanten."[477] Der Autor ist „nichts und niemand, sondern die Möglichkeit einer Permutation von S zu D [...]."[478]

Auch der Adressat des Textes (D) weist eine dialogische Struktur auf. Formal, als Signifikant, ist er Leser des Textes (D_1), d.h. er nimmt sich als Person zurück,

---

473 Ebd., 350.
474 Ebd., 352f.
475 Ebd., 347f
476 Ebd., 353.
477 Ebd., 360.
478 Ebd., 358.

führt sich auf die Nullstelle, um Raum zu schaffen für den Text; inhaltlich, als Signifikat, ist er auf das Subjekt der Erzählung bezogen (D_2) und liest in das Wort des Textes sein eigenes, persönliches Wort hinein.

c. Die Intertextualität

Autor und Adressat durchlaufen beide den Prozeß des Schreiben-Lesens. Kristeva nennt es „une écriture-lecture“[479]. Der Autor begibt sich auf der Nullstelle in die Position eines potentiellen Lesers seines Textes. Als Schreibender ist er zugleich Lesender, um die notwendige Distanz zwischen sich und dem Subjekt der Erzählung zu schaffen, damit dieses entstehen kann. Der Adressat ist als Lesender zugleich ein Schreibender, weil nur er durch sein Lesen die Aussage des Textes über den logischen Status der Eins, der festgeschriebenen Bedeutung, auf die Ebene der Zwei überführen kann. Der Autor wird also erst im Prozeß des Lesens des Geschriebenen konstituiert, weil er aus sich heraus den Text nicht über die 0/1 Basis hinausführen kann. Seine eigentliche poetische Kraft erhält ein Text erst in seiner Rezeption durch den Adressaten in der Form des Schreiben-Lesens. „So strukturiert sich im Hin und Her zwischen dem Subjekt und dem Anderen, dem Schriftsteller und dem Leser, der Autor als Signifikant und der Text als Dialog zweier Diskurse.“[480]

Den dialogischen Sprachraum beschreibt Kristeva mit der horizontalen Linie des Dialogs zwischen dem Subjekt der Schreibweise (Autor), dem Text und dem Adressaten, wie er oben dargestellt wurde. Hinzu kommt die vertikale Linie der Ambivalenz. Darunter versteht Kristeva die Gesamtheit der Faktoren, die für das Selbst- und Weltverständnis des Subjekts der Schreibweise und des Adressaten relevant sind. Darunter zählen soziale, historische, politische, religiöse, etc. Gegebenheiten. Diese werden als Texte verstanden, die im Prozeß des Schreiben-Lesens in den (poetischen) Text hineinwirken. „Der Terminus ‚Ambivalenz‘ impliziert das Eindringen der Geschichte (der Gesellschaft) in den Text und des Textes in die Geschichte [...]. Bachtin [...] versteht [...] den Text als Absorbtion eines anderen Textes und als Antwort auf einen anderen Text.“[481] Die Konsequenz: „So gesehen kann der Text nicht allein von der Linguistik erfaßt werden. Bachtin postuliert die Notwendigkeit einer Wissenschaft, die er Translinguistik nennt, und die vom Dialogismus der Sprache ausgehend die intertextuellen Beziehungen begreifen könnte [...].“[482]

---

479 Ebd., 346.
480 Ebd., 358.
481 Ebd., 351.
482 Ebd.

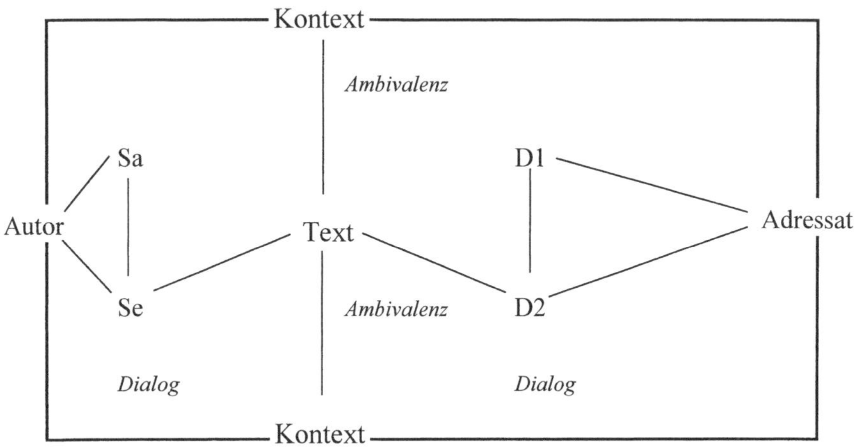

„Jeder Text baut sich als Mosaik von Zitaten auf, jeder Text ist Absorbtion und Transformation eines anderen Textes."[483]

d. Die karnevaleske Struktur poetischer Sprache

Bachtin stellt „den Text in die Geschichte und die Gesellschaft, die wiederum als Texte angesehen werden, die der Schriftsteller liest, in die er sich einfügt, wenn er schreibt."[484] Umgekehrt gilt: Geschichte und Gesellschaft sind in einem Text geschrieben und können in ihm gelesen werden. Dabei kann der Text zum Gesamt seines literarischen und gesellschaftlich-geschichtlichen Kontextes „in funktioneller oder oppositioneller Beziehung"[485] stehen. Ein Text, der sich nahtlos in seine Kontexte einordnet, gehorcht einer 0/1 Logik. Der poetische Text gehorcht „den Regeln einer Logik, die über die Logik des kodifizierten Diskurses hinausgelangt und sich nur am Rande der offiziellen Kultur völlig verwirklicht."[486] Nach Bachtin ist dies die Logik des Karneval. In der Kritik der marxistisch-leninistischen Ästhetik, deren gesellschaftspolitisches Ziel, die klassenlose Gesellschaft, dazu führte, daß poetische Texte in ihrer Bedeutung und in ihrem Wert allein von diesem Ziel her beurteilt und damit auf einen Bedeutungsgehalt reduziert (monosemiert) wurden, stellt Bachtin diesem Konzept das einer Vieldeutigkeit des poetischen Textes entgegen, wobei sie, entgegen der Hegel'schen Synthese, in einer negativen Dialektik unvermittelt und unversöhnt neben-, mit- und gegeneinander stehen. „Bachtins literaturwissenschaftliche Arbeiten zeigen, daß ihm Polyphonie

483 Ebd., 348.
484 Ebd., 346.
485 Ebd.
486 Ebd.

und Polysemie als solche zu Wahrheitsmomenten werden: Beide opponieren der monologischen und ideologischen Reduktion des Textes auf ein Dogma."[487] Bachtin setzt der monologisierenden Vernunft einen Naturbegriff entgegen. Er lenkt „die Aufmerksamkeit auf das Unbewußte, die Sexualität, das Groteske, den Traum und den Zufall [...]."[488] „Die Natur sprengt die Schranken der systematischen Erkenntnis, läßt das Unbewußte, die onirische Assoziation und den absurden Zufall zutage treten. Zugleich ertönt das Gelächter, das den Zusammenbruch der begrifflichen Herrschaft, des monologischen Ernstes und der Zensur durch das Über-Ich begleitet. Es ist ein befreiendes Lachen, das dem Geist eher einen bescheidenen Platz zuweist, weil es ihn daran erinnert, daß auch er – zumindest teilweise – dem Naturbereich angehört und der natürlichen Kontingenz nicht entgeht."[489] Die diesem Naturbegriff korrespondierende Lebenshaltung ist die des Karneval. „Der Karneval (ich wiederhole, im weitesten Sinne des Wortes) befreite von der Macht der offiziellen Weltanschauung, erlaubte, die Welt auf seine Art zu sehen: ohne Angst und Andacht, sehr kritisch, aber positiv und ohne Nihilismus, denn er erschloß das reiche materielle Prinzip der Welt, das Werden und den Wechsel, die Unüberwindlichkeit und den ewigen Triumph des Neuen, die Unsterblichkeit des Volkes."[490]

4.3.3.2. Der Subtext – verbergende und verborgene Dimension eines Textes

Die Inhumanität des Perfekten, Absoluten, Einheitlichen – die Humanität des Gebrochenen, Fragmentarischen, Vielfältigen; dazwischen der Mensch, nach Identität suchend, sie nur bruchstückhaft, auf begrenzte Zeit hin findend. Krankheit als Regelfall, Behinderung als Normalität, Lachen in der Katastrophe, Scheitern als Chance, Lebensspiel statt tragischem Lebensernst, mehr Gefühl als Vernunft, Wahrheit, die lügt, die Ästhetik des Häßlichen, Grausamen – Stichworte aus den vorangegangenen Überlegungen zur Sicht des Lebens und Theaters bei George Tabori. Anklänge an Bachtins Konzept des Karnevals sind unüberhörbar. Keine versöhnende Synthese im Guten, Schönen, Wahren; keine apokalyptische Endzeitvision als zwingend notweniger Schlußstrich unter die Geschichte. Vielmehr ein labiles Gefüge von Gegensätzen und Widersprüchen, im Letzten allein durch die „Seinsucht", durch gebrochene Liebe ausgehalten. Die beständige Versuchung des Menschen zur Lüge: Umlügen des Zerbrochenen in Einheit, des Gegensätzlichen in Wahrheit, des Immanenten ins Transzendente, Lügen als Mittel zum

487 Zima, Literarische Ästhetik, 128.
488 Ebd., 102.
489 Ebd., 124.
490 M. Bachtin, zitiert nach: Ebd., 120.

Überleben in einer Welt, auf die man sich keinen Reim machen kann. Die Aufgabe des Theaters, die Lügen als Lügen darzustellen, den Schein der Tabus zu entzaubern, die Feigenblätter zu demaskieren.
Im literarischen Text spiegelt sich all dies. Deshalb begegnet Tabori ihm mit Neugierde und Mißtrauen. Er vermutet aus Prinzip, daß das Eigentliche nicht gesagt ist, daß der Text verschleiert, daß er, aus dem Kontext des jetzigen Lesers ein Potential an Bedeutungen gewinnen kann, die noch unerkannt geblieben ist. Tabori nennt diese für ihn wesentliche Dimension in der Interpretation eines literarischen Textes den Subtext. Insbesondere Samuel Beckett ist für ihn ein Schriftsteller, dessen Werk einen pathologischen Zug aufweist, der „in seine Texte einsickert wie in einen Traum."[491]

> „Diese Träume sind Rätsel, man fragt sich: Was war das, was geht da vor? Nur Beckett, wenn überhaupt, könnte dieses Rätsel lösen, gottseidank weigert er sich – nichts ist langweiliger als ein gelöstes Rätsel. Wir können versuchen, sie zu interpretieren, vorausgesetzt, wir wissen, wie falsch solche Interpretationen sind. Nur der Träumer, wenn überhaupt, kann wissen, was sein Traum bedeutet; der Außenstehende wird nur seinen eigenen Traum über den Traum des anderen interpretieren, eine doppelte Korruption. Nun ist es aber ebenso fruchtlos, nach Reinheit im Theater zu suchen wie nach Jungfräulichkeit bei einer Kreißenden [...]. Was ist Werktreue? Meine Leidenschaft für B. [Beckett] ist zweifellos abartig. Was mich zu ihm zieht, ist die Suche nach dem Subtext, den es vielleicht gar nicht gibt, den Beckett zu finden, den es nicht gibt, den grünen, den politischen Beckett."[492]

> „Das einzige, dem ich mich nicht ergeben kann, ist die Verlogenheit, das braune Loch, das Schweigen, das den Krebs in uns verursacht. Was bleibt dann, da ich nun zufällig Theater mache und nicht jüdische Babies hüte? Meine Neugier, das, was mein Vater meine Arsch Poetica nannte, ein nervöser Tick, Nein zu den Erscheinungen zu sagen, oder Nicht-So-Sondern-Vielleicht-So; denn die Erscheinungen der Welt sind ein Lügengewebe, unsere Worte, unsere Gesten, unsere Gesichter, unsere Körper sind in ein Geflecht von Lügensignalen verwoben, nicht aus Schlechtigkeit, sondern aus Selbsterhaltung"[493]

Dazu einige Beispiele:

- Die von Iason zurückgestoßene Medea rächt sich an ihrem treulosen Gatten durch die Tötung ihrer gemeinsamen Kinder. „Diesen Mord hat Euripides in den Stoff eingeführt, richtungsweisend für alle späteren Interpretationen des Themas."[494] In seiner Bearbeitung der Tragödie unter dem Titel *M* geht Tabori von zwei Notizen aus, die er dem Stück voranstellt. Sie besagen, daß die Ko-

---

491 Tabori, Betrachtungen über das Feigenblatt, 34.
492 Ebd.
493 Ders., Unterammergau, 27f.
494 Kindlers Neues Literaturlexikon, Bd. 5, 325.

rinther selbst die Kinder getötet hätten. Euripides sei von ihnen bestochen worden, die Schuld an deren Tod Medea zuzuschreiben. Diesen Subtext nutzt Tabori, um das Medea-Thema in seiner eigenen Lesart anzugehen. In *M* ist es Iason, der das Kind tötet, eine Variation der Ödipus-Sage.

> DER MANN Jetzt sind wir allein, wie am Anfang
> Im Kreis der Liebe
> Bevor er [das Kind] kam
> Und zerschlug den Kreis.
> Ich wollte immer der einzige sein.
> DIE FRAU Wie die Götter,
> Wie die Männer,
> Wie die Mörder.
> Jetzt bist du wieder der Einzige.[495]

- In seiner Bearbeitung von Lessings *Nathan der Weise* greift Tabori als Subtext auf eine Notiz zurück, die Lessings Zustand am Ende seines Lebens, als er den Nathan schrieb, beschreibt:

> „Lähmungen, Stocken der Rede, krankhafte Verwechslungen der Worte, Verstümmelung der Buchstaben beim Schreiben, die immer wachsende Schwierigkeit zu denken und zu arbeiten. Seine Stimme wurde ausdruckslos; er fürchtete, ganz zu erblinden. Er konnte nur noch mit äußerster Mühe gehen und atmen [...].“[496]

Lessings Zustand bildet einen starken Kontrast zum optimistischen Ende seines Stückes.
Der Konflikt der Personen, Kulturen und Religionen endet mit einem großen Versöhnungsfest aller.
Tabori knüpft an Lessings gesundheitlichen Zustand die Erinnerung an den Holocaust. In seinem Stück *Nathans Tod* ist das Sterben des Weisen der Anlaß zu einem Festgelage der übrigen.

> PATRIARCH *hebt sein Glas*
> Endlich verklingt
> Sein lächerliches Lied
> Das törrichte Märchen
> Über irgendwelchen Ring
> Wir werden es nie wieder hören.
> *Gläser klingen, Händeschütteln, Umarmung, Küßchen-Küßchen –*[497]

Die Intentionen des Euripides und Lessings sind für Tabori weniger von Belang. Er orientiert sich bei seinem Verständnis ihrer Themen an seinen eigenen Kon-

495 M 26.
496 NT 2.
497 NT 35.

texten, an dem immer wieder kehrenden Vater-Sohn-Konflikt und an der nationalsozialistischen Judenvernichtung. Er gibt den Themen in seinen Stücken eine Bedeutung, die diese aus sich heraus nicht intendiert haben. Die mit ihnen tradierten Subtexte allerdings eröffnen ihm die Freiheit, sie rätselhaft zu verfremden und sie auf neue Sinngehalte hin zu öffnen. Der Ausgang der Handlung beider Theaterstücke, des Euripides und Lessings, sind bekannt. Die Verfremdung, die sie in der Bearbeitung Taboris erfahren, provozieren jenen Schock, der zu einem sinnlichen Erinnern der Beziehungs- und Gewaltproblematik bei den Zuschauern führen soll.

4.3.3.3. Intertextueller Bewußtseinsraum – ein Beispiel anhand der *Goldberg-Variationen*

Die neunzehnte Szene der *Goldberg-Variationen* illustriert exemplarisch, wie Tabori in seinen Stücken ein Geflecht von Texten und Handlungsebenen konstruiert. Die verschiedenen Textebenen kommunizieren miteinander und bilden so jenes Phänomen ab, das zuvor mit dem Begriff der Intertextualität umschrieben wurde.

- Die Szene auf der Ebene des Theaterspiels beginnt mit den bei Proben üblichen Markierungsarbeiten. Es herrscht eine lockere Atmosphäre.
- Wenige Zeilen später wird deutlich, daß der Konflikt zwischen Mr. Jay und Goldberg endgültig in der Kreuzigungsszene ausgetragen wird.

> GOLDBERG Und wie lange soll ich hier oben hängen?
> MR. JAY Bis du gestorben bist.[498]

- Unmittelbar schließt sich die dritte Textebene an. Mr. Jay souffliert den Schauspielern den biblischen Text. Dieser wiederum wird durchsichtig auf den Konflikt von Regisseur und Assistent und enthält zudem eine verdeckte Anspielung auf die Judenverfolgung, wenn man den Kontext der vorangegangenen Szenen mit im Blick hat.

> MR. JAY Mehr Stimme, Goldberg.
> GOLDBERG Ich bin kein Schauspieler.
> MR. JAY Das war Er auch nicht.[499]

- Das Gespräch mit Mr. Jay und Raamah, die fünfte Ebene, ist eine lustige Theaterparodie, die, …

---

[498] GV 342.
[499] GV 342.

- ... auf einer sechsten Ebene, eine wesentliche Aussage über das Theater selbst macht.

> MR. JAY Das Theater ist die Kunst des Unmöglichen.[500]

Nach einer weiteren mehr parodistischen Einlage wieder eine philosophische Aussage über das Theater und das Leben:

> RAAMAH Bestehen Sie auf diesem furchtbaren Witz, – Nur wenn ich lache? Das ist geschmacklos.
> MR. JAY Das ist die Wahrheit immer.[501]

Mr. Jay führt den biblischen Text weiter, unterbrochen von einem kleinen Seitenhieb auf Goldberg.

> MR. JAY [...] Goldberg, ein mächtig aufs Märtyrertum versessener Masochist, lehnt ab [...].[502]

- Eine siebente Textebene setzt ein, der Vater-Sohn-Konflikt, in einer vierfachen Bedeutung:
  die theologische Frage: Warum läßt Gott-Vater Gott-Sohn leiden?;
  die zwischenmenschliche Beziehungsfrage: Warum besteht zwischen Vater und Sohn eine Art Haß-Liebe?;
  die persönliche Beziehung zwischen Mr. Jay und Goldberg;
  verdeckt, die Frage nach dem Scheitern des Juden.
- Eine achte Ebene ist der kurze Hinweis auf ein Passionsspiel in Mexiko. Ein Junge wird gekreuzigt und anschließend verstümmelt.

> MR. JAY Vor gar nicht langer Zeit gab es echte Passionsspiele in Mexiko. Jedes Jahr wurde ein Dorfjunge ausgesucht. Sie nagelten ihn ans Kreuz und ließen ihn dort zwei Tage oder länger hängen. Dann brachen sie ihm die Beine und schnitten ihm die Füße ab. Das war auch geschmacklos.
> *Er sticht mit der Lanze in Goldbergs Leber.*
> GOLDBERG *schreit* Eli, Eli, lama asabathni?
> *Blitz, Donner, Blackout*[503]

So kurz diese achte Ebene ist, so umfaßt sie doch thematisch alle anderen Ebenen. Sie aktualisiert die Kreuzigung Jesu. Sie stellt implizit die Theodizeefrage. Sie fragt nach den Ursachen menschlicher Grausamkeit. Sie spielt auf den Konflikt Jays mit Goldberg an. Sie trägt einen parodistischen Zug, weil Mr. Jay kurz zuvor Raamah auffordert, mit der Lanze vorsichtig zu sein, um sie anschließend in

---

500 GV 342.
501 GV 343.
502 GV 343.
503 GV 343.

Goldbergs Leber zu stechen. Sie verbindet die Kreuzigung Jesu mit der Kreuzigung Goldbergs und mit jeder Form der Gewalt gegen Menschen bis heute. Der abrupte Wechsel in die biblische Erzählung am Ende der Szene, in Verbindung mit dem Bericht über das Passionsspiel in Mexiko, erzeugt eine Schockwirkung, weil der Zuschauer nicht mehr realisieren kann, in welcher Textebene er sich befindet. Die Schlußsequenz hat alle Ebenen aktualisiert und konfrontiert den Zuschauer mit allen Formen von Gewalt und Konflikt. Die einzelnen Textebenen sind klar voneinander unterscheidbar. Jedoch verweist jede auf alle Ebenen. Vergangenheit und Gegenwart werden gleichzeitig.

Der biblische Text wird zum Medium, in dem sich eine Vielzahl von Konflikten unterschiedlichster Art darstellen läßt. Tabori präsentiert alle diese Ebenen als Variationen zwischenmenschlicher Konflikte. Enttäuschte Sehnsucht nach Liebe und eifersüchtiger Haß verursachen sie. Der Graben zwischen Sehnen und Erfüllung in der Liebe führt zu Enttäuschung und Haß.

„In den Goldberg-Variationen gelingt es Tabori aufgrund der genannten dramaturgischen Mittel [Variation und Improvisation], eine Intertextualität zu erzeugen, bei der die Zuschauer sich dazu veranlaßt sehen, die biblischen Episoden des Stückes durch die Perspektive des Holocaust und gleichzeitig den Holocaust durch die biblische Erzählstruktur zu interpretieren. Vergangenheit und Gegenwart werden in ein dramatisch-situatives Verhältnis gesetzt, ohne einen kausalen Zusammenhang herzustellen. Die dramatische Kraft dieser Strategie der Diskontinuitäten liegt nicht in der zu leistenden Ab- oder Nachbildung eines Verhaltens oder einer Situation, sondern in dem vom Zuschauer abverlangten Aushandeln eines neu entstehenden Diskurses [...]. In den Goldberg-Variationen führt Tabori vor, wie Subtexte einen intertextuellen Bewußtseinsraum entstehen lassen."[504]

4.3.3.4. Exkurs: Die Destruktion der Sprachspiele

Birgit Haas sieht in den Theaterstücken George Taboris Lyotards These vom Ende der „großen Erzählungen" in letzter Konsequenz durchgeführt, und zwar so, daß sich selbst die Metaerzählungen, die sich um das Theater ranken – Grausames, Heiliges, Armes, Episches, etc. Theater – mit den Mitteln des Theaters destruiert werden: „Sein Theater läßt sich als parodistische Destruktion des Theaters begreifen, die den Dissens und die daraus resultierende Verwirrung der Zuschauer zum elementaren Bestandteil seiner Arbeit gemacht hat."[505] Deren Ziel

504 Klaus van den Berg, Intertextueller Bewußtseinsraum, 195f.

505 Haas, Das Theater des George Tabori, 12.

ist nicht die gänzliche Beliebigkeit und Gleichgültigkeit aller Aussagen. „Tabori sagt nicht nichts, er tut nur so, als wollte er nichts sagen. Vielmehr zeigt sein Theater auf pointierte Weise die Unmöglichkeit von philosophischer Erkenntnis und moralischem Urteil, das immer auch ein Ver-Urteilen beinhaltet.“[506] „Taboris Theater kann als Reflex auf das chaotische Weltgeschehen der Moderne gelesen werden [...]. Erstarrte Denk- und Verhaltensmuster, die zu absurden Alltagssituationen führen, werden ohne moralische Intention zitiert und mittels ihrer Widersprüchlichkeit als reine Zeichen entlarvt“[507]: Der Begriff ‚gesund‘ geht auf in dem der Krankheit; das Fahrenlassen von Winden, ein Furz, hat genauso heilende Kräfte wie die Liebe; in Todesangst steckt Liebe zum Tod (*Die 25. Stunde*). Der messianische Weltenherrscher entpuppt sich als lebensuntüchtiger Versager; der allmächtige Gott erscheint in Gestalt eines gescheiterten Kochs; Passah, das Fest der Befreiung, wird zur Apokalypse der Vernichtung (*Mein Kampf*). Gelingen heißt Scheitern; Göttlichkeit als Inbegriff des vollkommen Guten führt zu Unmenschlichkeit; Blasphemie ist eine Form des Glaubens; Perfektion hingegen wird als blasphemisch gebrandmarkt (*Goldberg-Variationen*). „Während die Moderne an der Form festhält, löst die Postmoderne die Formen auf, indem sie nach dem Nicht-Darstellbaren sucht, das sich – so Lyotard – erst in der Zukunft abspielen wird. Das postmoderne Kunstwerk orientiert sich nicht an Regeln, sondern setzt seine Maßstäbe im Schaffensprozeß selbst. Es geht nicht um das Zusammenfügen einer Einheit, sondern um das Aufrechterhalten der Differenz. In diesem Sinn ist Taboris Zugriff auf die Welt ein entschieden postmoderner, da er jede Fiktion der Uniformität zugunsten einer Pluralität von Meinungen verabschiedet [...]. Die daraus resultierende Offenheit der Texte kann als Ausdruck der Toleranz verstanden werden, die keinem holistischen Erklärungsmodell den Vorrang einräumt, sondern alle Meinungen nebeneinander gelten läßt.“[508] Es gibt dabei keinen Bereich, der von dieser Destruktion nicht betroffen wäre, selbst das Theater muß sich im Theaterspiel seiner Lügen, Subtexte, seines beständigen Scheiterns bewußt bleiben. Dies kann es nur, wenn es auf der Bühne die Fiktion als Fiktion kenntlich macht. Heilige Zeichenhandlungen „dienen nur noch als Spielmarken. Mit der Verabschiedung traditioneller Gottes- und Glaubensvorstellungen verlieren sie ihre Bedeutung. Der religiöse Ritus gerät zur sinnentleerten Handlung. Vorgeführt werden auf der Bühne nur Bruchstücke, die mit Hilfe der Kombination anderer Zeichenhandlungen negiert werden [...]. Tabori kombiniert eine Fülle von Zeichen, die auf spielerisch-komische Weise in Kontrast geraten. Die verbalen wie non-verbalen Zitate aus allen Bereichen der modernen Kultur, der Philosophie oder des Theaters verlieren ihren Sinn. Da sie auf einen

---

506 Ebd.
507 Ebd., 33.
508 Ebd., 37.

widersprüchlichen Code hinauslaufen, reduzieren sie die Kultur auf eine leere Zeichenhaftigkeit und vereiteln jede sinnstiftende Lesart."[509] „An die Stelle der eindeutigen Interpretation tritt die Vielfalt der möglichen Deutungen [...], in seinen Stücken dominiert die Verrätselung des Selbstverständlichen, die den Zuschauer nicht belehren, sondern schockieren will."[510] Ergänzen müßte man, daß Tabori dieses Konzept verfolgt um der bruchstückhaften Bewahrung des Humanums willen, welches, nach Auschwitz, nur mehr als ein gescheitertes und scheiterndes gedacht und erfahren werden kann.

509 Ebd., 213.
510 Ebd., 215.

Kapitel 5

Literarische und theatrale Herkünfte und Leitbilder für Person und Werk George Taboris

Das Schwierige Theater

„Das Schwierige Theater"[511] nennt Tabori seine Versuche, die Aspekte des Scheiterns menschlichen Lebens auf der Bühne anschaubar zu machen im authentischen Scheitern des Schauspielers als Mensch in und an seiner Rolle. Er weiß sich in seinem Theaterverständnis und in seiner Arbeit mit den Schauspielern inspiriert und beeinflußt von Literaten und Schauspiellehrern. Dabei werden wir feststellen, daß in Zeiten des gesellschaftlichen Umbruchs und des kollektiven wie individuellen Identitätsverlustes auch die Frage nach Sinn und Aufgabe des Theaters gestellt wird, ob und wie es für die Menschen in ihrem Suchen und Fragen relevant ist bzw. wieder werden kann. In diesen Theaterkrisen versuchen Vertreter einer kleinen Avangarde, ihre Stücke so zu verfassen und die Darstellungsweise der Schauspieler so zu reformieren, daß das Theater einen existentiellen Bezug zur Lebenssituation der Menschen ihrer Zeit gewinnt. In diesen Übergängen kommt es jenen Theaterleuten vor allem darauf an, die Fragwürdigkeit und Absurdität des Daseins zu demaskieren, darzustellen und auszusprechen. Sich der Realität zu stellen, ist ihnen die Bedingung der Möglichkeit, nach gangbaren Wegen zu suchen, um sich zu ihr auf eine menschliche Art und Weise zu verhalten. Bei aller Gebundenheit an die gesellschaftlichen Verhältnisse und politischen Kontexte ihrer Zeit, verleiht ihr Bemühen um ein existentielles, lebensnahes Theater ihrem Wirken und Werk bleibende Aktualität. Das Aufdecken und Offenhalten der Fragen ist ihnen wichtiger, als sie vorab um einer oberflächlichen Beruhigung des Menschen willen mit herkömmlichen Antworten zu bedienen. Das, was Tabori an

---

511 „[...] mein Weg führte [...] in die Katakomben, d.h. in kaputte kleine Räume, in denen die Zuschauer uns genau sehen können, nicht größer und besser als die, die uns zuschauen [...]. Für mich begannen [...] nicht nur der Held und die Heldin zu sterben, der große Mime, der Star [...], sondern auch Beredsamkeit, Rhetorik, Arien, Pointen, elegante Choreographie und Arrangements, gewaltige Ausstattung; nicht das Arme Theater (Grotowski war auch nur so ein großer Zauberer mit seiner heiligen Bruderschaft von Superschauspielern, bis er offensichtlich das Leben entdeckte), aber das Schwierige Theater, das so einfach zu machen ist, vorausgesetzt, man ist ohne demokratische Sentimentalität bereit, den Schauspieler in jedermann zu entdecken und neue Wege zu entwickeln, die Fähigkeiten eines Menschen zu entwickeln und nicht die Tricks der Schauspieler." Tabori, Unterammergau, 18.

Shakespeare, Brecht und Beckett fasziniert, ist, daß sich diese Autoren mit ihrer ganzen Persönlichkeit in ihre Stücke eingebracht haben.

> „[…] ich versuche bei allem, was ich tue, […] den Weg zum Autor zu finden und nicht das Stück als ein unabhängiges literarisches Werk zu betrachten.“[512]

5.1. Vorbilder aus der Welt der Theaterliteratur

5.1.1. Das Moderne Theater – William Shakespeare (1564–1616)

5.1.1.1. Die aufbrechende Frage nach der menschlichen Identität

Die elisabethanische Renaissance war eine Zeit des Übergangs und des Umbruchs. „Die alten Identitäten waren aufgehoben, neue mußten noch erst gefunden werden.“[513] Das Kopernikanische Weltbild stellte die mittelalterliche Vorstellung von der Ordnung des Universums in Frage, die Reformation erschütterte die volkstümliche Vorstellung von der Sicherung des persönlichen Heils durch gute Werke und Geldgaben, „größere soziale Mobilität“[514] machte die starren Standesgrenzen der feudalen Gesellschaft durchlässig für Aufsteiger nichtadeliger Herkunft. Von den 150 000 Bewohnern Londons besuchten allwöchentlich schätzungsweise 15 bis 20 Prozent die Theater der Vorstädte.[515] Alle sozialen Schichten sprachen dieser Institution zu. „Das Theater erschien dem Zuschauer als der ideale Ort, an dem er sich spielerisch auf die Suche nach Identität begeben und neue Identitäten probeweise übernehmen und ausagieren konnte […]. Unter den elisabethanischen Dramatikern war es vor allem Shakespeare, der die Bühne als ‚Laboratorium‘ benutzte, in dem die Frage nach der Identität des Menschen experimentell geklärt werden sollte.“[516]

5.1.1.2. Die Tragik des Scheiterns in einer sinnentkleideten Geschichte

Die Dramen Shakespeares sind von einer bestimmten Auffassung des Tragischen geprägt. „Sie erwächst aus der Überzeugung, daß die Geschichte ohne Sinn sei, auf der Stelle trete, oder immer wieder in einem erbarmungslosen Zyklus sich wiederhole, daß sie eine elementare Kraft sei wie Hagel und Sturm, wie Geburt

---

512 Ders. in: Kässens, Die einfachste Stimme, die ich kenne, 47.
513 Fischer-Lichte, Geschichte des Dramas, Bd. 1, 102.
514 Ebd.
515 Vgl. ebd., 97.
516 Ebd., 103.

und Tod."[517] Angefangen vom König bis hin zum gedungenen Mörder huldigen alle dem „großen Mechanismus der Macht"[518]. Begierde und Haß sind seine Triebkräfte.[519] In den Königsdramen erzählt Shakespeare stets das gleiche Schema: Um einen verbrecherischen König zu entmachten, zwingt der Mechanismus der Macht den Aufbegehrenden, selbst Verbrechen zu begehen. So steht jeder König, dessen Amt ihn zum Hüter von Gesetz, Recht, Ordnung und Moral macht, schon vor seiner Thronbesteigung jenseits von Recht und Moral. Er muß notwendig an seiner Königswürde scheitern, weil der Teufelskreis des Machterhalts ihn dahin treibt, im Namen des Rechts gegen das Recht zu verstoßen. Das Ende der Könige in den Dramen Shakespeares: ein jeder Identität entkleideter, nackter, zerbrechlicher Mensch. „Auf den unerbittlichen Mechanismus der Macht blickt Shakespeare ohne das Entsetzen des Mittelalters und ohne die Illusion der frühen Renaissance. Die Sonne kreist nicht um die Erde, und es gibt weder eine Ordnung der Himmelsspähren noch eine Ordnung der Natur. Der König ist kein göttlicher Gesalbter, und die Politik ist nur die Kunst der Erringung und Erhaltung der Macht. Die Welt ist ein Schauspiel, ähnlich einem Gewitter oder einem Sturm."[520] Fehlt ein identitätsstiftender Wert und ein Ziel, auf das die Geschichte zustrebt, gibt es „nichts als den Großen Mechanismus, aber er ist nur eine grausame und tragische Farce."[521]

5.1.1.3. Die Tragödie und die Groteske

Diese Tragik hat Shakespeare konsequent zu Ende gedacht in seinem Drama *King Lear*. Die Tragödie setzt eine irgendwie bestimmbare Teleologie des Daseins voraus, und sei es, daß der Mensch willkürlichen Göttern unterworfen ist. Wo aber das Absolute, Transzendente selbst fragwürdig geworden ist, da wandelt sich das Tragische ins Groteske, weil alle zur Wahl stehenden Wege gleich-gültig, sinnentleert sind. „In der grotesken Welt gibt es kein absolutum, auf keinerlei absolutum läßt sich die Verantwortung für das verlorene Spiel abwälzen. Das Absolute ist mit keinen letzten Gründen begabt. Es ist lediglich stärker. Das Absolute ist absurd."[522] „Sowohl in der tragischen wie in der grotesken Welt sind Situationen auferlegt und geschehen zwangsläufig [...]. Das Aufgezwungene und Zwangsläufige der Situation bringt es mit sich, daß sowohl der tragische Held als auch der

517 Kott, Shakespeare Heute, 52f.

518 Ebd., 22.

519 „Shakespeare ist ein psychologischer Seher [...]. Er reduziert die Welt auf die elementarsten Kräfte, auf Haß und Begierde." Ebd., 62.

520 Ebd., 65.

521 Ebd., 56.

522 Ebd., 136.

Akteur der Groteske ihren Kampf mit dem Absoluten verlieren. Die Niederlage des Helden in der Tragödie bedeutet Bestätigung und Anerkennung des Absoluten, die Niederlage des grotesken Helden die Verhöhnung und Entweihung des Absoluten, die Umwandlung des Absoluten in einen blinden Mechanismus [...]. Die Tragödie ist in ihrer letzten Instanz das Urteil über das menschliche Schicksal, das Maß des Absoluten; die Groteske ist die Kritik am Absoluten im Namen der schwachen menschlichen Erfahrung. Deshalb ist es die Tragödie, die die Katharsis bringt; die Groteske vermag nicht zu trösten [...]. ‚Das Komische, unmittelbarer Einblick in das Absurde, enthält für mich mehr Verzweiflung als das Tragische. Das Komische ist ausweglos', schreibt Ionesco."[523]

5.1.1.4. Der Durchblick des Narren

Einzig der Narr vermag in diesem farcenhaften Spiel zu bestehen. „Er verwirft jeglichen Schein: den des Gesetzes, den der Gerechtigkeit und den der moralischen Ordnung. Er sieht die nackte Gewalt, die nackte Grausamkeit und die nackte Begierde. Er hat keine Illusionen und sucht keinen Trost in der Existenz einer natürlichen oder übernatürlichen Ordnung, in der das Böse bestraft und das Gute belohnt wird [...]. Der Narr weiß, daß der einzig wahre Wahnsinn die Anerkennung dieser Welt als eine vernünftige ist [...]. Die Welt steht kopf [...]. Der Narr bedient sich absurder Witze, der Dialektik und des Paradoxons. Die Sprache des Narren ist die [...] derjenigen Groteske, die die Absurdität der Selbstverständlichkeiten und die Absurdität des Absoluten durch eine große und allgemeine reductio ad absurdum sichtbar werden läßt."[524] Mit Ausnahme des Narren werden alle Charaktere in den Königsdramen ihrer Persönlichkeit entkleidet, weil sie letztlich nur dem sich immer wiederholenden Großen Mechanismus der Macht dienen. „Das ist eben jenes Zwiebelhäuten, shakespearisch und sarkastisch. Ein Enthäuten bis zum Ende, bis zu jenem leidenschaftlichen Nichts [...]."[525]

5.1.1.5. Das Animalische in der Liebe

Der Austauschbarkeit der tragischen Helden entspricht in den Komödien, wie dem Sommernachtstraum, die Austauschbarkeit der Liebenden. „Der Partner trägt keinen Namen mehr, er besitzt nicht einmal mehr ein Gesicht. Er ist nur am näch-

---

[523] Ebd., 137.
[524] Ebd., 169f.
[525] Ebd., 159.

sten."[526] „Im Sommernachtstraum bleibt vom Liebeswahn nur die Plötzlichkeit der Begierde [...]. Und wohl in keiner Tragödie oder Komödie [...] ist die Erotik so brutal wie hier."[527] Titania entbrennt in Liebe zu dem in einen Esel verwandelten Zettel. Der Zauber des teuflischen Harlekins Puck hat dies bewirkt. In diesem Traum der Leidenschaft wird Titanias Begehr nach animalischer Liebe offenbar. „Der Traum einer Sommernacht, zumindest aber jener Traum, der uns am modernsten und entdeckerischten dünkt, ist ein Durchqueren des Tierischen."[528]

5.1.1.6. Tabori und Shakespeare

Was Tabori mit Shakespeare verbindet, ist das Bewußtsein, in einer Zeit des Übergangs und der Umbrüche zu leben. Beide versagen sich dem Bedürfnis der Verunsicherten, ihnen Identifikationsmöglichkeiten zu bieten und ihre Sinnfragen mit konkreten Antworten zu bedienen. Durch Tabubrüche und Desillusionierung machen sie das Scheitern der bisher geltenden, sinnstiftenden Systeme offenkundig und zwingen den Zuschauer, der Realität eines absurden Daseins nüchtern sich zu stellen, das ihn zu beständigem Scheitern disponiert. Auch im Entkleiden der Liebe vom Pathos erhabener Gefühle und im Enttarnen ihrer Triebhaftigkeit treffen sich beide.

> „Um es naiv zu sagen: wir haben entdeckt, daß Shakespeare der größte Spezialist der Liebe ist, tiefer und weiter, höher und niedriger, sprühender in seiner Lyrik oder erbarmungsloser in seinem Realismus, ein mächtigerer Heiler des Verlorenen und Zerstörer von Illusionen, kurz gesagt gefährlicher als die großen Griechen, [...] wenn es ums Verherrlichen, Hohnlachen, Auseinandernehmen und Zusammensetzen geht, ums Weinen-Lachen und ums Schreien-Flüstern bei dieser Sache, die wir Liebe nennen, [...]. Ein weiteres Hätschelkind der Schulen ist ‚Heinrich V.', in dem sich Chauvinismus mit den schweinischsten Dopeldeutigkeiten des Gesamtwerks paart. Ganz zu schweigen vom ‚Sommernachtstraum', der normalerweise als eine Art Weihnachtsmärchen aufgeführt wird und nicht als die perverseste Poussiererei, zum Bersten gefüllt mit Sodomie [...]. Seine Wahrheit ist ‚schrecklich' und klärt daher auf [...]. Seine Wahrheit ist, oh weh!, das Aufdecken der Lüge [...]. Er ist *der* apokalyptische Dichter [...]. Apokalypse, die griechische Übersetzung des hebräischen Wortes *gala*, bedeutet Enthüllung: die der religiösen Mysterien und die der Schamteile. Er reißt Masken und – gefährlicher – unsere Feigenblätter herunter. Seine Bedrohungen sind heilsam; sie stellen die uralte Einheit von Theater und Therapie, Kult und Paarung wieder her; [...]. Er war [...] der erste, der das Klischee vom komischen jüdischen Schurken in ein Opfer, das zukünftige Shoa erahnen ließ, verwandelte, und er war seiner rassistischen Zeit Jahr-

526 Ebd., 219.
527 Ebd., 217f.
528 Ebd., 224.

hunderte voraus, als er einen schwarzen Mann und eine weiße Frau im laszivsten Stück , das je geschrieben wurde, zusammen ins Bett steckte [...]. Shakespeares Antworten geben keine Gewißheiten – sie stellen Fragen [...]. Seine gesegnete Drohung besteht im ständigen Eindringen seiner Realität in unsere eigene, anders ausgedrückt, er penetriert uns. Wenn wir bereit sind, eine Liebesaffäre mit ihm zu beginnen – d.h. mit unserem dritten Ohr zu hören, unserem Geschlecht zu denken, unseren Gedärmen zu fühlen, unserem Herzen zu riechen –, müssen wir zwangsläufig durch ein tiefes Loch, umwandet mit Spiegeln, in unsere eigene Biographie hineinfallen. Dort treffen wir auf unsere geheimen Ichs – [...].“[529]

5.1.2. Das Theater der Grausamkeit – Antonin Artaud (1896–1948)

5.1.2.1. Die Determination der Welt zum Widerspruch

Anfang bis Mitte der dreißiger Jahre des vorigen Jahrhunderts hat Antonin Artaud in seinen Schriften den Begriff vom „Theater der Grausamkeit“ geprägt.

Der Kosmos unterliegt einem beständigen Fluß des Werdens und Vergehens. Ordnung zerfällt im Chaos, Chaos gebiert neue Ordnung. Das eine ensteht um den Preis der Zerstörung eines anderen. Etwas wird nur dann verstanden, wenn es mit seinem Gegenteil in Beziehung gesetzt wird. Es herrscht eine „nicht umkehrbare, absolute Determination“[530] zu unversöhntem Widerspruch. Qua Existenz willigen alle Lebens- und Daseinsformen in diese – im weitesten Sinne des Wortes – Grausamkeit eines immerwährenden, unentrinnbaren Werden-Vergehen-Zusammenhangs ein. „Ich gebrauche das Wort Grausamkeit im Sinne von Lebensgier, von kosmischer Unerbittlichkeit und erbarmungsloser Notwendigkeit [...], außerhalb dessen unabwendbarer Notwendigkeit das Leben unmöglich wäre.“[531]

Der fortwährende Übergang des einen ins andere, die Koinzidenz der Gegensätze und die Zeitlosigkeit dieses kosmischen Ablaufs relativieren alle Begriffe, Gefühle, Werte und Daseinsformen. „Der Tod ist Grausamkeit, die Auferstehung ist Grausamkeit, die Verklärung ist Grausamkeit, denn nach allen Richtungen hin gibt es in einer geschlossenen zirkulären Welt keinen Platz für den wahren Tod, [...] denn der geschlossene Raum ist erfüllt von lauter Leben, und jedes stärkere Leben geht durch andre hindurch, frißt sie also auf in einem Massaker, das eine Verklärung, ein Gutes darstellt.“[532]

---

529 Tabori, Betrachtungen über das Feigenblatt, 103–109.
530 Artaud, Das Theater und sein Double, 110.
531 Ebd.
532 Ebd., 111f.

5.1.2.2. Eine Metaphysik des Chaos

Das metaphysische Wesen des Daseins ist Konflikt, Kampf, Chaos, das Böse. Die archaischen Mythen erzählen unzensiert in Bildern und Fabeln von dieser kosmischen Metaphysik. Sie eignen sich, nach Artaud, bei weitem besser zur Beschreibung der Wirklichkeit als die Vernunft in ihrer Eigenart, alles erklären, alle Ursächlichkeiten benennen, alle Widersprüche harmonisieren und die Emotionen ausschalten zu wollen. Das Individuum interessiert die mythische Erzählung nur insofern, als sich in seinem Lebensschicksal die zuvor beschriebene Determiniertheit des Kosmos widerspiegelt. Wie in der griechischen Tragödie wird derjenige der Katharsis teilhaftig, der darin einwilligt, daß das Gelingen und Scheitern seines Lebens nicht in seiner eigenen Verfügungsgewalt liegt, sondern von undurchschaubaren Gesetzen vorherbestimmt ist, dem die Götter ebenso unterworfen sind, wie der Kosmos und der Mensch. „Diese Realität aber ist nicht human, sondern inhuman, und der Mensch mit seinen Sitten und Gebräuchen oder mit seinem Charakter zählt in ihr, es muß gesagt werden, sehr wenig."[533]

5.1.2.3. Mythos und Theater

Das Wort ist ein Instrument der Ratio. Der Mythos bringt sich vornehmlich durch Gebärden, Laute, Stimmungen, Atmosphären, Gefühle zum Ausdruck und schafft so Bilder und Träume, in denen sich die kosmischen Urkonflikte artikulieren. Sie aktualisieren sich in unendlichen Variationen in der jeweiligen geschichtlichen Realität, sind aber von ihrem metaphysischen Wesen her stets dieselben.

Der Wert des Mythos liegt darin, daß der Mensch die Determination des Kosmos und seines Lebens erkennt, und ihm Bilder angeboten werden, in denen er angesichts einer inhumanen Realität einen emotionalen Anknüpfungspunkt für seine eigenen Ängste und Aggressionen findet. Dem im Kultisch-Religiösen beheimateten Mythos wohnt eine magische Kraft der Lebensbewältigung inne.

Das zeitgenössische Theater Artauds, so seine Kritik, hatte sich dem Rationalen, dem Individuellen, dem Primat des Wortes und der psychologischen Erklärung der Seelenzustände verschrieben. Es mißachtete die kosmischen Gesetzmäßigkeiten, es verdrängte das Gefühl und schuf die Illusion einer humanisierbaren Welt. Das Theater schied sich vom Leben ab. Statt mythischer Darstellung bot es rationale, psychologisierende Künstlichkeit. An die Stelle des kosmischen Ganzen setzte es das Individuum. Es wurde zur Kopie, zum Double, der sattsam bekannten Realität, langweilig, realitätsnah, aber lebensfremd, weil ohne Geheimnis,

---

533 Ebd., 52.

ohne tieferen Einblick in das metaphysische Wesen des Daseins. Artaud dagegen begreift das Theater als Fortführung der Schöpfung und ihrer elementaren Widersprüche:„Und das Theater im Sinne fortgesetzter Schöpfung und völlig magischer Handlung gehorcht dieser Notwendigkeit [der kosmischen Determination].“[534] Artaud vergleicht die Wirkung des Theaters, wie er es sich wünscht, mit derjenigen der Pest. Wie jene verheerende Seuche zur Auflösung der Ordnung eines Gemeinwesens führt und anarchischer Willkür der gegen den Tod aufbegehrenden Menschen Tür und Tor öffnet, so übergibt sich ein Schauspieler der Raserei seines Gefühles und zieht das Publikum in dessen Sog mit hinein. Wie die Organe eines von der Pest Befallenen intakt bleiben, so verändert sich auch die materiale Wirklichkeit für den Schauspieler nicht. Er übergibt sich seinen Gefühlen, geht zwar körperlich unversehrt aus dem Bühnenexzeß heraus, riskiert jedoch eine Krise des Geistes und der Emotion auf der Suche nach einem kathartischen Erlebnis der Reinigung von jenem inneren Chaos, das eine durch und durch determinierte, unmenschliche Welt in ihm auslöst: „Wie die Pest ist das Theater eine Krise, die mit dem Tod oder der Heilung endet. Und die Pest ist ein höheres Leiden, weil sie eine vollständige Krise ist, nach der nichts übrig bleibt als der Tod oder eine Läuterung ohne Maß. So ist auch das Theater ein Leiden, denn es stellt das höchste Gleichgewicht dar, das nicht ohne Zerstörung erreichbar ist. Es lädt den Geist zu einer Raserei ein, die zu einer Steigerung seiner Energien führt; und schließlich kann man sehen, daß vom menschlichen Standpunkt aus die Wirkung des Theaters wie die der Pest wohltuend ist; denn indem sie die Menschen dazu bringt, sich zu sehen, so wie sie sind, läßt sie die Maske fallen, deckt sie die Lüge, die Schwäche, die Niedrigkeit, die Heuchelei auf; sie schüttelt die erstickende Trägheit der Materie, die sogar der klarsten Gegebenheiten der Sinne sich bemächtigt; und indem sie den Kollektiven ihre düstere Macht, ihre verborgene Stärke offenbart, fordert sie sie auf, angesichts des Verhängnisses eine überlegene, heroische Haltung einzunehmen, zu der sie ohne sie niemals gefunden hätten.“[535]

5.1.2.4. Der religiöse Charakter des Theaters

„Um nun den angestrebten kathartischen Effekt erzielen zu können, soll das Theater beim Zuschauer ‚Trancezustände‘ erzeugen, damit es um so leichter direkten Zugang zu seinem Unterbewußten erhält.“[536] Der Schauspieler agiert als Hieroglyphe in einem streng ritualisierten Spiel, er entkleidet sich seiner Individualität, um unter einem Kostüm und hinter einer Maske verborgen in einer In-

---

534 Ebd., 111.
535 Ebd., 34.
536 Fischer-Lichte, Geschichte des Dramas, Bd. 2, 185.

szenierung aus Licht, Klang, Verkleidung, Dekoration und stimmlicher Artikulation mythische Urkonflikte und Urängste darzustellen, befreit von einer sekundären geschichtlichen Realität und gerade dadurch lebensnah, weil archaisch, magisch und mythisch. „Es [die Eroberung Mexikos; das erste Schauspiel des ‚Theaters der Grausamkeit'] wird Begebenheiten und nicht Menschen inszenieren. Die Menschen mit ihrer Psychologie und ihren Leidenschaften werden ihren Platz finden, doch werden sie aufgefaßt werden als Emanationen bestimmter Kräfte und unter dem Blickwinkel der Begebenheiten und der historischen Schicksalsfügung, in der sie ihre Rolle gespielt haben."[537]
Solches Theater ist religiös und heilig. Es heilt die Trennung von Verstand und Gefühl, von Mythos und Vernunft, von Gut und Böse durch das extatische Erleben der unbedingten Notwendigkeit des Faktischen. Weil das Christentum dem Wort verpflichtet ist, dem inkarnierten Logos, erscheint es Artaud den von ihm kritisierten lebensfeindlichen rationalistischen und individualistischen Tendenzen in Gesellschaft und Theater nahe verwandt, vielleicht sogar in einem ursächlichen Zusammenhang zu stehen. „Sie [die Eroberung Mexikos] konfrontiert das Christentum mit sehr viel älteren Religionen. Sie deckt die falschen Auffassungen auf, die sich das Abendland vom Heidentum und von bestimmten Naturreligionen hat bilden können, und sie stellt auf pathetische, leidenschaftliche Weise die Pracht und stets aktuelle Poesie der alten metaphysischen Grundlagen heraus, auf denen jene Religionen errichtet sind."[538]

5.1.2.5. Tabori und Artaud

Artauds Begriff der Grausamkeit beschreibt eine Wirklichkeitsdimension des Konfliktes und der Unmenschlichkeit. Ihr wohnt dionysische Lebensgier inne. Unordnung und Katastrophe werden zwar in ihrem Ernst bedacht. Artaud setzt den Akzent jedoch auf die diesem kosmischen Drama entspringende Lebenslust. Hier vermag ihm Tabori angesichts der neuen Dimensionen der Grausamkeit gezielter Menschenvernichtung des Dritten Reiches wie der Katastrophe des Zweiten Weltkrieges nicht mehr zu folgen. Die Selbstvergessenheit des Individuums im emotionalen Rausch seines Eintauchens in die konfliktschwangere, grausame kosmische Metaphysik ist durch die realen Ereignisse überholt worden. Auschwitz als konkrete geschichtliche Wirklichkeit steht für eine so noch nie dagewesene Grausamkeit.

---

537 Artaud, Das Theater und sein Double, 135.
538 Ebd., 136.

„Auf dem Höhepunkt der schönsten Erfahrung meines Theaterlebens nahm ich auch seine Nutzlosigkeit für mich wahr [...], was mich in diesem Moment einer einzigen Beerdigung traf, war der Tod vieler Dinge: meine eigene täppische Suche nach Erhabenheit, [...] die Hoffnung auf ein großes und heiliges Theater, auf den Künstler, der ein Virtuose ist, ein Zauberer, ein Schamane, all diesen Scheiß des 19. Jahrhunderts und früherer Zeiten von der Überlegenheit der Kunst über das Sein, mit dem besonderen Anspruch auf eine Wahrheit, die größer und besser sei als die, die unsere kleinen Leben, [...] bieten können [...], wie Prospero war ich nur krank und müde von all den Zaubertricks, von schneebedeckten Palästen, von all den Theater-Kathedralen; mein Weg führte von nun an in die Katakomben, d.h. in kaputte kleine Räume, in denen die Zuschauer uns genau sehen können, nicht größer und besser als die, die uns zuschauen [...].“[539]

Mit Artaud fordert Tabori die Aufhebung der Trennung von Theater und Leben, die enttabuisierende, durch Schock aufdeckende Wirkung des Theaters. In Distanz zu ihm sucht Tabori das geschundene Individuum als humanes zu bewahren, setzt auf die therapeutische Wirkung des spielerischen Durchlebens psychischer Prozesse, lehnt ein ritualisiertes Theaterspiel um metaphysische Wesenheiten ab und propagiert statt dessen eine Inszenierung der Grausamkeit des Scheiterns konkreter Figuren, dargestellt von Schauspielern, deren Persönlichkeit in die Rolle notwendig und unverzichtbar einfließt. Nur noch ironisch vermag Tabori sich auf Artaud zu beziehen:

MR. JAY Falls es euch entgangen ist, wir machen hier ‚Theater der Grausamkeit‘.[540]

5.1.3. Das Epische Theater – Bertolt Brecht (1898–1956)

5.1.3.1. Die Rolle des Kollektivs für den Weg des einzelnen

Bertolt Brecht sieht das dramatische Theater seiner Zeit der Langeweile und Belanglosigkeit anheimgefallen. Alte Stücke erfuhren traditionelle Aufführungen, neue Werke wurden nach alter Manier inszeniert. Die Effekte einer revolutionierten Bühnen- und Beleuchtungstechnik vermochten nur zeitweilig die inhaltliche Musealität der Inszenierungen zu kaschieren. „Im allgemeinen kann man sagen, daß die Experimente zur Hebung der Amüsierkraft des Theaters keineswegs resultatlos geblieben sind. Sie haben besonders zum Ausbau der Maschinerie geführt.“[541]

---

539 Tabori, Unterammergau, 17f.
540 GV 336.
541 Brecht, Über experimentelles Theater, 105.

Kurz: Neue Zeiten erfordern ein neues Theater. Als Kennzeichen jener neuen Zeiten gilt Brecht, daß der bürgerliche Individualismus sich nicht mehr halten ließ. Der einzelne kann nur noch aus seinen sozialen Beziehungen, aus dem Kollektiv heraus verstanden werden. Nicht seine Individualität bestimmt sein Wesen, sondern das gesellschaftspolitische Beziehungsgeflecht. Jene Beziehungen sind jedoch keine persönlichen, sondern Warenbeziehungen: Jeder benutzt aus der Not heraus den anderen zur Befriedigung seiner Bedürfnisse.[542] Diese wissenschaftlichen Erkenntnisse, welche Brecht aus dem Studium ökonomischer Schriften und der des Marxismus gewonnen hatte, stellten Forderungen an eine Neudefinition der Aufgaben des Theaters. Brechts „Theater soll zum Laboratorium werden, in dem auf experimentellem Weg die Bedingungen zu ermitteln sind, von denen das Zusammenleben der Menschen, ihre Beziehungen untereinander bestimmt werden und abhängen."[543] „Wenn die Bemühungen [des Theaters, Amüsement und Belehrung sinnvoll aufeinander zu beziehen] einen sozialen Sinn bekommen sollen, so mußten sie das Theater am Schluß instand setzen, mit künstlerischen Mitteln ein Weltbild zu entwerfen, Modelle des Zusammenlebens der Menschen, die es dem Zuschauer ermöglichen konnten, seine soziale Umwelt zu verstehen und sie verstandesmäßig und gefühlsmäßig zu beherrschen."[544]

5.1.3.2. Das Ziel: die veränderbare Welt in den Blick rücken

Dem dramatischen Theater stellt Brecht seine Konzeption des epischen, experimentellen Theaters gegenüber: Anstatt sich mit dem Helden der Tragödie gefühlsmäßig zu identifizieren, die Notwendigkeit seines Schicksals und Scheiterns zu bejahen und so einzuwilligen in den status quo des Faktischen, fordert Brecht ein Theater, das dem Zuschauer die Handlung eines Stückes derart präsentiert, daß jener die Welt als eine veränderbare, gestaltbare begreift. „*Der Zuschauer des dramatischen Theaters sagt*: Ja, das habe ich auch schon gefühlt. – So bin ich. – Das ist nur natürlich. – Das wird immer so sein. – Das Leid dieses Menschen erschüttert mich, weil es keinen Ausweg für ihn gibt. – Das ist große Kunst: da ist alles selbstverständlich. – Ich weine mit den Weinenden. Ich lache mit den Lachenden.

Der Zuschauer des epischen Theaters sagt: Das hätte ich nicht gedacht. – So darf man es nicht machen. – Das ist höchst auffällig, fast nicht zu glauben. – Das muß

---

542 „[...] daß der Mensch an sich, ohne soziale und ökonomische Bezüge, nichts ist [...], sondern erst durch die Beziehungen etwas wird, in die er eintritt; sie weisen diese Beziehungen nicht als primär humane, sondern als Warenbeziehungen aus [...]. Jeder Wechsel der Beziehung führt [...] zu einer Veränderung der Person (als Sache). Fischer-Lichte, Geschichte des Dramas, Bd. 2, 225.

543 Ebd., 221.

544 Brecht, Über experimentelles Theater, 111.

aufhören. – Das Leid dieses Menschen erschüttert mich, weil es doch einen Ausweg für ihn gäbe. – Das ist große Kunst: da ist nichts selbstverständlich. – Ich lache über den Weinenden, ich weine über den Lachenden."[545]
Solches, eben episches Theater im Sinne Brechts verändert das Bewußtsein durch künstlerische Beschreibung der Welt, wie sie im Lichte der Wissenschaft sich darbietet. Statt sich emotional in die Handlung des Stückes fallen und dadurch gefangennehmen zu lassen, wahrt episches Theater die Distanz. Der Zuschauer ist das Gegenüber des Stückes. Das soll ihm einen Freiraum eröffnen, um in kritischem Abstand zur Handlung auf der Bühne Handlungsalternativen zu entwerfen, die die Beziehungen, in denen er steht, und damit ihn selbst verändern. „Heute, wo die ‚freie' Einzelpersönlichkeit zum Hindernis einer weiteren Entfaltung der Produktivkräfte geworden ist, hat die Einfühlungstechnik der Kunst ihre Berechtigung eingebüßt. Die Einzelpersönlichkeit hat ihre Funktion an die großen Kollektive abzutreten [...]. Die theatralischen Künste [...] müssen ihr Monopol auf die keinen Widerspruch und keine Kritik duldende Führung des Zuschauers aufgeben und Darstellungen des gesellschaftlichen Zusammenlebens der Menschen anstreben, die dem Zuschauer eine kritische, eventuell widersprechende Haltung sowohl den dargestellten Vorgängen als auch der Darstellung gegenüber ermöglichen, ja organisieren."[546]

Das Prinzip der Einfühlung wird durch das der Verfremdung (V-Effekt) ersetzt. „Einen Vorgang oder einen Charakter verfremden heißt zunächst einfach, dem Vorgang oder dem Charakter das Selbstverständliche, Bekannte, Einleuchtende zu nehmen und über ihn Staunen und Neugierde zu erzeugen."[547]

5.1.3.3. Schauspielkunst und Zuschaukunst

Das epische Theater bedarf einer spezifischen Schauspielkunst ebenso wie einer besonderen Zuschaukunst.[548] In seiner Rolle hat der Schauspieler „das gesellschaftliche Zusammenleben der Menschen zu zeigen"[549], denn die von ihm darzustellende Figur enthüllt ihren Charakter erst im Zusammenspiel mit den anderen Figuren, die durch die Handlung des Stückes miteinander in Beziehung gesetzt werden und sich so in ihrer Persönlichkeit konstituieren. Der Schauspieler eignet sich seine Rolle dialektisch an. Er fühlt sich in sie ein und geht gleichzeitig auf

545 Ebd., 82.
546 Ebd., 64f.
547 Ebd., 117.
548 Vgl. Brecht, Über den Beruf des Schauspielers, 7.
549 Ebd., 9.

Distanz zu ihr. Er achtet beim Studieren und Repetieren des Textes darauf, wo der Text der Rolle in Widerspruch zu seiner eigenen Lebensauffassung tritt, wo er ins Staunen gerät, wo die gesellschaftliche Meinung den Aussagen des Dichters widerstreitet. So entwickelt er schon während der Aneignung der Rolle Alternativen zu den Handlungen seiner Figur und trachtet danach, sie im Gestus nonverbal anschaulich zu machen. „*Das Nicht-Sondern* Der Schauspieler soll bei allen wesentlichen Punkten zu dem, was er macht, noch etwas ausfindig, namhaft und ahnbar machen, was er nicht macht [...]. Gemeint ist: Der Schauspieler spielt, was hinter dem *Sondern* steht; er soll es so spielen, daß man auch, was hinter dem *Nicht* steht, aufnimmt.“[550]

Der Text seiner Rolle und sein interpretativer Gestus sind Thesis und Antithesis jener dialektischen Spannung, in die der Zuschauer hineingenommen werden soll, um, in kritischer Distanz zu beiden, nachdenkend seine eigene Synthesis zu formulieren. „Der ‚These‘ der bestehenden Verhältnisse setzt das Theater die ‚Antithese‘ seiner Modellbildungen entgegen; aus beiden muß der Zuschauer durch konkrete Veränderung eine Synthese herstellen, auf die sich das Theater wiederum mit einer Antithese beziehen kann usf. ad infinitum.“[551] „Warum sollte der Schauspieler dem Zuschauer nur die Gelegenheit zu einem Erlebnis verschaffen, wenn er ihm die zu einer Erkenntnis verschaffen kann?“[552]

„Brechts Theater geht von den Menschen in den bestehenden bürgerlichen Verhältnissen aus und fordert die Zuschauer auf, durch dialektische Vermittlungsprozesse, die er selbst zwischen Wirklichkeit und Bühnenvorgängen, zwischen Bühnenvorgängen und Wirklichkeit aktiv vollziehen muß, die ‚Welt‘ zu verändern: d.h. die gesellschaftlichen Bedingungen dafür herzustellen, daß der Mensch aufhören kann, dem Menschen ein Wolf zu sein, und in humane, in authentische zwischenmenschliche Beziehungen eintreten kann – die Bedingungen für das Entstehen des neuen Menschen.“[553]

5.1.3.4. Tabori und Brecht

Tabori traf Brecht 1947 in Los Angeles.

> „Ich bin Brecht dreimal begegnet, häufiger nicht. Von seinem sprichwörtlichen Charisma habe ich nur wenig bemerkt. Ich wußte bis dahin noch wenig von ihm, die ‚Dreigroschenoper‘ kannte ich, sonst eigentlich nichts.“[554]

---

550 Ebd., 32.
551 Fischer-Lichte, Geschichte des Dramas, Bd. 2, 238.
552 Brecht, Über den Beruf des Schauspielers, 32.
553 Fischer-Lichte, Geschichte des Dramas, Bd. 2, 239.
554 Tabori. In: Gronius/Kässens, Theatermacher, 163.

Er brachte an einer amerikanischen Übersetzung der Dreigroschenoper für eine Theateraufführung Korrekturen an.

> „Das war meine erste Begegnung mit einem Brecht-Text. Ich habe später viel Brecht übersetzt, ‚Mutter Courage', ‚Arturo Ui', ‚Die Gewehre der Frau Carrar', ‚Flüchtlingsgespräche' und auch viele Gedichte. Wir haben in New York einen Brecht-Abend mit frühen Texten inszeniert, ‚Brecht und Brecht', eine Art Collage, um ihn vorzustellen, denn er war außer zwei, drei Kritikern kaum bekannt."[555]

Tabori lernt viel von Brecht.

> „‚Kannibalen' enthält gewisse Brechtsche Elemente, Brüche, Verfremdungen usw. Dann habe ich auch vieles falsch verstanden, aber auch das war nicht schlecht, vielleicht produktiver im Mißverstehen."[556]

Er macht die Erfahrung, Brecht'sche Stücke meist nur dann gut inszenieren zu können, wenn er den Vorgaben Brechts folgt. Was auf der Strecke bleibt, ist die für Tabori so wichtige Improvisation, die Suche nach den Subtexten.

> „Das Problem mit Brecht ist, daß die Versuche, von den Modellen wegzugehen, bisher, soweit ich weiß, nicht sehr erfolgreich waren. Und wenn man den Modellen folgt, dann bleibt lediglich die Imitation."[557]

Im Vergleich zwischen beiden hat Birgit Haas folgende Unterschiede herausgearbeitet, die jedoch vor dem Hintergrund unserer Analysen einer Modifikation bedürfen:

- „Während Brecht das Theater als ‚Kolloqium über Geschichte' begreift und seine Theatersemiotik darauf abstellt, intendiert Tabori keine Belehrung, sondern eine Verwirrung der Zuschauer. Seine Theaterstücke lassen sich nicht nach ihrem Gehalt an historischer ‚Wahrheit' messen."[558] Gleichwohl jene Verwirrung auch eine Belehrung enthält, weniger auf dem Gebiet verstandesmäßiger Einsicht, als auf der Ebene emotionaler Erinnerung und Aufarbeitung. Tabori erweitert den Begriff der historischen Wahrheit um jene Wahrheiten (Wirklichkeiten) im Bereich der Psyche, in der Realität und Fiktion, Lüge und Wahrheit bis zur Unkenntlichkeit ineinander verwoben sind.

  > „Die Polemik und der Antipsychologismus sind ein psychologisches Problem von Brecht. Ich sehe die Alternative [zur psychologischen Interpretation von Autor und Werk] nicht. Brecht psychologisiert ja auch in seinen Werken [...]. Ich nehme an, daß er gegen gewisse Seelenkotzereien der zwanziger und dreißiger Jahre war.

---

[555] Ebd.
[556] Ebd., 163f.
[557] Ebd., 164.
[558] Haas, Das Theater des George Tabori, 41.

Natürlich hat er sich gegen Ibsen, Tschechow und Hauptmann gewehrt. Man reagiert ja immer auf eine Tendenz."[559]

- „Im Gegensatz zum Epischen Theater kann von rationaler Erkenntnis der eigenen Situation keine Rede sein. Geschichte ist [bei Tabori] nicht einsehbar, sondern präsentiert sich als Folge absurder Zufälle [...]. Denn die einzelnen Handlungsschritte bauen nicht kausal aufeinander auf, wie dies Brecht einfordert, sondern folgen dem Prinzip der Willkür."[560] Auch diese Aussag muß hinsichtlich ihrer Totalität eingeschränkt werden. Die geschichtlichen Ereignisse mögen willkürlich bei Tabori aufeinanderfolgen, doch dieser scheinbaren Beliebigkeit liegt eine geschichtliche Kausalität zugrunde: die des Scheiterns in der Lebensgeschichte jedes Individuums wie auch der Geschichte der Menschheit als solcher.[561]
- „Während das epische Theater eindeutig für den Typus votiert, vermischt Tabori Typisiertes und Privates zu einem dichten Geflecht von Anspielungen, die sich im Mutter-Sohn-Dialog [in *Mutters Courage*] gegenseitig aufheben."[562] Weil Tabori den Autor in seinem Werk entdecken will, ist in seinen eigenen Theaterstücken natürlich Typisches mit Privatem eng verbunden. Zu fragen wäre jedoch, ob nicht gerade der Typus durch eben jene Mischung noch verstärkt und radikaler zur Geltung gebracht wird. Denn vor dem Hintergrund der therapeutischen Intention der Theaterstücke Taboris relativieren und verstärken sich beide Bereiche gegenseitig, um jene Verwirrung hervorzurufen, die den Zuschauer animieren soll, dem eigenen Lebensschmerz nachzuspüren.
- „In Taboris Theater wird nicht der Gestus des Zeigens vorgeführt, sondern das Schauspiel zerstört."[563] Diese Aussage gilt allenfalls für den ersten Eindruck, den die Theaterstücke Taboris vermitteln: Das Theater wird im Theater selbst Gegenstand der Persiflage und Ironisierung. Bedenkt man aber die Aussage Taboris, daß das Theater heilig sei, weil es das Leben, so wie es ist, in seiner Fragmentisierung als „Ganzes" zur Darstellung bringt, dann wird man weniger von der Zerstörung des Schauspieles sprechen können, als von seiner Legitimation, weil es sich, nach Taboris Meinung, als einziges Medium getraut, jene unverdauliche und tabuisierte Wahrheit über das menschliche Leben unter dem Aspekt des Scheiterns zur Anschauung zu bringen.
- Die Differenz zwischen Tabori „und Brecht liegt in der Darstellung von Realität. Taboris Theater bietet statt soziologischer Modelle einen Blick in den Zerr-

---

559 Tabori. In: Gronius/Kässens, Theatermacher, 165f.
560 Haas, Das Theater des george Tabori, 57.
561 Ausdruck dieser Kausalität, die Tabori über das Scheitern in die ansonsten beliebigen historischen Ereignisse einflicht, sind z.B. die *Goldberg-Variationen*. Das Scheitern der biblischen Figuren ist seinem Wesen nach das gleiche wie der des Theaterstückes.
562 Haas, Das Theater des George Tabori, 61.
563 Ebd., 67f.

spiegel. Die Perspektive ist nicht mehr optimal auf den Rezipienten zugeschnitten, [...]. Vielmehr stiftet Tabori Verwirrung, weil er statt einer Geschichte viele kleine Geschichten erzählt."[564] Das Verständnis von Realität ist der Schlüssel zum Verstehen der Unterschiede und Gemeinsamkeiten zwischen Brecht und Tabori. Während Brecht noch an einen Fortschritt der Geschichte glaubt, ist Tabori dieser Glaube durch Auschwitz zerstört. Geschichte erscheint ihm nicht so sehr als veränderbar, sondern vielmehr als die ewige Wiederkehr des Gleichen, nämlich des Scheiterns in seinen unzähligen, beliebigen Variationen. Jenes Scheitern ist nicht veränderbar, wohl aber das Verhältnis des Individuums zu seinem persönlichen Scheitern. Um dieses Verhältnis in ein humanes zu verändern, muß unter Realität auch die Fiktionen der Psyche verstanden werden. Was Birgit Haas zwischen Tabori und Brecht säuberlich trennt, das würden wir eher als Gemeinsamkeit benennen. Der Unterschied zwischen beiden sehen wir mehr im Bereich der verschiedenen Ebenen, auf denen Wirklichkeit verändert werden soll: die Ebene des Geschichtlichen für Brecht, die Ebene des Psychischen bei Tabori.

- Brechts V-Effekt [Verfremdungs-Effekt] dient der Verdeutlichung und Klärung der gesellschaftspolitischen Verhältnisse, um dem einzelnen die Möglichkeiten zur Veränderung der Geschichte aufzuzeigen. Tabori steigert die Wirkung der Verfremdung, indem er sie selbst verfremdet. Statt zu verdeutlichen, verstärkt diese Technik der verfremdeten Verfremdung die Erfahrung der Rätselhaftigkeit der Welt. Auch diese Verfremdung dient bei Tabori nicht primär dem Aufweis der Absurdität der Wirklichkeit, sondern der therapeutischen Katharsis sinnlichen Erinnerns.

*5.1.4. Das Arme Theater – Jerzy Grotowski (*1933)*

Taboris Ausspruch vom Katakomben-Theater weckt Erinnerungen an Jerzy Grotowskis Konzeption eines „Armen Theaters", so sehr sich Tabori auch von ihm absetzt.[565]

5.1.4.1. Reiches Theater – Armes Theater

Das Publikum zieht Kino und Fernsehen dem Theater vor. Beide präsentieren ihre Bilder in einer technischen Brillianz, die das zeitgenössische Theater durch eine „Synthese disparater kreativer Disziplinen – Literatur, Bildhauerei, Malerei, Ar-

---

564 Ebd., 71.

565 Tabori, Unterammergau, 18. Vgl. Anm. 497.

chitektur, Beleuchtung, Schauspiel“[566] zu kopieren versucht ist. „Dieses ‚synthetische Theater‘ ist das zeitgenössische Theater, das wir das ‚Reiche Theater‘ nennen wollen – reich an Fehlern“[567]. Demgegenüber plädiert Grotowski für ein Armes Theater. Es besinnt sich auf sein theatrales Charakteristikum, auf das, „was zwischen Zuschauer und Schauspieler stattfindet“[568]. Es ist „ein asketisches Theater, in dem die Schauspieler und das Publikum das einzige sind, was übriggeblieben ist“[569]. Auf Bühne, Beleuchtung, Kostüme, Maske, Dekoration kann und muß verzichtet werden.

5.1.4.2. Heiliges Theater

Die Krise des zeitgenössischen Theaters steht symptomatisch für eine Krise der Kunst überhaupt. Kunst ist für Grotowski „ein Reifeprozeß, eine Evolution, eine Erhöhung, die uns befähigt, aus der Dunkelheit in gleißendes Licht aufzusteigen“[570]. Diese Selbsttranszendenz des Menschen ermöglichte in früheren Zeiten die Religion. Mit ihrem Niedergang verschwand auch das „Geheiligte [...] und seine [...] rituelle [...] Funktion auf dem Theater“[571]. Auf das Transzendieren zu verzichten, würde jedoch bedeuten, das Wesen der Kunst zu verraten. Deshalb sucht Grotowski nach einer Möglichkeit, „ein säkularisiertes ‚sacrum‘ auf dem Theater zu schaffen“[572]. Ein einheitliches religiöses oder weltanschauliches Deutesystem läßt sich in einer pluralen Gesellschaft nicht mehr restaurieren. Die Selbsttranszendenz des Menschen strebt vielerlei Zielen zu, künstlerisch zu handeln kann fortan nur noch in Konfrontation geschehen. „Eine Konfrontation ist ein ‚Ausprobieren‘, ein Test all dessen, was ein traditioneller Wert ist“[573].

> „Der Lebensrhythmus in der modernen Zivilisation ist charakterisiert durch Tempo, Spannung, ein Gefühl des Unheils, durch den Wunsch, unsere persönlichen Motive zu verbergen durch das Annehmen einer Reihe von Masken und Rollen im Leben [...]. Deshalb spielen wir ein Doppelspiel aus Intellekt und Instinkt, Denken und Fühlen; wir versuchen, uns selbst künstlich in Körper und Seele aufzuspalten.“[574]

566 Grotowski, Für ein Armes Theater, 18.
567 Ebd.
568 Ebd., 33.
569 Ebd.
570 Ebd., 287.
571 Ebd., 53.
572 Ebd.
573 Ebd., 129.
574 Ebd., 285.

In dieser gesellschaftlichen Situation propagiert Grotowski ein heiliges Theater im Sinne einer „säkularisierte[n] Heiligkeit“[575]; sie steht als Metapher für das ganzheitliche sich-Aufopfern des Schauspielers. Er vollzieht die künstlerische Selbsttranszendenz als Integration von Körper und Seele exemplarisch dadurch, daß er zum einen „durch Exzeß, Profanierung und unerhörte Entweihung“[576] das Publikum mit dessen verfehlter Selbsttranszendenz – Trennung von Körper und Seele – konfrontiert, zum anderen stellt er mit seinem ganzen Wesen – der Körper wird zur Form der Seele – die Zerrissenheit der Menschen dieser Zeit dar. Dies setzt eine heilende, therapeutische Selbstanalyse in ihm in Gang.

> „Der Schauspieler, der in diesem besonderen Prozeß von Disziplin, Selbstaufopferung, Selbstdurchdringung und Formgebung sich nicht fürchtet, über alle normalerweise akzeptierten Grenzen hinauszugehen, erlangt eine Art innere Harmonie und geistigen Frieden. Er wird buchstäblich gesunden, geistig und körperlich […].“[577]

„Der Schauspieler agiert als Stellvertreter des Zuschauers – wie Christus als Stellvertreter für die sündige Menschheit. Und wie Christus den Menschen zur Nachfolge ruft, so der Schauspieler den Zuschauer […]. Der heilige Schauspieler ist sozusagen die Inkarnation des neuen Menschen. Er ist ‚nicht nur als Schauspieler, sondern auch als Mensch‘ […] wiedergeboren.“[578] Die Bedingung der Möglichkeit einer solchen Kommunikation zwischen Schauspieler und Zuschauer sieht Grotowski in einem „kollektiven Unbewußten oder vielleicht Überbewußten […], die Mythen, die keine Erfindung des Geistes sind, sondern sozusagen mit dem Blut, der Religion, der Kultur, dem Klima zusammenererbt sind“[579]. Die Selbstaufopferung des Schauspielers legt in ihm jenen Impuls frei, der nach Ganzheitlichkeit, nach Menschwerdung, nach Wiedergeburt strebt. Denjenigen unter den Zuschauern, die sich nach Gleichem für sich selbst sehnen, kann der Schock, den das Opfer des Schauspielers in ihnen hervorruft, zum Anlaß werden, ihre heillose Situation zu erkennen, sich selbst als „erlösungsbedürftige“ Menschen darzustellen und so gleich dem Schauspieler jenem kollektiven Impuls zu folgen, der die getrennten Teile ihres Menschseins integriert.

---

[575] Ebd., 35.
[576] Ebd.
[577] Ebd., 49.
[578] Fischer-Lichte, Geschichte des Dramas, Band 2, 258f.
[579] Grotowski, Für ein Armes Theater, 45.

5.1.4.3. Tabori und Grotowski

Tabori teilt die zivilisationskritische Haltung Grotowskis, seinen Anspruch an den Schauspieler und seine Auffassung vom Ernst des Spiels, seine Aufmerksamkeit für die Rolle des Zuschauers. Zugleich manifestiert sich ein deutlicher Gegensatz zum Theaterverständnis Grotowskis. Die Kommunikationsbasis von Zuschauer und Schauspieler ist die Alltäglichkeit des Lebens, keine mythische, quasi-metaphysische Ebene. Auch kann der Schauspieler nicht stellvertretend agieren. Er kann nur das Seinige auf der Bühne zur Anschauung bringen. Er gehört, nach Taboris Ansicht, keiner Elite an, weil das Leben selbst die besten Theaterstücke schreibt und jeder Schauspieler auf der Bühne seines Lebens ist. Vor allem: Tabori lehnt Artauds und auch Grotowskis Idee des „Heiligen Theaters“ ab. „So lassen sich die *Goldberg-Variationen* als Parodie des ‚Heiligen Theaters‘ lesen, die bereits in den *Kannibalen* anklingt.“[580] Birgit Haas verweist zudem auf die Figur des Meister Zwi in Taboris *Babylon-Blues,* den eine Schar Schauspieler um Rat bittet, weil sie nicht wissen, wie sie dem Text eines Stückes durch ihr Spiel Leben einhauchen können. „Die Figur des Meister Zwi wird hier [im *Babylon-Blues*] zu einer Persiflage des inspirierten Regisseur-Priesters, von dem Artaud in seinem Théâtre de la cruauté handelt und den Regisseure wie Strasberg, Brook oder Grotowski zu verkörpern suchten. Denn Taboris Figur ist selbst ratlos und antwortet nur aus der Verlegenheit heraus.“[581] Das, woran Tabori Grotowski gescheitert sieht, ist sein Hang zum Perfektionismus, der sich aus dem elitären Begriff der Heiligkeit des Theaters herleitet:

> „[…] auf gewisser Ebene [hat Grotowski] das professionellste Theater der Welt gemacht […].“[582]. „Er war professioneller als alle anderen, weil er konsequenter war. Wenn er etwas über das richtige Atmen wissen wollte, dann ging er nach Indien. Er ging also ganz tief in diese Techniken ein. Auch in der Körpersprache hat er einen großen Perfektionsmus entwickelt, den ich persönlich unangenehm finde, einen Leistungsdruck. Aber was ich von ihm gesehen habe, habe ich nirgendwo sonst gesehen. Er ist jetzt in Vergessenheit geraten, weil er sich selbst in eine Sackgasse getrieben hat. When you are all the way on top, there's no place to go but down […]. Soweit ich weiß, sitzt Grotowski in Amerika und führt in ritualisierten Vorgängen Leute durch einen Wald.“[583]

---

580 Haas, Das Theater des George Tabori, 195.

581 Ebd.197.

582 Tabori. In: Gronius/Kässens, Theatermacher, 159.

583 Ders. In: Ebd., 173.

5.1.5. Das Absurde Theater – Samuel Beckett (1906–1989)

Samuel Becketts Drama *Endspiel* „steht in gewisser Weise am Ende des neuzeitlichen Dramas und am Ende der abendländischen Kultur.“[584] „Der Zerfall des religiösen Glaubens trat bis zum Ende des Zweiten Weltkrieges nicht mit voller Klarheit zutage, weil Ersatzreligionen wie die Fortschrittsgläubigkeit, der Nationalismus und verschiedene totalitäre Trugbilder an seine Stelle getreten waren. Mit alledem räumte der Krieg auf.“[585] Zeit und Geschichte sind jeglichen Sinnes entkleidet. Was bleibt, ist allein die Erfahrung willkürlicher Veränderung. „Im Fließen der Zeit offenbart sich uns das Grundproblem der Existenz, die Fragen nach dem Wesen des Ich. Da es dem ständigen Wechsel der Zeit unterworfen ist, gerät das Ich selbst in fluktuierende Bewegung und entzieht sich deshalb stets unserem Zugriff [...]. Da wir in den Gang der Zeit, die uns durchströmt und uns verändert, gestellt sind, können wir in keinem einzigen Augenblick unseres Lebens mit uns selbst identisch sein.“[586] Was bleibt, ist das Warten. „Warten heißt: das Wirken der Zeit, d.h. den ständigen Wechsel, zu erfahren. Da jedoch niemals etwas Wirkliches geschieht, ist dieser Wechsel selbst auch wieder nur eine Illusion. Die unaufhörliche Wirksamkeit der Zeit ist selbstzerstörerisch, ziellos und deshalb null und nichtig. Je mehr sich die Dinge ändern, desto mehr bleiben sie sich gleich. Das ist die schreckliche Beständigkeit der Welt.“[587]

5.1.5.1. Die Absurdität des Daseins und die Psyche des Menschen

Daß das Universum „ohne Mittelpunkt und ohne klar erkennbare Zweckbestimmung [...], eines allgemein akzeptierten einigenden Prinzips verlustig, fragmentarisch, zusammenhanglos und sinnlos geworden ist“[588], ist die Erfahrung der Absurdität. Samuel Beckett beschreibt sie in seinen Dramen. Das Absurde Theater „findet sich mutig mit der Tatsache ab, daß ein Mensch, der in der Welt kein beherrschendes Prinzip und keinen Sinn mehr zu entdecken vermag, sich auch nicht länger mit Kunstformen zufrieden geben kann, die sich auf endgültig gewordene Maßstäbe und Begriffe gründen, nämlich von der Voraussetzung ausgehen, es gebe ein festes Fundament geoffenbarter Gewißheiten über die Bestimmung des Menschen in der Welt, von der sich letzte Wertbegriffe für das menschliche Verhalten ableiten lassen.“[589] Absurdes Theater verzichtet auf eine durchstrukturierte

584 Fischer-Lichte, Geschichte des Dramas, Bd. 2, 241.
585 Esslin, Das Theater des Absurden, 13.
586 Ebd., 36.
587 Ebd., 37.
588 Ebd., 309.
589 Ebd.

Handlung und ausgeformte Charaktere. Es gibt keine Ratschläge und bietet keine Lösungen an. Es will einzig die Welt in ihrer Absurdität darstellen. Die Psyche des Menschen in ihrer von der Zeit destruierten Identität ist sein Thema. „Da das Theater des Absurden sich also mit den elementaren Gegebenheiten , den wenigen Kernproblemen der menschlichen Existenz beschäftigt: Leben und Tod, Vereinsamung und Gemeinsamkeit, bedeutet es, so grotesk, frivol und ehrfurchtslos es auch erscheinen mag, damit doch eine Rückkehr zur ursprünglichen religiösen Aufgabe des Theaters: es konfrontiert den Menschen mit dem Bereich des Mythos und des Religiösen.“[590] „Die mutige Anerkennung der Grenzen des menschlichen Seins [...] stellt [...] ein tiefes mystisches Erlebnis dar. Die Erfahrung des Unsagbaren, der Leere, des Nichts als des Weltgrundes bildet den Kern der östlichen wie der christlichen Mystik.“[591] „Letzten Endes ist ein Phänomen wie das Theater des Absurden kein Ausdruck der Verzweiflung oder der Rückkehr zu dunklen irrationalen Mächten, es veranschaulicht vielmehr das Streben des modernen Menschen, sich mit der Welt, in der er lebt, auseinanderzusetzen. Es versucht, ihn mit dem menschlichen Dasein zu konfrontieren, wie es wirklich ist, ihn von Illusionen zu befreien, die ihm nur Enttäuschungen bereiten können und seine Anpassung an die Wirklichkeit verhindern.“[592] Die Absurdität zeigt sich darin, daß die Sprache keine eindeutigen Inhalte mehr bezeichnet, Kommunikation zwischen Menschen scheitert, Freundschaft und Liebe nicht gelingen können, weil die Identität der Partner beständig wechselt. „Der Mensch gewinnt durch diese Einsicht eine neue Freiheit, die ihn befähigt, den Rätseln und Schrecken des menschlichen Daseins mit heiterer Gelassenheit zu begegnen.“[593]

5.1.5.2. Tabori und Beckett

Die Beschäftigung mit der Absurdität des Daseins in einer von zwei Weltkriegen gezeichneten Zeit und die Frage, wie der einzelne sich zu ihr verhält – dieses zentrale Thema verbindet Tabori mit Beckett. Taboris Stück *Clowns* weist eine große Nähe zum absurden Theater Beckett'scher Provenienz auf. Meist jedoch verwebt er geschichtliche Ereignisse – Holocaust, Vietnam-Krieg (*Pinkville*), Rassenkonflikte (*Demonstration*, *Der Voyeur, Weisman und Rotgesicht*), das Treffen der Siegermächte in Potsdam (*Purgatorium*), etc. – mit persönlichen Lebenserfahrungen, Begebenheiten und Geschichten aus seiner Familie und autobiographisch gefärbten Anekdoten zu einer Handlung, in der Leben und Werk schillernd und

---

590 Ebd., 311.
591 Ebd., 331.
592 Ebd., 333.
593 Ebd., 65.

untrennbar ineinander übergehen. Die Theaterstücke und Romane Becketts hingegen spielen zumeist in der Zeitlosigkeit eines namenlosen Ortes und Raumes, deren Surrealität die Absurdität des menschlichen Inneren spiegelt, gleichsam als nach außen gestülpte Seelenräume. Gerade dies jedoch fasziniert Tabori an Beckett, weil die Rätselhaftigkeit seiner Stücke unzählige subtextuelle Deutungen ermöglichen und der improvisatorischen Interpretation weite Spielräume eröffnen.

> „Was mich bei Beckett immer verblüfft hat, ist nicht so sehr seine Größe als Dichter und Stückeschreiber –, sondern die Pathologie, die in seine Texte einsikkert wie in einen Traum [...]. Diese Träume sind Rätsel, man fragt sich: Was war das, was geht da vor? Nur Beckett, wenn überhaupt, könnte dieses Rätsel lösen, gottseidank weigert er sich – nichts ist langweiliger als ein gelöstes Rätsel. Wir können versuchen, sie zu interpretieren, vorausgesetzt, wir wissen, wie falsch solche Interpretationen sind. Nur der Träumer, wenn überhaupt, kann wissen, was sein Traum bedeutet; der Außenstehende wird nur seinen Traum über den Traum des anderen interpretieren, eine doppelte Korruption [...]. Indem er alles herausfiltert, was wichtig ist, und nur das, was wichtig ist, kommt er radikaler als jeder andere der Forderung nach Dichtheit nach, die in dem deutschen Wort ‚Dichtung' steckt, eine Dichtheit, die asketisch wäre, wäre sie nicht so sinnlich [...]. Lange vor den Soziologen, Futurologen und anderen -logen zeigt uns dieser Prophet die Kehrseite einer Welt, die an Überfluß-Sattheit-Ekel-Syndrom leidet, dem geschwollenen Blähbauch, der auf Kosten des Hungers an anderer Stelle erworben wurde [...]. In B.'s Werk ist der Tod immer gegenwärtig, wartend, nicht auf Godot, sondern auf euch und mich, ein paar Zentimeter, einen Keucher entfernt, die einzige Wirklichkeit für die Lebenden, wenn sie nur hinsehen würden [...]. Wenn wir nur hinsehen und zuhören würden, könnten wir endlich mit dem anfangen, was man Leben nennt."[594]

Das Faszinierende an Beckett ist für Tabori, daß er durch seine schriftstellerische Tätigkeit die Pathologie der eigenen Seele therapiert. Seine Stücke sind Zeugnisse der eigenen chaotischen Seelenlandschaft.

> „Mich interessiert der Mensch [Beckett] mehr als seine Arbeit [...]. Diese Dunkelheit, die er zu unterdrücken versuchte, wurde plötzlich die Quelle seiner Inspiration."[595]

Einen Unterschied zu Beckett erblickt Tabori in dessen Bestreben, als mathematisch Begabter, Ordnung in das innere Chaos zu bringen.

> „Ich meine, wenn man das Chaos vorfindet, soll man erst einmal durch das Chaos gehen und nicht versuchen, es zu meiden oder zu zähmen."[596]

Die therapeutische Intention seines Theaterverständnisses artikuliert sich hier. Ferner findet er bei Beckett ein ausgeprägtes Empfinden für das Tragische und

---

594 Tabori, Betrachtungen über das Feigenblatt, 33–37.
595 Kässens, Die einfachste Stimme, die ich kenne, 47.
596 Ebd., 50.

das Prinzip „Hoffen wider alle Hoffnung" wieder, das auch seine Theaterstücke charakterisiert.

> „Ich finde bei Beckett nichts sonderlich Absurdes. Sein Theater ist sehr tragisch."[597]

Denn im Verständnis Taboris ist das Absurde eher das Normale, sodaß der Begriff des Tragischen zutreffender die Realität des Lebens wiedergibt.

> „Beckett [...] ist realistisch, und sein Prinzip Hoffnung besteht darin, daß er seine Figuren in absolut hoffnungslose Situationen verstrickt, und doch bleibt der Wille zum Leben, zum Überleben, auch wenn es absurd wird."[598]

5.2. Einflüsse aus dem Bereich der Schauspielschulen

5.2.1. Die Stanislawski-Methode

5.2.1.1. Das Problem: Die Inspiration.

Konstantin Sergejewitsch Stanislawski (1863–1938) entwickelte durch Reflexion aufgrund jahrzehntelanger empirischer Arbeit eine nach ihm benannte Methode zur Ausbildung von Schauspielern.
Zwei Beobachtungen führten ihn zu deren Ausformung:
Erstens: Ein und dieselbe Handlung wird vom Schauspieler auf der Bühne des Theaters so ausgeführt, daß sie künstlich, manieriert, pathetisch, gestellt, unecht wirkt, während er sie im alltäglichen Leben auf natürliche Art und Weise vollführt.
Zweitens: Selbst begnadete Schauspieler vermögen ihre Inspiration, die sie in einer Vorstellung ergriffen hat, nicht unbedingt in die nächste Aufführung zu retten.[599]

5.2.1.2. Die Lösung: das Wecken des natürlichen Potentials

Stanislawski erkannte die Natur des Menschen als das eigentliche Potential der schauspielerischen Tätigkeit. Er suchte nach einer Methode, einer Psychotechnik, die es dem Schauspieler erlaubt, auf der Bühne zu jeder Zeit sein natürliches

---

[597] Ebd., 53.
[598] Ebd., 49.
[599] „[...] erst seit fünfzig oder sechzig Jahren wird dieser Beruf [des Schauspielers] wissenschaftlich untersucht. Es begann mit Stanislawski, [...]" Tabori. In: Gronius/Kässens, Theatermacher, 162.

Handlungspotential zu aktivieren. „Die Natur ist die beste Schöpferin, Künstlerin und Technikerin.“[600]
Das Unbewußte im Menschen prägt ein umfassendes Gedächtnis aus. Es steuert durch die in ihm gespeicherten Informationen sein Verhalten und seine Handlungen so, daß sie seiner Persönlichkeit und der Situation, in der er steht, angemessen und natürlich erscheinen. Das natürliche Empfinden des Menschen koordiniert die äußere Handlung mit dem ihr entsprechenden inneren, emotionalen Empfinden und umgekehrt. Innere Befindlichkeit und äußeres Handeln legitimieren sich wechselseitig, sie schaffen im Alltag eine wahrhaftige Situation. Jene Koinzidenz von innerem Erleben und Handeln nach außen hin im realen Leben wird auf der Bühne zum Problem. Der Schauspieler ängstigt sich vor dem Publikum. Er schämt sich, sich auf der Bühne emotional zu entblößen. Er setzt sein Agieren im Stück dem Druck des Erfolges aus. Kurz: Handlungen, die ihn die Natur im alltäglichen Leben durch Erfahrung und Gewohnheit unbewußt richtig tun läßt, die versucht der Schauspieler auf der Bühne durch bewußte Akte, Planungen und Gestaltungen zu reproduzieren und überfordert sich dabei. Seine Aufgabe als Schauspieler und Schauspiellehrer sah Stanislawski darin, inneres Erleben und äußere Handlung miteinander zur Deckung zu bringen durch eine Methode, die den Kräften der Natur im Schauspiel Geltung verleiht. „Es ist einer der wesentlichsten Grundsätze unserer Kunst, das unbewußte Wirken der Natur durch die bewußte Psychotechnik des Schauspielers anzuregen.“[601]

Erst dann also handelt es sich um wahrhaftiges Schauspiel, wenn der äußeren Handlung eine angemessene innere, emotionale Einstellung enstpricht. „Der wahre Schauspieler muß aber nicht die äußeren Erscheinungsformen der Leidenschaft nachäffen, nicht die Gestalten von außen kopieren, nicht nach dem Schauspielerritus mechanisch mimen, sondern menschlich wahrhaftig handeln.“[602]

5.2.1.3. Die Übung: entspannen, konzentrieren, imaginieren

Auf drei Grundübungen basiert die Methode Stanislawskis:

- Zum einen die „Entspannung der Muskeln“[603]. Im Alltag koordiniert das Unbewußte die zur Ausführung einer Tätigkeit benötigten Muskelpartien so, daß nur diejenigen angespannt werden, die zu der entsprechenden Handlung benötigt

600 Stanislawski, Die Arbeit des Schauspielers an sich selbst, Bd. 2, 12.
601 Stanislawski, Die Arbeit des Schauspielers an sich selbst, Bd. 1, 25.
602 Ebd., 49.
603 Ebd., 118.

werden. Auf der Bühne neigt der Schauspieler dazu, alles vom Bewußtsein her zu steuern. Er verkrampft sich durch die Anspannung von Muskeln, die er an sich für den von der Rolle ihm abgeforderten Bewegungsablauf nicht benötigt. Eine Kenntnis der Funktion des Körpers, der für eine Bewegung notwendigen Muskeln und eine Technik zur bewußten Entspannung jedes beliebigen Körperteils sind Grundvoraussetzungen für Stanislawski, daß der Schauspieler Zugang zum Potential seines Unbewußten erhält. „Nur die Natur hat volle Gewalt über unsere Musklen, kann sie richtig anspannen und lockern.“[604]

- Zum anderen die Konzentration. Der Schauspieler muß, um in einem Stück wahrhaftig handeln zu können, ganz in diesem Stück und in seiner Rolle leben und seine volle Konzentration einzig und allein auf das Bühnengeschehen lenken. Das heißt, er muß alle Tätigkeiten, die die Rolle den Figuren des Stückes abverlangt, selbst innerlich und äußerlich nachvollziehen: denken, fühlen und handeln.
- Als drittes die Übung des „magischen ‚Wenn‘“[605]. Mit ihr überbrückt der Schauspieler die Kluft zwischen Realität und Imagination. Er fragt sich, wie er dächte, handelte und fühlte, wenn die fiktive Situation der von ihm darzustellenden Figur seine eigene Realität wäre.

„Das ‚Wenn‘ ist für Künstler der Umschalthebel, der uns aus der Wirklichkeit in jene Welt versetzt, in der sich einzig und allein das Schaffen vollziehen kann.“[606] „Die Handlung auf der Bühne [muß] innerlich begründet, logisch, folgerichtig und in der Wirklichkeit möglich sein [...].“[607]

Die Phantasie des Schauspielers entwirft im Wissen um den historischen und gesellschaftspolitischen Kontext des Stückes zu dessen Handlung eine Vor- und Nachgeschichte. Dies erleichtert es ihm, die Logik der Handlung zu erkennen und sie interpretierend mit seinen eigenen Gedanken und Empfindungen auf der Bühne wahrhaftig auszudrücken. Zu diesem Zweck muß er sein sinnliches Wahrnehmungsvermögen umfassend schulen und sensibilisieren. Nur so wird er sich einen Vorrat an Erinnerungen anlegen und diesen beständig ergänzen können, um in der fiktiven Welt der Bühne wahrhaftig zu handeln. „Wahrhaftigkeit auf der Bühne ist das, woran wir sowohl in uns selbst als auch in den Seelen unserer Partner aufrichtig glauben. Wahrhaftigkeit ist von Glauben nicht zu trennen und um-

604 Ebd., 128.
605 Vgl. ebd., 54.
606 Ebd.
607 Ebd., 53.

gekehrt. Eins kann nicht ohne das andere sein, ohne diese beiden Elemente gibt es weder Erleben noch schöpferisches Spiel.“[608]

5.2.1.4. Der Schlüssel: das emotionale Gedächtnis

Stanislawskis besonderes Augenmerk gilt dem „emotionalen Gedächtnis“. Das kognitive Gedächtnis bewahrt die Gedanken, das sensorische die Sinneseindrücke und Bewegungsabläufe, das emotionale die Gefühle und Empfindungen. Die äußere Handlung des Stückes mit dem inneren (Er)Leben des Schauspielers adäquat zu verknüpfen, darin erfüllt sich die Aufgabe der Kunst: „[...] das geistige Leben der Rolle und des Stückes zu schaffen und dieses Leben in vollendeter szenischer Form künstlerisch zu verkörpern.“[609]
Stanislawski geht davon aus, daß eine Technik erinnerbarer Emotionen dem Schauspieler einen Zugang zu seinem Unbewußten gewährt. Das Unbewußte, oder die Natur, verknüpft in der Wirklichkeit Situation, Gefühl, Gedanke und Handlung zu einer stimmigen, wahrhaftigen, glaubwürdigen Einheit.
„Einzig die Natur hat die Herrschaft über diese uns unzugänglichen Elemente. Ohne ihre Hilfe können wir unseren komplizierten schöpferischen Apparat des Erlebens und Verkörperns nur teilweise beherrschen, aber nicht als Ganzes.“[610]
Wird es dem Schauspieler ermöglicht, wirkliche Gefühle aus seinem emotionalen Gedächtnis erinnernd zu aktualisieren, wird das Gefühl selbst ihn auf der Bühne die entsprechenden Handlungen auf natürliche Art und Weise unbewußt tun lassen. Die Übungen zur Entspannung und Konzentration sowie das „magische ‚Wenn‘“ zielen darauf ab, das emotionale Gedächtnis zu aktivieren.[611]

5.2.2. Die Strasberg-Methode

Auf den Erkenntnissen Stanislawskis fußend entwickelte Lee Strasberg (1901–1982) seine sogenannte *method*. Dieser Ansatz betont den engen Zusammenhang

---

608 Ebd., 149.

609 Ebd., 42.

610 Ebd., 195.

611 „Stanislawski hatte einen naiv-intuitiv-genialen Einblick in das, was im Schauspieler vorgeht, wenn er spielt [...]. Stanislawski war der erste, der sich zum Beispiel mit dem sogenannten schöpferischen Augenblick beschäftigte. Das ist die Beziehung des Unbewußten zum schöpferischen Vorgang oder das Bewußtwerden des Unbewußten [...], dann setzte sich besonders in Amerika die Erkenntnis durch, daß es Methoden gibt, um Verklemmungen und Verspannungen zu lösen – das ist auch das Ziel fast jeder Therapie. Genau das beschreibt Stanislawski: Wie kann man sich entspannen? Was heißt überhaupt Entspannung? Das ist eine alte Sache, die auch in jeder Religion eine Rolle spielt – Meditation, Konzentration, richtig beten, das sind Vorgänge, die auch gewisse technische Aspekte haben.“ Tabori. In: Gronius/Kässens, Theatermacher, 167.

zwischen der Kunst des Schauspielens und der Biographie des Schauspielers. „Der Mensch, der spielt, ist der Mensch, der lebt [...]. Was immer den Schauspieler als Menschen beeinflußt, bestimmt sein Verhalten und sein Können auf der Bühne in weit größerem Maße, als man für gewöhnlich anerkennt [...].“[612]
Das führt ihn dazu, Wachtangows Umformulierung von Stanislawskis „magisches ‚Wenn‘“ zu übernehmen: „[...] was würde dich, den Schauspieler, dazu motivieren, dich in dieser [von der Rolle geforderten] Weise zu verhalten. Diese Neuformulierung verlangt vom Schauspieler nicht nur, daß er das gewünschte künstlerische Resultat hervorbringt, sie besagt auch, daß er dieses Resultat nur erreichen kann, wenn er es zu einem wirklichen, persönlichen Erlebnis für sich macht. Damit kommen die Prinzipien der Motivation und der Ersetzung ins Spiel. “[613]

Die Übungen der *method* zielen darauf ab, all jene Blockaden bewußt zu machen und aufzulösen, die emotionales Empfinden und seinen künstlerischen Ausdruck be- und verhindern. Strasberg betrachtet den Menschen als Einheit von Körper und Seele und begreift körperliche Verspannungen als Ausdruck seelischer Verformung. „Er [der Mensch] entwickelt Denk-, Sprech-, Verhaltens- und Einstellungsgewohnheiten gegenüber seiner Umgebung. Er entwickelt auch Ausdrucksgewohnheiten. Er wird konditioniert, seine Gefühle und inneren Regungen nicht so zu äußern, wie es dem Wesen, dem Charakter und der Kraft seiner emotionalen Reaktion entspräche, sondern sie in den Formen auszudrücken, die die Gesellschaft oder seine Umgebung zuläßt. Seiner körperlichen Gewohnheiten ist er sich im allgemeinen bewußt, aber von seinen emotionalen und seinen Wahrnehmungs-Gewohnheiten weiß er kaum etwas.“[614]
Erst wenn die Schauspieler um die biographischen Herkünfte ihrer emotionalen Wahrnehmungs- und Handlungsmuster und um deren Blockaden, Gewohnheiten und Tabuisierungen wissen, können sie durch Entspannungs- und Konzentrationsübungen aufgelöst werden.
Zwei Schwerpunkte setzt Strasberg in der *method*:

- Improvisationen üben jene Spontaneität ein, „[...] die notwendig ist, um bei jeder Aufführung die ‚Illusion des ersten Mals‘ zu erzeugen“[615].
- Kreativität und Inspiration werden nicht dem Zufall überlassen. Durch das Training des affektiven Gedächtnisses wird ihnen der Boden bereitet, auf dem sie sich entfalten können. Unter affektivem Gedächtnis versteht Strasberg zum einen das Wahrnehmungsgedächtnis – der Schauspieler lernt, mit imaginären

612 Strasberg, Schauspielen & Training des Schauspielers, 108f.
613 Strasberg, Ein Traum der Leidenschaft, 111.
614 Ebd., 120.
615 Ebd., 133.

Dingen und Situationen genauso natürlich umzugehen wie mit realen Dingen und Situationen, zum anderen das emotionale Gedächtnis – Gefühle sind oftmals mit bestimmten Bildern verbunden. Das Erinnern dieser Bilder ermöglicht ein reales, wiederholbares Durchleben der mit ihnen verbundenen Gefühle. „Ziel der Übungen ist es, die Sensibilität des Schauspielers so zu trainieren, daß er befähigt wird, mit imaginären Objekten auf der Bühne so intensiv und lebendig umzugehen wie mit realen Objekten im Leben. Dann erlangt er die Glaubwürdigkeit, die Überzeugungskraft und die Phantasie, die notwendig sind, um auf der Bühne jene ‚Verlebendigung' zu verschaffen, die vom Darsteller verlangt wird."[616]

Strasbergs These ist, „[...] daß ein Schauspieler, sobald er von seinem wirklichen Selbst ausgeht, aktiv und kreativ wird, zu denken, zu fühlen und sich zu verhalten beginnt und selbst mit der unbestimmtesten Aufgabe keine Schwierigkeiten hat"[617]. „Wir glauben [...], der Schauspieler braucht einen Menschen nicht nachzuahmen, denn er ist selbst einer und kann aus sich selbst heraus kreativ sein."[618]

5.2.2.1. Tabori und Strasberg

Tabori war mit Lee Strasberg und seiner *method* über die Heirat mit der Schauspielerin Viveca Lindfors in Berührung gekommen.

> „Durch sie habe ich Lee Strasberg kennengelernt und wurde zunächst als Beobachter Mitglied des ‚Actor's Studio'. Da bin ich zehn Jahre geblieben und habe mehr über Theatermachen gelernt als irgendwo sonst [...]. Seitdem ich selbst Regie mache, hat sich diese Methode immer wieder bewährt."[619]

5.3. Der Impuls aus der Psychotherapie

Psychotherapie und Theater miteinander zu verbinden, war die Idee von Dr. Jakob Moreno (1890–1974). Er arbeitete mit Personen aus sozialen Randgruppen. Dabei experimentierte er mit improvisiertem Stegreiftheater. Durch die wissenschaftliche Reflexion seines dabei gewonnenen empirischen Materials entwickelte er „eine Praxis der Gruppen-Psychotherapie, die er ‚Psychodrama' nennt"[620]. Seine

---

616 Ebd., 149.
617 Ders., Schauspielen, 40.
618 Ebd., 110.
619 Tabori. In: Gronius/Kässens, Theatermacher, 167.
620 Gronius, Bitte zu Tisch, 12.

Theorie fußt auf der praktischen Erkenntnis, daß sich „gerade das Unbewußte in der künstlerischen, spielerischen Aktivität stärker und freier äußern“[621] kann. „Wünsche und Ängste sind hier von Hemmungen gelöst. Sie können diagnostisch erkannt und beobachtet werden und im Laufe eines therapeutischen Prozesses mit den bewußten Handlungen, die sie hemmen oder gänzlich verdrängen, in ein behandelbares Verhältnis gebracht werden.“[622]

5.3.1. Die Gestalttherapie von Fritz Perls (1893–1970)

5.3.1.1. Der Ausgangspunkt: ein ganzheitliches Menschenbild

Der Gestalttherapie in Anschluß an Fritz Perls liegt das „Axiom der Ganzheit des menschlichen Organismus“[623] zugrunde: Die geistige Daseinsweise des Menschen ist notwendig an die körperliche Existenz gebunden[624]. Die Art und Weise, wie diese Ganzheit in äußerem Verhalten und innerem Erleben eines konkreten Menschen für ihn wahrnehmbar ist, wird mit „Ganzheitlichkeit“[625] bezeichnet. Der objektiv als Ganzheit verfaßte Mensch erfährt sich subjektiv als ganzheitlich, wenn er seine Bedürfnisse wahrnimmt und geeignete Mittel ergreift, um sie zu befriedigen. Perls nennt dies Homöostase[626]. „Kein Individuum ist sich selbst genug; das Individuum kann nur in einem es umgebenden Feld leben.“[627]
Es wird versuchen, seine Umwelt so zu manipulieren, daß es seine Bedürfnisse befriedigt. Die Emotionen bestimmen das Interesse, mit der ein Mensch aus der Fülle der Möglichkeiten die für ihn wichtigen Bedürfnisse auswählt, und bilden die Triebkraft, diese zu erreichen. „[...] die Emotionen sind [...] unser eigentliches Leben [...]. [Sie] liefern Energie für die Besetzungen und mobilisieren die Mittel und Wege, Bedürfnisse zu befriedigen.“[628]

5.3.1.2. Der kritische Punkt: die unbefriedigten Bedürfnisse

Der homöostatische Prozeß der Ausbalancierung der Bedürfnisse eines Menschen gerät dann aus dem Lot, „[...] wenn das Individuum und die Gruppe zu gleicher

---

621 Ebd.
622 Ebd.
623 Staemmler/Bock, Ganzheitliche Veränderung in der Gestalttherapie, 97.
624 Perls nennt es die „holistische Doktrin“. Vgl.: Perls, Grundlagen der Gestalt-Therapie, 26ff.
625 Staemmler/Bock, Ganzheitliche Veränderung in der Gestalttherapie, 99.
626 Vgl. Perls, Grundlagen der Gestalt-Therapie, 22.
627 Ebd., 34.
628 Ebd., 41.

Zeit verschiedene Bedürfnisse entdecken und wenn das Individuum unfähig ist zu unterscheiden, welches vorherrschend ist"[629].

Diese Orientierungslosigkeit macht konfus. Konfusion schmerzt. Sie wird verdrängt. Verstand und Emotion, Spontaneität und Denken widerstreiten einander. Der Mensch geht des Empfindens seiner Ganzheitlichkeit verlustig. Er kann seinen Bedürfnissen vor dem Hintergrund seines Beziehungsfeldes keine konkrete Gestalt mehr geben, er kann sie nicht einmal erkennen. Eine Neurose entsteht. Psychotherapie im Sinne Perls will dem Menschen dazu verhelfen, seine Bedürfnisse wahrzunehmen und sie zu befriedigen, d.h. ihnen durch Handeln eine angemessene Gestalt zu geben. Scharf grenzt sie sich ab gegen die klassischen Therapiekonzepte, die Neurosen dadurch zu heilen suchen, daß sie nach deren Entstehungsgründen in der Vergangenheit fragen („Warum").

„Das Hauptgewicht der orthodoxen Psychotherapie ruht unter anderem auf der Ansicht, der Neurotiker sei eine Person, die früher einmal ein Problem gehabt habe, und das Ziel der Psychotherapie sei die Lösung dieses Vergangenheitsproblems [...]. [Doch] seine Probleme existieren im Hier und Jetzt [...]. In der Thearpie muß er erlernen, in der Gegenwart zu leben [...]. Er muß seine Gedanken über die Vergangenheit in gegenwärtiges Handeln verwandeln, das er erlebt, als ob das Jetzt das Damals wäre. Er schafft es nicht allein dadurch, daß er die Szene wieder und wieder erzählt. Er muß sie wieder erleben. Er muß hindurchgehen und die blockierten Gefühle assimilieren, [...]. Es reicht nicht aus, sich einen vergangenen Vorfall in die Erinnerung zurückzurufen, man muß psychodramatisch zu ihm zurückkehren [...]. Wir machen unseren Patienten mit Hilfe der Konzentration im Hier und Jetzt bewußt, was für Blockierungen da sind und wie diese Blockierungen auf sie einwirken, und dadurch können wir sie zur wahren Integration bringen."[630]

5.3.1.3. Der therapeutische Prozeß: dem nicht-Zugelassenen eine Gestalt verleihen

Dieser therapeutische Prozeß läßt sich in fünf Phasen mit ihren jeweiligen Übergangsstufen beschreiben:

Erste Phase: STAGNATION. Der Mensch erkennt, daß er aus eigener Kraft seiner Neurose nicht entrinnen kann. Die Bedürfnisse bleiben unerkannt und unbefrie-

---

629 Ebd., 46.
630 Ebd., 81–92 (in Auszügen).

digt. Er begibt sich als Patient in Behandlung. „Er sieht sich eher als Opfer, nicht als Herr seines Schicksals."[631]
Erster Übergang: Bewußtheit des Themas. Der Patient lernt, seine Bedürfnisse zu erkennen und positiv zu beschreiben. Er wird sich seiner Vermeidungsstrategien bewußt.

Zweite Phase: POLARISATION. Zur Bedürfnisbefriedigung (expansive Kraft) und zur Vermeidung eben dieser Bedürfnisse (kontraktive Kraft) setzt der Patient Handlungen, die „sich – sozusagen ‚unter dem Strich' – in ihrer Wirkung aufheben."[632] Diese Erkenntnis „entlastet den Menschen von der Verantwortungslosigkeit, der er hinsichtlich seines eigenen Lebens während der Phase der Stagnation scheinbar ausgesetzt war."[633]
Zweiter Übergang: Bewußtheit des kontraktiven Pols als Figur vor dem Hintergrund des expansiven Pols. Ein Überwinden der sich gegenseitig neutralisierenden Kräfte ist nur dann möglich, wenn der Patient beide Kräfte als zwei Teile einer einzigen Gestalt wahrnimmt. Dem Durchleiden des mit Angst und Schmerz besetzten „Vermeidungspol[s] kommt [...] eine zentrale Bedeutung für den weiteren Verlauf des therapeutischen Prozesses zu."[634]

Dritte Phase: DIFFUSION. Der Patient erfährt, daß er die Polarisation verstandesmäßig auf der Inhaltsebene nicht lösen kann. Er kann seinen Zustand nicht mehr sprachlich adäquat beschreiben. „Das erlebbare Nichts vereinigt zwei Eigenschaften in sich: Es ist erstens erfahrbar und zweitens undefinierbar."[635]
Dritter Übergang: Bewußtheit vom Zentrum des diffusen Erlebens. Der Patient wird ermutigt, seine Diffusion zu erleben, um so von seinen Kontrollmechanismen befreit zu werden.

Vierte Phase: KONTRAKTION. Der Patient erfährt sich in seiner Problematik gänzlich auf sich selbst zurückgeworfen. „Nachdem er in den vorangegangenen Phasen des Prozesses die Fesseln der Verantwortungslosigkeit und der Fixierung auf inhaltliche Lösungen abgelegt hat, gibt er mit dem Verzicht auf die Kontrolle die dritte Säule auf, auf der seine alte, unbefriedigte (‚neurotische') Struktur ruhte. Diese Struktur bestand in der Widersprüchlichkeit von Organismus und Umwelt und von Ich und Erfahrung [...]."[636]

---

631 Staemmler/Bock, Ganzheitliche Veränderung in der Gestalttherapie, 108.
632 Ebd., 112.
633 Ebd., 113.
634 Ebd., 136.
635 Ebd., 118.
636 Ebd., 121.

Vierter Übergang: Fortsetzung und Verdichtung des Erlebens der Kontraktion. Je nachhaltiger die Kontrollmechanismen ausgeschaltet werden, desto stärker kann sich die Bewußtheit der Emotionen und Bedürfnisse Raum verschaffen.

Fünfte Phase: EXPANSION. Der Patient hat durch das Durchleben seiner Vermeidungsstrategien deren Kontrollfunktionen außer Kraft gesetzt. Jetzt stehen ihm die Kräfte und Energien zur Verfügung, um im Zusammenklang von Kognitivem, Emotionalem und Sensorischem seine Bedürfnisse zu erkennen und zu befriedigen. „Aus Verzweiflung wird Glück, aus Panik wird Frieden, aus Wahnsinn Klarheit, aus Argwohn Liebe, aus Starre Lebendigkeit [...].“[637]

5.3.1.4. Die Arbeit Taboris mit dem Schauspieler nach den Methoden von Stanislawski, Lee und Perls.

„Die Menschenführung des George Tabori ist subtil, benötigt nicht die herkömmlichen Mittel der Einschüchterung, das Ausspielen von Macht, das bloße Befehlen.“[638] Sie zielt darauf, dem Schauspieler seine Gefühle bewußt zu machen.[639] „Unsere ganze Probenarbeit ist darauf angelegt, echte Gefühle echt zu empfinden.“[640] „Nur duch Begreifen begreift man [...]. George [Tabori] kennt nicht den Sprung mit Netz und doppeltem Boden; bei ihm heißt es: Salto mortale pur.“[641] „Die Regiekonzeption von George ist ein Wechselspiel aus Freiheit und Gebundenheit [...]. Es gibt kein Falsch oder Richtig, solange Gefühl, Wort und Aktion miteinander in Einklang stehen; es gibt nur ein Anders.“[642]
Die Proben beginnen oft mit einer z.T. mehrwöchigen Phase, bestehen nur aus „Spiele[n], Übungen, Sensivity Training [...] ohne am Text zu arbeiten“.[643] Dazu gehören sogenannte „warm-ups“. Sie sollen unter den Schauspielern Vertrauen schaffen, jeden einzelnen zu seinem Gefühl führen und für Wahrnehmung sensibilisieren: „Stanley W. [Walden, Musiker, Mitarbeiter und Schauspieler in Taboris Shylock-Improvisationen] spielt Cool Jazz. Jeder findet in sich selbst ein Instrument, nach und nach setzen alle in die Musik ein und ‚begleiten‘ Stanley W. Später läßt er einzelne Schauspieler ein Solo singen, bis die Gruppe ohne Begleitung des Flügels weitermusiziert“[644]; „das Blindspiel. Jeder findet einen Partner,

---

637 Ebd., 151.
638 Radtke, M wie Tabori, 30.
639 „Immer wieder spüre ich in mir die Angst vor den eigenen Gefühlen. Ich habe mein ganzes Leben hindurch gelernt, meine Umwelt mit dem Kopf zu beherrschen.“ Ebd., 35.
640 Ebd., 61.
641 Ebd., 74.
642 Ebd., 83.
643 A. Schumacher. In: Ohngemach, George Tabori, 58.
644 Martins, Probentagebuch, 22f.

er führt ihn sanft durch den Raum, verliert nie den körperlichen Kontakt mit ihm. Der Partner ist blind. Er ertastet, erriecht, erfühlt den Raum. Danach wechseln die Partner"[645]; autogenes Training[646]; „auf dem Boden liegen, Embryohaltung einnehmen, Vorstellung: Mama macht mir warmen Kakao. Stanley Walden am Flügel. Vorstellung: die Töne sehen, riechen, schmecken. Die Töne gleiten durch die Hautoberfläche in den Körper, mit Bewegungen den Tönen antworten, danach mit der Stimme"[647]; etc. „In den Proben war immer das Ziel, ein starkes persönliches Empfinden zu haben, das einem für die Rolle später weiterhelfen konnte."[648] Die „warm ups" dienen jener körperlichen und mentalen Lösung als Bedingung der Möglichkeit, dem Text des Stückes durch Improvisation aus der momentanen gefühlsmäßigen Verfaßtheit eine unverwechselbar persönliche Gestalt und Deutung zu verleihen. Die Ehrfurcht vor dem Text gilt Tabori als der größte Feind des Schauspielers, weil sie dazu führt, daß er sich an die Worte klammert und sich von sich selbst entfremdet. Sogenannte „Non-Sense-Proben" – den Text in Phantasiesprache oder in Dialekt zu sprechen, wirken in dieser Hinsicht befreiend.[649] All diese Übungen wissen sich einem Ziel verpflichtet, „die traditionelle Trennung von Schauspieler und Rolle aufzuheben"[650]. Dazu bedient sich Tabori, aus eigenem existentiellen Erleben,[651] der Methoden der Gestalttherapie, um mit deren Hilfe dem Schauspieler seinen momentanen Zustand bewußt zu machen, und jene Blockaden in ihm zu bearbeiten, die ihn daran hindern, sich ganz in seine Rolle zu begeben. Er verweist darauf, daß Perls stark vom Theater beeinflußt war:

> „Seine [Perls] Therapie hatte sehr viel mit der Beziehung zwischen Regisseur und Schauspieler zu tun. Wie ein idealer Regisseur bringt er seinen Patienten, den Schauspieler, dazu, sich zu finden, um diese Verbindung zwischen Sein und Spielen, also das Authentische ebenso zu kennen wie das Verlogene oder wie immer man es nennen will, und irgendwie in die Mittte zu kommen [...]. Ein Schauspieler funktioniert entweder von der Mitte aus, oder das, was er macht, ist falsch."[652]

---

645 Ebd. 34f.

646 Ebd. 38f. Vgl. auch: „Mit geschlossenen Augen beginnen wir, bewußt unserem Atem zu lauschen [...]. Bilde ich mir anfangs noch ein, selbst Atem und Töne zu produzieren, so gewinne ich in der Folge den Eindruck, daß diese mich führen und bewegen [...]. Selten habe ich das Gefühl, mehr in mir zu sein als in diesem Augenblick." Radtke, M wie Tabori, 33f.

647 Ebd. 46f.

648 Schumacher. In: Ohnegemach, George Tabori, 59.

649 Jakobsen. In: Ebd., 61.

650 Günter Eigenbrodt. In: Ebd., 75.

651 „George hat erzählt, daß er an den Sitzungen von Perls einmal teilgenomen hätte [...]. Er sagte, er hätte gegen Ende die Schnauze so voll gehabt, daß er einen Wahnsinns-Ausbruch bekommen hätte: ‚Wir haben zuviel von allem, wir haben zuviel gefressen, zuviel gekifft, zuviel geredet, zuviel gevögelt' [...]. Dann sei er gegangen, und in diesem Moment habe er sein ‚Satori' gehabt und gewußt, was mit ihm passiert sei. Er habe eigentlich sagen wollen: Es war zuwenig von allem! Die Geschichte hat er mehrfach erzählt, nicht umsonst gebraucht er den Ausdruck ‚Satori' für eine seiner wesentlichen existentiellen Erfahrungen." Heiko Steinbrecher. In: Ebd., 74.

652 Tabori. In: Gronius/Kässens, Theatermacher, 168.

5.4. Zusammenfassung

Sowohl in seiner Theaterarbeit als auch in seinen Theaterstücken setzt Tabori radikal beim Individuum an. Er vermag es allerdings nicht mehr im Rahmen eines philosophischen, religiösen, soziologischen oder politischen Systems als Einheit zu denken. Die nationalsozialistische Praxis einer vollkommenen Entpersönlichung des Menschen zerstört nachhaltig die Auffassung der aufgeklärten Moderne, den Menschen mittels Erziehung dahin bringen zu können, daß er all seine Kräfte und Triebe zu einer humanisierten Gesamtpersönlichkeit zu integrieren vermöchte. Vielmehr bestätigt sich durch Auschwitz erschreckend das, was von jeher den Menschen aller Zeiten bewußt war – bezeugt durch die Autoren der Bibel über Shakespeare bis hin zu Beckett: daß der Mensch mit seiner Geburt in eine Welt hineingestellt ist, in der sein Leben sich nur schicksalhaft in der Absurdität des Widersprüchlichen ereignet, an dem er zwangsläufig scheitern muß. Nirgends wird dies so deutlich wie in der Spannbreite dessen, was die Ursehnsucht und die Antriebskraft menschlichen Lebens schlechthin ausmacht, die Liebe: Sie umfaßt die selbstvergessene Hingabe an den anderen in ihren Hochformen der Nächsten- und Feindesliebe. Genauso gehört zur Liebe triebhaft-tierischer Sex, das Eindringen in den Körper des anderen. Einem Mord kann daher die erotische Qualität ebenso wenig abgesprochen werden wie der sexuellen Vereinigung. Im intertextuellen Bewußtseinsraum seiner Theaterstücke treibt Tabori diese paradoxale, oft absurde Struktur menschlichen Lebens auf die Spitze, allerdings so, daß ihre Pole gerade nicht beliebig austauschbar werden. Sie stehen hart und unvermittelt gegeneinander, oftmals nur durch jenes Lachen, das aus dem Erleben einer Katastrophe geboren wird, miteinander verbunden.

Gerade dies kennzeichnet Tabori als einen Grenzgänger zwischen Moderne und Postmoderne. Er wahrt die Spannung zwischen Ambiguität und Indifferenz. Das Bewußtmachen und Aushalten dieser Spannung ist ihm die einzige Bedingung der Möglichkeit, überhaupt noch von Humanität und Humanisierung sprechen zu können. Denn sie schockiert den Leser bzw. alle am Theater Beteiligten derart, daß keiner mehr seiner selbst sicher sein kann. Im Theater des George Tabori vermag sich weder der Schauspieler noch der Zuschauer mit Figuren oder Handlungen zu identifizieren. Allein das Scheitern aller Identifikationen, Festschreibungen, Definitionen, Überzeugungen, etc. ist das einzig Gewisse. Der Schock über die Absurdität des Daseins und über die Abgründigkeit der eigenen Person sollen jenes therapeutische Erinnern initiieren, das allein aus dem pädagogisch-oberflächlichen Humanisierungsprojekt der Aufklärung ein existentielles, weil sinnliches und deshalb den Menschen in seiner Tiefendimension anrührendes und Bewußtsein-veränderndes Erinnern macht. Dieses Konzept bedingt für die Theaterstücke eine notwendige Paradoxie: Um Anwalt des Individuums sein zu können, entkleidet Tabori seine Figuren ihrer Individualität zu Gunsten eines breit gestreuten Mosaiks typologischer Persönlichkeitsmomente. Um die Schrecken von Auschwitz nicht der Vergessenheit anheimfallen zu lassen, begibt sich Tabori in die Paradoxie, an der historischen Einmaligkeit jüdischen Leidens im Holocaust festzuhalten und sie im gleichen Atemzug zu relativieren, indem er auch Auschwitz in seine typologischen Fragmente zerlegt und Schauspieler und Zuschauer durch die Figuren seiner Stücke auf die Suche nach eben jenen Typologien in ihrer eigenen Person schickt. Die Theaterstücke Taboris lesen sich als radikale Zuspitzung der Option postmoderner, wert-indifferenter Pluralität: „Die Fülle der widersprüchlichen Zeichen und Codes entwertet sich gegenseitig, vernichtet die semantische Zuordnung von Zeichen und Bezeichnetem. Tabori demaskiert die grenzenlose Künstlichkeit einer Welt, in der jedes Verhalten nur Theater, jede Äußerung eine aus dem Kontext gerissene Phrase ist. [...] Taboris Theater spiegelt den Gedächtnisverlust einer übercodierten Kommunikationsgesellschaft. In diesem Sinne nähern sich die Stücke dem Textideal der Dekonstruktivisten, [...]. An die Stelle der eindeutigen Interpretation tritt die Vielfalt möglicher Deutungen [...]. Für denjenigen, der in Taboris Oeuvre nach der einen Wahrheit und einer Letztbegründung der Welt sucht, trifft dies sicherlich zu. Denn in seinen Stücken dominiert die Verrätselung des Selbstverständlichen, die den Zuschauer nicht belehren, sondern schockieren will.“[653] Birgit Haas klassifiziert sie als postmoderne Stücke und folgert: „Tabori sagt nicht nichts, er tut nur so, als wollte er nichts sagen. Vielmehr zeigt sein Theater auf pointierte Weise die Unmöglichkeit von philosophischer Erkenntnis und moralischem Urteil, das immer auch ein Ver-Urteilen beinhaltet."[654] Dem ist zuzustimmen, dennoch greift Haas in ihrer These zu kurz. Es geht Tabori um weit mehr als um eine Spiegelung postmodernen Weltgefühls. Tabori sucht, wie die Postmoderne, einen Weg, noch von Humanität sprechen und zur Humanität führen zu können, und gleichzeitig das gänzlich umfassende Scheitern des Humanen und aller Erzählungen (im Sinne Lyotards), die sich dem Humanum verpflichtet fühlen, im Holocaust sich bewußt zu halten. Die in den Theaterstücken selbst auszumachende und in seiner Theaterarbeit offenkundige therapeutische Dimension über sinnliches Erinnern des eigenen Lebensschmerzes läßt die postmodernen Züge seines Theaters in einem anderen Zusammenhang erscheinen. Die Dekonstruktion steht im Dienst jenes therapeutischen Erinnerns. Denn Toleranz erwächst noch nicht aus der Erkenntnis, daß alle sinnstiftenden Systeme und Erzählungen ihren universalen Gültigkeitsanspruch verloren haben, auch nicht allein aus dem Aushalten der daraus resultierenden Pluralität, sondern erst, wenn das Individuum jene Pluralität der Außen-

653 Haas, Das Theater des George Tabori, 215.
654 Ebd., 12.

welt als seine eigene paradoxe, manchmal absurde plurale Innenwelt entdeckt und sie sinnlich erinnert hat. Als ‚Humanist nach Auschwitz' setzt Tabori mit seinem Theater genau an jener Schnittstelle zwischen Moderne und Postmoderne an. Daß Menschen nach Auschwitz noch lieben und leben möchten und müssen, zeigt ihm, daß der Gedanke der Menschlichkeit lebendig ist. Wie das schicksalhafte Scheitern im Streben nach Perfektion als Strategie zu seiner Vermeidung zur Unmenschlichkeit verleitet wird, so gehört es zu den Paradoxa des Lebens, daß gerade dieses Scheitern, wenn es in einem therpeutischen Prozeß enttabuisiert, angeschaut und erinnert wird, eine humanisierende Kraft entfaltet. Als großer Humanist bleibt Tabori bewußter Grenzgänger zwischen Moderne und Postmoderne, an jener Schnittstelle, an der das Scheitern des Humanismus, religiöser, philosophischer oder politischer Prägung, offen zu Tage tritt – in Auschwitz. Tabori ist ein ‚Humanist nach Auschwitz', der die Pole von Moderne und Postmoderne, von Ambiguität und Indifferenz in ihrer schockierenden Spannung demonstriert, um den konkreten Menschen in den therapeutischen Prozeß des Erinnerns seiner Tabus im wahrsten Sinne des Wortes zu zwingen, damit er im sinnlichen Erinnern vergangenen Scheiterns in seinem gegenwärtigen Scheitern dessen humanisierende Kraft erkennt und erfährt. Umgekehrt wird die Inhumanität all jener Formen menschlicher Lebensbewältigung und -erklärung offenkundig, die, nach Auschwitz, nicht die Erfahrung des Leidens und Scheiterns zum Ausgangspunkt ihrer Überlegungen machen. An Auschwitz führt, um der Humanität willen, kein Weg vorbei.

Kapitel 6

Das Scheitern des Menschen und seine Bedeutung für eine Theologie nach Auschwitz

Auf der Suche nach Analogien zu den Theaterstücken und der Theaterarbeit George Taboris

6.1. Evangelium, Kirche und Kultur im Kontext der Postmoderne

6.1.1. Der Bruch zwischen Evangelium und Kultur

Das Scheitern des Projekts der Moderne, den Menschen durch rationale Aufklärung zu humanisieren, wurde mit den beiden Weltkriegen besiegelt. Der Name des Konzentrationslagers Auschwitz steht für eine an Qualität und Quantität bislang ungekannte Grausamkeit. Wesentlich geprägt durch diese Erfahrung äußerster Unmenschlichkeit, entwickelten sich in den Nachkriegsjahren Gesellschaftsmodelle, welche mit „Postmoderne“ umschrieben werden. Das Individuum vor totalitären Zugriffen gleich welcher Art zu schützen und ihm freie Entfaltungsmöglichkeit zu garantieren, ist das vorrangige Ziel der Postmoderne. Dazu trifft sie eine Option radikaler Pluralität, aus der Einsicht, „daß jeder Ausschließlichkeits-Anspruch nur der illegitimen Erhebung eines in Wahrheit Partikularen zum vermeintlich Absoluten entspringen kann“[655]. Die Pluralisierung „von Lebensweisen und Handlungsformen, von Denktypen und Sozialkonzepten, von Orientierungssystemen und Minderheiten“[656] umfaßt und ergreift alle Lebensbereiche. „Die Postmoderne ist diejenige geschichtliche Phase, in der radikale Pluralität als Grundverfassung der Gesellschaften real und anerkannt wird und in der daher plurale Sinn- und Aktionsmuster vordringlich, ja dominant und obligat werden.“[657] Dic Rclativierung des universalen Gültigkeitsanspruchs der „großen Erzählungen“, die Heteronomie der Sprachspiele, Lebenswelten und Deutungsmuster stellen die Kirche vor ein existentielles Problem, das ihr nach der Auflösung des katholischen Milieus[658] in den sechziger und siebziger Jahren des vorigen Jahrhun-

---

655 Welsch, Unsere postmoderne Moderne, 5.

656 Ebd.

657 Ebd.

658 „Die aus der Konfessionszugehörigkeit stammenden Elemente der Solidarität halten dem durch die Bildungsexpansion und den Arbeitsmarkt ausgelösten Konkurrenzdruck nicht stand. [...] Die ka-

derts in seiner ganzen Tragweite bewußt wird. Die Kirche verliert ihre prägende Kraft auf die Gesellschaft, kirchlich verfaßter Glaube und Lebenswelt driften auseinander. Es wird immer schwieriger, zwischen kirchlicher und „weltlicher" Kultur Brücken zu schlagen. Schon Papst Paul VI. beklagte: „Der Bruch zwischen Evangelium und Kultur ist ohne Zweifel das Drama unserer Zeitepoche, wie es auch das anderer Epochen gewesen ist."[659]
Das II. Vatikanische Konzil versteht unter Kultur alles, „wodurch der Mensch seine vielfältigen geistigen und körperlichen Anlagen ausbildet und entfaltet; wodurch er sich die ganze Welt in Erkenntnis und Arbeit zu unterwerfen sucht; wodurch er das gesellschaftliche Leben in der Familie und in der ganzen bürgerlichen Gesellschaft im moralischen und institutionellen Fortschritt menschlicher gestaltet; wodurch er endlich seine großen geistigen Erfahrungen und Strebungen im Lauf der Zeit in seinen Werken vergegenständlicht, mitteilt und ihnen Dauer verleiht – [...]"[660], kurz: Kultur „als Gesamtform menschlichen Zusammmenlebens [...] als die Sprache des Menschen überhaupt, in der er sich artikuliert, verständigt und auch verfehlt"[661]. Zugleich ist Kultur „das Medium der Offenbarung selbst, die sich uns von Anfang an in der Kultur als Sprache der Menschen erschlossen hat"[662]. Die Weitergabe des Glaubens, das „Evangelisieren ist [...] die Gnade und eigentliche Berufung der Kirche, ihre tiefste Identität"[663]. Ohne Inkulturation des Evangeliums kann die Relevanz der Offenbarung Gottes für das Hier und Heute nicht erwiesen werden, versandet die Sendung der Kirche, kann sie ihren wesenhaften Auftrag nicht erfüllen.[664] Der deshalb vom II. Vatikanischen Konzil angestoßene Dialog[665] zwischen Evangelium und Kultur setzt einerseits

tholischen Bevölkerungsteile werden in die durch die Massenmedien geprägte Massenkultur der Bundesrepublik integriert [...]. Was die Gesellschaft der Bundesrepublik seit den sechziger Jahren von ihrer bisherigen Gesellschaftsgeschichte unterscheidet, sind das Verblassen und die Auszehrung bis dahin prägender Lebensmächte in der Gestalt sozial-moralischer Milieus mit der Kraft der Integration von Großgruppen als gesellschaftsweite, segmentäre Teilgrößen [...]. Ihre Auflösung signalisiert das Ende der Industriegesellschaft des 19. Jahrhunderts und den Umbruch zu einem neuen Typus von Modernität." Gabriel, Christentum zwischen Tradition und Postmoderne, 126f.

659 EN 20.

660 GS 53.

661 Zerfaß, Der Bruch zwischen Evangelium und Kultur, 121.

662 Ebd. Vgl auch: GS 53: „Unter Kultur im allgemeinen versteht man alles, wodurch der Mensch seine vielfältigen geistigen und körperlichen Anlagen ausbildet und entfaltet; wodurch er sich die ganze Welt in Erkenntnis und Arbeit zu unterwerfen sucht; wodurch er das gesellschaftliche Leben in der Familie und in der ganzen bürgerlichen Gesellschaft im moralischen und institutionellen Fortschritt menschlicher gestaltet; wodurch er endlich seine großen geistigen Erfahrungen und Strebungen im Lauf der Zeit in seinen Werken vergegenständlicht, mitteilt und ihnen Dauer verleiht – [...]."

663 EN 14.

664 „Die Tradierungskrise des Glaubens ist, genau besehen, eine Krise des Glaubens selbst, weil der christliche Glaube ohne Tradierung und gelingende Tradition nicht ist." Metz, Löscht den jüdischen Geist nicht aus!, 59.

665 „Als Zeuge und Künder des Glaubens des gesamten in Christus geeinten Volkes Gottes kann daher das Konzil dessen Verbundenheit, Achtung und Liebe gegenüber der ganzen Menschheitsfamilie, der dieses ja selbst eingefügt ist, nicht beredter bekunden als dadurch, daß es mit ihr in einen Dialog ein-

voraus, daß „die Welt der Menschen, das heißt die ganze Menschheitsfamilie mit der Gesamtheit der Wirklichkeiten, in denen sie lebt“[666], „der Mensch also, der eine und ganze, mit Leib und Seele, Herz und Gewissen, Vernunft und Willen“[667] im Mittelpunkt differenzierter, emphatischer kirchlicher Wahrnehmung steht, um „die Welt, in der wir leben, ihre Erwartungen, Bestrebungen und ihren oft dramatischen Charakter zu erfassen und zu verstehen“[668]. Andererseits muß der Theologie in diesem Dialog bewußt sein, daß sie „nach Auschwitz“ von Gott redet und das Evangelium verkündet.[669] In diesem Dialog versteht die Kirche sich nicht nur als Gebende, sie empfängt auch: Sie evangelisiert und wird evangelisiert „durch eine beständige Bekehrung und Erneuerung“[670], nicht von oben, sondern durch die Gemeinschaft aller Gläubigen.[671] Ihre Lebenswelten, kulturellen Kontexte und Erfahrungen gehören demnach unabdingbar in das Zentrum der kirchlichen Aufmerksamkeit. Denn aus ihnen schöpft sie das Potential, um ihr Wesen als „ecclesia semper reformanda“ zu vollziehen. Dem II. Vaticanum ist bewußt, „wieviel sie selbst [die Kirche] der Geschichte und Entwicklung der Menschheit verdankt“[672]. Auch erfährt die Kirche im Dialog mit der Welt Wesentliches über ihre eigene Identität, auch und gerade dann, wenn sie ihr ablehnend oder gar feindlich gegenübersteht.[673]

Unsere Arbeit versteht sich als ein Beitrag, Evangelium und Kultur auf der Basis der Theaterliteratur und der Theaterarbeit George Taboris miteinander ins Gespräch zu bringen, mit dem Ziel, „Sprachsensibilität“[674] zu gewinnen und die

---

tritt über all diese verschiedenen Probleme [den exitentiellen Fragen nach dem Wesen, dem Woher und Wohin des Menschen].“ GS 3.

666 GS 2.

667 GS 3.

668 GS 4.

669 „Ich halte jede christliche Theodizee [...] und jede Rede von ‚Sinn‘ im Angesichte von Auschwitz, die außerhalb oder oberhalb dieser Katastrophe ansetzt, für Blasphemie.“ Metz, Jenseits bürgerlicher Religion, 32.

670 EN 15.

671 „Die Kirche, Trägerin der Evangelisierung, beginnt damit, sich selbst zu evangelisieren. Als Gemeinschaft von Gläubigen, als Gemeinschaft gelebter und gepredigter Hoffnung, als Gemeinschaft brüderlicher Liebe muß die Kirche unablässig selbst vernehmen, was sie glauben muß, welches die Gründe ihrer Hoffnung sind und was das neue Gebot der Liebe ist.“ Ebd.
„Es ist jedoch Aufgabe des ganzen Gottesvolkes, vor allem auch der Seelsorger und Theologen, unter dem Beistand des Heiligen Geistes auf die verschiedenen Sprachen unserer Zeit zu hören, sie zu unterscheiden, zu deuten und im Licht des Gotteswortes zu beurteilen, damit die geoffenbarte Wahrheit immer tiefer erfaßt, besser verstanden und passender verkündet werden kann.“ GS 44.

672 Ebd.

673 „Da die Kirche eine sichtbare gesellschaftliche Struktur hat, das Zeichen ihrer Einheit in Christus, sind für sie auch Möglichkeit und Tatsache einer Bereicherung durch die Entwicklung des gesellschaftlichen Lebens gegeben, nicht als ob in ihrer von Christus gegebenen Verfassung etwas fehle, sondern weil sie so tiefer erkannt, besser zur Erscheinung gebracht und zeitgemäßer gestaltet werden kann [...]. Ja, selbst die Feindschaft ihrer Gegner und Verfolger [...] war für sie sehr nützlich und wird es bleiben.“ Ebd.

674 „Sprachsensibilität heißt ein Bewußtsein davon haben, wie verschlissen die Bilder der Tradition sind, wie formelhaft die Wendungen, wie verbraucht die Sprachkonventionen.“ Kuschel, Im Spiegel der Dichter, 281.

kirchliche und theologische „Sprachsklerose“ aufzubrechen zu einer „Spracherweiterung“[675], die kirchlicher Verkündigung und theologischer Lehre einen Zugang zur Lebenswelt der Menschen in der Postmoderne unter dem Vorzeichen „nach Auschwitz“ eröffnet, um sie zu evangelisieren und durch sie evangelisiert zu werden.
Das erfordert einige grundsätzliche Überlegungen zum Verhältnis von christlicher Religion und Kunst und zur Methodik, wie Theologie und Literatur zueinander in Beziehung gesetzt werden können.

6.1.2. Religion und Kunst – gestaltende Ausgriffe auf das Ganze der Welt unter dem Vorzeichen des Leidens

„Kunst und Religion sind nicht nur partikuläre Bereiche ‚innerhalb‘ einer Kultur, Gestaltungen ‚im‘ Leben; sondern sie sind universale Weisen des Gestaltenkönnens und Gestaltenmüssens ‚des‘ Lebens selber, Eröffnungen ‚der‘ Kultur als eines je geschichtlichen, zeitlich und räumlich leitenden Lebensstils.“[676] Die Inkarnation des transzendenten Gottes in menschlicher Geschichte ist ein Wesenszug christlicher Religion. Durch den Dienst am Nächsten (diakonia), durch sein Lebenszeugnis in Wort und Tat (martyria) und in der Feier der Sakramente und des gemeinsamen Gebetes (liturgia) antwortet der Christ auf die Selbstoffenbarung Gottes und gestaltet seinen kulturellen Lebensraum in dem Bewußtsein, daß dieser Medium jener göttlichen Selbstmitteilung ist und werden kann. „[...] Religion ist so verstanden überhaupt Kunst [...]“[677], weil umfassendes Gestalten zu ihrem Wesen gehört. „Und wenn betont wird, daß doch in der Religion vornehmlich dieser Bezug zum Unermeßlich-Übermenschlich-Abgründigen walte, da in den Gestaltungen des Heiligen [...] dieses ebenso offenbar wie zugleich verborgen bleibe; Bild des Bildlosen oder Sage des Unsagbaren sei – so gehört also unablösbar zur Kunst und gewissermaßen in sie selbst hinein auch ‚Religion‘.“[678] Durch den Verlust jener ganzheitlichen Sicht und Deutung der Wirklichkeit durch Religion und Kunst unter den Bedingungen der Postmoderne „haben sie es gleichermaßen schwer, sich überhaupt noch in einem überlieferten Verständnis von universaler Lebensprägung zu halten“[679]. Schon Lyotard machte auf die nivellierende Kraft des kapitalistischen Performanzdenkens aufmerksam, das alles und

---

675 „„Sprache [...], die zur Münzstätte ideologischer Parolen degradiert wird, erkrankt an Realitätsverlust. An die Stelle von Spracherweiterung tritt Sprachsklerose‘.“ Kurt Marti, zitiert in: Kuschel, Jesus in der deutschsprachigen Gegenwartsliteratur, 177.

676 Halder/Welsch, Kunst und Religion, 45.

677 Ebd.

678 Ebd., 46.

679 Ebd., 55.

jedes in seinem Wert allein an seiner ökonomischen Effizienz bemißt. Kunst und Religion werden „partiell funktionalisiert, in die Freizeiten und Freiräume verwiesen, aber zu Zwecken der z.B. sozial-psychischen Stabilisierung von Kräften für forttreibende Mobilität, zur Frustrationsvermeidung in Sonderfällen, zu Regeneration, Therapie usw. einer Gesellschaft, welche ihren Gliedern keine symbolische Identifikation mit dem Sinnganzen der Lebenswelt mehr ermöglicht und abnötigt, wohl aber stets vorübergehende, austauschbare und wechselbare Teilidentifikationen. Zu solchen gehörig sind dann auch Kunst und Religion im Pluralismus von Identifikationsangeboten der Konkurrenz ausgesetzt und der Bemessung nach Kosten und Ertrag unterworfen."[680] Beide werden sich dieser Verzweckung nur dann entziehen können, wenn sie , im Geist der Avantgarde, „die Widersprüchlichkeit der gegenwärtigen Wirklichkeit“ in sich aufnehmen, „die zu einer Welt der Unbehaustheit“[681] geworden ist. Ihr universaler Gestaltungsauftrag kommt dann gerade dadurch zur Anschauung, daß sie die Ahnung vom „Nicht-Darstellbaren“ wachhalten, die Widersprüche des Lebens zu ihrem Thema machen und so durch ihr, nach ökonomischen Gesichtspunkten uneffizientes, Scheitern im Ausgriff auf das Ganze der Wirklichkeit gegen die Verzweckung des Individuums und seiner Lebensbezüge protestieren. Leiderfahrung wird zum bevorzugten Ort der Begegnung von Religion und Kunst in der Postmoderne: „In der Tat ist die moderne Kunst, zumal nach den Weltkriegen, in besonderer Weise Leiderfahrungen zugetan.“[682] So vermag die Kunst den christlichen Glauben an die „eigene innere Widersprüchlichkeit“[683] zu erinnern: die bleibenden Wundmale des gekreuzigten Auferstandenen: „Das Heil, das in die Welt kam, hat das Unheil nicht glatt beseitigt, sondern in sich aufgenommen und ausgetragen, so daß das Gotteslob, das jetzt noch zu singen ist, kein Jubel sein kann, wenn in ihm nicht Klage und Schmerz mitschwingen [...]. Nur ein solcher Glaube aber könnte umgekehrt zum Anstoß werden für die Kunst an der Grenze des Weltlich-Menschlichen, sofern sie sich nicht ihrerseits unempfindlich macht gegen eine Erfahrung und ein Leben, das aus der ‚Hoffnung wider alle Hoffnung‘ lebt [...].“[684]

6.1.3. Theologie und Literatur – auf der Suche nach strukturellen Analogien

Religion und Kunst stellen autonome Bereiche je eigener Erkenntnisordnung dar. Die sich möglicherweise ergebenden Berührungspunkte aus der Analyse dreier Theaterstücke und der Theaterarbeit George Taboris mit der Theologie wollen wir

680 Ebd., 57.
681 Ebd., 64.
682 Ebd., 65.
683 Ebd.
684 Ebd.

im Folgenden bedenken anhand der „Methode der strukurellen Analogie [...]. Analogie bedeutet ein Doppeltes: Wahrnehmung von Entsprechungen *und* Entfremdungen“[685]. „In diesem Sinne ist das Gespräch zwischen Literatur und Theologie bzw. Theologie und Literatur exponierter Lernort für die Wahrnehmung des Eigenen im Fremden und umgekehrt.“[686] So wird vermieden, „daß literarische Wirklichkeitsdeutung als christlich, quasi-christlich oder anonym-christlich vereinnahmt“[687] und damit instrumentalisiert wird „‚zur ancilla theologiae‘“[688]. Literatur wird in einem solchen Verständnis „als eine Art Steinbruch benutzt, wo in Form von ‚Beispielgeschichten‘ und ‚Anschlußstoffen‘ die christliche Botschaft je nach pädagogisch-didaktischer Lage vorteilhaft ins Spiel gebracht werden kann, als Aufhänger gleichsam, um theologische Fragen zu illustrieren“[689]. Umgekehrt könnte auch die Theologie als „ancilla artis“ nur als partielle Erscheinungsform der Kunst verstanden werden. Doch ist es nicht ihre Aufgabe, Erfahrungen zu produzieren, sondern „Erfahrungen mit Erfahrungen möglich“[690] zu machen. „Christliche Theologie braucht in diesem Sinne nicht kreativ im Sinne von Selbstproduktion, nicht originell zu erscheinen im Sinne von schöpferischer Authentizität. Das unterscheidet sie von jedem authentischen Kunstwerk. Die Kreativität christlicher Theologie besteht darin, die Gotteserfahrungen ihrer Ur-Kunden in aller Breite und Tiefe auszuloten und schöpferisch und kreativ unter veränderten Zeitumständen weiterzugeben.“[691] Die Benennung der Widersprüche zwischen Literatur und Theologie hingegen befähigt beide „zum Protest und zur Herausprofilierung einer Alternative“[692].

Theologie und Literatur sind im Sinne der strukturellen Analogie jener „Ästhetik des Erhabenen“, im Sinne Lyotards, verpflichtet, um als „Bundesgenossen im Kampf für eine Sprache, die sich dem Einverständnis der Mächtigen entzieht, die der gelenkten, verkauften und abgerichteten Sprache mit Mißtrauen begegnet und sich der perfekt funktionierenden Gesellschaft verweigert“[693], den unveräußerlichen Wert jedes menschlichen Individuums darzustellen und zu wahren. Sie haben in der menschlichen Leidensgeschichte ihren profiliertesten Berührungspunkt. Kunst und Religion, Literatur und Theologie werden zunehmend in der Pflicht stehen, die Gesellschaften der Postmoderne daran zu erinnern, daß sie indifferente Gleich-Gültigkeit postuliert haben um der Wahrung der Menschenwürde des einzelnen willen, und nicht, um das Individuum in indifferenter Beliebigkeit einer

---

685 Kuschel, „Vielleicht hält Gott sich einige Dichter ...“, 384f.
686 Schreijäck, Spuren zum Geheimnis, 10.
687 Kuschel, „Vielleicht hält Gott sich einige Dichter ...“, 385.
688 Ders., Jesus in der deutschsprachigen Gegenwartsliteratur, 4.
689 Ebd. Vgl. auch: Garhammer, „Handlanger des katholischen Milieus?“
690 Kuschel, „Vielleicht hält Gott sich einige Dichter ...“, 380
691 Ebd.
692 Ebd., 385.
693 Ebd.

vielfältigen Instrumentalisation zuzuführen und so unter dem Deckmantel der Freiheit es subtilen Formen der Manipulation und Vermassung auszusetzen. „Die tödliche Gefahr für beide, Theologie wie Kunst, ist die Banalität“[694], im Sinne der „Oberflächenästhetisierung“[695]: einer „Überzuckerung des Realen mit ästhetischem Flair“[696]. Kunst in diesem Kontext macht sich zur Erfüllungsgehilfin einer Erlebnisgesellschaft.[697] Solche Kunst bedient den „guten Geschmack“ eines schnellebigen livestyles. Mit dem Erlebnishunger mehrt sich das Enttäuschungsrisiko.[698] Das inflationäre Ansteigen der Erlebnismöglichkeiten degradiert die Kunst zu bloßem Amusement.

6.2. Die zeitgenössische Theologie im Dialog mit George Tabori als Fremdprophet

In der Auseinandersetzung mit der Gegenwart als Postmoderne erfahren sich Kirche und Theologie in einem Netz von Krisensituationen gefangen – Gottes-, Kirchen-, Verkündigungskrise. Dadurch sind sie gezwungen, die Frage nach ihrer Identität neu zu stellen. Das ganze Ausmaß dieser Krise wird erst in der theologischen Rezeption der Ereignisse von Auschwitz sichtbar. Es ist augenfällig, daß diese Herausforderung nicht im Sinne der Restauration der „großen Erzählungen“ zu meistern ist. In Lehre und Praxis sehen sich Theologie und Kirche herausgefordert, auf das Fragmentarische, das Individuelle, das Gebrochene, das Tragische sich einzulassen. Solidarische kirchliche Praxis als die wahrnehmbare, ästhetische Form theologischer Lehre im Sinne der Begleitung, des gemeinsamen Suchens, des prophetischen Offenhaltens der Lebensrätsel, der Option für die Gescheiterten, die Armen – die Orthopraxie wird zunehmend zum Glaubwürdigkeitskriterium jedes orthodoxen Wahrheitsanspruchs.
Im literarischen Werk George Taboris, besonders in seinen Theaterstücken und in seiner Theaterarbeit, können strukturelle Analogien zur gegenwärtigen theologischen Diskussion ausfindig gemacht werden. Seine Dekonstruktion der Sprachspiele, der Geschichte, der Identitäten und Identifikationsmuster dient der thera-

694 Sölle, Das Eis der Seele spalten, 10.
695 Welsch, Grenzgänge der Ästhetik, 12.
696 Ebd., 11.
697 „Erlebnisansprüche wandern von der Peripherie ins Zentrum der persönlichen Werte, sie werden zum Maßstab über Wert und Unwert des Lebens schlechthin und definieren den Sinn des Lebens […]. ‚Erlebe dein Leben!‘ ist der kategorische Imperativ unserer Zeit.“ Schulze, Die Erlebnis-Gesellschaft, 59.
698 „Für schöne Erlebnisse gilt dieselbe Paradoxie wie für andere Werte: Was erstrebenswert ist, fordert zur Anhäufung heraus, damit aber auch zu seiner Inflationierung.“ Ebd., 64f. „Mit der Abnahme der Fähigkeit, sich am Brauchbaren zu freuen, entsteht ein Enttäuschungsrisiko, das durch den Versuch, etwas dagegen zu unternehmen, noch gesteigert wird.“ Ebd., 66f.

peutischen Selbsterfahrung und -erkenntnis im Dienste einer Humanisierung, die sich ihres fortwährenden Scheiterns bewußt ist und gerade dadurch humanisierende Kräfte zu entfalten vermag. Die größte Herausforderung aus dem Werk George Taboris an die Adresse des Theologen liegt in seinem Postulat, daß verändernde, humanisiernde Erinnerung sich nur im sinnlichen Durchleben und -leiden der eigenen Lebensgeschichte ereignet. Glauben und Geschichte, persönliche Erinnerung und rituelles Erinnern in der Liturgie, Frohbotschaft und tragisches Scheitern, Amt und Leben, kurz: die Heiligkeit des Lebens in seiner tragischen Gebrochenheit, in all seinen widersprüchlichen Facetten und Paradoxien zu entdecken, zu durchleben, ihnen eine Gestalt zu geben, in diesen existentiellen Akt sich einzuüben, das ist der Stachel, den George Tabori dem Theologen ins Fleisch gesetzt hat.

Die Theologie trifft in der Person und im Werk George Taboris auf einen „Fremdpropheten", einen an kein religiöses Bekenntnis gebundenen Menschen aus der fremden Welt des Theaters. „Die religiöse und theologische Sprache bietet immer etwas mehr Sicherheit, als dem Glauben zuträglich ist. Darum schickt der Gott der Bibel Fremdpropheten, die das eingefahrene fromme Sprachspiel irritieren. Sie entgöttern die Kirchensprache. Das ist ihre religiöse Mission."[699] „Die Übergänge und Grauzonen, das Doppelbödige und der Hintersinn, die Tragik und der Witz des wirklichen Lebens"[700] – all das, was von Kirche und Theologie leicht „als ‚Umstände' […] oder Begleiterscheinungen eingestuft [wird], die man vernachlässigen darf […]."[701] – Tabori macht sie zum Thema seiner Theaterstücke. Seine unbedingte Option für das Individuum und die konsequent therapeutische Ausrichtung seines Theaters können dem Theologen wie jedem Glaubenden Anstoß und Anreiz werden, Leben und Glauben, mit den Stigmata des Scheiterns gezeichnet, in den Fragmenten der eigenen Lebensgeschichte zu einer Authentizität zu führen, der die Brüche, Schicksalsschläge, Behinderungen nicht als Ausnahmen gelten, sondern den Normalfall des Lebens ausmachen. Wie Tabori wird auch die Verkündigung der Kirche ihren Ort an der Scheide von Moderne und Postmoderne zu beziehen haben. Sie streckt sich aus nach dem Nicht-Ort, der Utopie gelingenden Lebens.

6.2.1. Die Frage nach Gott in einer Theologie nach Auschwitz

Die Leiderfahrung, der das literarische Werk George Taboris wesentlich entspringt, ist die Ermordung des Vaters und eines Großteils seiner Familie in

---

699 Zerfaß, Fremdprophetie und Kirchensprache, 249.
700 Ebd., 251.
701 Ebd.

Auschwitz. Wie wurde das, wofür „Auschwitz" metaphernhaft steht,[702] im Bereich von Kirche und Theologie rezipiert?
Im Bereich der katholischen Theologie kommt Johann Baptist Metz das Verdienst zu, entscheidende Impulse zur Auseinandersetzung mit Auschwitz gegeben zu haben.[703] Seine Handschrift trägt der Synodenbeschluß „Unsere Hoffnung" (erarbeitet ab 1973, verabschiedet 1975), in dem sich die deutsche katholische Kirche zum ersten Mal zu einer Mitschuld an den Verbrechen der Nationalsozialisten bekennt.[704] Hier prägt er jenen Grundsatz[705], der, in einer späteren Formulierung, zum paradigmatischen Axiom jeder christlichen Theologie nach Auschwitz wurde: „Wir Christen kommen niemals mehr hinter Auschwitz zurück; über Auschwitz hinaus aber kommen wir, genau besehen, nicht mehr allein, sondern nur noch mit den Opfern von Auschwitz."[706] „Christliche Theologie nach Auschwitz müßte ‚die jüdische Dimension in der christlichen Glaubensweise neu zur Geltung bringen und die gewaltsame Sperre des jüdischen Erbes im Christentum überwinden'."[707] Als bedeutsame Meilensteine in diesem Prozeß, basierend auf den Erklärungen des II. Vaticanums (NA 4, LG 16, DH) sind zu nennen: Die Erklärung der Deutschen Bischöfe über das Verhältnis der Kirche zum Judentum

702 „Die Metapher ‚Auschwitz' steht für mehr als ein isoliertes Vernichtungslager; sie kennzeichnet die Entwicklung eines administrativen Vorgangs, der sich in Deutschland zwischen den Jahren 1933 und 1945 im wesentlichen in vier sich zum Teil überlappenden Schritten vollzog: [...] die juristische Definition und Abgrenzung eines Juden oder Mischlings von Ariern [...], in einem zweiten wirtschaftspolitischen Schritt die Entfernung von Juden aus den Schlüsselpositionen [...], die Konzentration der jüdischen Gemeinschaft [...] durch Kennzeichnung [...] Vertreibung und Ghettoisierung. All diese Schritte mündeten schließlich in den eigentlichen Vernichtungsprozeß [...]. Weil der Mord an den europäischen Juden ins politische Zentrum des deutschen Nationalsozialismus gehört, steht er auch im Zentrum der Metapher ‚Auschwitz'." Ammicht-Quinn, Von Lissabon bis Auschwitz, 197f.

703 Zur biographischen und theologischen Verortung seines Ansatzes vgl. Peters, Johann Baptist Metz, 125–137. „Daß der politisch sensibilisierte Theologe Metz [...] bewegt ist, viel weniger durch innertheologische Fragestellungen oder kirchenpraktische Aufgaben als durch die quälenden Fragen der Zeit, besonders der deutschen Vergangenheit, dies war bisher im Hintergrund geblieben. Es trat ja auch erst im Würzburger Schuldbekenntnis ganz unmittelbar und deutlich zutage. Und obwohl dieser kirchliche Befreiungsschlag von 1975 erhebliche theologische Implikationen besaß: Seine eigene Theologie hat J.B. Metz erst drei Jahre danach mit einem unmißverständlichen Attribut versehen. Erst spät [...] ist ihm klar geworden, daß seine Theologie durch Auschwitz bestimmt ist. [...] Metz, der sich 1978 in den USA aufgehalten und in jenem Jahr bereits mehrfach zur nationalsozialistischen Judenverfolgung und zur Ökumene nach Auschwitz zu Wort gemeldet hatte, war gefragt und theologisch gefordert. Es dürfte – typisch für die situative Art seines Arbeitens – der Augenblick gewesen sein, wo er die eigene Theologie noch einmal überprüfte und nun als das herausstellte, was sie in ihrer Grundlage wohl immer schon war: ‚Theologie nach Auschwitz'." Ebd. 125f.

704 „[...] wir [die katholische Kirche] waren in dieser Zeit des Nationalsozialismus [...] aufs Ganze gesehen doch eine kirchliche Gemeinschaft, die zu sehr mit dem Rücken zum Schicksal dieses verfolgten jüdischen Volkes weiterlebte, deren Blick sich zu stark von der Bedrohung ihrer eigenen Institutionen fixieren ließ und die zu den an Juden und Judentum verübten Verbrechen geschwiegen hat." Gemeinsame Synode, Unsere Hoffnung, 108.

705 „Schließlich hängt die Glaubwürdigkeit unserer Rede vom ‚Gott der Hoffnung' angesichts eines hoffnungslosen Grauens wie dem von Auschwitz vor allem daran, daß es Ungezählte gab, Juden und Christen, die diesen Gott sogar in einer solchen Hölle immer wieder genannt und angerufen haben." Ebd., 109.

706 Metz, Jenseits bürgerlicher Religion, 31.

707 Peters, Johann Baptist Metz, 135.

(28. April 1980) unter dem Leitsatz: „Wer Jesus Christus begegnet, begegnet dem Judentum"[708]; die Ansprache Papst Johannes Paul II. an die Vertreter der Juden im Dommuseum in Mainz (17. November 1980), während derer der Papst betonte, daß der Bund Gottes zum Volk des Alten Bundes ungekündigt fortbesteht und der Dialog zwischen Juden und Christen „zugleich ein Dialog innerhalb unserer Kirche, gleichsam zwischen dem ersten und zweiten Teil ihrer Bibel"[709] ist; die Vergebungsbitte des Papstes für die Sünden der Glieder der Kirche, die diese auch an den Juden begangen haben (12. März 2000)[710]; die Ansprache Johannes Paul II. in Yad Vashem (23. März 2000)[711]; zuletzt die Vergebungsbitte des Papstes an der Klagemauer in Jerusalem (26. März 2000)[712].

Aus der Fülle der Literatur zum Thema einer Theologie nach Auschwitz sticht hervor, daß zunehmend auch die jüdische theologische Auseinandersetzung mit dem Holocaust von christlicher Seite aus rezipiert wird.[713]

Je mehr die Kirche ihrer Verantwortung für das Entstehen des Antisemitismus

---

708 Die Deutschen Bischöfe, Über das Verhältnis der Kirche zum Judentum, 5. Neben der Auflistung der Berührungspunkte, Gemeinsamkeiten und Unterschiede zwischen Judentum und Christentum verdient das fünfte Kapitel besondere Aufmerksamkeit, das um die Korrektur entstellender theologischer Deutungen des Judentums bemüht ist: „Allzu oft ist in der Kirche, besonders in Predigt und Katechese, in falscher und entstellender Weise über das Judentum gesprochen worden [...]. Der Ausdruck ‚die Juden', der häufig im Johannesevangelium erscheint, verleitete nicht selten zum theologischen Antijudaismus [...]. Ähnliches gilt für den oft in den Evangelien erscheinenden Ausdruck ‚die Pharisäer' [...]. Der Jude empfindet die Thora als Gnade, nicht als Last. Er versteht das Leben nach den Weisungen der Tora nicht als ‚Verdienstesammeln' oder als zum Ruhm vor Gott führende ‚Leistung', wie viele Christen meinen [...]. Die Juden dürfen nicht als das Volk der Gottesmörder bezeichnet werden [...]. An die Stelle des unter Christen noch immer mehr oder weniger weiterlebenden ‚Antisemitismus' muß der von gegenseitiger Liebe und Verstehen getragene Dialog treten." Ebd., 22ff.

709 Papst Johannes Paul II., Ansprache an die Vertreter der Juden im Dommuseum in Mainz am 17. November 1980, 104.

710 Der Papst bat Gott um Vergebung „‚für Methoden der Intoleranz im Dienst der Wahrheit', für Sünden im Zusammenhang mit den Kirchenspaltungen, für Verfehlungen gegenüber den Juden, für Verfehlungen ‚gegen die Liebe, den Frieden, die Rechte der Völker, die Achtung der Kulturen und der Religionen, für Diskriminierungen von Frauen sowie von Menschen aufgrund ihrer Rasse und Hautfarbe sowie für Verstöße gegen das Gebot der Nächstenliebe." Die Kirche ist nicht Sünderin in dem Sinne, „‚daß sie selber Subjekt und Täterin der Sünde ist', sondern indem sie sich ‚in mütterlicher Solidarität' die Sünden ihrer Glieder aufläd". Ulrich Ruh, Johannes Paul II.: Wie die Kirche Schuld bekennt, 169f.

711 „Als Bischof von Rom und Nachfolger des Apostels Petrus versichere ich dem jüdischen Volk, dass die katholische Kirche – vom Gebot des Evangeliums zur Wahrheit und Liebe und nicht von politischen Überlegungen motiviert – zutiefst betrübt ist über den Hass, die Taten von Verfolgungen und die anti-semitischen Ausschreitungen von Christen gegen die Juden, zu welcher Zeit und an welchem Ort auch immer: Die Kirche verwirft jede Form von Rassismus als ein Leugnen des Abbildes des Schöpfers, das jedem Menschenwesen innewohnt [...]." Johannes Paul II., Trauer um die Tragödien – Weg zu neuer Beziehung zwischen Christen und Juden, 51.

712 „Gott unserer Väter, du hast Abraham und seine Nachkommen auserwählt, deinen Namen zu den Völkern zu tragen. Wir sind zutiefst betrübt über das Verhalten aller, die im Laufe der Geschichte seine Söhne und Töchter leiden ließen. Wir bitten um Verzeihung und wollen uns dafür einsetzen, dass echte Brüderlichkeit herrsche mit dem Volk des Bundes. Darum bitten wir durch Christus, unseren Herrn." Ders., Vergebungsbitte an der Klagemauer, 74f.

713 Vgl. u.a.: Münz, Der Welt ein Gedächtnis geben; Dienberg, Ihre Tränen sind wie Gebete; Brocke/Jochum (Hrsg.), Wolkensäule und Feuerschein.

gewahr wird und sie sich zu ihrer daraus resultierenden Schuld bekennt, desto stärker gerät ihr Auschwitz als „Wendepunkt der Geschichte", als „Kontinuitätsbruch oder Zivilisationsbruch"[714] in den Blick. „Dieser Bruch in der Kontinuität menschlicher Geschichte in der bislang selbstverständlich erschienenen Entwicklung der Zivilisation, reicht bis in die Grundlagen menschlichen Selbstverständnisses."[715] Jean-François Lyotard wies darauf hin, daß Auschwitz nicht zum Gegenstand eines rationalen Diskurses gemacht werden kann, weil sich das, was dort geschehen ist, jeder logischen Begründung oder vernünftigen Verstehbarkeit entzieht. „Hierin liegt die erkenntnistheoretische, hermeneutische und schließlich umfassend weltanschauliche Sprengkraft einer postulierten Unverstehbarkeit des Holocaust. Beides, das Geschehen selbst und die aus ihm resultierenden Aporien des Verstehens, bringen in gleicher Weise unser christliches wie auch unser durch die Aufklärung geprägtes humanistisches Welt- und Menschenbild und damit eben auch unser wissenschaftliches Selbstverständnis von der rationalen Erschließbarkeit und technokratischen Handhabbarkeit der Welt nicht nur zum Schwanken, sondern zu Fall."[716]

Die spezifische Situation des Christentums in der Folge dieses Bruches, den Auschwitz markiert, verdeutlicht sich im Vergleich mit dem Judentum und dessen Verständnis von Geschichte. Exodus und Offenbarung am Sinai sind für das Judentum „Ausgangspunkt und Zentrum des eigenen Selbstverständnisses"[717]. Die Immanenz ist der konkrete geschichtliche Erscheinungsort des transzendenten Gottes. „Geschichte wird zu einer auf Sinn und Ziel hin interpretierbaren Kategorie"[718], in der Gott und Mensch als gleichberechtigte Partner durch einen Bundesschluß interagieren. „Mit Offenbarung, Bundesverständnis und in beidem zugrundegelegten Geschichtsverständnis haben wir eine Reihe kaum auflösbarer, paradoxaler Bindungsverhältnisse vorliegen, die den innersten Kernbestand jüdisch-religiösen Selbstverständnisses mit axiomatischer Kraft ausmachen: der historisch verortete Akt der Offenbarung verbindet Transzendenz (Gott) mit Immanenz (Israel); im Bundesverständnis fließen Ethnizität (Volk Israel) und Religiosität (Glaube Israels) zusammen, werden in ihrer partikularen Besonderheit (Bund Gottes mit Israel) mit universaler Bedeutung (Gott und Mensch/Welt) versehen und verketten im Ergebnis unauflösbar Geschichte und Glauben miteinander."[719]

In dieser Verschränkung von Geschichte und Glauben schafft Erinnerung Identität, indem sie die identitätsstiftenden Ursprungsereignisse des Glaubens Israels vergegenwärtigend repräsentiert und so durch Liturgie und Ritual die Kluft zwi-

---

714 Ammicht-Quinn, Von Lissabon bis Auschwitz, 196.
715 Ebd.
716 Münz, Der Welt ein Gedächtnis geben, 75.
717 Ebd., 116.
718 Ebd., 118.
719 Ebd., 122.

schen Vergangenheit und Gegenwart überbrückt und auf die Verheißungen Gottes in der Zukunft für das eigene Leben hin öffnet „Nur durch diese Verschmelzung von Vergangenheit und Gegenwart, nur durch existentielle RePräsentation der Vergangenheit, läßt sich dann auch der Bezug und Übertrag zu vergleichbar aktuellen Situationen der Gegenwart oder der jüngeren Vergangenheit herstellen."[720] Jüdische Erinnerung ist also „ErInnerung im Sinne existentieller RePräsentation"[721].

Versagt sich die Katastrophe von Auschwitz einer in diesem Sinne sinnstiftenden Interpretation, weil sie sich mit Vernunft weder beschreiben noch erklären läßt, wird die Frage nach der Existenz oder Anwesenheit Gottes im Holocaust theologisch prinzipiell unbeantwortbar. Allein das Gebet vermag fragmentarisch der Klage und dem Grauen eine religiöse, existentielle Ausdrucksform zu verleihen. Die an konkrete Geschichte gebundene gläubige Erwartung Israels erfährt eine existentielle, grundlegende Bedrohung, weil es unmöglich scheint, die geschichtliche Katastrophe von Auschwitz auf Gott zu beziehen und ihr so einen Sinn abzuringen. Dem jüdischen Glauben eignet eine äußerste Theodizee-Empfindlichkeit[722] und Geschichtssensibilität. Diese ist dem Christentum abhanden gekommen. In dem Maße, in dem das Christentum in der Auseinandersetzung mit der Gnosis ein festes theologisches System auszubilden begann, kam es zur „Zusammenhanglosigkeit von Erinnerung, Identität und Geschichtsbewußtsein"[723]. „Das für die Geschichte der Menschheit einzig wichtige und zentrale – und damit auch das einzige, der Erinnerung werte – Ereignis fand in Leben, Tod und Auferstehung Jesu Christi statt: Mit Kreuz und Auferstehung sind Mensch und Welt erlöst, das Reich Gottes auf Erden hat seinen Anfang genommen. Jenseits aller politischer, sozialer und historischer Realitäten, die sich durch ihre Vergänglichkeit auszeichnen – theologisch gesprochen: jenseits und unabhängig der realen und konkreten Verfaßtheit der Schöpfung –, hängt das ewige Heil meiner Seele allein von der Annahme und Zustimmung, das heißt dem Glauben, in diese und nur in diese Wahrheit ab. Angesichts ewiger Verdammnis oder ewiger Freude schrumpfen die Realitäten des diesseitigen Lebens zu zeitirrelevanten Augenblicken zusammen."[724] Dieser statische Offenbarungsbegriff korrespondiert im Christentum mit einer betonten Observanz der Orthodoxie, während das dynamische Offenbarungsverständnis des Judentums das Schwergewicht auf die Orthopraxie legt.[725] „Auf die Spitze getrieben könnte man sagen: Die Geburtsstunde des Christen-

---

[720] Ebd., 409.
[721] Ebd., 413.
[722] „Das biblische Israel zeigt sich als eine ausgesprochene Theodizeelandschaft, sozusagen als Volk mit besonderer Theodizee-Empfindlichkeit." Metz, Theodizee-empfindliche Gottesrede, 85.
[723] Münz, Der Welt ein Gedächtnis geben, 467.
[724] Ebd., 469.
[725] Vgl. ebd., 468.

tums, ihrer Kirche und Theologie – und damit auch eine der Wurzeln unserer Kultur – ist geradezu charakterisiert durch das fundamentale Problem Geschichte versus Glauben [...]. Die ausbleibende Parusie, die Enttäuschung der eschatologischen Hoffnung, das nicht-Eintreten des erlösenden messianischen Königreiches mußte auf der Ebene der Realgeschichte und des Alltags als Enttäuschung erfahren werden und wurde zum entscheidenden Motiv, den Glauben so zu gestalten und zu unterstreichen, daß er als dominierendes Element über eine ihm gegenläufige und ihn zu widerlegen drohende historische Erfahrung triumphieren konnte [...]. Wir haben es also beim Christentum mit einem groß angelegten und eminent wirksamen Prozeß der Immunisierung des Glaubens gegenüber der historischen Wirklichkeit, gegenüber der Geschichte selbst, zu tun [...]. Die Sensibilität christlicher Theologie und Kirche gegenüber dem Bruch und Brüchigen in der Geschichte, den Krisen und Unsicherheiten des Lebens ist entsprechend schwach ausgeprägt [...]. Jede historische Krise, jeder zivilisatorische Bruch wird tendenziell von ihr nicht vermerkt oder aber mit dem Werkzeug des Glaubens theologisch gekittet. Angst und Sorge, Not und Krise, Bruch und Abgrund, Leid und Schuld sind aufgehoben im erlösenden Leben, Sterben und Auferstehen Christi."[726] Das jüdische Volk wird in den Augen des Christentums „zwangsläufig zur personalen Verkörperung von Geschichte, Erinnerung und Gedächtnis schlechthin. Und das bedeutet, Juden und Judentum werden zu einem für die Fundamente des eigenen Glaubens äußerst bedrohlichen Faktor ersten Ranges [...], weil es eine Form von Geschichtlichkeit, von geschichtlichem, von religiös geprägtem geschichtlichem Bewußtsein repräsentiert, das man in der Geburtsstunde des Christentums bereits für verworfen und obsolet erklärt hat."[727]

Der Mensch trägt allein an der Verantwortung für sein Scheitern, Gott kann nicht angegangen werden, weil er immer schon als gerechtfertigt geglaubt werden muß, die Sprache des Gebetes und der Theologie verkümmert, weil ihr, unter dem Vorzeichen vorgängiger Erlösung, das Instrumentar aus der Hand genommen wurde, um die Not des Menschen adäquat ins Wort zu bringen. „Vieleicht ist es gerade die Christologie, die uns den Zugang zu dieser Sprache verstellt. Wir haben zuviel Ostersonntagschristologie und zu wenig Karsamstagschristologie. Die Ostersonntagschristologie hat unsere Gebete zu sehr mit einer Siegersprache verwöhnt und ihr die Karsamstagsempfindlichkeit abgewöhnt. Wir brauchen eine Art Karsamstagssprache, eine Karsamstagschristologie, eine Christologie mit schwachen Kategorien, eine Christo-logie, deren Logos noch erschrecken und unter diesem Schrecken sich wandeln kann."[728]

In einer postmodernen Welt nach Auschwitz heißt die zentrale Frage der Theolo-

---

[726] Ebd., 470–472.

[727] Ebd., 471.

[728] Metz, Gotteskrise, 80.

gie, „wie denn überhaupt von Gott zu reden sei angesichts der abgründigen Leidensgeschichte der Welt [...]“.[729] Die „„Gotteskrise“‘[730] kennzeichnet die Grundsituation unserer Zeit. „Von Auschwitz wurde [...] Gott für unsere Erfahrung in einer Weise in Mitleidenschaft gezogen, daß wir alles, was wir über ihn oder im Blick auf ihn oder von ihm her sagen könnten, unter den Vorbehalt stellen müssen: ‚So Gott will und er lebt‘ – was wir weder glauben noch wissen, und was wir auch nur hoffen können, *wenn* er will und lebt.“[731]
Die Krise der Kirche und ihrer Verkündigung sind nur im Kontext jener Krise zu verstehen, in der, nach Auschwitz, der Inhalt ihrer Verkündigung und sie selbst als deren Trägerin fragwürdig geworden sind. Wahrnehmungsfähigkeit und „Theodizee-Empfindlichkeit“ – „die Beunruhigung durch die Frage nach der Gerechtigkeit für die unschuldig Leidenden“ und „die Beunruhigung durch die Frage nach der Frist der Zeit“[732] – geben der Identitätsbestimmung von Kirche und Theologie und der Suche des einzelnen Christen nach seiner persönlichen Identität als Glaubender eine radikal eschatologische Ausrichtung durch den Fall jeder glaubenden Gewißheit in Bezug auf den Kern des Glaubens: der Existenz Gottes und seines heilschaffenden Handelns in der Geschichte seines Volkes wie des einzelnen. „Ging es in der Eschatologie bisher meist um unsere Zukunft, so jetzt um die seine [Gottes]; und war Hoffen bisher vor allem Hoffen *auf* Gott – nun ist es zu einem Hoffen auch *für* ihn geworden.“[733] Denn „die ‚Endlösung der Judenfrage‘ verbietet uns Eschatologie [...] als Lehre von einer ‚Endlösung‘ Gottes für die Welt und die Menschen. [...] *Jede* ‚Endlösung‘ muß undenkbar bleiben – auch die des reinen Guten, auch die des guten Gottes. Denn ‚das Reine‘ hat sich in unserer Erfahrung als ein Prinzip der Vernichtung des ‚Unreinen‘ herausgestellt, und zwar umfassend: Die ‚reine‘ Vernunft *verdrängte* nicht weniger, als die ‚reine‘ Rasse *mordete* und die ‚reine‘ Lehre die Scheiterhaufen von Autodafés *entzündete*.“[734] Nach Auschwitz kann die Frage, ob und was für eine Zukunft den Menschen bevorsteht, nur noch hoffend offengehalten werden. Die „Verschlossenheit als Hauptmerkmal unserer Erfahrung von Zukunft“[735] widerstrebt schmerzhaft und bedrohlich dem Wesenszug des Menschen, „sich der Zukunft angesichts der Bedrohtheit durch ein Ende zu bemächtigen“[736]. Seit dem Eintritt des Christentums in die hellenistische Welt brachte es eine Theologie hervor, deren Ziel es war, „Gott und das Vernünftige zusammenbringen [zu] wollen“[737]. Die Undar-

[729] Metz, Theodizee-empfindliche Gottesrede, 82.
[730] Ebd., 83.
[731] Marquardt, Was wir hoffen dürfen, wenn wir hoffen dürften, Band 2, 17.
[732] Metz, Theodizee-Empfindliche Gottesrede, 87.
[733] Marquardt, Was dürfen wir hoffen, wenn wir hoffen dürften, Bd. 2, 18.
[734] Ebd., 17.
[735] Marquardt, Was dürfen wir hoffen, wenn wir hoffen dürften, Bd. 1, 33.
[736] Ebd., 35.
[737] Ebd., 42.

stellbarkeit und Unbegreifbarkeit von Auschwitz entzieht der Theologie die Grundlage für diesen rationalen Konnex, verweist sie auf das biblische Gottesbild[738] und radikalisiert dieses in einer zugespitzten theologia negativa, die „Gott nicht mit der Durchsichtigkeit, Logik, Berechenbarkeit der Welt, nicht mit der Aufgabe unserer Zukunftsbeherrschung in Verbindung [...] [bringt], sondern im Gegenteil mit dem Grundlosen, Maßlosen, Unberechenbaren, der uns geläufigen Logik sich nicht Fügenden“[739]. Zwar sagt Gott dem Menschen zu, daß er Grund zur Hoffnung haben dürfe in eine ihm ungewisse Zukunft.[740] Doch die geschichtliche Erfahrung – nicht nur, aber unvergleichlich einschneidend – in Auschwitz unterzieht den Grund des Hoffens selbst dem Verdacht der Hoffnungslosigkeit. Nach Auschwitz kann der Christ seines Gottes und seiner selbst sich nicht mehr sicher sein. Nach Auschwitz verschieben sich die Gewichte auch in der Theologie: Nicht in der Frage nach der „rechten Lehre“ liegt das eigentliche Problem der Zeit, sondern in der Frage nach der „rechten Praxis“ und nach den konkreten Bedingungen, wie sie zu ermöglichen ist; Theodizee versteht sich nicht primär als Rechtfertigung Gottes, sondern – „möglicherweise die relevanteste Frage der modernen Gesellschaft [...]: [als] die Frage nach dem Sinn“[741] menschlichen Lebens; anstelle von „Identitätssicherung“ finden Theologie, Seelsorge und Verkündigung ihre Funktion in der Hilfe aus dem Glauben zur „Identitätsfindung“[742]; Aufgabe der Verkündigung ist es weniger, vorgängige Deutemuster zu liefern, denn „als Ort und Sprache der Klage eine Möglichkeit des Sich-Äußerns“[743] zur Verfügung zu stellen; nicht in der Indienstnahme des Christentums zur Absicherung bürgerlicher Lebensart liegt dessen Zukunft, sondern in der Option für die Armen und Opfer.[744]

6.2.2. Die Frage nach dem Menschen in einer Theologie nach Auschwitz

Die radikale anthropologische Wende der Moderne vollzieht sich in der Theologie, unter den Bedingungen der Postmoderne, erst in der Rezeption von Ausch-

---

738 Etwa 2 Sam 9–24 und Joh 6,1–15. Vgl dazu: Ebd., 37ff.

739 Ebd.42.

740 „Die christliche Botschaft behauptet beides: Hoffen können ist eine erlaubte Grundeinstellung zur Zukunft, und sie ist sogar geboten, weil die Zukunft selbst in sich den (uns freilich derzeit noch verschlossenen) Grund einer Hoffnung birgt, neben der jede andere Einstellung zur Zukunft zweitrangig wird. Über alle Widersprüchlichkeit guter Gründe und schlechter Gegengründe zur Hoffnung hinaus behauptet die biblische Botschaft: sie stehe auf einem Grund der Hoffnung selbst, in bezug auf den etwas anderes als Hoffnung gar nicht infrage komme.“ Ebd., 46.

741 Ammicht – Quinn, Von Lissabon bis Auschwitz, 253.

742 Ebd., 271.

743 Ebd.

744 „Die bürgerlichen Tugenden der Stabilität, des Konkurrenzkampfes und der Leistung verdunkeln und überlagern die lediglich geglaubten messianischen Tugenden der Umkehr, der selbstlosen und unbedingten Liebe zu den ‚geringsten der Brüder‘ und des Mitleidens [...]“ Metz, Jenseits bürgerlicher Religion, 15.

witz. Läßt die Theologie vermeindliche dogmatische Sicherheiten fahren, rückt sie näher an die existentiellen biblischen Erzählungen heran. Die Kluft zwischen Glauben und Geschichte wird sich nach Auschwitz auch dadurch nicht gleich schließen, doch könnten Kirche und Theologie zu Orten werden, an denen sich Menschen in dem, was sie zuinnerst betrifft, aussprechen können, um, konfrontiert mit den biblischen Heilszusagen der Offenbarung Gottes, nach Wegen zu suchen, Identität zu finden, für sich authentisch zu leben und mit anderen nach einer würdigen Praxis menschlichen Umgangs miteinander zu suchen.
„Mit Auschwitz ist das Zeitalter der subjekt- und situationslosen theologischen Systeme endgültig abgelaufen!"[745] Ohne Schuld, Sünde und Verantwortung zu leugnen, zeigt sich im Zuge der Gräuel der Nationalsozialisten, daß es eine tragische, schicksalhafte Verstrickung des Menschen in Unheilszusammenhänge gibt, die sein Leben scheitern lassen. Die Rechtfertigung Gottes kann und darf nicht mehr einseitig zu Lasten des Menschen betrieben werden. Die Erfahrung von Auschwitz führt, wenn sie ernstgenommen wird, zu einem Paradigmenwechsel in allen Sparten der Theologie und der kirchlichen Praxis.

6.2.2.1. Der Umgang mit dem Individuum – zu einer Theologie des Alltags

Die anthropologische Wende, die das II. Vatikanische Konzil am deutlichsten in *Gaudium et spes* vollzogen hat, steht in den nachkonziliaren dogmatischen Lehräußerungen der Kirche vielfach noch aus.[746] Dies wird besonders deutlich „im neu aufgelegten Kichenprogramm der Neu-Evangelisierung, bei dem im Gegensatz zum ursprünglichen Inhalt der Evangelisierung institutionell-kirchliche Interessen und ein abstrakter Wahrheitsbegriff die Oberhand gewonnen haben"[747]. Um aber, nach Auschwitz, Geschichte und Glauben, Scheitern/Krisen und Krisis im theologischen Verständnis wieder existentiell aufeinander zu beziehen, ist der theologische Ansatz beim Menschen, und zwar beim einzelnen, konstitutiv. Zuerst vom Menschen, von seiner Lebensgeschichte, seinen Erfahrungen, seinen Krisen zu sprechen, heißt nicht, die Rede von Gott und seine Offenbarung zu schmälern. Denn der einzelne ist „als Wesen der Transzendenz"[748] der Adressat einer möglicherweise an ihn ergehenden Offenbarung Gottes, in der die Unmittelbarkeit Gottes sich ihm vermittelt durch Alltagserfahrung, in konkreter Lebensgeschichte.

---

745 Ebd., 35.

746 „Das kirchliche Lehramt flüchtet in Verletzung des Communionprinzips des Zweiten Vatikanums in eine ‚splendid isolation' seiner Glaubensentscheidungen, gibt dem Glauben erst einmal eine theoretisch-abstrakte Gestalt, um dann zu sehen, wie die Gläubigen damit zurecht kommen." Knobloch, Wieviel ist ein Mensch wert?, 53.

747 Ebd.

748 Rahner, Grundkurs des Glaubens, 42.

„Die anthropologische Wende der Theologie spricht [deshalb] nicht ‚anthropozentrisch', sondern ‚theozentrisch' vom Menschen."[749] „Indem er seine Endlichkeit radikal erfährt, greift er über diese Endlichkeit hinaus, erfährt er sich als Wesen der Transzendenz, als Geist. Der unendliche Horizont menschlichen Fragens wird als ein Horizont erfahren, der immer weiter zurückweicht, je mehr Antworten der Mensch sich zu geben vermag."[750] Der Mensch ist „jenes Seiende, dem sich die unverfügbare und schweigende Unendlichkeit der Wirklichkeit als Geheimnis dauernd zuschickt. Dadurch wird der Mensch zur reinen Offenheit für dieses Geheimnis gemacht und gerade so als Person und Subjekt vor sich selbst gebracht."[751] Die durch den und im Alltag sich vermittelnde Gotteserfahrung geschieht „indirekt, implizit und unthematisch"[752] im sich transzendierenden und auf Transzendenz hin offenen Menschen. Sich darin einzuüben, dies wahrzunehmen, transzendente Erfahrungen aus dem Glauben als Gotteserfahrungen zu deuten – dies meint Mystagogie.[753] „‚Letztlich kann diese Mystagogie, weil sich jeder in seiner Einmaligkeit vor Gott zu verantworten hat, nicht einfach schlechterdings in einem kollektiven Geschehen bestehen. Insofern gibt es so etwas wie Individualseelsorge [...].'"[754] Mystagogische Seelsorge am einzelnen heißt, ihn im „Prozeß der Subjektwerdung"[755] zu begleiten. „‚Erst wo der einzelne wirklich in seiner einmaligen Einzelheit vom Christentum erreicht ist, hat die Seelsorge einen entscheidenden Erfolg' erzielt. [...] ‚und zwar nicht bloß zum Heil dieses einzelnen, sondern auch zum Segen der Kirche.'"[756] „Es gibt [...] nichts, von dem man sagen könnte, es sei zu banal, als daß es der ‚Stoff' und der Ausgangspunkt zu einer Gotteserfahrung sein könnte. [...], ‚sondern die ursprüngliche, wenn auch namenlose, unthematische Erfahrung Gottes wird überall dort gemacht, wo und insofern Subjektivität, Transzendentalität vollzogen wird.'"[757]

Für Henning Luther ist Praktische Theologie daher als Theologie des Alltags zu entwickeln.[758] Die anthropologische Wende der Theologie zum Subjekt „bedeutet zuerst, daß Praktische Theologie sich an den Ort der Subjekte begibt, d.h. also in

749 Knobloch, Praktische Theologie, 187.
750 Rahner, Grundkurs des Glaubens, 42f.
751 Ebd., 46.
752 Knobloch, Praktische Theologie, 189.
753 „Diese Mystagogie baut auf zwei Prinzipien auf: einmal auf der Glaubensüberzeugung, daß der Mensch als Geheimnis über sich hinaus auf das absolute Geheimnis weist, das wir Gott nennen; zum anderen darauf, daß diese Grundgegebenheit für den einzelnen Menschen erfahrbar ist." Ebd.
754 Rahner, zitiert nach: Knobloch, Praktische Theologie, 190.
755 Ebd., 196.
756 Rahner, zitiert nach: Ebd., 196f.
757 Ebd., 197f.
758 „Als Konsequenz dieses Perspektivenwechsels auf die ‚Laien'- und Alltagsperspektive ergäbe sich eine Veränderung im inhaltlichen Aufbau der Praktischen Theologie, deren interne Gliederung nicht länger am Leitfaden der (Amts-)Praxis einiger weniger (der Funktionsträger), sondern an den Problemstellungen der verschiedenen Lebenswelten (und Lebensgeschichten) der Menschen ausgerichtet wäre." Luther, Religion und Alltag, 17.

den Alltag."[759] Religion setzt bei den alltäglichen Erfahrungen des Widersprüchlichen an. „Das ‚Nicht-Passen' ist die Ausgangserfahrung der Religion."[760] „Religion löst diesen Widerspruch nicht auf [...], Religion bewahrt vielmehr die Zerrissenheit, aus der sie lebt." „Praktische Theologie, die sich auf den Alltag einläßt, muß nicht alltäglich werden, denn je mehr sie wirklich in ihn eingeht, wird sie über ihn hinausgehen können. Sie wird der Mehrschichtigkeit und Mehrdeutigkeit der Szenarien gewahr, in denen das Alltagsleben der Menschen sich abspielt. Sie wird Lücken, Brüche, Knoten entdecken, die die Routinen unterbrechen, Vertrautes verfremden, Neues in das Bekannte bringen. Dieser Abstieg in das ‚Labyrinth der Lebenswelt' [...] wird die Praktische Theologie auf die Spur der Subjekte setzen, die auf der Suche sind, ihren Weg zu finden."[761] „Der Praktische Theologe muß sich nun aber nicht wie der Soziologe oder Psychologe verpflichtet fühlen, sich an der Stabilisierung der Normalität und Plausibilität der Alltagswelt durch Bestätigung ihrer konventionalen Regeln und durch Ausgrenzung abweichenden Denkens und Verhaltens zu beteiligen. Ihn sollte vielmehr gerade das Existieren-Können an der Grenze interessieren, nachdem die normale Lebenswelt als brüchig erfahren wurde. Seine Aufgabe ist also nicht, Grenzen zu setzen oder gar zu befestigen, das Innen gegen Erfahrungen von draußen ‚wasserdicht' zu machen, sondern gerade für die undichten Stellen sensibel und empfänglich zu machen."[762] Umso wichtiger ist es, daß der Theologe mit den Brüchen und Verkrümmungen seiner eigenen Lebensgeschichte vertraut ist und sich in einen befreienden Umgang mit ihnen eingespielt hat. Religion ist die „Kraft zur Überwindung von Grenzen im sozial-kommunikativen Bereich sowie zur erweiternden Bearbeitung von Grenzerfahrungen im existentiellen Bereich. In jenem Bereich realisiert sie sich als Liebe, in diesem als (existentielle) Freiheit"[763].

Eine Theologie des Alltags korrespondiert mit Taboris Ernstnahme des Banalen und Alltäglichen. Die Orientierung an und das Streben nach Idealen gibt sie nicht auf. Wohl aber würdigt sie die Art und Weise, wie der einzelne aufgrund seiner Lebensgeschichte sich an ihnen ausrichtet. Sie fragt im Scheitern an Idealen nach Schuld, ohne auf Schuld zu fixieren.

Eine Theologie der Krisis findet ihre christliche Identität in ihrer Zuwendung zum einzelnen, gerade auch in seinem Scheitern. Sie versagt sich einem Perfektionismus. Christliche Religion, die die Zerrissenheit bewahrt, aus der sie lebt, wird existentiell und sieht, wie Tabori, in der Art und Weise, wie Menschen sich zu ihrem Scheitern verhalten, ihre Chance, durch die Zusage und das Erfahrbar-

---

759 Ebd., 18.
760 Ebd., 26.
761 Ebd., 251.
762 Ebd., 48.
763 Ebd., 55.

machen der Verheißung Gottes den Menschen mit seiner Gebrochenheit und seinem Scheitern auszusöhnen, indem sie ihm, im Blick auf den Gekreuzigten, Wege erschließt, um die humanisierende Kraft seines Scheiterns zu erkennen.
Eine Theologie der Erfahrung und Wahrnehmung wird sich grundsätzlich positiv auf eine postmoderne Gesellschaft in ihrer radikal pluralen Verfaßtheit einlassen, ohne die prophetische Distanz zu ihr aufzugeben.[764]

6.3. Das Reden von Gott als Dienst am Menschen in einer Kirche nach Auschwitz

Mit Blick auf Auschwitz wurde kirchlicher Lehre und kirchlichem Handeln Leidvergessenheit diagnostiziert. Das Auseinanderdriften von Weltwahrnehmung und theologischer Weltbeschreibung und die damit einhergehende Erfahrung der Irrelevanz des Glaubens für das konkrete Leben in der Postmoderne sind die Folge. „Erfahrungen, die der Theologie verloren gingen, können in der Ästhetik durchaus bewahrt und weiterentwickelt worden sein. Gerade in einer autonomen Ästhetik können Erfahrungsgehalte aufgehoben sein, auf die die Theologie nicht verzichten kann."[765] Sich dem Theater George Taboris auszusetzen, kann der Theologie das Vergessene wieder bewußt machen: Leid und Scheitern des Menschen. Albrecht Grözinger hat die ästhetische Dimension der biblischen Offenbarung Gottes als „positives Bilderverbot" bestimmt in der „Dialektik von Präsentation und Entzug"[766]. Der Autonomie und Freiheit der Selbstoffenbarung Gottes entspricht die Autonomie und Freiheit der Ästhetik, bzw. des Kunstwerkes. „Daraus folgt zwingend, dass die Ästhetik von der Theologie auf keinen Fall nur instrumentell verstanden oder gar so angewendet werden darf, sondern die Ästhetik hat gerade auch für die Theologie einen eminent hermeneutischen Charakter, indem sie neue Horizonte eröffnet und verloren gegangene Erfahrungen in Erinnerung ruft."[767]
Gilt es im Verhältnis von Theologie und Ästhetik, die Spannung zwischen sich Geben und sich Entziehen auszuhalten, so trifft dies auch auf das Verhältnis von kirchlicher Praxis und ihrer empirisch-methodischen Reflexion und Theoriebildung zu. Grözinger beschreibt sie als Spannung zwischen einem Absolutheits-

---

764 „Religiöse Fragen [...] gehen auf Distanz zur Welt insgesamt. Sie artikulieren Differenz zur Welt, um einen (neuen) Bezug zur Welt zu gewinnen [...]. Religiöse Fragen beziehen sich also weder auf etwas in der Welt noch auf eine andere Welt, sondern auf den Weltabstand. Dies freilich ist ein prinzipiell paradoxer Vorgang, da es für diese Frage und diese Einstellung keinen archimedischen Punkt gibt, sondern sie sind immer nur vom In-der-Welt-Sein aus möglich. Daraus resultiert der Überschuß an Fraglichkeit des Religiösen vor der Endgültigkeit seiner Antworten." Ebd., 25.
765 Albrecht Grözinger, Praktische Theologie und Ästhetik, 134.
766 Ebd., 132.
767 Ebd., 134.

anspruch der Praxis unter Verzicht jeglicher Theoriebildung und methodischer Reflexion (Titanismus) und dem Absolutheitsanspruch einer reinen Lehre, die sich jeglicher Praxis enthält.[768] Nur ein Handeln, das sich handelnd seines Handelns bewusst bleibt, vermag der Versuchung zu widerstehen, sich einseitig in Handeln oder Theorie aufzulösen. „Ein solches in sich reflexives Handeln aber ist [...] nichts anderes als ästhetische Praxis: eine Praxis, die die Form-Inhalts-Problematik nicht nur theoretisch-abstrakt, sondern sinnlich-praktisch darstellt."[769] Im Bereich der autonomen Ästhetik gilt Grözinger das Theater als ein Ort, an dem eine ästhetische Praxis in ihrer Struktur ansichtig wird.[770] Der von ihm vorgelegte Entwurf einer praktischen Theologie als Ästhetik umreißt den Kontext der folgenden Überlegungen.
Anhand der Systematik des Theaterverständnisses und der Weltsicht George Taboris[771] auf ihrer inhaltlichen, fomalen und raum-zeitlichen Ebene fragen wir nun nach Entsprechungen und Widersprüchen zur Theologie. Dabei lassen wir uns vom Generalthema Taboris leiten, dem Scheitern menschlichen Lebens.

6.3.1. Analogien zu den Theaterstücken und der Theaterarbeit Taboris auf der inhaltlichen Ebene von Scheitern – Erinnern – Lieben

Durch die Begriffe Geschichte, Glaube und Erinnerung wurden zentrale Themen benannt, mit denen George Tabori, besonders in seinen Theaterstücken, sich auseinandersetzt. Wir haben sie auf die Begrifflichkeit: Scheitern – Erinnern – Lieben gebracht.

6.3.1.1. Scheitern

Was Tabori der Theologie voraus hat, ist das Gespür für die alles relativierende Erfahrung des Scheiterns und für das Ausmaß jenes Bruches des abendländisch-christlichen/humanistisch-aufgeklärten Weltbildes, welches durch Auschwitz manifest wurde, weil es weder theologisch noch durch eine andere Rationalität in ein sinnstiftendes erklärendes Schema eingebaut werden kann.[772] So erinnert der Lite-

---

768 „... eine Spannung aufrecht zu erhalten, die in sich stets schon zu einer Auflösung in der einen oder anderen Richtung drängt – hin zu Titanismus oder Rückzug aus engagierter Praxis, hin zur Formulierung eines abstrakten ‚Auftrags' der Kirche oder einer der theologischen Kritik sich nicht öffnenden funktionalen Theorie des kirchlichen Handelns". Ebd., 183.

769 Ebd.

770 Vgl. ebd., 193ff.

771 Vgl. Kap. 4.

772 Deshalb nähert Tabori sich diesem Thema ausschließlich aus der zeitlichen Distanz. Keines seiner Stücke verortet er an den Ort des Grauens selbst: In *Die Kannibalen* spielen die Nachfahren jener

rat Tabori die Theologie an ihre eigene Widersprüchlichkeit: sie, die in einem Gekreuzigten die Offenbarung Gottes schlechthin erblickt, verlor die Leidenden aus dem Blick. Taboris Werke sensibilisieren die Theologie für menschliches Leiden. Nach Tabori ist das Scheitern menschlichen Lebens nicht exklusiv auf Auschwitz zu focussieren, sondern ein Kennzeichen der individuellen wie gemeinschaftlichen Geschichte der Menschen überhaupt.[773] Im Scheitern geraten die Figuren seiner Romane, Erzählungen und Theaterstücke mit sich und ihren ethischen Maßstäben in einen tragischen Selbstwiderspruch. Doch beläßt es Tabori nicht bei schicksalhaftem Fatalismus. Jede seiner Hauptfiguren findet eine Form fragmentarischer Aussöhnung mit jener tragischen Verfaßtheit ihres Lebens. Sie kann in einer an sich banalen Handlung liegen (der Furz Arthurs als Sinnbild des Loslassens), sie kann sich in einem alltäglichen Vorgang zeigen (das Essen Schlomos als Sinnbild eines wagen Über-/Lebenswillens) oder in einer hochmoralischen Tat sich äußeren (der Kuß Goldbergs für Jay, seine Erfindung der Nächstenliebe) – Banales und Hochmögendes werden als Wege indifferent gegenüber dem Ziel: der Aussöhnung des Menschen mit der Gebrochenheit seiner Existenz. Hier sind kirchliche Praxis und theologische Reflexion angefragt: Wie gehen sie mit Idealen um? Vermögen sie postmoderne Pluralität nach Auschwitz für sich als Chance zu sehen, die Hinwendung zum Subjekt paradigmatisch zu vollziehen?

Taboris Werk ist durchzogen vom Wissen um die tragische Dimension des Menschseins. Herzl und Goldberg werden zerrissen zwischen der Widersprüchlichkeit ihres Verlangens, glücklich zu werden, und ihrer ethischen Haltung, gut sein zu wollen.[774]

Tabori enttabuisiert die Frage nach dem Scheitern Gottes an seiner Schöpfung[775] und nimmt so gedanklich vorweg, was theologisch erst spät eingeholt wird:[776] Gott selbst in seiner Existenz und geschichtsmächtigen Präsens ist fragwürdig geworden. In seiner Frage nach dem Sinn des Daseins ist der Mensch auf sich selbst zurückgeworfen.

Tabori sieht den Haß auf die Juden darin begründet, daß sie in ihrer geschichtlichen Erinnerung das Zeugnis des unausweichlichen, tragischen Scheiterns des Menschen bewahren, das eine bedrohliche Erinnerung für alle nach Perfektion Strebende darstellt, auch für ein Christentum, das sich als „Siegerreligion" des Scheiterns durch einen Gescheiterten enthoben sieht.

KZ-Häftlinge und ihrer Peiniger die Rollen ihrer Väter, um Antworten zu erhalten auf ihr Fragen nach dem Warum. In *Jübiläum* kriechen des Nachts die ermordeten Juden aus ihren Gräbern hervor und begegnen in der Gegenwart einem jungen Nazi. *Mein Kampf* spielt in der vor Auschwitz liegenden Vergangenheit.

773 Vgl. Goldberg-Variationen.

774 Tabori hat dieser Thematik ein eigenes Theaterstück gewidmet: *Der Babylon-Blues oder Wie man glücklich wird, ohne sich zu verausgaben.* In: Tabori, Theaterstücke, Band 2, 241–289.

775 Vgl. Das Gott-Spiel in MK: 3.2.4.3.a.; die Szene Acht in den GV: 3.3.3.3.

776 Vgl. Fuchs/Werbick, Scheitern und Glauben, 16f.

a. Zum Begriff der Tragik

Es war Eugen Drewermann, der der katholischen Theologie ihre Tragikvergessenheit, ja, ihre Leugnung der Tragik bewußt gemacht hat. Nach Drewermann gehört es zum Urbestand mythischen Wissens, daß zu leben nur möglich ist um den Preis, schuldig zu werden. Tragisch nennt er diese Schuldverstrickung dann, wenn „das Individuum den Forderungen des Allgemeinen entsprechen will, aber nicht kann, weil diese Forderungen selbst im Individuellen widersprüchlich werden"[777]. Dieser tragische Zwiespalt wurde dem Menschen der Moderne desto klarer bewußt, je mehr er sich individualisierte, der Gesellschaft Freiräume zur persönlichen Entfaltung abtrotzte. Mit Kiekegaard und dem gesamten späteren Existentialismus hält Drewermann die Einsicht für wesentlich, „daß Freiheit Angst bedeutet und das menschliche Dasein daher grundsätzlich vor der Frage steht, ob es sich in seiner Angst auf Gott hin flüchtet oder sich in dem Abgrund einer Welt ohne Gott auf immer verliert"[778]. „Der Jahwist sieht den Menschen niemals als einen einfach böswilligen, aus Stolz, Ungehorsam oder Übermut frevelnden Widersacher des Guten an, er hat vielmehr vor Augen, daß die Menschen sich immer wieder verzweifelt bemühen, gut zu sein, es ihnen aber nicht gelingt, weil die Angst am Anfang allen Handelns ihr Tun in einer tragischen Gegenfinalität verdirbt. Die Angst bringt sie dazu, das Vertrauen in ihren Schöpfer zu verlieren, und so stürzen sie in eine Welt, in der sie sich selbst ohne Gott als geschöpfliche Wesen nicht ertragen können. Um ihre eigene Nichtigkeit zu überwinden, müssen sie selbst nach Absolutheit, nach Gottähnlichkeit streben und richten sich selbst dabei durch ihre eigene Überforderung zugrunde [...]. Die Tragik des menschlichen Daseins [...] ist dem Jahwisten zufolge das Ergebnis der Tatsache, daß der Mensch nicht zu der schuldhaft verlorenen Einheit mit seinem Ursprung zurückgefunden hat."[779] Um den Menschen von dieser Ursünde des Mißtrauens zu erlösen, muß seine Angst geheilt werden. In der Praxis Jesu geschieht dies durch liebende Zuwendung, unabhängig von dem Maß äußerlicher Schuld.

Erlösung von Angst beginnt mit dem Wissen und der Achtsamkeit um das dem Menschen Unbewußte. Nach Drewermann entfremdeten schon die frühchristlichen Apologeten die christliche Religion von der Psyche des Menschen, weil sie diesen Bereich des Unbewußten als heidnisch denunzierten. „[...] und sie errichteten den Glauben an die Versöhnung des Menschen in Christus auf dem Fundament eines ständig wachsenden Kampfes gegen sich selbst, gegen alles ‚Heidnische' in der menschlichen Psyche und gegen die Visionen, Eingebungen und Intuitionen des Unbewußten. Unvermeidlich droht in der Beibehaltung dieser Grundeinstellung aus einer Religion der Erlösung und der Freiheit eine Religion

777 Drewermann, Psychoanalyse und Moraltheologie, Bd. 1, 22.
778 Ebd., 58.
779 Ebd., 53f.

des Zwangs, der Unfreiheit und der seelischen Erkrankung zu werden, und man darf sich nach dem bisherigen Gang der Dinge wohl nicht wundern, daß gerade die Wiederentdeckung des Gefühls und der Triebe bei Feuerbach, Schopenhauer und Nietzsche schon im vergangenen Jahrhundert sich in ein Argument gegen die (christliche) Religion verwandelte."[780] Drewermanns Grundthese: „daß der Mensch in moralischem Sinne nur gut sein kann, wenn er mit sich selbst im Einklang ist, und daß er mit sich nur im Einklang sein kann, wenn er die Angst in der Tiefe der menschlichen Existenz durch die Gegenkraft des Glaubens zu beruhigen vermag; in sich selbst zerrissen aus Angst, kann der Mensch nur zerstörerisch sein gegenüber seinen Brüdern, den Pflanzen und Tieren, und kämpferisch gegenüber seinesgleichen, den Mitmenschen"[781]. Augenfällig ist, daß die Tragik von der Antike bis zur Postmoderne ein beherrschendes Lebensgefühl geblieben ist. Und das Christentum? Drewermann konstatiert: „Es ist überraschend, ja erschreckend: Das Christentum leugnet die Tragödie vollkommen [...]. Wer von der Erlösung ausgehe, könne unmöglich die Tragödie zugestehen, beides sei kontradiktorisch, ja konträr zueinander."[782] Die Ablehnung des Unbewußten als schädlich heidnischen Einfluß und die Etablierung des Christentums, weg von einer Entscheidungsreligion hin zu einer Volksreligion verbauten der Kirche die Möglichkeit, die Wurzel der Sünde, die Angst mit all ihren psychischen Implikationen wirklich heilen zu können. Die Dominanz von Ratio und Moral verhinderten, daß die Angst in ihrer Ursächlichkeit als mangelndes Vertrauen angesichts tragischer Schuldverstrikkung überhaupt in den Blick kam. „Durch die Mißachtung des Unbewußten wurde das Tragische nicht wirklich, sondern nur verbal überwunden, und zwar zum Schaden des Christentums selbst [...]. Die Oberflächlichkeit in der Diagnose der Sünde ebenso wie das moralistische Verständnis der Erlösung mußten sich ohne weiteres aus der Oberflächlichkeit der theologischen Anthropologie, aus der Reduktion des Menschen auf Verstand und Willen, ergeben."[783] „Der erlöste Mensch ist des Guten fähig; er bekommt von Gott genügend Gnaden; und da durch die Ausbreitung des Christentums auch die Erlösung der Menschheit hinlänglich weit fortgeschritten ist, besteht scheinbar viel Grund zu Dankbarkeit und Freude über den Sieg gegen die Mächte des Bösen, gegen das Tragische. Aber die Folgen derartiger Vereinfachungen bestehen keineswegs in größerer Menschlichkeit und allgemeinem Glück, sondern im Gegenteil in einer besonderen Art von Grausamkeit und Unredlichkeit."[784] Menschliche Tragik nötigt, nach Drewermann, auch von einer Tragik Gottes zu sprechen: „Irrtum, Unvermögen, klägli-

---

780 Ebd., 10.
781 Ebd., 17.
782 Ebd., 52.
783 Ebd., 60f.
784 Ebd., 63.

ches Versagen und Verzweiflung sind die üblichen Erfahrungstitel dieser häufigsten Form des Tragischen, an der nicht mehr menschliche Schuld, sondern die Einrichtung der Welt, wenn überhaupt jemand, die Schuld trägt. Diese Form des Tragischen ist ein Teil der Schöpfung selbst, und sie ist zutiefst eine Tragik des Schöpfers. Eben deshalb fällt es der Religion so schwer, gerade diese Form des Tragischen zu akzeptieren [...]. Statt Gott von dieser Form des Tragischen im Innersten der Schöpfung reinzuwaschen, sollte es [das Christentum] vielmehr seine so praktischen Einteilungen in Gut und Böse, Frei und Unfrei, Schuld und Reue gänzlich über Bord werfen und zu einer unmittelbaren Ehrfurcht vor dem menschlichen Leid zurückfinden."[785] „Auf der Bühne des Lebens jedenfalls scheint die Tragik Gottes inmitten und im Angesicht seiner Schöpfung einzig dazu bestimmt, die menschliche Hartherzigkeit so anzurühren, daß ihre steinerne Unerbittlichkeit, der ausweglose Rigorismus des sittlichen Urteils, einer menschlicheren, gütigeren Stellungnahme und Einstellung weicht."[786]

b. Zum Begriff der Krise

Die Gotteskrise als fundamentale Krise des Christentums wurzelt in der Unmöglichkeit, das Grauen von Auschwitz sinnstiftend von Gott her zu deuten. Eine wesentliche Ursache der Kirchenkrise liegt theologiegeschichtlich in der Tendenz von Kirche und Theologie, um apriorischer Glaubenswahrheiten willen die Realität nicht mehr adäquat wahrzunehmen oder ihre Wahrnehmung einer vorgängigen Interpretation zuzuordnen. Leid-, Geschichts- und Tragikvergessenheit des Christentums gehen auf eine jahrhundertelange theologische Tradition zurück. Deren potentielle und vielfach geschichtlich aktualisierte Inhumanität und antijesuanische Haltung wird erst in der Rezeption der Schrecken von Auschwitz innerkirchlich wahrgenommen. In der Folge krankt die Verkündigung, die Evangelisation, an einer Erstarrung der Sprache und Lähmung der Praxis. In allen Bereichen von Kirche, Theologie und Verkündigung erweist sich die Art und Weise, wie menschliches Leiden und Scheitern wahrgenommen und mit ihm umgegangen wird, als Prüfstein für die Glaubwürdigkeit der Kirche und die Authentizität ihrer Evangelisation. Damit werden Wahrnehmung, Erfahrung und Praxis zu Schlüsselbegriffen theologischer Theoriebildung.[787] Machen sie sensibel für Leiderfahrung, dann stoßen sie immer wieder auf Undarstellbares, Undeutbares, Un-

---

[785] Ebd., 77.

[786] Ebd., 78.

[787] „Es ginge darum, von Erfahrungen ausgehend theologisch zu fragen und nicht eine Universaltheorie als überall gleich geltende Interpretation über alle Praxisfelder und Handlungskonzepte zu legen. Solche gleich-gültige Deutung könnte gegenüber der Bedeutung des Lebens mit seinen Widersprüchen und Einwänden leicht gleichgültig werden lassen. Mit dem schon immer Gewußten könnte das Neue allzuleicht zugedeckt und erstickt werden." Karrer, Erfahrung als Prinzip der Praktischen Theologie, 218.

beschreibbares. Leiderfahrungen verändern damit auch den Charakter einer wissenschaftlichen Theoriebildung.

Analog zu Taboris Annahme, daß zu scheitern eine Urerfahrung menschlichen Lebens ist – in Auschwitz grausam verdichtet, aber nicht auf Auschwitz beschränkt – entdeckt christliche Theologie die Krise in ihrer Ambivalenz zwischen der Chance zur Persönlichkeitsreifung und Identiätsfindung auf der einen und der Gefahr, gänzlich scheiternd Schiffbruch zu erleiden, auf der anderen Seite, als eine mit der Krisis des Glaubens notwendig einhergehende Erscheinung. „Der Weg des Glaubens erweist sich als ein Weg der Unterscheidung und Entscheidung, der den Menschen wählen läßt zwischen Götzen und Gott, Tod und Leben, zwischen Versklavung und Freiheit. Aus der Bestimmung des Glaubens, daß er wesentlich Krisis ist, folgen konkrete Erfahrungen – und zwar vor allem die von einzelnen Krisen. Die Krisis des Glaubens befreit den Menschen nicht von der Erfahrung der Krise, vielmehr befähigt sie ihn geradezu, sich ihr zu stellen.“[788] „Wie sehr der Glaube Krisis ist, zeigt sich in den Krisen.“[789] Jesus Christus selbst ist Krisis, Stein des Anstoßes, an dem sich die Geister scheiden. Er hinterfragt die Frömmigkeitspraxis, das ethische Handeln, die Gottes- und Menschenbilder, um das Unmenschliche, Unfreie, Gottlose an ihnen zu enttarnen. Ziel dieser grundsätzlichen Krisis ist der Aufruf zur Umkehr, zur Freiheit der Kinder Gottes, zu erfülltem Leben, zu menschlichem Handeln. „Darum geht es in der Krisis um keinen Teilaspekt, sondern um den Grundvollzug von Theologie.“[790] „Eine Theologie der Krisis, die sich auf den konkreten Glaubensvollzug richtet, bedeutet insofern eine Provokation für den Dogmatiker, als sich die Wirklichkeit des Glaubenslebens wegen ihres Reichtums kaum systematisieren läßt. Zwar bedarf theologisches Denken der begrifflichen Klärung, doch bleibt diese immer vorläufig und offen für neue Korrekturen. Dogmatisches Denken wird um so ‚richtiger‘ sein, je offener es für die Wirklichkeit ist.“[791] Zwar ist es das Ziel der Krisis des Glaubens, die lebensgeschichtlichen Krisen zu heilen und Identität zu stiften, doch kann sie den Glaubenden auch von jener Wirklichkeit entfremden, die Krankheit, Tod, Scheitern, Behinderung heißt, und so neue Krisen schaffen, wenn sie sich aus den Unwägbarkeiten des Lebens herausstiehlt. „In der Offenheit für Gottes Willen erfährt der Mensch, daß das in Christus neu geschenkte Leben nach keinem vorhersehbaren Programm verläuft, vielmehr wird die Form des neuen Lebens nicht selten als entfremdendes ‚Wider-Fahren‘ erlitten, und zwar in den Erfahrungen von Sinnlosigkeit, Leid, Unrecht. Angesichts dieser Widerstände der

788 Schneider, Krisis, 5.
789 Ebd., 6.
790 Ebd., 307.
791 Ebd., 306. Vgl. auch die Überlegungen zur Theoriebildung, zu Ideologie und Ideologisierung: 1.2.

Wirklichkeit gilt: ‚Nicht das Selbstverständliche, sondern ‚das Ärgernis' der widerspenstigen Wirklichkeit wird zum Interpretationsprinzip der Wirklichkeit.'"[792] Eine Krisis-bewußte und Krisen-geschärfte Einzelseelsorge wird aus den vielfachen Erfahrungen des Leidens und Scheiterns eine „Option für die Armen" treffen und sich den Ausgegrenzten und Außenseitern verpflichtet wissen.[793] „Sie versucht sicherzustellen, daß die Glaubenstradition nicht nur vom etablierten Denken beherrscht wird, sondern sich in ihr immer auch das Denken der gesellschaftlich ‚kleinen Leute' – die es aus der Sicht der theologischen Anthropologie vor Gott nicht gibt – widerspiegelt."[794] Die Publikationen zu verschiedensten Themen menschlicher Erfahrungen des Scheiterns und der Krise nehmen unter den theologischen Veröffentlichungen breiten Raum ein. Oft werden die Gefühle, Gedanken und Fragen eines Menschen in der Krise ausführlich beschrieben, um dem Leser das Empfinden zu vermitteln, in seiner Not ernstgenommen zu werden, und ihm in seiner Sprachlosigkeit, nach Art der Psalmen, eine Sprache zu leihen, um seinem Schmerz einen Ausdruck zu verleihen, ihm Gestalt geben zu können.[795] Ein Paradigmenwechsel unter dem Vorzeichen der anthropologischen Wende und einer Auschwitz geschuldeten Theodizee-Empfindlichkeit, eine Theologie der Krisis, bahnt sich an. Aber pastoralpsychologische Erkenntnisse, gerade was das Leben und Leiden von Randgruppen angeht, werden heute noch verdächtigt, geoffenbarte Glaubensinhalte zu verfälschen.[796] Die Zuwendung zu den Gescheiterten provoziert Konflikte mit der klassischen Moraltheologie.[797] Dem Scheitern wird vorschnell ein Sinn zugesprochen.[798]

---

792 Ebd., 6.

793 Vgl. Baumgartner/ Langer, Mit Aussenseitern leben.

794 Knobloch, Praktische Theologie, 201.

795 Vgl. Grün/Robben, Gescheitert? Deine Chance!.

796 „Man unterstellt der Pastoralpsychologie, sie übernehme unreflektiert aus der Humanistischen Psychologie Begriffe und Inhalte wie ‚Selbstverwirklichung' und ‚Selbstaktualisierung'. Damit vertrete sie einen für Christen unakzeptablen Egoismus und Egozentrismus. Man nimmt Pastoralpsychologie wahr als ein Vehikel, mit dem [...] unchristliche Heilsideologien in die kirchliche Seelsorge gelangen, die den Glauben aushöhlen und verfremden [...]. Solche Projektionen sagen [...] mehr über die Einbildungen und dahinter über die Ängste, Enttäuschungen, Probleme und unerfüllten Wünsche der Projizierenden aus als über die Realität der Pastoralpsychologie." Baumgartner, Pastoralpsychologie, 87.

797 „Mit dem Scheitern tut sich die Kirche schwer. Zerbrochene Lebensentscheidungen? Geschieden und wieder verheiratet? Oder sogar an der priesterlichen Lebensform gescheitert? Die klassische Moraltheologie – die das kirchliche Bewußtsein faktisch noch stark bestimmt – geht davon aus, daß Brüche im Lebensplan Folge persönlichen Versagens sind. Es gibt die Vorstellung, Christen seien zu einem ungebrochenen Lebensgang verpflichtet. Wenig entwickelt ist dagegen die Vorstellung, der Mensch befinde sich in einer tragischen Lage, so daß Scheitern auch Schicksal sein könnte." Philipp, Scham und Negation, 84.

798 „Vor allem auch in der Christentumsgeschichte geschah es immer wieder – teilweise bis auf den heutigen Tag –, daß menschliches Leid und Scheitern ideologisiert wurden [...]. Die klassischen Topoi für eine religiöse Ideologisierung des Scheiterns kann man mit den Begriffen Prüfung, Erziehung und Strafe umschreiben. Menschliches Leid und Scheitern ist aus dieser Sicht eine gewollte Strafe Gottes." Greinacher, Ambivalenz des Scheiterns – Ambivalenz des Menschen, 357f.

6.3.1.2. Erinnern

Der gewichtigste Unterschied zwischen Tabori und der Theologie artikuliert sich in seinem Verständnis von Erinnerung. Muß christlicher Glaube, um der eigenen Identität willen, daran festhalten, daß eine Anamnese des göttlichen Heilshandelns aus der Vergangenheit durch Repräsentation in der Gegenwart diese verlebendigt – durch Liturgie, Diakonie und bezeugendes Wort, was Kirche ihrem Wesen nach ist – hält George Tabori jede Form der repräsentativen Erinnerung grundsätzlich für unmöglich. Der Schauspieler vermag nur dann sich emotional in eine Figur hineinzugeben, wenn er aus dem Schatz der eigenen Emotionalität adäquate, selbsterlebte Gefühle sinnlich erinnern kann, auch wenn diese einem anderen lebensgeschichtlichen Kontext entspringen, als dem, in dem die von ihm darzustellende Figur verortet ist. Den Schauspieler mit seiner individuellen Lebensgeschichte und deren Erfahrungen ernstzunehmen und ihm einen Zugang zu jenen Erfahrungen zu eröffnen – erst dies versetzt ihn in die Lage, eine Figur ganzheitlich darstellen zu können. In der Konsequenz aus dieser Erkenntnis hält es Tabori für kontraproduktiv, der Erinnerung an Auschwitz selbst eine humanisierende Kraft beizumessen. Diese wirkt allenfalls als Katalysator, um sich des Urschmerzes und der Katastrophen des eigenen Lebens erinnernd zu stellen. Nur der persönliche Schmerz, der am eigenen Leib erfahrene Zusammenbruch vermag einen Menschen zu humanisieren. Repräsentation fremden Leidens hingegen dünkt Tabori, unmöglich zu sein.[799]

Unter dieser Prämisse kommt er folgerichtig zu einer Ablehnung jeder Fixierung auf Auschwitz: Arthur Prince kann sich im Leiden an seiner Krankheit selbst Frau und Sohn nicht verständlich machen (*Die 25.Stunde*). Trotz Gretchens Liebe zu Schlomo bleibt ihr das geschichtliche Leiden der Juden, an dem Herzls Leiden teilhat, unverständlich (*Mein Kampf*). Obwohl Goldberg und Mr. Jay das Drehbuch der Weltgeschichte kennen und um die Unausweichlichkeit des Scheiterns wissen, bewahrt sie dieses Wissen nicht davor, selbst an den gleichen Mechanismen zu scheitern, an denen schon die biblischen Gestalten gescheitert sind (*Goldberg-Variationen*).

Der weiße Jude, Monsieur Y, hat die Folter der Nazis überlebt, doch das Leiden der beiden Schwarzen Creampuff und Freckles kann er nicht nachempfinden. Eine Ahnung davon erhält er erst, als er in einem Rollenspiel die Gewalt, die Schwarze zu erleiden haben, am eigenen Leib spürt: Creampuff und Freckles schlüpfen in

---

799 In *Die 25. Stunde* tauschen sich Arthur Prince, Joe Spritz und Callaghan zwar über ihre Krankheiten aus. Keiner vermag aber, obwohl alle krank sind, die Empfindungen des anderen nachzuempfinden. Sie sind in ihrem Schmerz und Leiden isoliert. Erst in der Therapie mit Dr. Greenberg versteht Arthur die Ursache seines Leidens, mangelnde Liebe. In Callaghans Sterbestunde küßt er ihn, damit er in Frieden sterben kann – ein Prozeß der Humanisierung.

die Rolle weißer Polizisten und prügeln und schickanieren Monsieur Y in der Rolle eines Schwarzen (*Die Demonstration*). Der Jude Dreifuß, Opfer der Nazi-Gewalt, bleibt den Leiden der Schwarzen in seiner Nachbarschaft gegenüber in der Rolle des Voyeurs (*Der Voyeur*). Weisman, der Jude, hat keine Ahnung vom Leiden des Indianers Rotgesicht (*Weisman und Rotgesicht*).[800]
Diese Sicht führt Tabori in das Paradox, daß um der Erinnerung an Auschwitz willen eben jene Erinnerung relativiert wird. Das je eigene Leiden des Individuums muß von diesem erinnert werden. Zwar mag es im Vergleich zu der Katastrophe ohne gleichen oder zu anderen Leidensgeschichten nicht ins Gewicht fallen. Doch ein unbewältigter Lebensschmerz, auch wenn er sich am Banalen festmacht, kann jederzeit und bei jederman zu Unmenschlichkeit apokalyptischen Ausmaßes führen. Im Text seiner Rolle begegnet der Schauspieler der fremden Emotionalität einer Figur, zu der er analoge eigene Erfahrungen sucht, zu neuem Erleben seiner selbst herausgefordert wird oder sein Scheitern an der Darstellung dieser Figur zum Thema seiner Darstellung machen muß. Für Kirche und Theologie ergibt sich daraus die kritische Anfrage, wie sie mit der Erfahrungswelt des einzelnen und seiner Lebensgeschichte umgehen. Unter der Perspektive der Evangelisation muß sie der Verknüpfung biblischer Heilsgeschichte mit individueller Lebensgeschichte ein besonderes Augenmerk schenken. Mit Blick auf die Theaterarbeit George Taboris kann man zugespitzt sagen, daß jede Evangelisation scheitert, die Emotionalität und individuelle Lebenserfahrung und -geschichte übergeht.

6.3.1.3. Lieben

Berührungspunkte Taboris zu einer von Auschwitz geprägten christlichen Theologie lassen sich ebenfalls ausmachen in seinem Verständnis von Liebe, die immer noch hofft, weil, obwohl das Schlimmste schon eingetreten ist, sich Schlimmeres ereignen könnte und deshalb das Leben zwischen „schlimm“ und „schlimmer“ noch die Spur einer Verheißung in sich trägt.[801] Obwohl Tabori keinen transzendenten Grund solchen Hoffens kennt, weist diese Haltung Analogien auf zum Begriff christlicher Hoffnung, etwa bei Friedrich-Wilhelm Marquard, dem, nach Auschwitz, Hoffen als Glaubender nur möglich ist im Bewußtsein, das der Grund

---

800 „ROTGESICHT Judenmann soll warten. Muß lernen zu leiden wie ich. Wirst du leiden lernen? [...] Wir machen Feuer. Wir räuchern uns zu Tode. Wißt ihr, wie man sich zu Tode räuchert?“ WR 225.

801 „„Glückliche Liebe, die gibt es nicht““, singt Herr Wolf Biermann, was unsereinen nicht hindern kann, sich wieder zu verlieben [...], das Schlimmste erwartend, ein Hoffender bleibend, weil das Schlimmste doch noch nicht stattgefunden hat.“ Tabori, Dieses peinliche Wort: Liebe.

des Hoffens, Gott in seiner heilschaffenden geschichtlichen Präsens, selbst angefochtener Gegenstand dieser Hoffnung ist.

6.3.2. Analogien zu den Theaterstücken und der Theaterarbeit Taboris auf der formalen Ebene von Proben – Spielen – Improvisieren

Im Theaterverständnis George Taboris geht es darum, feste Identitätsmuster aufzubrechen. In dem Beziehungsgeflecht zwischen dem Schauspieler, seiner Rolle und der Gesamtheit dessen, was den Kontext des Spieles ausmacht (intertextueller Raum), ist die Suche nach Identität das nie abschließbare Ziel. Alle Beweggründe (Subtexte), die ausschlaggebend sind, eine Figur so und nicht anders darzustellen, werden selbst Gegenstand der Darstellung. Dem Zuschauer wird es verwehrt, sich mit einer Figur zu identifizieren. Statt dessen findet er in jeder Figur Elemente, die auch eine Analogie zu seinem Charakter haben. Dieses Konzept der Identitätsauflösung dient der Schockierung des Zuschauers, um bei ihm jene therapeutische Suchbewegung zu initiieren, die ihn die Vielschichtigkeit seiner fragmentarischen Identitäten erkennen und erfahren läßt. Proben wird bei ihm zu einer Metapher für ein Leben in ständigem Wandel und nie abschließbarer Selbsterfahrung, Spielen, das sich im Spiel als Spiel bewußt wird, ist die Art und Weise, wie der Mensch sich selbst erkennt, Improvisation eine Form, zu überleben, und unter der Determination des scheitern-Müssens ein Raum der Freiheit.

6.3.2.1. Erprobte Identität

In der pastoralpsychologischen Diskussion der Gegenwart ist der Begriff der Identität von herausragender Bedeutung. Im Zuge der anthropologischen Wende in der Theologie gerät das Subjekt-Sein des Menschen ins Zentrum der Überlegungen. Einzigartiges Subjekt von unüberbietbarem Wert zu sein, darin besteht die Würde eines jeden Menschen vor Gott und seinen Mitmenschen. Es ist ihm zugleich als Prozeß der Subjekt-Werdung aufgegeben. Die göttliche Selbstmitteilung erreicht ihr Ziel im Subjekt-Werden des Menschen, in der Gemeinschaft mit Gott und allen anderen Menschen, ihn zu seiner Identität zu führen. Im Zuge dieses Paradigmenwechsels löst sich z.B. die Praktische Theologie zunehmend von ihrer Sachbezogenheit und wendet sich dem menschlichen Subjekt zu.[802]

---

802 „Die Schwierigkeit, das Thema Erwachsenenbildung im Rahmen der Praktischen Theologie einzuordnen, dürfte nicht zuletzt auch daher rühren, daß Praktische Theologie es bisher nicht gewohnt war, sich über die Frage nach dem Subjekt Rechenschaft zu geben. Praktische Theologie ist weithin sach-, nicht aber subjektorientiert." Luther, Religion, Subjekt, Erziehung, 51.

Die theologische Disziplin der Pastoralpsycholgie ist eine Frucht dieses subjektbezogenen Ansatzes. Zuerst in Amerika entwickelt, wurde er durch Dietrich Stollberg in den deutschsprachigen Raum eingeführt.[803] Durch die Rezeption psychologischer Erkenntnisse gehört seitdem die therapeutische Seelsorge zu den Standarts der Gegenwartstheologie.[804] Diese Entwicklung gipfelt in dem neuesten Entwurf von Herbert Haslinger, der die gesamte Praktische Theologie aus der Perspektive der betroffenen Subjekte entwirft.[805] Leben und Werk Henri Nouwens machen deutlich, daß eine Theologie des Subjekts auf eigene Erfahrungen und Selbstexperimente nicht verzichten kann.[806]

Unter den Bedingungen der Postmoderne tritt der fragmentarische Charakter von Identität noch deutlicher zu Tage, verunsichert und ängstigt stärker und bietet zugleich um ein Vielfaches erweiterte Möglichkeiten der Identitätskonstruktion[807]. Das theologische Paradigma des Ansatzes beim Subjekt zielt folgerichtig stärker in die Richtung, diese postmoderne Pluralität als Chance anzusehen. Pluralität wird zum innersten Bestandteil von Identität. „Dies setzt Prozesse religiöser Bildung unter den Anspruch, sich bereits im Kern dialogisch zu entfalten."[808] Der Dialog setzt also nicht erst an zwischen in sich geschlossenen gesellschaftlichen Systemen oder Deutemustern, sondern Dialogizität bestimmt das Wesen jedes Seienden. Auch die Kirche erfährt sich als von ihrem Wesen her dialogisch verfaßt, weil in ihr unterschiedliche, z.T. auch widersprüchliche Traditionen und Deutunsgmuster in einen Dialog gebracht werden müssen. „Das Denken in Kugeln oder Säulen wird durch die Entwicklung zur Postmoderne grundsätzlich unterlaufen. Es verschleiert die Vielfalt innerhalb der überlieferten Traditionen und die vielfältigen Vermischungsebenen mit anderen. Auch das Wort „Tradition" muß im Plural gebraucht werden [...]."[809] Einheitsstiftende Wahrheit wird zunehmend nicht mehr als gegeben angesehen und anerkannt, sondern im Prozeß der Kommunikation errungen.[810] Autorität und Tradition werden „durch den Anspruch auf Befragung, Begründung und Diskurs ersetzt, wobei die eigene Erfahrung als Filter funktioniert. Dadurch vergrößert sich die Distanz gegenüber eindeutigen kirchlichen Vorgaben [...]. Das Fazit lautet: daß christliche Identität als ein mobiler Zustand betrachtet werden muß, der zunehmend auf Einsicht, Ver-

---

803 Vgl. Stollberg, Therapeutische Seelsorge, München ^{2}1969.

804 Vgl. Baumgartner, Handbuch der Pastoralpsycholgie; ders. (Hrsg.), Pastoralpsycholgie; ders. u.a., Beraten und begleiten.

805 Vgl. Haslinger (Hrsg.), Praktische Theologie.

806 Vgl. Beumer, Henri Nouwen.

807 Vgl. Keupp/Ahbe, Identitätskonstruktionen.

808 Ziebertz, Religion, Christentum und Moderne, 71.

809 Ebd., 77.

810 „Soll die Suche nach Einheit und Wahrheit nicht aufgegeben werden, ist [...] Kommunikation als Weg der Einheitsstiftung und Wahrheitsfindung theologisch und pädagogisch zu entfalten." Ebd., 80.

ständnis und Überzeugung beruht."[811] Gerade in einer Zeit nach Auschwitz sind „Haltungen und Überzeugungen in ihrer allgemeinen Geltung problematisch geworden"[812]. Dialog und Kommunikation im Differenten und im Dissens tragen dieser Fragwürdigkeit Rechnung. „Die kommunikative Religionsdidaktik weist darauf hin, daß kommunikatives Handeln selbst identitätsstiftend ist, weil es sich um Prozesse des Verstehens und Deutens handelt, die sich auf die Person in ihrer Beziehung zum Inhalt beziehen."[813] Rudolf Englert folgert daraus, daß in der Bildung das Konkrete den Vorrang vor dem Allgemeinen hat, ihre Ideale und Ziele sich im Vollzug ihrer selbst erst ereignen und sie als ganzheitliches Geschehen nicht auf die Bestätigung des Bestehenden, sondern auf dessen Überschreitung hin ausgerichtet ist.[814]

Perfektionistisch anvisierte volle Identität und leidvoll akzeptierte fragmentarische Identität – dafür stehen in den von uns betrachteten Theaterstücken die Figurenpaare Mr. Jay – Goldberg und Hitler – Herzl. Die Unfähigkeit zu trauern, um Vergebung zu bitten und Vergebung zu empfangen, und vor allem ihr Unvermögen zu lieben, weisen Jay und Hitler als Menschen aus, die auf der Suche nach Perfektion scheitern. Goldberg und Herzl bewahren die vollständige Identität als Sehnsucht nach vollkommenem Glück, bejahen aber, an seiner Realisation scheiternd, eben jenes Scheitern. Human, dem Menschen entsprechend, und ihn humanisierend ist allein das fragmentarische Glück, die gebrochene Identität, die vage Hoffnung, die korrumpierte Liebe. Das Theater Taboris und christliche Religion und Theologie kommen darin überein, dem Menschen das bewußt zu halten, dem er zu entfliehen oder das er zu vergessen sucht: daß er Grenzgänger ist zwischen Leben und Tod, Hoffen und Verzweifeln, Glück und Scheitern, Identität und Auflösung; daß er Grenzgänger bleiben muß, um nicht mit sich als suchendem, transzendentalem Subjekt in Selbstwiderspruch zu geraten.

6.3.2.2. Konflikte als Spielfelder improvisierenden Lernens

Ernst Lange machte schon Anfang der siebziger Jahre des vorigen Jahrhunderts darauf aufmerksam, daß religiöse Erwachsenenbildung in unseren Tagen sich mit dem Problem des Scheiterns und Leidens auseinandersetzen, ja, daß sie diese Er-

---

811 Ebd., 82.

812 Ebd., 84.

813 Ebd.; vgl. auch Englerts Optionen eines „Konzepts der perspektivischen Verschränkungen" und der „‚polyperspektivischen' Strategie" als Entwürfe, die die Unsicherheit im Bereich kirchlicher Bildung widerspiegeln, die durch die postmoderne Pluarlität entstanden ist. Englert, Religiöse Erwachsenenbildung, 121–128; 228–230.

814 Vgl.: Ebd., 232f.

fahrung zum Ansatzpunkt ihrer Arbeit machen muß. Im Anschluß an das Konzept der Erwachsenenbildung von Paolo Freire verortet Lange die Ursache dieses Leidens in chararkteristischen Behinderungen des erwachsenen Menschen. Die Gesellschaft enthält Menschen das Recht und die Möglichkeit vor, sich zu eigenständigen Subjekten zu entwickeln und ihr Menschsein voll zu entfalten. Symptom dieses Scheitern an ihrer Subjekt-Werdung ist das „Stagnieren der Lernfähigkeit bei der Mehrheit der Erwachsenen“[815]. Deren Ursachen macht Lange in einer anerzogenen Konfliktunfähigkeit aus: „Einschüchterung und Angst und ihre seelischen und sozialen Folgen machen lernunfähig.“[816] Die Kirche ist durch das Evangelium in die Pflicht genommen, alle Hindernisse und unterdrückenden Systeme auf dem Weg der Subjekt-Werdung des Menschen zu benennen und zu helfen, daß sie beseitigt werden.[817] Dabei muß sie sich bewußt machen, daß auch sie ein „Herrschaftssystem“ ist. „Sie ist selbst ein Konfliktfeld, in dem die Mechanismen der Einschüchterung und der Angst, der Übermacht und Unterwerfung wirken, durch die Menschen ‚beschränkt‘ und lernunfähig werden“[818]. Erwachsenbildung muß sich daher am Konflikt ausrichten, d.h. den Menschen in Konflikten begleiten, damit er in und an ihnen lernen kann.[819] Dies ist ein leidvoller Prozeß: „das Lernen beginnt gerade im manifesten Leiden und legt in seinem Fortschreiten mehr und mehr die eigentlichen Ursachen frei.“[820] Bildung im Dienst des Erwachsenwerdens, der Identitätsbildung, der Emanzipation, kurz: der Subjekt-Werdung entfaltet für die kirchliche Praxis ein kritisches Potential. Alle kirchliche Praxis ist „nicht nur, aber auch zu messen an der Frage, ob dabei Menschen progredieren oder regredieren, ob jene Suchbewegung, als die man [...] nicht nur den Bildungsvorgang, sondern eben das Menschsein überhaupt beschreiben kann, dadurch gefördert, in Gang gehalten, aufgehalten oder geradezu verhindert wird“[821]. Dabei verweigert sich Lange der Vorstellung, durch kirchliche Bildungsarbeit könne der Mensch voll und ganz zum Subjekt gemacht werden. Der Transzendenzbezug ist ihm wesentlich und notwendig, gerade wenn es um Bildung geht. „Alle mögliche Emanzipation lebt nämlich aus einem Mehr an Hoffnung, das nicht durch Aufklärung produziert werden kann.“[822] Das Subjekt-

---

815 Lange, Sprachschule für die Freiheit, 122.

816 Ebd., 123.

817 „Es ist der Beruf der Kirche, Menschen zu einem volleren Menschsein zu helfen, zu einem Leben im Licht ihrer Bestimmung zur ‚Freiheit der Kinder Gottes‘, [...]. Zur individuellen Tat der Barmherzigkeit und zur ‚Liebe durch Strukturen‘ [...] tritt eine dritte Gestalt der Liebe, die ‚Liebe durch Aufklärung‘, eine Liebe, in der die Christenheit übrigends von ihren Ursprüngen her viel geübter ist als in dem hierzulande noch sehr fremden Geschäft der Gesellschaftsveränderung.“ Ebd., 129.

818 Ebd., 127.

819 „Eingeschüchterte Menschen lernen nur im Konflikt und am Konflikt.“ Ebd., 123.

820 Ebd., 128.

821 Ebd., 134.

822 Ebd., 146f.

Sein bleibt angefochtene Hoffnung, das Subjekt-Werden ein lebenslanger Lernprozeß.

Für das, was Ernst Lange mit Erwachsenwerden bezeichnet, verwendet Henning Luther den Begriff der Identität. Wie Lange versteht er ihn nicht als erreichbare Möglichkeit eines ontischen Besitzstandes, sondern als pädagogischen Prozeß: „Lernen, ‚ich' zu sagen, ist Abgrenzung und Hoffnung zugleich, ein immer neues Überschreiten im Vorgriff auf Zukunft [...]. So bezeichnet Identität keinen Zustand, sondern eine Bewegung. Die Bewegung des Herausgehens, den Ausgang aus jener Unmündigkeit, die, wenn als unüberwindbar hingenommen, selbstverschuldet ist [...]. Identität ist nicht Grund und Bedingung gelingenden Lebens, sondern seine Vision."[823] Demnach ist Identität eher als „kritisches Prinzip" zu verstehen, „das aufdecken hilft, wo und wodurch Identität verhindert wird."[824] Identität ist nur als fragmentarisch-situativ zu erreichen.[825] Dies ist notwendig mit der Kontingenz, der Todesverfallenheit menschlichen Lebens gegeben.[826]

Fragmente „leben und wirken in Spannung zu jener Ganzheit, die sie nicht sind und nicht darstellen, auf die hin aber der Betrachter sie zu ergänzen trachtet. Fragmente lassen Ganzheit suchen, die sie selber aber nicht bieten und finden lassen. Vom Fragmentarischen geht daher eine Bewegung der Unruhe aus, die nicht zu einem definitiven Stillstand führt."[827] Luther sieht nur in einer fragmentarischen Ich-Identität die Lebenswirklichkeit des Menschen eingefangen. Strebte jemand eine volle Ich-Identität an, müßte er dafür einen hohen Preis bezahlen:

1. „Sie ist auf die Verleugnung nichtrealisierter Wünsche der Vergangenheit und die Verdrängung nicht positiv verarbeitbarer Schuld- und Versagenserfahrungen angewiesen. Volle Identität wäre nur bei Verzicht auf Trauer möglich.
2. Sie ist – als dauerhafte – auf die Ausblendung des überraschend Neuen einer offenen Zukunft angewiesen, die Weiterentwicklung provozieren und Erstarrungen des Selbstbildes aufbrechen würde. Volle Identität wäre nur bei Verzicht auf Hoffnung möglich.
3. Sie ist schließlich auf die Abschottung gegenüber dem/den Anderen angewiesen, dem das Ich nur als derselbe fremdbleibend gegenübertritt, ohne die Begegnung mit dem Anderen als Veränderung zu verstehen. Volle Identität wäre

---

823 Luther, Religion und Alltag, 150f.

824 Ebd., 150.

825 „Gegen ein Identitätskonzept, das Identität als herstellbare und erreichbare versteht und das für Identität Kriterien wie Einheitlichkeit, Ganzheit und dauerhafte Kontinuität konstitutiv macht, wären [...] vielmehr die Momente des Nicht-ganz-Seins, des Unvollständig-Bleibens, des Abgebrochenen – kurz: Momente des Fragmentes zur Geltung zu bringen." Ebd., 159.

826 „Der Tod vernichtet prinzipiell die Möglichkeit einer in sich runden, ganzheitlichen Gestaltung des Gesamtlebens [...]" Ebd., 168.

827 Ebd., 167.

nur bei Verzicht auf – empathetische, den Anderen als Anderen ernstnehmende – Liebe möglich.“[828]

Erwachsenenbildung im kirchlichen Kontext versteht sich als kritischer Prozeß, inner- und außerkirchlich, um die Suche nach Identität als ein Wesensmerkmal des menschlichen Subjektes ihm bewußt zu machen, ihn zu motivieren, diesen Weg zu gehen, ihm nach Maßgabe seiner Lebensdeutung bei der Identitätssuche zu helfen und die Hindernisse auf diesem Weg zu benennen. Seine kontingente Verfaßtheit bedingt, daß der Mensch nie in den Besitz einer vollen Identität gelangen wird. Was ihn zunächst ängstigt, kann unter der Perspektive des Glaubens als Chance begriffen werden. Das Leiden an brüchiger, fragmentarischer Identität wird zum Movens stets neuer Identitätssuche und Subjekt-Reifung in einer Lebenshaltung der Hoffnung, des Vertrauens/Glaubens und der Liebe.

6.3.3. Analogien zu den Theaterstücken und der Theaterarbeit Taboris auf der raum-zeitlichen Ebene von Bühne – Schauspieler – Subtext

6.3.3.1. Bühne – Ort der Verkündigung: Subtext und Intertextualität

Für Tabori ist die Bühne der Ort, an dem Text, Schauspieler, Zuschauer, Raum, Requisiten in einen intertextuellen Zusammenhang gebracht werden, der zu einer Vermischung der Sprachstile und –ebenen, der Zeiten und Räume und der Identitäten der einzelnen Figuren führt. Das Bewusstsein für diese intertextuellen Beziehungsfelder gehört zu den Standards der homiletischen Ausbildung.
Auch in der homiletischen Diskussion beeinflußt die theologische Wende zum Subjekt und seinen Lebenswelten das Verständnis von Predigt. Zu nennen ist hier vor allem wiederum Ernst Lange, der schon Ende der sechziger Jahre des vorigen Jahrhunderts die Bedeutung des Hörers für das Ereignis von Predigt hervorgehoben hat. Formal bestimmt Lange Predigt als einen „Auftrag zur *Kommunikation* [...]. Wo es gelingt, die biblische Überlieferung mit der gegenwärtigen Situation des Hörers zu ‚ver-sprechen‘, ist dem Predigtauftrag Genüge getan.“[829] Das Kernstück von Langes Thesen zur Predigtarbeit heißt: “Relevanzerfahrung“[830]. Daß der Prediger so spreche, daß die biblische Botschaft in ihrer Relevanz für den Hörer aufgewiesen wird, ist die Bedingung der Möglichkeit gelingender Kommunikation zwischen beiden. Zum einen aus der Sicht des Hörers: „In einer Zeit des Meinungs- und Überzeugungspluralismus hat er [der Hörer] die Wahl zwischen

828 Ebd., 170.
829 E. Lange, Predigen als Beruf, 49.
830 Simpfendörfer, Ernst Lange, 123.

verschiedenen Weltauslegungen und wählt unter Vorbehalt. Und sein Vorbehalt ist eben dieser: Geht mich das an? Bewährt sich das in meinem Leben?“[831] Nicht minder aber auch aus der Perspektive des Verkündenden: In der Frage des Predigens „steht das Selbstverständnis der Pfarrer [Prediger] auf dem Spiel. Es geht für die Pfarrer [Prediger] in der Sonntagspredigt um Sinn und Unsinn ihres Dienstes, um Resignation und Arbeitsfreude, um Krankheit oder Gesundheit.“[832] Eine auf Dauer irrelevante Verkündigung verhindert die Kommunikation zum Hörer hin und disqualifiziert den Prediger als Verkünder, entfremdet ihn von seinem Amt und im letzten von sich selbst. Irrelevanz, darin vor allem sieht Ernst Lange die Ursache der Krise der gottesdienstlichen Predigt begründet. „Selbstverständlich verfügt der Prediger nicht über die Heilswirkung der Botschaft, der er dient. Aber er kommt, wie es scheint, mit seiner Verkündigung gar nicht erst an den Punkt, an dem sich Glauben und Unglauben entscheiden. Er kann sich nicht verständlich machen. Er kann die gläserne Wand nicht durchbrechen, die ihn vom Hörer, vom Zeitgenossen, trennt. Die Worte, die er spricht, stiften weder Ja noch Nein, weder den Aufbruch der Gemeinde noch den Abbruch verfehlter Beziehungen zu ihr. Drinnen und draußen bleibt alles beim alten, als spräche man nicht.“[833] Die Relevanz biblischer Botschaft aktualisiert sich immer in konkreten Wahrheiten. Sie soll erwiesen werden als die Botschaft für diesen konkreten Hörer in dessen spezifischer Situation durch das so noch nie gesprochene Wort dieses Predigers aus dessen Situation heraus. Lange folgert daraus, daß die Situation, in der Predigt sich ereignet, zumindest gleich bedeutsam ist wie der Bibeltext, der der Predigt zugrunde liegt und dessen wissenschaftlicher exegetischer Deutung. Die eigentliche homiletische Fragestellung ist nicht primär die nach dem Wesen der Predigt oder nach ihren Inhalten, sie lautet vielmehr: „Wem ist zu predigen? […] Durch welche Situation sieht sich die Kirche hier und jetzt zur Predigt herausgefordert? […] Wozu soll in dieser Situation gepredigt werden? […] Wie kann in dieser Situation diesem besonderen Hörer verständlich gepredigt werden?“[834] Lange nennt dies die „homiletische Situation“[835]. Dazu gehört die politische, kirchliche, gesellschaftliche, Großwetterlage genau so, wie das Lokalkolorit der Gemeinde, ihre Geschichte, ihr Umfeld, und nicht minder die momentane Befindlichkeit jedes einzelnen Gottesdienstbesuchers, deren Lebensgeschichten, Glaubensverständnisse und -erfahrungen. In einer derart komplexen Gemengelage unterschiedlichster Situationen, in denen die Gemeinde und jedes ihrer Mitglieder teil-

831 E. Lange, Predigen als Beruf, 56.
832 Ebd., 17.
833 Ebd., 18.
834 Ebd., 9f.
835 „Unter homiletischer Situation soll diejenige spezifische Situation des Hörers, bzw. der Hörergruppe verstanden werden, durch die sich die Kirche, eingedenk ihres Auftrags, zur Predigt, das heißt zu einem konkreten, dieser Situation entsprechenden Predigtakt herausgefordert sieht.“ Ebd., 21.

hat, relevant zu predigen, gleicht einer Sysiphusaufgabe. Sie setzt beim Prediger ein soziologisches Wissen, politische Wachsamkeit, persönliches Einfühlungsvermögen und nicht zuletzt eine differenzierte Wahrnehmungsgabe voraus. Der Prediger selbst bringt die Fähigkeiten und Grenzen seiner eigenen Person mit ins Spiel, er ist, wie seine Hörer, geprägt durch Erziehung, Milieus, erfüllenden und beschneidenden Erfahrungen und soll neben allem anderen auch noch diese subjektiven Bedingungen seiner eigenen Wahrnehmungsfähigkeit mit im Blick haben. Diese prinzipielle Überforderung ist nicht aufhebbar, wohl aber läßt sich die Unüberschaubarkeit der homiletischen Situation klären, indem sie mit dem biblischen Text konfrontiert und auf eine Fragestellung hin fokussiert wird. Der biblische Text selbst ist nichts anderes als ein Dokument der Relevanz der Gottesbotschaft für eine konkrete Gemeinde in einer konkreten geschichtlichen Situation. Nun ist, nach Lange, nicht damit zu rechnen, daß sich das, was sich in der Vergangenheit als bedeutsam erwiesen hat, sich aus sich selbst heraus auch für die Gegenwart als relevant erschließt. Im Gegenteil, die homiletische Situation setzt dem Text einen spezifischen Widerstand entgegen. „[...] es ist die ‚Sprache der Tatsachen', gegen die die ‚Sprache der Verheißung' in der Predigt sich geltend machen, sich durchsetzen, sich als relevant erweisen muß [...]. Die ‚Sprache der Tatsachen' als Widerstand gegen die Predigt genau zu hören und zu verstehen, ist ein hermeneutisches Problem für die Predigt, das dem des Verstehens biblischer Texte gleichgeordnet ist, ja das sich mit diesem auf eine eigenartige Weise verschränkt. Was sich für den Prediger am christlichen Glauben von selbst versteht, was er selbst immer schon begriffen hat, sein eigenes Vorverständnis vom christlichen Glauben wird durch die Gewalt der Sprache der Tatsachen fragwürdig, zweideutig, unzureichend."[836] Jener Widerstand „ist das, was alle bisherige Predigt des Evangeliums für den einzelnen Hörer und für die Hörergemeinde irrelevant zu machen droht oder faktisch irrelevant macht. Er ist das Ensemble der Enttäuschungen, der Ängste, der versäumten Entscheidungen, der vertanen Gelegenheiten der Liebe, der Einsprüche verletzter Gewissen, der Verweigerung von Freiheit und Gehorsam, der schlechten Erfahrungen von Christen mit der Welt, mit der Gemeinde und mit sich selbst. Er verkörpert die Resignation des Glaubens angesichts der Verheißungslosigkeit des alltäglichen Daseins [...], die Kapitulation des Glaubens vor der Unausweichlichkeit der Tatsachen. Er ist das, was jetzt und hier vielstimmig gegen Gott, gegen die Vertrauenswürdigkeit Gottes und gegen die Möglichkeit, den Sinn des Gehorsams gegenüber Gott spricht. Im Kern ist also, biblisch gesprochen, die homiletische Situation die Situation der Anfechtung, die Situation, in der Gott sich entzieht, als Grund des Glaubens entzogen ist, in der er angesichts der Verheißungslosgkeit der andrängenden Wirklichkeit un-

[836] Ebd., 63f.

aussprechbar wird."[837] Text und homiletische Situation beschreiben einen hermeneutischen Zirkel, das heißt sie erklären und erhellen sich wechselseitig. Der Dissens zwischen Text und Situation, der sich dem Prediger in jenem Widerstand artikuliert, schärft die eigentliche Fragestellung. Das biblische Wort der Verheißung trifft in der konkreten Situation auf einen Widerstand. Die konkreten Gegebenheiten erweisen sich als nicht transparent für die Botschaft der Verheißung. Anhand dieses Widerstandes schärft der Prediger seine Fragestellung. Er filtert aus der Fülle möglicher Fragestellungen jene Frage aus der Situation an den biblischen Text heraus, wo er den gewichtigsten Widerstand wahrnimmt. Diese „Klärung der homiletischen Situation" ist zugleich die Art und Weise, wie aus der Fülle möglicher Textdeutungen diejenige gewählt wird, die die Relevanz des Textes für gerade jene Situation erweist. Der Dissens zwischen Text und Situation zwingt zur wechselseitigen Konfrontation beider. Im Verlauf dieses Prozesses klärt sich für den Prediger, welche Anfrage die Situation an den Text richtet und wie der Text darauf relevant antwortet. „Predigt gleicht also einem Lichtbogen zwischen zwei Polen: Tradition und Situation, Geschichte und Gegenwart, Botschaft und Bezeugung sind Korrelate und gehören untrennbar zusammen."[838] Ergänzend kann man hinzufügen, auch Prediger und Hörer. Denn wenn sich das Gelingen der Predigt an ihrer Relevanz für den Hörer entscheidet, dann „ist und bleibt [der Hörer] der Sachverständige und der Zuständige in dieser Sache [...]. Nur der Hörer selbst kann mich einweisen in die eigentliche Problematik seines Lebens [...]. Ich [der Prediger] soll mit dem Hörer relevant über sein Leben reden, in dem er, unvertretbar er, glauben, lieben und hoffen, die Mission der Kirche im Alltag wahrnehmen soll. Das ordnet uns zusammen als gleichberechtigte Partner eines Kommunikationsvorganges [...]."[839] Die Kommunikation, die die Predigt anstoßen und in deren Verlauf die Relevanz der biblischen Botschaft für das Heute schlüssig werden soll, setzt eine umfassende Dialog- und Wahrnehmungsbereitschaft und -fähigkeit des Predigers voraus, im Zuge der Vorbereitung seiner Predigt und, nachbereitend, um sich der Relevanz oder Nichtrelevanz seiner Predigt zu vergewissern. In diesem Sinne bezeugt der Prediger die Relevanz der biblischen Botschaft für sein eigenes Leben. Diese persönliche Relevanzerfahrung erst ermöglicht ihm das Predigen. Sie verlangt nach einer originären Form des Ausdrucks. Bloßes Nacherzählen macht noch keine Predigt. Bloße Rekapitulation theologischen Wissens bezeugt noch keine Relevanz. Es bedarf des Einfalls, Predigt lebt von esprit, Kreativität, Intuition, schöpferischer Phantasie. Sie ist „neues Wort, nicht Repetition, sondern verantwortliche Neuformung der Überliefe-

---

837 Ebd., 24.
838 Ebd., 49.
839 Ebd., 59ff.

rung."[840] Was der Prediger „jetzt sagen will, muß ihm zu-stehen (Kompetenz), es muß ihm an-stehen (Glaubwürdigkeit und Redlichkeit) und es muß ihm stehen (Takt und Geschmack)"[841]. Ob relevantes Sprechen in der Predigt gelingt, damit steht und fällt für Lange die Legitimation des Predigenden und seiner amtlichen Verkündigung. Mit der Übernahme des Predigtdienstes läd der oder die Betreffende sich eine gewichtige Verantwortung auf die Schultern. „Er [der Prediger] ist haftbar dafür, daß er verstanden wird. Er ist haftbar insofern, als er sich dem Kreuzverhör, dem Gespräch über seine Aussage, der Diskussion, der Infragestellung dessen, was er gesagt hat, aussetzen muß. Er ist haftbar auch für die Folgen seiner Aussage, für die Entscheidungen, die sie auslöst oder verhindert, das heißt, seine homiletische Verantwortung konstituiert eine seelsorgliche, eine diakonische Verantwortung. Er ist haftbar auch dafür, daß er der Glaubwürdigkeit der Aussage nicht durch seine persönliche Unglaubwürdigkeit im Wege steht, daß er sich keine Zuständigkeit anmaßt, die er nicht hat usw."[842]

Kommunikation, Relevanz, Widerstand zwischen dem biblischen Text und der Lebenssituation der Hörer und die Schwierigkeiten beim Abschreiten jenes homiletischen Zirkels zwischen Text und Situation des Predigers und seiner Hörer werden gegenwärtig in ihrer Komplexität und ihren Schwierigkeiten noch bewußter wahrgenommen, weil unter dem Vorzeichen einer radikalen Pluralisierung in der Postmoderne die Identitätskonstruktionen der Subjekte, ihre Lebenswelten und damit auch die des Predigers sich vervielfacht haben. Auch Predigttext und biblische Perikope werden als in sich vielschichtige, plurale Kompositionen, als in sich vieldeutige, selbstständige Systeme wahrgenommen.

Daran erinnernd, was wir zur dialogischen Struktur der Sprache und dem intertextuellen Charakter eines jeden Textes ausgeführt haben,[843] wird deutlich, daß sowohl biblischer Text als auch der Text der Predigt in intertextuelle Zusammenhänge eingebunden sind und sie mit einer Fülle von Texten und Kontexten in Dialog stehen.

Gerd Theißen hat aufgezeigt, daß die biblischen Texte von ihrer sprachlichen Gestalt her aus komplexen, polysemen Zeichencodes bestehen, eingebettet in eine Fülle literarischer Genera. Predigt, die sich auf einen biblischen Text bezieht, soll und muß diese intertextuelle Fülle widerspiegeln, um dem Referenztext gerecht zu werden. Das setzt einerseits den Prediger in eine von vielen weder geahnte noch bewußt vollzogene Freiheit, in der intertextuellen Polysemie des Predigtgeschehens, mit Formen und Inhalten von Text und Sprache „zu spielen", zu improvisieren. Auf der anderen Seite wird gerade in dieser Vieldeutigkeit die Relevanz des

---

840 Ebd., 27.
841 Ebd., 40.
842 Ebd., 26.
843 Vgl. 4.3.3.1.

biblischen Textes für das Heute viel stärker problematisiert, als dies Ernst Lange in seiner Predigttheorie im Blick hatte. Mit der Pluralisierung von Bedeutung wird auch die Relevanz des biblischen Textes als Wort Gottes fragwürdiger, existentieller und unfaßbarer in einem. Denn Bedeutung liegt nicht vorgefertigt im Text selber, sondern ereignet sich, „indem unterschiedliche Sätze/Texte aufeinanderstoßen, Texte in Kontexte geraten und derart allererst Bedeutung prozessuieren. Die Möglichkeit von Sinn oder Bedeutung liegt nicht in der Identität von Zeichen/Text und Bedeutung – so daß Interpretation ein Akt der Identifizierung wäre –, sondern gerade in der Differenz von Zeichen/Texten."[844] Wie der Mensch nicht einfachhin Subjekt ist, sondern Subjekt wird; wie Identität sich im Fragment als Begrenzung und entgrenzende Verheißung gibt – so ist der Sinn eines Textes nicht schon in ihm durch den Autor vorgegeben und vom Leser nur noch zu entdecken, sondern er ereignet sich im Prozeß der ecriture-lecture, in dem der Autor auch Leser und der Leser auch Autor ist. In diesem intertextuellen Verständnis des Sich-Ereignens von Predigt kann man ihre Funktion nicht länger als die den biblischen Text auslegende (und somit monosemierende) verstehen, sondern sie wird fortan bestimmt als „Inszenierung biblischer Texte"[845]. „Sie [die biblischen Texte] wirken [...] eher wie ein Ferment, das in Verbindung mit dem Text (oder den Texten) unserer Welt neue Fragen und Perspektiven hervorruft. Predigt legt also nicht (biblische) Texte aus, sondern setzt sie in Szene, in die Szenen unserer Lebenswelt."[846]

Wie schon Ernst Lange forderte, ist der biblische Text nicht mehr gegenüber seinen Kontexten privilegiert, weil ihm ein Auslegungsmonopol für dieselben zukäme. Er muß sich vielmehr in diesen Kontexten behaupten, als relevant erweisen, er ist in seiner erfahrenen Bedeutsamkeit oder Fragwürdigkeit sowohl seiner Inszenierung durch den Prediger als auch von der schöpferischen Rezeption der Hörer abhängig. In der Sprache Taboris könnte man sagen, der biblische Text wird in seinen Subtexten ausgesetzt, die sich aus möglichen textimmanente Widersprüchen ergeben oder durch die Konflikte, die er in den Szenen menschlicher Lebenswelten provoziert. Predigt ist dabei „insofern Predigt, Dienst am Wort Gottes, als sie die Hofnung nicht aufgibt, daß in diesem Widerspiel der unterschiedlichen Redeweisen Gott sich zur Sprache bringt. Diese Hoffnung aber ist Befreiung von der hybrid herkuleischen Last, daß wir Gott zur Sprache bringen [...]. Spätmoderne Predigt versteht sich als ‚Anwalt verschiedener Texte, zum Beispiel des biblischen, zum Beispiel des Lebenskontextes der Hörerinnen und Hörer – nicht aber als Anwalt Gottes."[847]

---

844 Luther, Frech achtet die Liebe das Kleine, 11.
845 Ebd.
846 Ebd., 8.
847 Ebd., 13.

Rückgreifend auf Umberto Ecos Theorie des offenen Kunstwerkes plädiert Gerhard Marcel Martin für einen Paradigmenwechsel in der Homiletik „von der Kommunikationswissenschaft zur Ästhetik“[848]. Denn die Hörer der Predigt rezipierten weniger deren denotativ-kognitive Gehalte, sondern werden eher von den konnotativ-emotionalen Anknüpfungspunkten angesprochen, die die Form der Predigt ihren eigenen Assoziationen gewährt. „Martin sieht in diesem rezeptionsästhetischen Predigtmodell die Chance, daß die Relevanz der Predigt erhöht wird, weil der Hörer und die Hörerin je ihre eigene Wirklichkeit in den Rezeptionsvorgang einbringen können“[849]. Analog zur Entsprechung von naturwissenschaftlichen Weltbildern und offenem Kunstwerk weist Martin eine Entsprechung von Evangelium und Predigt als offenem Kunstwerk aus: „‚Evangelium‘, strukuralistisch betrachtet, heißt, daß Gott, Welt und Mensch verschieden ‚lesbar‘ werden, daß es nicht nur eine, sondern mehrere Plausibilitäten und unausweichliche Erfahrungs- und Erwartungshorizonte gibt, die sich als solche gegenseitig relativieren und damit zugleich in Relation setzen [...]. In diesem Sinn macht das Evangelium sich selbst und die Welt zusammen zu einem offenen Kunstwerk und entspricht das offene Kunstwerk einer Wirkung des Evangeliums.“[850] Im Sinne Ecos heißt Bedeutungsvielfalt nicht Indifferenz, vielmehr unbegrenzte Interpretation, entgrenzte Spielmöglichkeit menschlicher Lebenserfahrung im Rahmen des Evangeliums. Die poetische „Sprachebene, die im Gegensatz zum logisch-diskursiven oder faktisch-berichtenden Stil durch gestaltete Bilder charakterisiert ist“[851], ist die der Predigt im postmodernen Kontext angemessene Ausdrucksweise. „Poesie erst läßt in der Rede der Emotionalität des Hörers ihr Recht; sie hilft, den Hörer allererst als den anzusprechen, der er ist, als [der] er denkt und fühlt. [...] Die Einbeziehung poetischer Sprache ermöglicht überhaupt erst, die Fülle und Vieldimensionalität des Lebens zu artikulieren, jenes konkreten Lebens, das von der Sprache der Logik und des Begriffs immer nur partiell erreicht werden kann.“[852]

Die generelle Gefahr postmoderner Ästhetisierung der Lebenswelten liegt in der Versuchung, die Form um der Form willen zu zelebrieren. Predigt verkäme in solch einem Kontext zum religiösen Dekor. Wie Lyotard seine postmoderne Ästhetik als Avandgarde konzipiert, in dem Bewußtsein, daß es Ästhetik nach Auschwitz ist; wie Tabori im Blick auf Auschwitz das Scheitern als Wesenszug menschlichen Lebens bewußt macht – so wird ein rezeptionsästhetischer homiletischer Ansatz dem jesuanischen Ruf nach Umkehr, wie die Evangelien ihn bezeugen, nur dann gerecht, wenn „der Eigen-Sinn der Predigt – der doch nur für den

848 Martin, Predigt als „offenes Kunstwerk“?, 49.
849 Witzel, Das Joyce'sche Erbe in der Homiletik, 276.
850 Martin, Predigt als „offenes Kunstwerk“?, 52.
851 Otto, Predigt als Rede, 53.
852 Ebd., 54.

Eigen-Sinn des Evangeliums steht“ –, nicht „unter Zuckerguß und süßer Sahne verscharrt“[853] wird. „Ihr Eigen-Sinn muß sich in der Konfrontation mit dem Gemein-Sinn des Zeitalters bewähren.“[854] Eindeutigkeit und Vieldeutigkeit können daher im homiletischen Kontext nicht gegeneinander ausgespielt werden, sondern bedürfen einer spannungsreichen und spannungsbewahrenden dialektischen Vermittlung. „Eine paradoxe Situation: Um des Zieles – eines eindeutigen Zieles! [Evangelium] – willen bedarf es des offenen, geöffneten Weges. Um einer bestimmten ‚Praxis‘ – einer sehr bestimmten [christlichen] ‚Praxis‘! – willen liefert der Künstler [Prediger] sein Werk dem mit-wirkenden Publikum [Hörern] aus.“[855] Prediger und Predigt stehen unter der Anforderung empathischer Wahrnehmung einer radikal pluralen Welt bei gleichzeitig geforderter kritischer Distanz zu manchen ihrer Erscheinungsformen. Dieser dialektische Balanceakt bewahrt sie vor der Banalität der Oberflächenästhetisierung in Verkündigung und Liturgie. „Angesichts der ‚schwülen Sensivität‘ harmloser Gottesdienste [...], ‚hübscher‘ Gebete und Lieder, trivialpsychologischer Textauslegungen und Glaubensübungen empfehlen sich Blitz, Störung, Sprengung, Fremdheit [...] als Strategien, um den ‚redundanten Exzeß‘ homiletischer und liturgischer Selbstinszenierungen zu unterbrechen.“[856]

6.3.3.2. Rollenspiele des Seelsorgers

In Taboris Sicht des Theaters ist der Schauspieler in der Fiktion seiner Rolle authentisch, weil er sein eigenes Scheitern an ihr im Spiel darstellt. Sich als Scheiternden zu erfahren, ist der Quellpunkt künstlerischer Kreativität und menschlicher Autentizität.

Manchmal fehlt Seelsorgern die menschliche Kompetenz, um Leidende und Scheiternde zu begleiten, weil sie nur ungenügend Erfahrungen mit sich selbst gesammelt haben.[857] Unter diesem Aspekt bleibt zu fragen, ob ein von Erfahrung und Lebensgeschichte abstrahierender Theologe sich hinter vermeindlich apriorischem Glaubenswissen verbirgt, um sich der Fragwürdigkeit und Gebrochenheit des eigenen Lebens nicht auszusetzen.

Um sich selbst Rechenschaft zu geben über die Art und Weise des eigenen Theologietreibens, bietet die Lektüre eines Werkes von George Tabori oder der Besuch

853 Bieritz, Offenheit und Eigensinn, 41.
854 Ebd.
855 Ebd., 31.
856 Ebd., 49.
857 „Pastoralpsychologie agiert aus der Prämisse, daß die Persönlichkeit des Seelsorgers das entscheidende Instrument der Pastoral ist und nicht irgendeine Technik psychotherapeutischer Herkunft.“ Baumgartner, Seelsorgliche Kompetenz, 14.

eines seiner Theaterstücke ein treffliches exercitium. Durch das vielfältige, verwirrende Beziehungsgeflecht, in dem er Heiliges und Obszönes, Religiöses und Profanes, sakrale Riten und banale Alltagsverrichtungen, Ehrfürchtiges und Blasphemisches bis zur Unkenntlichkeit miteinander vermischt und alle diese Haltungen und Handlungen im Charakter seiner Figuren verankert, zwingt er den Zuschauer/Leser, sich der Motive seines eigenen Denkens, Handelns und Fühlens inne zu werden. Er wird auf seinen eigenen Lebensschmerz verwiesen. Der Seelsorger und auch der Theologe verstehen sich im Kontext der Erfahrung der eigenen Grenzen als „verwundeter Arzt", der – selbst leidend und scheiternd – andere Leidende und Scheiternde emphatisch begleitet. „[...] bis in die Tiefen dieser Existenznot [des Menschen, der sich allenthalben von existentieller Angst bedroht erlebt] reicht kein diagnostischer Blick und kein therapeutisches Verfahren. Wohl aber greift hier jene Hilfe ein, die nach Kierkegaard identisch mit dem Helfer ist, die also in seiner helfenden Selbstübereignung besteht."[858]
Zu einer solchen wird der Helfer aber nur fähig sein, wenn er aus eigenem Erleben Angst und ihre krankmachenden Folgen am eigenen Leib verspürt hat. In der Terminologie Taboris ist der Theologe ein Schauspieler auf der Suche nach seinem Menschsein. Seine Bühne ist sein Leben, seine Geschichte, seine Erfahrungen. In seiner Suche nach Authentizität erfährt er sich verstrickt in Lebenslügen, mit deren Hilfe er seine Ängste und Traumata zu bändigen sucht. Er lernt, in den Rollen, die er spielt, auf die Subtexte zu achten, erkennt seine Status-Spiele. Er liest in seiner Lebensgeschichte und momentanen Verfaßtheit zwischen den Zeilen und wird der Spannbreite seiner Persönlichkeit und ihrer Antriebskräfte gewahr, schillernd zwischen sexueller Begierde und heiliger Ergriffenheit. Sein Leben gerät dem Theologen so vielfältig in den Blick, daß er es rational nicht mehr eindeutig zu beschreiben vermag. Er weiß um den Spielraum, den er selber braucht, um sich zu erfahren und wird ihn auch anderen zugestehen. Seine Rede von Gott bleibt fragmentarisch, „probenhaft". Seine Theologie speist sich aus der Kommunikation eigener mit fremden Lebensgeschichten. Seine seelsorgliche Praxis ist gekennzeichnet durch den Mut zur Improvisation, um dem einzelnen in seiner spezifischen Situation Rechnung zu tragen. Daß ein Theologe als Begleiter sich begleiten läßt, wird zur unverzichtbaren Voraussetzung seines Tuns.

6.3.3.3. Zusammenfassung

Die Figuren in Taboris Theaterstücken sind in einen intertextuellen Raum gestellt, in dem Vergangenheit, Gegenwart und Zukunft ununterscheidbar ineinandergrei-

---

858 Biser, Theologie als Therapie, 145; Nouwen, Geheilt durch seine Wunden; Zerfaß, Menschliche Seelsorge, 98–111.

fen. Textfragmente verschiedenster Gattungen und Herkünfte werden miteinander in Beziehung gesetzt. Raum, Zeit, Figuren, Text und Gegenstände (Requisiten) sind Bestandteil eines komplexen, vieldeutigen, mehrdimensionalen Beziehungsgefüges. Die Figuren gewinnen nur eine fragmentarische Identität im Augenblick, wenn überhaupt. Dem Zuschauer wird eine Identitfikation mit den Figuren verwehrt. Identitätsfindung gilt Tabori im Sinne des Strebens nach Perfektion als Weg in die Inhumanität, Identitätssuche ist das Ziel. Der Vorbehalt einer Theologie nach Auschwitz gegen eine vorschnelle sinnstiftende Deutung von Auschwitz durch Kreuz und Auferstehung Jesu Christi, die multikulturelle Gesellschaft der Postmoderne mit ihrem Identitäts-Pluralismus, der intertextuelle Bewußtseinsraum der Theaterstücke George Taboris – sie alle sind charakteristische Kennzeichen einer Zeit, in der die Identität des einzelnen wie des Christentums und der christlichen Kirchen fragwürdig geworden sind. Die Anlage der Theaterstücke Taboris verdeutlicht die Brisanz der Identitätsfrage für den einzelnen Christen wie für die christlichen Kirchen.

Unsere eingangs geäußerte These, daß der Prediger als Fremder über Fremdes zu Fremden spreche,[859] wird durch die Aussagen Taboris und die referierten theologischen Positionen bestätigt: Postmoderne Pluralität dekonstruiert feste Identitäsmuster. Die Theaterstücke Taboris und seine Arbeit mit dem Schauspieler konfrontieren den Zuschauer/Leser mit der Weite und Abgründigkeit seiner Person. Gesicherte Identität ist ein Scheinkonstrukt. Es basiert auf der Ausblendung wesentlicher Teile der Persönlichkeit, besonders der emotionalen Bereiche. Der Prediger ist sich in vielem fremd, wie es ihm auch seine Zuhörer sind. Diese „dort abzuholen, wo sie stehen", kann deshalb nicht das primäre Ziel des Predigens sein. Die Erfahrungen des Vertraut- und Fremdseins mit sich selbst, die Biographie des Predigers gewinnt im Kontext der Verkündigung an Gewicht. Den Glauben als etwas Fremdes zu empfinden, ist eine Haltung, die dem Prediger nicht nur aus einer entchristlichten Umgebung entgegenkommt. Sie ist vielfach auch die Situation seiner Hörer und die seine. Festgefügte religiöse Sprachspiele lassen die Fremdheit des Glaubens für die Glaubenden nicht offenkundig werden. Um für sich selbst Leben und Glauben existentiell in Beziehung zu setzen, bedarf es der Verfremdung des Vertrauten, um es, gleichsam von außen, anders zu erleben und zu verstehen.

---

[859] Vgl. Einführung.

Abkürzungsverzeichnis

CL	Clowns
DH	Dignitatis humanae
EN	Evangelii nuntiandi
FS	Die 25. Stunde
GS	Gaudium et spes
HK	Herder Korrspondenz
JU	Jubiläum
GV	Goldberg-Variationen
LG	Lumen Gentium
M	M[edea]
MC	Mutters Courage
MK	Mein Kampf
NA	Nostra aetate
NT	Nathans Tod
PS	Peepshow
PV	Pinkville
TH	Theater Heute
WR	Weisman und Rotgesicht
[…]	Einschübe, Auslassungen, Ergänzungen des Autors dieser Arbeit

Literaturverzeichnis

A. George Tabori

I. Romane und Erzählungen (in chronologischer Reihenfolge ihres Erscheinens in deutscher Übersetzung)

Unterammergau oder Die guten Deutschen, Frankfurt/Main 1981

Son of a bitch, Erzählungen, Frankfurt/Main 1984

Die Reise, Frankfurt/Main; Berlin 1987

Ein guter Mord, Göttingen [2]1994

Tod in Port Aarif, Göttingen 1994

Das Opfer, Göttingen [1]1996

Rauchverbot im Paradies. In: Die Woche v. 20.09.1996

Meine Kämpfe, Frankfurt/Main 1997

Erste Nacht letzte Nacht. In: Meine Kämpfe, Frankfurt/Main 1997, 101–136

Mein Kampf. In: Meine Kämpfe, Frankfurt/Main 1997, 5–99

Gefährten zur linken Hand, Göttingen [1]1999

II. Essays, Glossen und Reden (in chronologischer Reihenfolge)

Betrachtungen über das Feigenblatt. Ein Handbuch für Verliebte und Verrückte, Frankfurt/Main 1983

Auf der Suche nach der verlorenen Schonzeit. In: TH 32. Jhg., Heft 1/1991, 55

Kunst und Kaiser. In: TH 32. Jhg., Heft 2/1991, 71

Mother of all battles. In: TH 32. Jhg., Heft 3/1991, 63

Eiskalte Engel adieu. In: TH 32. Jhg., Heft 5/1991, 71

Kurzklassiker für Bildungsbürger. In: TH 32. Jhg., Jahrbuch 1991, 6–7

Dieses peinliche Wort: Liebe. Rede zum Georg-Büchner-Preis 1992. In: Die Zeit v. 16.10.1992

Der unheimliche Clown, Lobrede auf Gert Voss anläßlich der Verleihung des Kortner-Preises 1992. In: TH 33. Jhg., Heft 12/1992, 1–2

Spiel und Zeit. In: Steffen Dietzsch (Hrsg.), Luzifer lacht. Philosophische Betrachtungen von Nietzsche bis Tabori, Leipzig [1]1993, 220–229

Auschwitz-Lüge. In: Die Woche v. 11.05.1994

Wenn die Leute vom Theater reden … In: Welker, George Tabori, 1994, 25–32

Verliebte und Verrückte. In: Welker, George Tabori, 1994, 192–194

Reden über das eigene Land 1995, München [1]1996, 31–36

Der Kuß. In: TH 2/1996, 36

Es genügt. Was den Fremden, der ich bin, noch berührt. In: FAZ v. 27.11.1999

Hamlet in blue – der deutsche Hamlet. In: TH o.A.

III. Theaterstücke – Sammelbände

Spiele, Köln 1984 [Peepshow*, Pinkville*, Jubiläum*]
Theaterstücke, Band 1, Frankfurt/Main 1994 [Die Kannibalen*, Pinkville*, Die Demonstration, Clowns*, Die 25. Stunde*, Mutters Courage*]
Theaterstücke, Band 2, Frankfurt/Main 1994 [Der Voyeur, Jubiläum*, Peepshow*, Mein Kampf*, Weisman und Rotgesicht*, Der Babylon-Blues, Die Goldberg-Variationen*, Requiem für einen Spion]

*(zu den mit * gekennzeichneten Theaterstücken lagen dem Autor dieser Arbeit die englischen Erstlingsversionen vor, die mit dem deutschen Originaltext nicht in allem übereinstimmen. Sie sind als unveröffentlichte Manuskripte im Verlag Gustav Kiepenheuer, Berlin, erschienen)*

IV. Theaterstücke – einzeln

Der Großinquisitor, nach Dostojewskij, unveröffentlichtes Manuskript, Verlag Gustav Kiepenheuer, Berlin o.A.
Die Ballade vom Wiener Schnitzel*, unveröffentlichtes Manuskript, Verlag Gustav Kiepenheuer, Berlin o.A.
Ich wollte meine Tochter läge tot zu meinen Füßen und hätte die Juwelen in den Ohren. Improvisationen über Shakespeares Shylock, Dokumentation einer Theaterarbeit, Andrea Welker/Tina Berger (Hrsg.), München; Wien 1979
M, Nach Euripides, unveröffentlichtes Manuskript, Verlag Gustav Kiepenheuer, Berlin o.A.
Nathans Tod, nach Lessing, unveröffentlichtes Manuskript, Verlag Gustav Kiepenheuer, Berlin o.A.
Unruhige Träume, nach Franz Kafka, unveröffentlichtes Manuskript, Verlag Gustav Kiepenheuer, Berlin o.A.

V. Theaterstücke – englisch

The short, relatively happy life of a Massmurder, unveröffentlichtes Manuskript, Verlag Gustav Kiepenheuer, Berlin o.A. [Der deutsche Text in: Programmheft Akademietheater Nr. 143, s. *VI.*]

VI. Programmhefte

Babylon-Blues oder wie man glücklich wird, ohne sich zu verausgaben. Programmbuch Nr. 73, Burgtheater Wien, Wien 1991
Die Ballade vom Wiener Schnitzel. Programmbuch Nr. 155, Burgtheater Wien, Wien 1996

Die 25. Stunde. Programmbuch Nr. 122, Burgtheater Wien, Wien 1994
Die letzte Nacht im September. Programmbuch Nr. 171, Burgtheater Wien, Wien 1997
Die Massenmörderin und ihre Freunde. Programmbuch 143, Burgtheater Wien, Wien 1995
Goldberg Variationen. Programmbuch Nr. 76, Burgtheater Wien, Wien 1991
Purgatorium. Programmbuch Nr. 219, Burgtheater Wien, Wien 1999
Requiem für einen Spion. Programmbuch Nr. 114, Burgtheater Wien, Wien 1993
Weisman und Rotgesicht. Ein jüdischer Western. Programmbuch Nr. 58, Burgtheater Wien, Wien 1990

VII. Filmarbeiten

Die Frau aus dem Nichts; Regie: J. Losey, Drehbuch: George Tabori, 1968
Frohes Fest; Buch und Regie: George Tabori, 1981
Samuel Beckett, Warten auf Godot; Regie: George Tabori, Münchner Kammerspiele 1984
Am Anfang das Ende, George Tabori probt in Wien EXIT – eine Farce; Montage von Dietmar N. Schmidt, 1996
Fin de Partie (Endspiel), Theaterstück von Samuel Beckett; Inszenierung: George Tabori. Eine Aufzeichnung aus dem Akademietheater in Wien 1998
Zirkus um Zauberflöte; ein Film von Percy Adlon – Regie: George Tabori, 1999

VIII. Hörspiele

Mutters Courage, Regie: Jörg Jannings, SDR 1979
Erste Nacht letzte Nacht, Hörspielfassung und Regie: Jörg Jannings, RIAS Berlin/NDR 1986
Requiem für einen Spion, Regie: Jörg Jannings, MDR 1993

B. Literatur zu George Tabori

I. Allgemein

(Der Recherchedienst der FAZ machte die meisten Artikel ausfindig. Die Seitenzahlen waren nur teilweise angegeben)

Arnold, Heinz Ludwig (Hrsg.), George Tabori, in: Text und Kritik, Zeitschrift für Literatur, Band 133, München 1997
Bayerdörfer, Hans-Peter, Stimmen in der Wüste: Jüdischer Intellekt und dramatische Gestalt in Taboris Stücken. Statt einer Einleitung. In: Ders./Schönert, Theater gegen das Vergessen, 3–44

Bayerdörfer, Hans-Peter/Jörg (Hrsg.), Theater gegen das Vergessen. Bühnenarbeit und Drama bei George Tabori, Theatron: Studien zur Geschichte und Theorie der dramatischen Künste, Band 21, Tübingen 1997

Berg, Klaus van den, Intertextueller Bewußtseinsraum und kulturelle Transformationen in George Taboris Goldberg-Variationen. In: Höyng, Verkörperte Geschichtsentwürfe, 177–196

Becker, Peter von, Von Juden und Christen – von Vätern und Kindern. George Taboris aufregende Shylock-Meditationen in München. In: TH o.A.

Becker, Peter von, George Taboris „Peepshow". Ein halb fiktiver Rückblick – uraufgeführt in Bochum. In: TH 25. Jhg., Heft 5/1984, 2–3

Becker, Peter von, Der wüste Westen. Peter von Becker über die Uraufführungen von George Taboris „Weisman und Rotgesicht" in Wien und Herbert Achternbuschs „Auf verlorenem Posten" in München. In: TH 31. Jhg., Heft 5/1990, 9–16

Becker, Peter von, „Willst du mich einen Virtuosen schimpfen?" Die Schauspieler des Jahres: Gert Voss und Ignatz Kirchner – ein freundschaftliches Streitgespräch über Kunst und Wahnsinn des Theaters. In: TH 33. Jhg., Jahrbuch 1992, 38–52

Becker, Peter von, Liebe und Lachen – nach Auschwitz. Rede zur Verleihung des Peter-Weiss-Preises an George Tabori in Bochum. In: TH 32. Jhg., Heft 6/1991, 28–31

Becker, Peter von, Das Nachtspiel bis zum Morgen-Grauen. „Hamlet": George Taboris letzte Arbeit mit dem Bremer Theaterlabor. In: TH 19. Jhg., Heft 6/1978, 12–15

Becker, Peter von, Existenzchoreographien oder Die Stunde der Komödianten. In: TH 25. Jhg., Heft 3/1984, 4–10

Bielefeld, Claus-Ulrich, Sein Engel, sein Dummerchen. George Taboris Erzählung „Ein guter Mord". In: FAZ v. 31.07.1992

Biermann, Wolf, Ein Kampf mit falschem Leben und echter Kunst. In diesen schweren Zeiten für das wohlgenährte deutsche Volk ein Preis für den Ausländer George Tabori. In: FAZ v. 12.10.1992

Demetz, Peter, Boulevard Balkan. George Taboris Debütroman aus dem Jahr 1944. In: FAZ v. 24.05.1997

Döbler, Katharina, Schall und Zigarrenrauch. Der rechte und der linke Weg des frühen George Tabori. In: FAZ v. 27.07.1999

Eichholz, Armin, George Tabori: „Verwandlungen". Familienbild mit Käfer. In: Kennen Sie Plunderweilern?, Kempten 1977, 267–274

Emigholz, Erich, Hungern im Labor. George Tabori bringt in Bremen Kafkas „Hungerkünstler" aufs Theater, in: TH 18. Jhg., Heft 7/1977, 6–7

Faschina, Andrea, Wienerwald und Völkermord. George Taboris „Mein Kampf" in der Theaterkaue Dortmund-Eving. In: Die Tageszeitung v. 14.12.1987

Franke, Eckhard, Heiterkeit und Holocaust. George Taboris schwarzhumorige Erzählungen „Meine Kämpfe". In: Stuttgarter Zeitung v. 10.01.1987

Fritsch, Sibylle, Bomben haben deine Nummer. In: Die Presse v. 06.04.1996

Fritsch, Sibylle, „Theater ist keine Pizzafabrik". In: profil v. 16.10.1989

Gronius, Jörg W., Bitte zu Tisch. In: Gronius/Kässens, Tabori, Frankfurt/Main 1989, 9–16

Gronius, Jörg W./Kässens, Wend, Tabori, Frankfurt/Main 1989

Guerrero, Chantal, George Tabori im Spiegel der deutschsprachigen Kritik, Köln 1999

Gut, Taja, Menschen im Krieg. Taboris Romanerstling „Das Opfer". In: Neue Zürcher Zeitung v. 28.06.1997

Haas, Birgit, Das Theater des George Tabori. Vom Verfremdungseffekt zur Postmoderne, Heidelberger Beiträge zur deutschen Literatur, Band 6, Frankfurt/Main 2000

Hensel, Georg, Vom Mythos zur Mama. „M", eine Medea-Variation von George Tabori. In: FAZ v. 05.01.1985

Hensel, Georg, Shakespeare, Jazz und Judenhaß. George Taboris Shylock-Improvisationen in München. In: FAZ v. 23.11.1978

Hensel, Georg, Scheue Verklärung einer Mutter. In: FAZ v. 19.05.1979

Hensel, Georg, Die Toten schlafen nicht. „Das Jubiläum" von Tabori in Bochum uraufgeführt. In: FAZ v. 01.02.1983

Hensel, Georg, Aus Katastrophen etwas Hilfreiches machen. Die langen Wege des Schriftstellers und Theatermenschen George Tabori. In: FAZ v. 19.05.1984

Hensel, Georg, Franz Kafkas Väter und Söhne. In: FAZ v. 11.03 1977

Hensel, Georg, Die Last der toten Väter. „Hamlet" im Bremer Theaterlabor – Das Ende von George Taboris Experimentierbühne. In: FAZ v. 22.03.1978

Hensel, Georg, Der ausgehungerte Kafka. Die Bremer Hungerkünstler in George Taboris Theaterlabor. In: FAZ v. 16.06.1977

Hensel, Georg, Lynchmord als Lustbarkeit. In: FAZ v. 28.03.1977

Hensel, Georg, Enteignet. Beckett verliert Prozeß. In: FAZ v. 03.05.1988

Höyng, Peter (Hrsg.), Verkörperte Geschichtsentwürfe: George Taboris Theaterarbeit, Tübingen 1998

Höyng, Peter, „Immer spielt ihr und scherzt?" Zur Dialektik des Lachens in George Taboris Mein Kampf. Farce. In: Ders., Verkörperte Geschichtsentwürfe, 129–149

Höyng, Peter, „Car, radio, blonde wife, good address, job with big business". Taboris Jahre in den Vereinigten Staaten. In: Arnold, George Tabori, 18–27

Jäger, Gerd, Das Schauspielertheater der Regisseure. Notizen zu „Krankheit der Jugend" und „Der Prozeß" in Düsseldorf, „Talk-Show" in Bremen. In: TH 17. Jhg., Heft 12/1976, 31–36

Kässens, Wend, Rückblick auf sich selbst. Eine Dokumentation des Bochumer Theaters über das Bochumer Theater. In: FAZ v. 15.07.1986

Kässens, Wend, Vom Inferno ins Purgatorium. Nachwort zu George Taboris Roman „Gefährten zur linken Hand". In: Tabori, Gefährten zur linken Hand, Göttingen [1]1999, 361–366

Kässens, Wend, Bemerkungen über George Taboris frühe Romane. In: Tabori, Ein guter Mord, Göttingen [2]1994, 250–256

Kirchner, Gerhard, Schwarzer Humor und liebevolle Ironie, Geschichten und Szenen von George Tabori. In: FAZ v. 29.01.1982

Kosler, Hans Christian, Abermals der Anstreicher, „Meine Kämpfe“ – George Tabori kennt beim Humor keinen Spaß. In: FAZ v. 20.01. 1987

Kralicek, Wolfgang, Tumor und Humor. Zum Kranklachen. In: TH 35. Jhg., Heft 5/1994, 45–46

Kralicek, Wolfgang, Die Göttliche Komödie. In: TH 32. Jhg., Heft 8/1991, 4–7

Kranz, Dieter, „Scheitern, immer scheitern, besser scheitern“. George Taboris „Goldberg-Variationen“ in Dresden. In: TH 33. Jhg., Heft 7/92, 34f.

Leiser, Erwin, George Tabori. In: FAZ Magazin v. 09.10.1987

Liessmann, Konrad Paul, Die Tragödie als Farce. Anmerkungen zu George Taboris „Mein Kampf“. In: Arnold (Hrsg.), George Tabori, 81–89

Löffler, Sigrid, Die Gegenwart der Vergangenheit. Das KZ-Stück „Die Kannibalen“ und die Fall-Szenen „Schuldig geboren“ als Saisonauftakt in George Taboris Wiener „Kreis“-Theater. In: TH 28. Jhg., Heft 11/1987, 24–25

Löffler, Sigrid, Die Stunde der Komödianten und Agenten. In: TH 34. Jhg., Heft 7/1993, 35–36

Löffler, Sigrid, Gefunkel und Geflunker. In: Falter 20/1994

Löffler, Sigrid, Taboris Träume. Sigrid Löffler berichtet über neue Stücke in George Taboris Wiener „Kreis“, den Zustand und die Pläne dieses Theaters, über den Balanceakt des Künstlers T. als Intendant. In: TH 29. Jhg., Heft 12/1988, 5–8

Marschall, Brigitte, Der Leichenschmaus als Leib-Gericht. Das rituelle Opfermahl und der Vater-Sohn-Konflikt im Werk George Taboris. In: Höyng, Verkörperte Geschichtsentwürfe, 31–49

Martins, Kirsten, Probentagebuch. In: Tabori, Ich wollte meine Tochter läge tot zu meinen Füßen und hätte die Juwelen in den Ohren, München; Wien 1979, 22–85

Merschmeier, Michael, Wie wirklich ist die Wirklichkeit? George Taboris Prosa-Frühwerk „Ein guter Mord“. In: Frankfurter Rundschau v. 04.07.1992

Michaelis, Rolf, Theater gegen Gewalt – Gewalt gegen Theater. George Tabori inszeniert „Die Troerinnen“ des Euripides. In: TH o.A.

Müller, Roland, Du sollst Dir ein Bild machen. Der große Theatermann und Kosmopolit George Tabori wird achtzig. In: Stuttgarter Zeitung v. 21.05.1994

Müller-Janke, Michael, Taboris Arbeit mit dem Schauspieler: ‚Selbsterforschung‘ und ‚Integration‘ des Ichs. In: Bayerdörfer/Schönert, Theater gegen das Vergessen, 45–61

Ohngemach, Gundula, George Tabori, Frankfurt/Main 1989

Ortolani, Olivier, George Tabori, Dem Zeitgeist nicht nachjagen. In: Ders., Theater im Gespräch, Echternach [1]1998, 107–118

Peters, Sibylle, Die Inszenierung des Scheiterns. ‚Gedächtnis‘ und ‚Identität‘ als Konzepte der Theaterarbeit Taboris. In: Bayerdörfer/Schönert, Theater gegen das Vergessen, 98–122

Peters, Sibylle, Die Verwandlung der Schrift in Spiel. George Taboris Metaphysik des Theaters: Die Goldberg-Variationen. In: Bayerdörfer/Schönert, Theater gegen das Vergessen, 270–282

Pott, Sandra, „Ecce Schlomo“: Mein Kampf – Farce oder theologischer Schwank? In: Bayerdörfer/Schönert, Theater gegen das Vergessen, 248–269

Pott, Sandra/Schönert, Jörg, Tabori unter den Deutschen: Stationen einer ‚authentischen Existenz‘? In: Bayerdörfer/Schönert, Theater gegen das Vergessen, 346–377

Radtke, Peter, M wie Tabori. Erfahrungen eines behinderten Schauspielers, München 1990

Rothschild, Thomas, Spottet jeder Verzweiflung. Filmfestspiele in Toronto: Der erste Blick auf „Mutters Courage“ nach George Tabori. In: FAZ v. 22.09.1995, 44

Sandner, Wolfgang, Mit dem Rasiermesser der Dissonanz. George Tabori inszeniert in Leipzig Schönbergs „Moses und Aron“. In: FAZ v. 28.11.1994

Schödel, H., Ein Rollensuchspiel. George Taboris „Verwandlungen“ nach Motiven von Kafka im Werkraum der Münchner Kammerspiele, in: TH 18. Jhg., Heft 4/1977, 6–7

Schostack, Renate, Klagefrauen gegen Hiroshima und Auschwitz. George Tabori inszeniert „Die Troerinnen des Euripides“ von Walter Jens in den Münchner Kammerspielen. In: FAZ v. 02.01.1986

Schostack, Renate, Heu und Schwefel, Mäh und Buh. Taboris „Der Großinquisitor“. In: FAZ v. 01.02.1993

Schröder, Julia, Tod den Gleichgültigen. Ende einer Epoche – ein früher Roman von George Tabori. In: Stuttgarter Zeitung v. 05.08.1994

Schwab-Felisch, Hans, Blick zurück in Trauer, Bochum: Taboris „Peepshow“. In: FAZ v. 27.04.1984

Schwab-Felisch, Hans, Was bleibt, ist Warten. George Taboris Beckett-Inszenierung in München. In: FAZ v. 09.01.1984

Schulze-Reimpell, Werner, Vom Provokateur zum Medienstar. Die Umwege des Dramatikers und Regisseurs Tabori. In: Arnold, George Tabori, 10–17

Seidel, Hans-Dieter, Gott steckt im Detail und der Witz in der Katastrophe, Berlinale-Glück: Schmerz und Scherz wie zwei Klingen einer Schere in Michael Verhoevens Film „Mutters Courage“ nach George Taboris Vorlage. In: FAZ v. 21.02.1996, 31

Seifert, Sabine, Geschichte als Tragödie, Tragödie als Farce. Beim Theater ist Taboris Mittel die Groteske, die das Grauen mitschwingen läßt – ein Porträt. In: die Tageszeitung v. 12.10.1992

Skasa, Michael, Wenn Medea Trauer trägt oder Trümmer einer Analyse. George Taboris „M“ im Münchner Werkraumtheater. In: TH 26. Jhg., Heft 2/1985, 51

Spengler, Tilman, Ein Zauberer bleibt Lehrling,. In: Die Woche v. 19.05.1994

Stadelmaier, Gerhard, Furchtbar, herrlich, lieb. Glossen zum Glück: George Taboris „Babylon-Blues“ im Burgtheater uraufgeführt. In: FAZ v. 15.04.1991

Stadelmaier, Gerhard, Schinder des Paradieses. George Taboris „Goldberg-Variationen“ uraufgeführt. In: FAZ v. 24.06.1991

Stadelmaier, Gerhard, Der Zungenkuß des Judas, Verrat aus Liebe: George Taboris „Requiem für einen Spion“ in Wien uraufgeführt. In: FAZ v. 19.06.1993

Stadelmaier, Gerhard, Der Zauberer am Rande. Dem Theatermann George Tabori zum siebzigsten Geburtstag. In: Stuttgarter Zeitung v. 25.05.1984

Stadelmaier, Gerhard, Fürst des Feigenblatts. Dem Theaterversucher George Tabori zum Achtzigsten. In: FAZ v. 21.05.1994

Stadelmaier, Gerhard, Mensch Mohr oder Sterben ist geschmacklos. George Tabori inszeniert Shakespeares „Othello" in Wien mit Gert Voss. In: FAZ v. 12.01.1990

Stadelmaier, Gerhard, Witze eines Wörtlichnehmers. Tabori schaut unters „Feigenblatt" von Theater und Welt. In: FAZ v. 24.10.1991

Stadelmaier, Gerhard, Wie schön leucht' uns der Morgenstern. Hiobsmahlzeit: George Taboris „Ballade vom Wiener Schnitzel" in Wien uraufgeführt. In: FAZ v. 01.04.1996

Stadelmaier, Gerhard, Vor den Vätern sterben die Käfer. Familien-Gesumme nach Kafka: Taboris „Unruhige Träume" in Wien uraufgeführt. In: FAZ v. 02.05.1992

Stoltzenberg, Peter, Nur kein Theater. Dem jüdisch-ungarisch-amerikanischen Autor und Theatermacher George Tabori zum 80. In: Frankfurter Rundschau v. 24.05.1994

Strümpel, Jan, Vorstellungen vom Holocaust. George Taboris Erinnerungs-Spiele, Göttingen 2000

Töteberg, Michael, Auf dem Markt der schönen Lügen. Eine verleugnete Karriere: der Drehbuchautor Tabori. In: Arnold, George Tabori, 37–50

Uberman, Iwona, Auschwitz im Theater der „Peinlichkeit". George Taboris Holocaust-Stücke im Rahmen der Theatergeschichte seit dem Ende der 60er Jahre, München 1995

Wagner, Klaus, Totentänze in der Matratzengruft. „Talk-Show" von George Tabori. In: FAZ v. 26.10.1976

Weinzierl, Ulrich, Ungnade später Geburt. Zweimal George Tabori in Wien. In: FAZ v. 23.09.1987

Weinzierl, Ulrich, Die Möglichkeit einer unmöglichen Liebe. „Mein Kampf" – Tabori-Uraufführung am Akademietheater. In: FAZ v. 09.05.1987

Weinzierl, Ulrich, Die Karavane zieht weiter. Kamel und Reiter: George Tabori beseitigt beide. In: FAZ v. 10.08.1994

Weinzierl, Ulrich, Alle Lust will Aufschub. Todesverzögerungskomödie: Taboris „Massenmörderin" in Wien uraufgeführt. In: FAZ v. 13.06.1995

Welker, A. (Hrsg.), George Tabori. Dem Gedächtnis, der Trauer und dem Lachen gewidmet, Wien; Linz; Weitra; München 1994

Wille, Franz, Morgensterns Abendrot. George Taboris „Ballade vom Wiener Schnitzel". In: TH 37. Jhg., Heft 5/ 1996, 5–10

Wille, Franz, Das Geheimnis Theo Schmidt. George Taboris „Der Großinquisitor" im Münchner Residenztheater. In: TH 34. Jhg., Heft 3/1993, 38

Wille, Franz, Sigmunds Freunde. In: TH 33. Jhg., Heft 7/1992, 16–18

Wille, Franz, Der Tod in Wien, [...] George Taboris „Die Massenmörderin und ihre Freunde" im Akademietheater [...], In: TH 36. Jhg., Heft 8/1995, 16–19

II. Interviews

Becker, Peter von, Theaterarbeit mit George Tabori. Der Weg vom Bremer „Hamlet“ zum Münchner „Shylock“. In: TH o.A.

Becker, Peter von, Diese große Lebensreise. George Tabori: Zeuge des Jahrhunderts. In: TH 35. Jhg., Heft 5/94, 8–17

Becker, Peter von, Zeuge des Jahrhunderts. In: Welker, George Tabori, Wien 1994, 248–256

Berger, Jürgen, „Vielleicht ende ich als Bühnenarbeiter“. Halbwegs von draußen beobachtet – ein Gespräch mit dem Schriftsteller George Tabori anläßlich seines 80. Geburtstags. In: die Tageszeitung vom 24.05.1994

Dössel, Christiane, „Das Leben ist oft unglaublich“. Theaterguru George Tabori über Michael Verhoevens Verfilmung seiner Erzählung „My Mother's Courage“, die auf einer wahren Geschichte beruht. In: FOCUS v. 17.02.1996

Ehrlich, Lothar, Theater ist wie Leben, auch wenn es lügt. Autor und Regisseur George Tabori über Utopien, Courage und Judenvernichtung. In: Sächsische Zeitung v. 17.08.1996

Ernst, Michael, Von Kunst und Leben in einer schrecklichen Welt. Im Gespräch mit dem Theatermann George Tabori. In: Sächsische Zeitung v. 19.10.1994

Fritsch, Sibylle, Aufgedreht und unverputzt. Autor und Regisseur George Tabori über seine neueste Produktion und das Gefühl, achtzig zu werden. In: profil v. 07.02.1994

Fritsch, Sibylle, „Perfektion ist Blasphemie“. Regisseur George Tabori über sein neues Stück „Requiem für einen Spion“ und über die Pathologie des Theaters. In: profil v. 14.06.1993

Fritsch, Sibylle, Keine Zeit zu trauern. In: profil v. 23.07.1990

Fritsch, Sibylle, George für alle. In: profil v. 11.05.1987

Fritsch, Sibylle, „Ich bin ein Fremder“. Der achtzigjährige Regisseur und Schriftsteller George Tabori über Marilyn Monroe, die Liebe, sein Leben und die Katastrophen, denen er entkam. In: profil v. 16.05.1994

Gronius, Jörg W./Kässens, Wend, Theatermacher. Gespräche mit Luc Bondy ..., Frankfurt/Main 1987, 157–174

Kässens, Wend, Die einfachste Stimme, die ich kenne. Gespräch [mit George Tabori] über Beckett. In: Gronius/Kässens, Tabori, Frankfurt/Main 1989, 47–54

Lautenbacher, Alexandra, „Göring trug einen lila Pyjama“. George Tabori, mit 85 der dienstälteste deutsche Theatermann, über Franz Kafka, Thomas Manns Fleiß und die eigene Asche. In: FOCUS v. 22.05.1999, 130–131

Löffler, Sigrid, „Der Claus ist kein Gentleman“. In: profil v. 06.06.1988

Michaelis, Rolf, Ein begeisterungsfähiger Skeptiker. Gespräch mit Autor und Regisseur George Tabori. In: TH o.A.

Michaelsen, Sven, George Tabori & Claus Peymann. Gipfeltreffen der Provokateure. In: Stern Nr. 22 v. 26.05.1994

Müller, André, Ich habe mein Lachen verloren. André Müller spricht mit George Tabori. In: Die Zeit v. 06.05.1994

Müry, Andres, Warum macht das deutsche Theater krank, Herr Tabori? In: FAZ Magazin v. 18.09.1987

Niehoff, Karena, In welcher Sprache träumst Du, George? Der Theatermacher Tabori wird 75. In: Die Zeit v. 26.05.1989

Neumann, Tanja, Das Theater ist ein Liebesakt. Ein Gespräch mit George Tabori im Akademietheater in Wien. In: die Tageszeitung v. 24.01.1990

Raddatz, Fritz J., Den Tod überlisten. In: Die Zeit v. 13.11.1992

Rotzer, Florian, Die plötzliche Eruption des Realen. Gespräch mit George Tabori. In: die Tageszeitung v. 02.02.1985

Siedenberg, Sven, „Barbaren sind wir alle“. Gespräch mit George Tabori über Gewalt und deutsche Helden. In: Stuttgarter Zeitung v. 16.02.1993

Voss, Ursula/Becker, Peter von, „Solche Begegnungen habe ich mein Leben lang gefürchtet und mir gewünscht“. Ein Gespräch mit George Tabori. In: TH 31. Jhg., Heft 5/1990, 17–18

Witte, Karsten, „Kasperl, Käfig und Kommerz“. Ein Gespräch mit George Tabori über seine Anfänge, die Emigration und die Filmarbeit. In: Frankfurter Rundschau v. 06.03.1986

III. Fragebögen

George Tabori. In: FAZ-Magazin v. 30.09.1983

George Tabori. In: Die Woche v. 06.05.1993

IV. Filmarbeiten

Madeja, G., *Ein Fest für Tabori.* Redaktion: Krista Fleischmann, 1994

Verhoeven, M., *Mutters Courage,* nach der Theaterstückvorlage *Mutters Courage* von George Tabori, 1996

C. Literatur, Theater, Kultur, Musik, Philosophie, Geschichte

Arnold, Hans Ludwig (Hrsg.), Literartur und Holocaust. Text und Kritik, Zeitschrift für Literatur, Band 144, München 1999

Artaud, Antonin, Das Theater und sein Double, München 1996

Barner, Wilfried/Grimm, Gunter E. u.a. (Hrsg.), Lessing. Epoche – Werk – Wirkung, München [5]1987

Beckett, Samuel, Fin de partie – Endspiel, Frankfurt/Main [1]1964

Beckett, Samuel, Warten auf Godot, En attendant Godot, Waiting for Godot, Frankfurt/Main [1]1971

Beil, Hermann/Ferbers, Jutta u.a. (Hrsg.), Weltkomödie Österreich. 13 Jahre Burgtheater, Band 1: Bilder, Wien 1999

Beil, Hermann/Ferbers, Jutta u.a. (Hrsg.), Weltkomödie Österreich. 13 Jahre Burgtheater, Band 2: Chronik, Wien 1999

BenGershôm, Ezra, Der Esel des Propheten. Eine Kulturgeschichte des jüdischen Humors, Darmstadt 2000

Brecht, Bertold, Schriften zum Theater, Band 4, Frankfurt/Main 1963

Brecht, Bertold, Über experimentelles Theater, Frankfurt/Main [1]1970

Brecht, Bertold, Über den Beruf des Schauspielers. In: Schriften zum Theater, Band 4, Frankfurt/Main 1963, 5–68

Brook, Peter, Der leere Raum, Berlin [3]1997

Dreßler, Roland, Von der Schaubühne zur Sittenschule, Das Theaterpublikum vor der vierten Wand, Berlin [1]1997

Esslin, Martin, Das Theater des Absurden. Von Beckett bis Pinter, Hamburg [17]1996

Fischer-Lichte, Erika, Geschichte des Dramas. Epochen der Identität auf dem Theater von der Antike bis zur Gegenwart, Band 1: Von der Antike bis zur deutschen Klassik, Tübingen; Basel [2]1999

Fischer-Lichte, Erika, Geschichte des Dramas. Epochen der Identität auf dem Theater von der Antike bis zur Gegenwart, Band 2: Von der Romantik bis zur Gegenwart, Tübingen 1990

Grotowski, Jerzy, Für ein Armes Theater. Mit einem Vorwort von Peter Brook, Berlin 1994

Hentschel, Ingrid/Hoffmann, Klaus u.a. (Hrsg.), Brecht & Stanislawski und die Folgen. Anregungen für die Theaterarbeit, Berlin 1997

Jens, Walter, Lessing – Theologie und Theater. In: Radius Almanach, Stuttgart 1979/80, 7–28

Johnstone, Keith, Improvisation und Theater. Mit einem Vorwort von Irving Wardle und einem Nachwort von George Tabori, Berlin [4]1998

Kienzle, Siegfried, Schauspielführer der Gegenwart. 910 Stücke von 175 Autoren auf dem Theater seit 1945, Stuttgart [5]1990

Kindlers Literaturlexikon, Studienausgabe, hrsg. v. Walter Jens, Band 5, München 1988

Kindlers Literaturlexikon, Studienausgabe, hrsg. v. Walter Jens, Band 16, München 1988

Kott, Jan, Shakespeare heute, Berlin 1989

Lessing, Gotthold Ephraim, Nathan der Weise, Stuttgart 1990

Müller, Gottfried, Theorie der Komik. Über die komische Wirkung im Theater und im Film, Würzburg [1]1964

Niemöller, Heinz Hermann, Polonaise und Quodlibet. Der innere Kosmos der Goldberg-Variationen. In: Johann Sebastian Bach, Goldberg-Variationen, Musik-Konzepte, Band 42, München 1985

Pfister, Manfred, Das Drama, Theorie und Analyse, München [9]1997

Rapp, Uri, Rolle Interaktion Spiel. Eine Einführung in die Theatersoziologie, Wien 1993

Schiller, Friedrich, Über die ästhetische Erziehung des Menschen, Stuttgart 1965

Stanislawski, Konstantin Sergejewitsch, Die Arbeit des Schauspielers an sich selbst. Tagebuch eines Schülers, Band 1: Die Arbeit an sich selbst im schöpferischen Prozeß des Erlebens, Frankfurt/Main 1996

Stanislawski, Konstantin Sergejewitsch, Die Arbeit des Schauspielers an sich selbst. Tagebuch eines Schülers, Band 2: Die Arbeit an sich selbst im schöpferischen Prozeß des Verkörperns, Frankfurt/Main 1996

Stanislawski, Konstantin Sergejewitsch, Die Arbeit des Schauspielers an der Rolle. Materialien für ein Buch, Frankfurt/Main 1996

Strasberg, Lee, Schauspielen & Das Training des Schauspielers. Beiträge zur „Method", Berlin ^{4}1999

Strasberg, Lee, Ein Traum der Leidenschaft. Die Entwicklung der „Methode". Eine Theorie der Schauspielkunst, München 1988

Szondi, Peter, Theorie des modernen Dramas (1880–1950), Frankfurt/Main ^{1}1963

Toporkov, Vasilij Osipovic, Stanislavskij bei der Probe, Berlin ^{1}1997

Traub, Andreas, Johann Sebastian Bach. Goldberg-Variationen BWV 988, in: Meisterwerke der Musik, Band 38, München 1993

D. Philosophie, Postmoderne, Zeitgeschichte, Literaturwissenschaft, Psychologie

Adorno, Theodor W., Ästhetische Theorie, Frankfurt/Main ^{13}1995

Bohrer, Karl Heinz/Scheel, Kurt (Hrsg.), Postmoderne. Eine Bilanz. In: Merkur, Deutsche Zeitschrift für europäisches Denken, 52. Jhg. Heft 9/10, Berlin 1998

Bohrer, Karl Heinz/Scheel, Kurt (Hrsg.), Nach Gott fragen. Über das Religiöse. In: Merkur, Deutsche Zeitschrift für europäisches Denken, 53. Jhg. Heft 9/10, Berlin 1999

Breuer, Ingeborg/Leusch, Peter u.a., Welten im Kopf. Profile der Gegenwartsphilosophie, Band 2: Frankreich/Italien Hamburg 1996

Eco, Umberto, Die Grenzen der Interpretation, München 1995

Eco, Umberto, Lector in fabula. Die Mitarbeit der Interpretation in erzählenden Texten, München ^{3}1998

Eco, Umberto, Das offene Kunstwerk, Frankfurt/Main ^{8}1998

Fest, Joachim C., Hitler. Eine Biographie, Frankfurt/Main; Berlin; Wien 1973

Geertz, Clifford, Welt in Stücken. Kultur und Politik am Ende des 20. Jahrhunderts, Wien 1996

Grasskamp, Walter, Ist die Moderne eine Epoche? In: Merkur, Deutsche Zeitschrift für europäisches Denken, 52. Jhg. Heft 9/10, 1998, 757–765

Huizinga, Johan, Homo ludens. Vom Ursprung der Kultur im Spiel, Hamburg 1997

Ihwe, Jens (Hrsg.), Literaturwissenschaft und Linguistik. Ergebnisse und Perspektiven, Band 3: Zur linguistischen Basis der Literaturwissenschaften II, Frankfurt/Main 1972, 345–375

Jaspers, Karl, Die Sprache. Über das Tragische, München 1990

Jaspers, Karl, Einführung in die Philosophie. Zwölf Radiovorträge, München ^{21}1998

Jaspers, Karl, Was ist Philosophie? Ein Lesebuch, München ^{2}1997

Kant, Immanuel, Kritik der Urteilskraft. Werke in sechs Bänden, Band 4, Köln 1995

Keupp, Heiner/Ahbe, Thomas u.a., Identitäts-Konstruktionen. Das Patchwork der Identitäten in der Spätmoderne, Hamburg 1999

Kierkegaard, Sören, Der Begriff Angst, Frankfurt/Main ^{2}1996

Kluge, Friedrich, Etymologisches Wörterbuch der deutschen Sprache, Berlin; New York ^{22}1988

Kristeva, Julia, Bachtin, das Wort, der Dialog und der Roman. In: Jens Ihwe (Hrsg.), Literaturwissenschaft und Linguistik. Ergebnisse und Perspektiven, Band 3: Zur linguistischen Basis der Literaturwissenschaften II, Frankfurt/Main 1972, 345–375

Lyotard, Jean-François, Das postmoderne Wissen. Ein Bericht, Wien ^{3}1994

Lyotard, Jean-François, Postmoderne für Kinder. Briefe aus den Jahren 1982–1985, Wien ^{2}1996

Lyotard, Jean-François, Der Widerstreit, München ^{2}1989

Mersch, Dieter, Umberto Eco zur Einführung, Hamburg ^{1}1993

Meyer, Theo, Nietzsche und die Kunst, Tübingen; Basel 1993

Millu, Liana, Der Rauch über Birkenau, München 1977

Perls, Fritz, Grundlagen der Gestalt-Therapie, Einführung und Sitzungsprotokolle, München ^{9}1995

Reese-Schäfer, Walter, Lyotard zur Einführung, Hamburg ^{3}1995

Saner, Hans, Jaspers, Hamburg ^{10}1996

Scharfenberg, Joachim, Einführung in die Pastoralpsychologie, Göttingen 1998

Schoeps, Julius H./Schlör, Joachim (Hrsg.), Antisemitismus. Vorurteile und Mythen, Frankfurt/Main o.A.

Schulze, Gerhard, Die Erlebnis-Gesellschaft. Kultursoziologie der Gegenwart, Frankfurt/Main ^{5}1995

Staemmler, Frank-M./Bock, Werner, Ganzheitliche Veränderung in der Gestalttherapie, München 1991

Sokal, Alan/Bricmont, Jean, Eleganter Unsinn. Wie die Denker der Postmoderne die Wissenschaften mißbrauchen, München 1999

Stocker, Peter, Theorie der intertextuellen Lektüre. Modelle und Fallstudien, Paderborn 1998

Titzmann, Manfred, Strukturale Analyse. Theorie und Praxis der Interpretation, München 1977

Welsch, Wolfgang, Grenzgänge der Ästhetik, Stuttgart 1996

Welsch, Wolfgang, Unsere postmoderne Moderne, Berlin ^{5}1997

Welsch, Wolfgang (Hrsg.), Wege aus der Moderne, Schlüsseltexte der Postmoderne-Diskussion, Berlin ^{2}1994

Welsch, Wolfgang (Hrsg.), Die Aktualität des Ästhetischen, München 1993

Zima, Peter V., Literarische Ästhetik. Methoden und Modelle der Literaturwissenschaft, Tübingen; Basel ^{2}1995

Zima, Peter V., Moderne/Postmoderne, Gesellschaft, Philosophie, Literatur, Tübingen; Basel 1997

Zima, Peter V., Theorie und Ideologie. Eine Diskurskritik, Tübingen 1989

Zimmermann, Franz, Einführung in die Existenzphilosophie, Darmstadt ^{2}1988

E. Theologische Literatur

Agua, Augustin del, Narrative Identität der Christen nach dem Neuen Testament. In: Concilium, 36. Jhg., Heft 2, April 2000, 211–218

Ammicht-Quinn, Regina, Von Lissabon bis Auschwitz. Zum Paradigmenwechsel in der Theodizeefrage. In: Adrian Holderegger/Carlos-Josaphat Pinto de Oliveira (Hrsg.), Studien zur theologischen Ethik, Band 43, Freiburg 1992

Augustinus, Aurelius, Büchlein vom ersten katechetischen Unterricht. In: Bibliothek der Kirchenväter. Des heiligen Kirchenvaters Aurelius Augstinus ausgewählte Schriften, Band 8, München 1925, 227–309

Bastian, Hans-Dieter, Verfremdung und Verkündigung. Gibt es eine theologische Informationstheorie? In: Theologische Existenz Heute, Nr. 127, München 1965

Bastian, Hans-Dieter, Verfremdung in der Verkündigung. In: Bruno Dreher/Norbert Greinacher u.a. (Hrsg.), Handbuch der Verkündigung, Band 1, Freiburg 1970, 97–119

Bastian, Hans-Dieter, Kommunikation. Wie christlicher Glaube funktioniert, Stuttgart [1]1972

Baumgartner, Isidor, Pastoralpsychologie. Einführung in die Praxis heilender Seelsorge, Düsseldorf [1]1990

Baumgartner, Isidor (Hrsg.), Handbuch der Pastoralpsycholgie, Regensburg 1990

Baumgartner, Isidor, Seelsorgliche Kompetenz als pastoralpsychologisches Bildungsziel. Ein theoretischer und empirischer Beitrag zur pastoralpsychologischen Ausbildung von Seelsorgern. In: Schriften der Universität Passau, Reihe Katholische Theologie, Band 3, Passau 1982

Baumgartner, Konrad/Müller, Wunnibald, Beraten und begleiten. Handbuch für das seelsorgliche Gespräch, Freiburg 1990

Baumgartner, Konrad/Langner, Michael (Hrsg.), Mit Außenseitern leben. Eine Herausforderung für die Christen, Regensburg 1988

Bertsch, Ludwig/Schlösser, Felix (Hrsg.), Kirchliche und nichtkirchliche Religiosität. Pastoraltheologische Perspektiven zum Phänomen der Distanzierung von der Kirche. In: Quaestiones Disputatae, Band 81, Freiburg 1978

Beumer, Jurjen, Henri Nouwen. Sein Leben – sein Glauben, Freiburg 1998

Bieritz, Karl-Heinrich, Predigt-Kunst? Poesie als Predigthilfe. In: Pastoraltheologie 78. Jhg./1989, 228–246

Bieritz, Karl-Heinrich, Offenheit und Eigensinn – Plädoyer für eine eigensinnige Predigt. In: Garhammer/Schöttler (Hrsg.), Predigt als offenes Kunstwerk, Homiletik und Rezeptionsästhetik, München [1]1998, 28–50

Biser, Eugen, Überwindung der Lebensangst. Wege zu einem befreienden Gottesbild, München [1]1996

Biser, Eugen, Glaubensprognose. Orientierung in postsäkularistischer Zeit, Graz; Wien; Köln 1991

Biser, Eugen, Die glaubensgeschichtliche Wende. Eine theologische Postitionsbestimmung, Graz; Wien; Köln [2]1987

Biser, Eugen, Der inwendige Lehrer. Der Weg zu Selbstfindung und Heilung, München 1994

Biser, Eugen, Religiöse Sprachbarrieren. Aufbau einer Logaporetik, München 1980

Biser, Eugen, Theologie als Therapie. Zur Wiedergewinnung einer verlorenen Dimension. In: Medizin im Wandel. Beiträge zu einer neuen Theorie der Medizin, Heidelberg 1985

Biser, Eugen, An der Schwelle zum dritten Jahrtausend. Wird dem Christentum der Einzug gelingen? In: Geist und Leben, 69. Jhg. Heft 2/1996, 98–111

Biser, Eugen, Aufriß einer therapeutischen Theologie, in: Geist und Leben, 70. Jhg. Heft 3/1997, 199–209

Biser, Eugen, Angst und Glaube. In: Ders./Piet C. Kuiper u.a., Theologie und Psychologie im Dialog über die Angst, Paderborn 1997, 11–28

Bitter, Gottfried, Art.: Predigt VII. In: TRE, Band 27, Berlin; New York 1997

Brocke, Michael/Jochum, Herbert (Hrsg.), Wolkensäule und Feuerschein. Jüdische Theologie des Holocaust. In: Abhandlungen zum christlich-jüdischen Dialog, Band 13, München 1982

Bucher, Rainer, Pluralität als epochale Herausforderung. In: Herbert Haslinger (Hrsg.), Handbuch Praktische Theologie, Band 1: Grundlegungen, Mainz 1999, 91–101

Calvocoressi, Peter, Who's who in der Bibel, München [2]1991

Chu, Tea-Wha, Der Weg zur Literaturtheologie. Eine Auswahlbibliographie für die interdisziplinäre Forschung „Literatur und Theologie". In: Theorie und Forschung, Band 405 / Theologie und Philosophie, Band 27, Regensburg 1996

Die Deutschen Bischöfe, Über das Verhältnis der Kirche zum Judentum, hrsg. Vom Sekretariat der Deutschen Bischofskonferenz, Bonn 1980

Die Heilige Schrift, Einheitsübersetzung, Stuttgart [5]1988

Dienberg, Thomas, Ihre Tränen sind wie Gebete. Das Gebet nach Auschwitz in Theologie und Literatur. In: Studien zur systematischen und spirituellen Theologie, Band 20, Würzburg 1997

Drewermann, Eugen, Psychoanalyse und Moraltheologie, Band 1: Angst und Schuld, Mainz 1982

Drewermann, Eugen, Psychoanalyse und Moraltheologie, Band 2: Wege und Umwege der Liebe, Mainz 1983

Drewermann, Eugen, Psychoanalyse und Moraltheologie, Band 3: An den Grenzen des Lebens, Mainz 1984

Drewermann, Eugen, Tröstet, Tröstet mein Volk. Die Botschaft der Propheten Elija und Jesaja, Zürich 1999

Dufuor, Xavier Léon, Wörterbuch zum Neuen Testament, Darmstadt 1984

Englert, Rudolf, Glaubensgeschichte und Bildungsprozeß. Versuch einer religionspädagogischen Kairologie, München 1985

Englert, Rudolf, Religiöse Erwachsenenbildung. Situation – Probleme – Handlungsorientierung. In: Praktische Theologie heute, Band 7, Stuttgart 1992

Fuchs, Gotthard (Hrsg.), Angesichts des Leids an Gott glauben? Zur Theologie der Klage, Frankfurt/Main [1]1996

Fuchs, Gotthard, „Das Sakrament der Niederlage". Karsamstagliche Lebenspraxis. In: Lebendige Seelsorge 45. Jhg. (1994), 296–301

Fuchs, Gotthard, „Dem Gegenteil ins Gesicht sehen". Scheitern und Überleben. Die österliche Perspektive. In: Lebendige Seelsorge, 49. Jhg. (1998), 25–33

Fuchs, Gotthard, Scheitert Gott? In: Concilium, 26. Jhg. Heft 5, 10/1990, 437–443

Fuchs, Gotthard/Werbick, Jürgen, Scheitern und Glauben. Vom christlichen Umgang mit Niederlagen, Freiburg 1991

Gabriel, Karl, Christentum zwischen Tradition und Postmoderne. In: Quaestiones Disputatae Band 141, Freiburg 1992

Garhammer, Erich, „Handlanger des katholischen Milieus?" Zur Rolle der Literatur in der Verkündigung. In: Mödl/Schöttler, Das Evangelium ist eine Kraft Gottes. Die Predigt in den kulturellen Räumen der Gesellschaft, München [1]1999

Garhammer, Erich, Verkündigung als Last und Lust. Eine praktische Homiletik, Regensburg 1997

Garhammer, Erich/Schöttler, Heinz-Günther (Hrsg.), Predigt als offenes Kunstwerk. Homiletik und Rezeptionsästhetik, München [1]1998

Gehlen, Arnold, Über kulturelle Kristallisation. In: Wolfgang Welsch (Hrsg.), Wege aus der Moderne. Schlüsseltexte der Postmoderne-Diskussion, Berlin [2]1994, 133–143

Gemeinsame Synode der Bistümer der Bundesrepublik Deutschland. Offizielle Gesamtausgabe, Band 1, Freiburg 1976

Görg, Manfred/Langer, Michael (Hrsg.), Als Gott weinte. Theologie nach Auschwitz, Regensburg 1997

Greinacher, Norbert, Ambivalenz des Scheiterns – Ambivalenz des Menschen. In: Concilium, 26. Jhg. Heft 5, 10/1990, 357–362

Grözinger, Albrecht, Differenz-Erfahrung. Seelsorge in der multikulturellen Gesellschaft. Ein Essay. In: Wechsel-Wirkungen. Traktate zur Praktischen Theologie und ihren Grundlagen, Waltrop 1995

Grözinger, Albrecht, Die Kirche – ist sie noch zu retten? Anstiftungen für das Christentum in postmoderner Gesellschaft, Gütersloh 1998

Grözinger, Albrecht, Die Sprache des Menschen. Ein Handbuch, München 1991

Grözinger, Albrecht, Erzählen und Handeln. Studien zu einer trinitarischen Grundlegung der Praktischen Theologie, München 1989

Grözinger, Albrecht, Es bröckelt an den Rändern. Kirche und Theologie in einer multikulturellen Gesellschaft, München 1992

Grözinger, Albrecht, Praktische Theologie als Kunst der Wahrnehmung, Gütersloh 1995

Grözinger, Albrecht, Praktische Theologie und Ästhetik, München [2]1991

Grözinger, Albrecht/Luther, Henning (Hrsg.), Religion und Biographie. Perspektiven zur gelebten Religion, München 1987

Gross, Walter/Kuschel, Karl-Josef, „Ich schaffe Finsternis und Unheil!" Ist Gott verantwortlich für das Übel?, Mainz 1992

Grün, Anselm/Robben, Maria-M., Gescheitert? Deine Chance!, Münsterschwarzach [1]1999

Halder, Alois/Welsch, Wolfgang, Kunst und Religion. In: Christlicher Glaube in moderner Gesellschaft, Band 2, Freiburg 1981, 43–70

Haslinger, Herbert (Hrsg.), Praktische Theologie. Grundlegungen, Band 1, Mainz 1999

Jens, Walter/Küng, Hans, Dichtung und Religion, München 1985

Jüngst, Britta, Auf der Seite des Todes das Leben. Auf dem Weg zu einer christlich-feministischen Theologie nach der Shoa, Gütersloh 1996

Kallscheuer, Otto (Hrsg.), Das Europa der Religionen, Frankfurt/Main 1996

Kamphaus, Franz/Zerfaß, Rolf (Hrsg.), Ethische Predigt und Alltagsverhalten, München [1]1977

Karrer, Leo, Erfahrung als Prinzip der Praktischen Theologie. In: Herbert Haslinger (Hrsg.), Handbuch Praktische Theologie, Band 1: Grundlegungen, Mainz 1999, 199–219

Karrer, Leo, Gottesfremde Sprache. Das Kreuz mit dem Leid, Freiburg 1990

Kaufmann, Franz-Xaver, Religion und Modernität. Sozialwissenschaftliche Perspektiven, Tübingen 1989

Knobloch, Stefan, Wieviel ist der Mensch wert? Einzelseelsorge – Grundlagen und Skizzen, Regensburg 1993

Knobloch, Stefan, Praktische Theologie. Ein Lehrbuch für Studium und Pastoral, Freiburg 1996

Kogon, Eugen/Metz, Johann Baptist, Gott nach Auschwitz. Dimensionen des Massenmordes am jüdischen Volk, Freiburg [2]1981

Krüggeler, Michael/Junker, Maureen u.a. (Hrsg.), Löscht den Geist nicht aus! Leidenschaft für das Neue, München 1991

Kuschel, Karl-Josef, „Ich glaube nicht, daß ich Atheist bin“. Neue Gespräche über Religion und Literatur, München 1992

Kuschel, Karl-Josef, Poesie des Scheiterns – am Beispiel der deutschen Nachkriegsliteratur. In: Concilium, 26. Jhg. Heft 5, 10/1990, 377–384

Kuschel, Karl-Josef, Im Spiegel der Dichter; Mensch, Gott und Jesus in der Literatur des 20. Jahrhunderts, Düsseldorf [1]1997

Kuschel, Karl-Josef, „Vielleicht hält Gott sich einige Dichter ...“. Literarisch-theologische Porträts, Mainz 1991

Kuschel, Karl-Josef, Jesus in der deutschsprachigen Gegenwartsliteratur, Zürich; Köln 1978

Kuschel, Karl-Josef, Art.: Literatur, III. Literatur und Religion. In: LThK, Band 6, Freiburg [3]1997, Sp. 965–966

Kuschel, Karl-Josef, Gottesbilder – Menschenbilder. Blicke durch die Literatur unserer Zeit, Zürich; Einsiedeln; Köln 1985

Lange, Ernst, Die verbesserliche Welt. Möglichkeiten christlicher Rede erprobt an der Geschichte des Propheten Jona, Stuttgart 1968

Lange, Ernst, Sprachschule für die Freiheit. Bildung als Problem und Funktion der Kirche, München 1980

Lange, Ernst, Predigen als Beruf. Aufsätze, Stuttgart [1]1976

Lesch, Walter/Schwind, Georg (Hrsg.), Das Ende der alten Gewißheiten. Theologische Auseinandersetzungen mit der Postmoderne, Mainz 1993

Lienkamp, Christoph, Denken nach Auschwitz in der Philosophie Jean François Lyotards. In: Lesch/Schwind (Hrsg.), Das Ende der alten Gewißheiten, Mainz 1993, 115–133

Luther, Henning, Frech achtet die Liebe das Kleine. Biblische Texte in Szene setzen. Spätmoderne Predigten, Stuttgart 1991

Luther, Henning, Religion, Subjekt, Erziehung. Grundbegriffe der Erwachsenenbildung am Beispiel der Praktischen Theologie Friedrich Niebergalls, München 1984

Luther, Henning, Religion und Alltag. Bausteine zu einer Praktischen Theologie des Subjekts, Stuttgart 1992

Marquard, Friedrich-Wilhelm, Von Elend und Heimsuchung der Theologie. Prolegomena zur Dogmatik, München ^{2}1992

Marquard, Friedrich-Wilhelm, Was dürfen wir hoffen, wenn wir hoffen dürften. Eine Eschatologie, Band 1, Gütersloh 1993

Marquard, Friedrich-Wilhelm, Was dürfen wir hoffen, wenn wir hoffen dürften. Eine Eschatologie, Band 2, Gütersloh 1994

Marquard, Friedrich-Wilhelm, Was dürfen wir hoffen, wenn wir hoffen dürften. Eine Eschatologie, Band 3, Gütersloh 1996

Martin, Gerhard Marcel, Predigt als „offenes Kunstwerk"? Zum Dialog zwischen Homiletik und Rezeptionsästhetik. In: Evangelische Theologie, München 44. Jhg., 1984, 46–58

Mertin, Andreas, Kunstvoll Predigen. Der Umgang mit Kunstwerken in homiletischer Perspektive. In: Schwebel/Mertin (Hrsg.), Bilder und ihre Macht, 1989, 212–231

Mette, Norbert, Art.: Fremdprophetie. In: LThK, Band 4, Freiburg ^{3}1995, Sp. 127–128

Metz, Johann Baptist, Jenseits bürgerlicher Religion. Reden über die Zukunft des Christentums, München; Mainz ^{4}1984

Metz, Johann Baptist, Löscht den Geist nicht aus! Kleiner Beitrag zur Tradierungskrise des Glaubens. In: Krüggeler/Junker/u.a. (Hrsg.), Löscht den Geist nicht aus! Leidenschaft für das Neue, München 1991, 59–64

Metz, Johann Baptist, Messianische oder bürgerliche Religion. In: Ders., Jenseits bürgerlicher Religion, Mainz ^{4}1984, 9–28

Metz, Johann Baptist, Christen und Juden nach Auschwitz. In: Jenseits bürgerlicher Religion, Mainz ^{4}1984, 29–50

Metz, Johann Baptist, Theodizee-empfindliche Gottesrede. In: Ders. (Hrsg.), „Landschaft aus Schreien". Zur Dramatik der Theodizeefrage, Mainz 1995, 81–102

Metz, Johann Baptist, Ökumene nach Auschwitz. Zum Verhältnis von Christen und Juden in Deutschland. In: Eugen Kogon/Johann Baptist Metz, Gott nach Auschwitz, Dimensionen des Massenmordes am jüdischen Volk, Freiburg ^{2}1981, 121–144

Metz, Johann Baptist, Gotteskrise. Versuch zur „geistigen Situation der Zeit". In: Diagnosen zur Zeit, Düsseldorf 1994

Mieth, Dietmar, Identität – wie wird sie erzählt? In: Concilium, 36. Jhg., Heft 2, April 2000, 134–143

Motté, Magda, Im Dunkeln loben. Religiöse Aspekte in der Literatur, im Theater und im Film der Gegenwart, Stuttgart 1987

Müller, Hans Martin, Art.: Homiletik. In: TRE, Band 15, Berlin; New York 1986, 526–561

Müller, Klaus, Homiletik. Ein Handbuch für kritische Zeiten, Regensburg 1994

Münz, Christoph, Der Welt ein Gedächtnis geben. Geschichtstheologisches Denken im Judentum nach Auschwitz, Gütersloh 1995

Musschenga, Albert W., Persönliche Identität in einer individualisierten Gesellschaft. In: Concilium, 36. Jhg., Heft 2, April 2000, 144–151

Mussner, Franz, Art.: Juden, Judentum VII. Juden und Christen. 1. Neues Testament. In: LThK, Band 5, Freiburg [3]1996, Sp. 1043–1045

Nouwen, Henri, Geheilt durch seine Wunden, Freiburg 1987

Otto, Gert, Die Kunst verantwortlich zu reden. Rhetorik – Ästhetik – Ethik, Gütersloh 1994

Papst Johannes Paul II., Trauer um die Tragödien – Weg zu neuer Beziehung zwischen Christen und Juden; Ansprache während der Stunde der Erinnerung in der Gedenkstätte Yad Vashem in Jerusalem am 23. März. In: Verlautbarungen des Apostolischen Stuhls, Band 145, Jubiläumspilgerreise zu den Heiligen Stätten, hrsg. vom Sekretariat der Deutschen Bischofskonferenz, Bonn 2000, 51–53

Papst Johannes Paul II., Vergebungsbitte an der Klagemauer. In: Verlautbarungen des Apostolischen Stuhls, Band 145, Jubiläumspilgerreise zu den Heiligen Stätten, hrsg. vom Sekretariat der Deutschen Bischofskonferenz, Bonn 2000, 74–75

Papst Johannes Paul II., Ansprache an die Vertreter der Juden im Dommuseum in Mainz am 17. November 1980. In: Verlautbarungen des Apostolischen Stuhls, Band 25, Johannes Paul II. in Deutschland, hrsg. vom Sekretariat der Deutschen Bischofskonferenz, Bonn 1980, 102–105

Papst Paul VI., Apostolisches Schreiben „Evangelii nuntiandi". In: Verlautbarungen des Apostolischen Stuhls, Band 2, Apostolisches Schreiben Papst Pauls VI. Über die Evangelisierung in der Welt von heute, hrsg. vom Sekretariat der Deutschen Bischofskonferenz, Bonn 1975

Peters, Tiemo Rainer, Mystik Mythos Metaphysik. Die Spur des vermißten Gottes, München 1992

Peters, Tiemo Rainer, Johann Baptist Metz. Theologie des vermißten Gottes, Mainz 1998

Petzel, P., Was uns an Gott fehlt, wenn uns die Juden fehlen. Eine erkenntnistheologische Studie, Mainz 1994

Pfäfflin, Georg Friedrich/Ruppel, Helmut (Hrsg.), Ernst-Lange-Lesebuch. Von der Utopie einer besseren Welt. Texte, Berlin 1999

Philipp, Thomas, Scham und Negation. Zur Theologie des Scheiterns. In: Geist und Leben, 72. Jhg. Heft 2/1999, 84–96

Rahner, Karl, Grundkurs des Glaubens. Einführung in den Begriff des Christentums, Freiburg [3]1984

Rahner, Karl, Hörer des Wortes. Zur Grundlegung einer Religionsphilosophie, München [3]1985

Rahner, Karl, Bilanz des Glaubens. Antworten des Theologen auf Fragen unserer Zeit, München 1985

Roentgen, M., Alles verstehen hieße alles verzeihen … Prolegomena zu Anlaß und Unmöglichkeit von theologischen Reflexionen nach Auschwitz, Bonn 1991

Ruh, Ulrich, Johannes Paul II.: Wie die Kirche Schuld bekennt. In: HK, 54. Jhg., Heft 4, April 2000, 169–171

Salmann, Elmar, Art.: Postmoderne, II. Theologisch. In: LThK, Band 8, Freiburg ^{3}1999, Sp. 456–457

Schmidt, Josef, Der Christ und die Angst. Gedanken zu einem existentiellen und theologischen Thema. In: Geist und Leben, 71. Jhg. Heft 2/1998, 132–138

Schneider, Michael, Krisis. Zur theologischen Deutung von Glaubens- und Lebenskrisen, Frankfurt/Main ^{1}1993

Schneider, Michael, Theologie und moderne Literatur. Eine Verhältnisbestimmung. In: Edition Cardo, Band 42, Köln 2000

Schreijäck, Thomas (Hrsg.), Spuren zum Geheimnis. Theologie und moderne Literatur im Gespräch, Ostfildern 2000

Schröer, Henning, Umberto Eco als Predigthelfer? Fragen an Gerhard Marcel Martin. In: Evangelische Theologie, 44. Jhg. München 1984, 58–63

Simpfendörfer, Walter, Ernst Lange. Versuch eines Porträts, Berlin ^{2}1997

Sölle, Dorothee, Das Eis der Seele spalten. Theologie und Literatur in sprachloser Zeit, Mainz 1996

Stollberg, Dietrich, Therapeutische Seelsorge. Die amerikanische Seelsorgsbewegung. Darstellung und Kritik, München ^{2}1969

Theißen, Gerd, Zeichensprache des Glaubens. Chancen der Predigt heute, Gütersloh 1994

Thoma, Clemens, Art.: Juden, Judentum; VII. Juden und Christen, 3. Jüdisch-christlicher Dialog. In: LThK, Band 5, Freiburg ^{3}1996, Sp. 1046–1049

Ueding, G. (Hrsg.), Historisches Wörterbuch der Rhetorik, Band 4, Tübingen 1998

Ulrich, Gerhard, Theater und Gottesdienst. Eine gemeinsame Wurzel. In: L. Mödl/H.-G. Schöttler u.a. (Hrsg.), Das Evangelium ist eine Kraft Gottes. Die Predigt in den kulturellen Räumen der Gesellschaft, München ^{1}1999, 73–80

Weger, Karl-Heinz, Karl Rahner. Eine Einführung in sein theologisches Denken, Freiburg 1986

Wendel, Saskia, Ästhetik des Erhabenen – Ästhetische Theologie? Zur Bedeutung des Nicht-Darstellbaren bei Jean François Lyotard. In: Lesch/Schwind (Hrsg.), Das Ende der alten Gewißheiten, Mainz 1993, 48–72

Werbick, Jürgen, Vom entscheidend und unterscheidend Christlichen, Düsseldorf ^{1}1992

Werbick, Jürgen, Art.: Scheitern. In: LThK, Band 9, Freiburg ^{3}2000, Sp. 121

Witzel, Frank, Das Joyce'sche Erbe in der Homiletik. Ein Diskussionsbeitrag zur Predigt als „offenes Kunstwerk". In: Deutsches Pfarrerblatt, 91. Jhg. Heft 7/1991, 276–278

Zenger, Erich/Böswald, Rupert, Durchkreuztes Leben. Besinnung auf Hiob, Freiburg 1976

Zerfaß, Rolf, Der Bruch zwischen Evangelium und Kultur. In: Theologie der Gegenwart, 33. Jhg. Heft 2/1990, 119–125

Zerfaß, Rolf (Hrsg.), Erzählter Glaube – erzählende Kirche. Quaestiones Disputatae 116, Freiburg 1988

Zerfaß, Rolf, Fremdprophetie und Kirchensprache. In: Krüggeler/Junker/u.a. (Hrsg.), Löscht den Geist nicht aus! Leidenschaft für das Neue, München 1991, 249–264

Zerfaß, Rolf, Menschliche Seelsorge. Für eine Spiritualität von Priestern und Laien im Gemeindedienst, Freiburg [5]1991

Zerfaß, Rolf/Kamphaus, Franz (Hrsg.), Die Kompetenz des Predigers im Spannungsfeld zwischen Rolle und Person, Münster 1980

Zerfaß, Rolf/Poensgen, Herbert (Hrsg.), Die vergessene Wurzel. Das Alte Testament in der Predigt der Kirchen, Würzburg 1990

Ziebertz, Hans-Georg, Religion, Christentum und Moderne. Veränderte Religionspräsenz als Herausforderung, Stuttgart; Berlin; Köln 1999

Ziebertz, Hans-Georg, Art.: Identität, III. Praktisch-theologisch. In: LThK, Band 5, Freiburg [3]1996, Sp. 400–401

Zulehner, Paul M., Wie Musik zur Trauer ist eine Rede zur falschen Zeit. Wider den kirchlichen Wort-Durchfall, Ostfildern [2]1998

Zweites Vatikanisches Konzil, Pastoralkonstitution „Gaudium et spes". In: LThk, Band 14, Freiburg 1968, 280–591

Zweites Vatikanisches Konzil, Dogmatische Konstitution über die göttliche Offenbarung „Dei verbum". In: LThK, Band 13, Freiburg 1967, 504–583

Zweites Vatikanisches Konzil, Erklärung über das Verhältnis der Kirche zu den nichtchristlichen Religionen „Nostra aetate". In: LThK, Band 13, Freiburg 1967, 488–495

Zweites Vatikanisches Konzil, Erklärung über die Religionsfreiheit „Dignitatis humanae". In: LThK, Band 13, Freiburg 1967, 712–747

Zweites Vatikanisches Konzil, Dogmatische Konstitution über die Kirche „Lumen gentium". In: LThK, Band 12, Freiburg 1966, 156–359

Register